# RECHERCHES
## SUR
# PESMES

#### PREMIÈRE PARTIE

Origine de la ville — Ses armoiries — Son administration
Son affranchissement — Ses coutumes.

| DEUXIÈME PARTIE | TROISIÈME PARTIE |
|---|---|
| Ses Seigneurs — Ses Hommes célèbres | Pièces justificatives |

Ouvrage orné de plusieurs cartes, plans et vues de la ville

PAR

## E. PERCHET

#### ANCIEN JUGE DE PAIX

Adhérent à la Société des Gens de Lettres

GRAY
TYPOGRAPHIE & LITHOGRAPHIE DE GILBERT ROUX
1896

Sceaux de la ville de Pesmes

# RECHERCHES

SUR

# PESMES

**PREMIÈRE PARTIE**

Origine de la ville — Ses armoiries — Son administration
Son affranchissement — Ses coutumes.

| DEUXIÈME PARTIE | TROISIÈME PARTIE |
|---|---|
| Ses Seigneurs -- Ses Hommes célèbres | Pièces justificatives |

Ouvrage orné de plusieurs cartes, plans et vues de la ville

PAR

## E. PERCHET

ANCIEN JUGE DE PAIX

Adhérent à la Société des Gens de Lettres

**GRAY**
TYPOGRAPHIE & LITHOGRAPHIE DE GILBERT ROUX
1896

# PRÉFACE

Lorsque *il y a quelques années j'ai publié le* Culte à Pesmes, *mon intention, que je n'avais pas dissimulée, était de faire suivre cet ouvrage à bref délai de* l'Histoire de Pesmes et de ses Seigneurs, *mais un événement qui intéresserait peu mes lecteurs, en m'obligeant à de nouvelles recherches et à mettre de nouveau à contribution ceux de mes amis qui ont bien voulu me seconder dans ce travail long et pénible — ce dont je les remercie bien sincèrement — a retardé l'impression de ce second volume, auquel je souhaite le même accueil qu'à son ainé.*

*Je profite avec empressement de cette occasion pour témoigner ma respectueuse reconnaissance aux Grands Dignitaires de l'Église qui ont accueilli avec tant de bonté, d'une manière si flatteuse pour moi et si encourageante,* l'Histoire du Culte à Pesmes. *J'adresse aussi l'expression de ma gratitude aux personnes qui ont, dans divers recueils, rendu compte dans les termes les plus bienveillants d'un livre d'un genre nouveau, écrit notamment pour rappeler l'attachement de la population de Pesmes à sa religion, aux cérémonies du culte, et remettre en évidence les honorables familles qui ont contribué à la décoration de l'église et à en faire un monument si remarquable.*

*Le livre que je publie aujourd'hui est écrit dans le même esprit. J'ai étudié dans les archives et dans les publications précédentes qui sont généralement admises comme méritant toute confiance, la vie des Seigneurs de Pesmes, mais bien des points n'ont pu être éclaircis. Néanmoins, j'espère que le peu que j'en fais connaître intéressera le lecteur, « en attendant que un autre de plus grand loisir et plus longue lecture, y adjouste ce que j'hauray délaissé, ou corrige ce qu'il faudra amender, ou esclaircisse ce que je n'hauray assés expliqué » (1). Mais la vie des Seigneurs comme celle des Rois trouve toujours des historiens; les nombreuses et savantes publications faites à ce sujet en sont une preuve indubitable. Il n'en est pas de même de la vie des peuples, des anciens roturiers, dont peu d'historiens s'occupent. Il est cependant intéressant de connaitre les habitudes et les mœurs de nos ancêtres, les lois ou réglements auxquels ils étaient assujettis, leur industrie, leur commerce, leurs cultures, comment et de quoi ils vivaient. C'est à tous ces détails que je me suis surtout attaché. Une longue carrière passée au milieu des travailleurs des champs, de ceux que par dérision on appelle des paysans, dont j'ai pu apprécier l'intelligence et l'honnêteté, me donnait quelque droit à retracer leurs luttes pour la vie et pour la liberté. J'ai donc voulu présenter au lecteur nos aïeux dans leur vie ordinaire, leurs jeux, leurs plaisirs, leurs chagrins, leurs inquiétudes. Les archives de la ville de Pesmes, que je n'ai pas toujours été admis à consulter, selon mes désirs, m'ont fourni de précieux renseignements, malgré les regrettables lacunes qu'elles renferment.*

*Je sais bien qu'une objection va m'être faite: Votre histoire, me dira-t-on, n'intéresse que les habitants de*

---

(1) Nouv. Goll. col. 1.

Vue de Pesmes

# RECHERCHES SUR PESMES

I

**PESMES**

Son origine — Son développement.

Les grandes invasions qui se succédèrent en Séquanie dans les premiers siècles de notre ère, en détruisant tous les monuments anciens, jetèrent sur l'origine et sur la situation des cités de ce pays une obscurité que l'on n'est pas encore parvenu à éclaircir. On sait à peine où était située la ville d'Amagetobria, capitale de la province; quelques historiens la placent à Pontailler; d'autres, le plus grand nombre, enseignent qu'elle était à Broye-lez-Pesmes, en faisant dériver ce nom de la terminaison bria, dont on aurait fait Broya ou Broye. Cependant, on ne trouve dans cette localité aucun débris d'anciens monuments annonçant l'existence d'une grande ville, dont les ruines n'auraient pu disparaître entièrement. La place qu'occupait Dittatium est mieux connue : les diverses routes romaines aboutissant à Dammartin; la forme, visible encore, d'un grand camp romain en cet endroit; les nombreuses médailles qui y ont été découvertes et qui pour la plupart étaient du III° siècle, sont autant de preuves que Dammartin est la Dittatium dont parle Ptolémée.

Dès l'année 275 de l'ère chrétienne, les peuplades germaniques firent irruption dans la Séquanie. En 296, une nouvelle invasion plus terrible encore s'abattit sur cette province. Ces hordes barbares n'entraient dans les villes que le fer et la torche à la main, détruisant tout sur leur passage. C'est à cette époque que furent détruites les villes de Dittatium et d'Amagetobria. Les populations avaient en grande partie péri sous le fer des barbares, le reste se cacha dans les bois pour laisser passer ce torrent dévastateur. Une vaste forêt formant autour d'Amagetobria comme un demi-cercle dont chaque extrémité aboutissait à la Saône, s'étendait sur les deux rives de l'Ognon, à peu de distance de la grande route de Besançon à Alise et Langres par Dammartin. Les habitants qui avaient échappé au massacre s'y retirèrent, dans la partie la plus marécageuse, afin d'y être plus en sûreté, et y construisirent des abris qui n'eurent qu'une durée éphémère et couvrirent plus tard le sol de leurs débris. On les appela des *chazeaux* (1), et cette partie de la forêt qui existe encore, mais bien diminuée d'étendue, porte toujours le nom de *Bois des Chazeaux*.

Constance Chlore, qui venait d'être créé César, et qui gouvernait la Gaule, vainquit les Allemands et les refoula dans leur pays. A sa mort, arrivée en 305, son fils Constantin lui succéda. Le long règne de ce grand prince rendit au pays la paix et la tranquillité ; mais les villes d'Amagétobrie et de Dittatium ne furent pas reconstruites. Quelques-uns des anciens habitants des villes détruites quittant leurs chazeaux se construisirent des habitations à

---

(1) Du mot chazal, ruines.

Broye, à Aubigney et à Sauvigney ; le surplus se retira à
Pesmes, qui sans aucun doute possédait déjà une certaine
population avant cette invasion sanglante. Ces quatre
communautés continuèrent à jouir simultanément de la
forêt qui leur avait servi de retraite et y prenaient les bois
nécessaires à la construction et à l'entretien de leurs
habitations. Certains individus continuèrent même à
habiter la forêt, et cet usage se perpétua jusqu'à la fin du
xviie siècle (1). En 1698, pour mettre un terme aux abus
qui en résultaient, la communauté de Pesmes mit en ban
les chênes des Chazeaux, avec défense aux habitants d'en
couper à l'avenir. Les communautés de Broye, Aubigney
et Sauvigney demandèrent alors le partage du Bois des
Chazeaux en quatre parts égales. Les habitants de Pesmes s'opposaient à ce mode de division, en se fondant sur
ce que la population de la ville était supérieure en nombre
à celle des communautés poursuivantes (2). Le procès
dura de longues années et ne fut terminé que par un arrêt
du Conseil du 29 juin 1728, qui, eu égard à une origine et
à une jouissance communes, fit droit aux conclusions des
communautés demanderesses.

Non-seulement les quatre villages intéressés prenaient à la forêt des Chazeaux les bois dont ils avaient
besoin, mais l'agriculture, qui était leur seule ressource, et
dont l'extension devenait de plus en plus grande, les
contraignit bientôt à étendre les territoires en nature de

---

(1) En 1699, un jugement rendu contre Julien et Thiébaut qui s'étaient construit des habitations dans le bois des Chazeaux, fut par eux frappé d'appel à la Table de Marbre. (Chambre du parlement, devant laquelle étaient portées les contestations relatives aux forêts).

(2) Un recensement opéré le 19 février 1659 constate qu'à cette époque la population de Pesmes s'élevait à 642 habitants, celle de Broye à 125, celle d'Aubigney à 44 et celle de Sauvigney à 81 habitants. (La population de Malans était alors de 42 habitants, celle de Bard de 91, celle de Bresilley de 98, celle de Montagney de 143, celle de Motey de 33, celle de Valay de 154, celle de Vadans de 90, celle de la Grande-Résie de 53. La population de Gray était de 2.822 habitants). (Arch. du Doubs).

culture devenus insuffisants. On les agrandit en défrichant les bois qui couvraient la plus grande partie du sol et notamment le bois des Chazeaux. Tout ce qui longeait la rive droite de l'Ognon fut essarté par les communautés de Pesmes et de Broye ; on transforma cette partie en prairie, qui prit le nom de *Prairie des Essarts*. Partagée plus tard entre les deux communautés, elle forma ce que l'on a appelé les Essarts de Pesmes et les Essarts de Broye, noms sous lesquels on les désigne encore aujourd'hui. Aubigney et Sauvigney suivirent l'exemple de Pesmes et de Broye, et la forêt des Chazeaux était menacée d'une destruction complète. Pesmes, affranchi en 1416 par son seigneur, Guillaume de Grandson, et constitué en commune, riche par son beau vignoble, comprit le danger d'un défrichement entier et le dommage qui en résulterait pour ses habitants. Les échevins s'adressèrent d'abord aux habitants de Broye, dont l'unique ressource consistait dans la culture des céréales, exigeant un plus grand nombre de bestiaux, et comme conséquence, plus enclins à étendre leur prairie (1).

Après de nombreuses difficultés, les habitants de Broye s'engagèrent par acte du 22 septembre 1551, à ne faire de nouveaux essarts aux Chazeaux qu'avec le consentement des habitants de Pesmes. Cet acte ne pouvait lier les habitants d'Aubigney, qui continuèrent à faire des essarts de leur côté; ce n'est que trente ans plus tard que l'on arriva à leur soumission, par un autre acte daté « du dimanche des Brandons 1582 » (2).

---

(1) De ce que Broye possédait une plus grande quantité de bétail que Pesmes, M. Perron (Broye-lez-Pesmes, p. 28) conclut que Pesmes était dans un état de pauvreté que ne connaissaient pas les habitants de Broye. Il n'a pas réfléchi à la différence de culture. Opposons d'ailleurs aux chiffres de M. Perron ceux du recensement opéré à Pesmes en 1781 des animaux de culture sujets à l'impôt : 99 bœufs, 127 vaches, 53 veaux, 244 moutons, 6 chèvres et 38 chevaux. (Archives communales de Pesmes, GC. 5).
(2) Arch. comm. de Pesmes.

Pesmes. Cette objection ne me paraît pas sérieuse. La population de Pesmes vivait dans les mêmes conditions que les autres habitants de la Franche-Comté ; ses lois, ses coutumes, son industrie et son commerce existaient également dans toute la province. Son histoire se généralise ainsi et devient l'histoire du peuple dans le comté de Bourgogne : cette première partie pourrait être intitulée : « Les campagnes en Franche-Comté avant la Révolution Française » ; elle cesserait alors d'être une histoire locale.

Quoi qu'il en soit, si je n'ai pas écrit un livre intéressant ce ne sont pas les documents qui m'ont manqué. Les matériaux que j'ai réunis dans douze années de recherches et tous pris à des sources certaines, sont nombreux ; il ne s'agissait que de les présenter au public dans un ordre clair et précis et dans un style attrayant. Ai-je atteint ce but ? C'est une question que je laisse à mes lecteurs le soin de résoudre.

Pesmes, le 5 Février 1896.

PERCHET.

# PREMIÈRE PARTIE

PESMES. — CÔTÉ DE L'OGNON

## II

Etymologie du mot Pesmes — Opinion de Gollut — Armoiries de Pesmes — Situation topographique — Bains romains — Aqueduc — Invasions : les Bourguignons, les Sarrazins — Les Hongrois — Le château de Pesmes, sa construction — Les fortifications de la ville — Établissement des corvées, de la mainmorte.

Il serait intéressant de connaître exactement l'étymologie du mot Pesmes. Quelques historiens la tirent des mots celtiques *Pech* ou *Pes*, élevé, *Maen*, roc. L'n s'est perdue. On trouve *Pesmae* dans quelques anciens titres.

L'historien Gollut lui donne une autre origine. Il affirme que la ville de Pesmes portait autrefois le nom de *Palme* et qu'elle est ainsi désignée « comme dedans les bien vieils tiltres lon cognoist, et ainsi que son armoirie ancienne, qui est d'une palme de main, le monstre encor aujourdhuy, d'où est venu le mot joïeux des anciens : *Coucher l'armoirie de Pesme en champ de gueulle* » (1). Il ajoute que Brennus (2) chef des Séquanais, partit d'Amagétobrie, sa capitale, pour aller à la conquête de Rome, suivi des guerriers de Pesmes, qui fondèrent en Italie une colonie qu'ils nommèrent Parme, du nom de leur ville. Ce n'est là sans doute qu'une fiction due à la patriotique imagination du célèbre historien en faveur de sa « doulce patrie ».

---

(1) Nouv. Goll. col. 112-113.
(2) On donnait le nom de *Brenn*, en latin Brennus, à un chef suprême ou roi. On a donné à ce chef le nom de sa dignité et on l'a appelé *Brennus*.

Une bulle du Pape Innocent III, datée de 1198, désigne également Pesmes sous le nom de *Palmis* (In parrochia Bisuntinensi monasterium de Palmis).

Pesmes portait comme armoirie ancienne : *D'azur à une main dextre apaumée d'argent mise en pal*. La forme a varié à différentes époques, notamment depuis la réunion de la Franche-Comté à la France, mais les armoiries n'ont pas changé, et la main droite est toujours mise en pal. Le nom de la ville et ses armes paraissent avoir la même origine ; les armoiries montraient la palme de la main droite, et cette palme a servi à désigner la ville elle-même. Cette antique cité a-t-elle versé son sang pour la patrie ? Sa main s'est-elle illustrée dans les combats, et est-ce en souvenir de quelque action héroïque que Pesmes a choisi ce glorieux emblème ? Cette supposition n'a rien de téméraire ; il faudrait alors en conclure que dans les chartes antérieures à celles que renferment nos archives, le mot *Pasmis* a été substitué au mot *Palmis*, erreur facile d'ailleurs, à raison de la ressemblance des deux lettres L et S dans les écritures anciennes.

La ville de Pesmes, agréablement située, d'une défense facile, « de lun des meilleurs doux aërs et de plus belle assiete qui soit en Bourgougne » (1), bâtie en amphithéâtre au sommet d'un rocher escarpé, baignée par la rivière de l'Ognon, qui traverse une gracieuse et pittoresque vallée, à une faible distance des montagnes du Jura, était desservie par la voie romaine de Langres à Dammartin par Mantoche et Montseugny. Cette route, dont la trace est effacée sur une partie de sa longueur, traversait l'Ognon à environ trois cents mètres en amont du moulin Grassot, sur un pont dont on voit les restes au milieu de la rivière et qui est connu sous le nom de Pont des Romains (2) ;

---

(1) Nouv. Goll. col. 112.
(2) M. le Dr Perron (Broye-les-Pesmes, p. 9 et 10) nie l'existence de cette route romaine, qu'il remplace par une autre voie partant de Saint-Pierre (territoire de

elle se retrouve, très apparente, un peu plus haut, traverse la prairie de Marpain, où l'on peut encore en mesurer la largeur, qui est de six mètres, et se dirige sur Dammartin. Sous le règne de Constantin, Pesmes acquit bientôt une importance qui nous est révélée par les vestiges d'un ancien établissement de bains et de l'aqueduc qui y amenait les eaux.

On sait avec quel luxe les Romains établissaient des thermes partout où se trouvait une population agglomérée, et cet usage s'était répandu par toute la province. « Dans le siècle dernier, dit M. Ed. Clerc, Luxeuil, Jallerange, Saint-Sulpice, Coligny, Antre, Oscelle, Vaudey, Poligny, Corre, Mandeurre, offraient aux regards des curieux les débris de leurs anciens bains (1). A cette liste, il faut ajouter Pesmes.

En 1866, en creusant un puits dans un jardin situé dans le bas de la ville, en dehors de l'ancien mur d'enceinte, à quarante mètres de la porte principale de l'église, on mit à découvert les restes d'un établissement de bains, dont les murs, recouverts d'une sorte de stuc de couleur verte très brillante, étaient incrustés de petits coquillages de colimaçons et d'escargots formant des fleurs, en bon état de conservation. Cette partie des bains était traversée du nord-est au sud-ouest par un tuyau en plomb ayant quatorze centimètres de diamètre, relevé à angle droit à l'extrémité nord-est. La partie verticale, d'une hauteur de quatre-vingts centimètres, était surmontée d'une cuvette, également en plomb, de trente-cinq centimètres de diamètre (2).

---

Broye) et désignée par les habitants du village sous le nom de *Vie de Sauvigney*. Il ajoute que cette voie romaine allait de l'Est à l'Ouest, et que prolongée elle n'aurait pu traverser l'Ognon qu'à Banne ou à Marnay.

Il est regrettable que M. Perron n'ait pas étudié le pays plus sérieusement, il aurait évité des erreurs évidentes.

(1) Essai sur l'histoire de la Franche-Comté, T. I, p. 42.
(2) Pour de plus amples détails voir : Le Culte a Pesmes, par l'auteur, p. 336.

Plus récemment, en 1881, un ouvrier carrier découvrit sur le territoire de Pesmes, à un kilomètre au nord de cette ville, un canal ou aqueduc formé de tuyaux cylindriques en terre, ou plus exactement de troncs de cône, ayant les mêmes dimensions, s'enchassant les uns dans les autres. La direction de cet aqueduc, très apparent de chaque côté de la carrière est, du nord-est au sud-ouest ; elle indique qu'il prenait naissance à une source abondante située dans la forêt du Gros-Bois pour arriver, en suivant la déclivité du terrain, à l'emplacement même des bains (1).

La paix dont jouissait la Séquanie depuis un siècle fut de nouveau troublée en 407. Cette province fut ravagée par les barbares venus de la Germanie et dont faisaient partie les Bourguignons qui, quatre ans plus tard, s'établirent dans ce pays, auquel ils donnèrent leur nom. Ces invasions successives eurent toutes le même résultat : les villes détruites, les récoltes saccagées, les terres incultes, les chemins rendus impraticables ; le sol était couvert de forêts peuplées d'animaux sauvages ; la misère et la famine règnaient partout.

Une invasion plus terrible peut-être que celles qui l'avaient précédée, laissa dans la mémoire des habitants de Pesmes un sinistre souvenir que la tradition a conservé jusqu'à nous. Vaincus à Poitiers par Charles Martel, en 792, les Sarrazins se retirèrent lentement en traversant la Bourgogne et firent une halte à Pesmes. A un kilomètre environ au sud-est de cette ville, se trouve une source abondante désignée sous le nom de *Fontaine de Theuriot*, et que les anciens appellent encore le *Trou des Sarrazins* ; le ruisseau qui conduit les eaux de cette source à l'Ognon

---

(1) Nous avons la satisfaction de constater que, le premier, dans LE CULTE A PESMES, nous avons fait connaître l'existence de l'aqueduc et des bains romains à Pesmes. Nous possédons encore plusieurs des tuyaux constituant cet aqueduc.

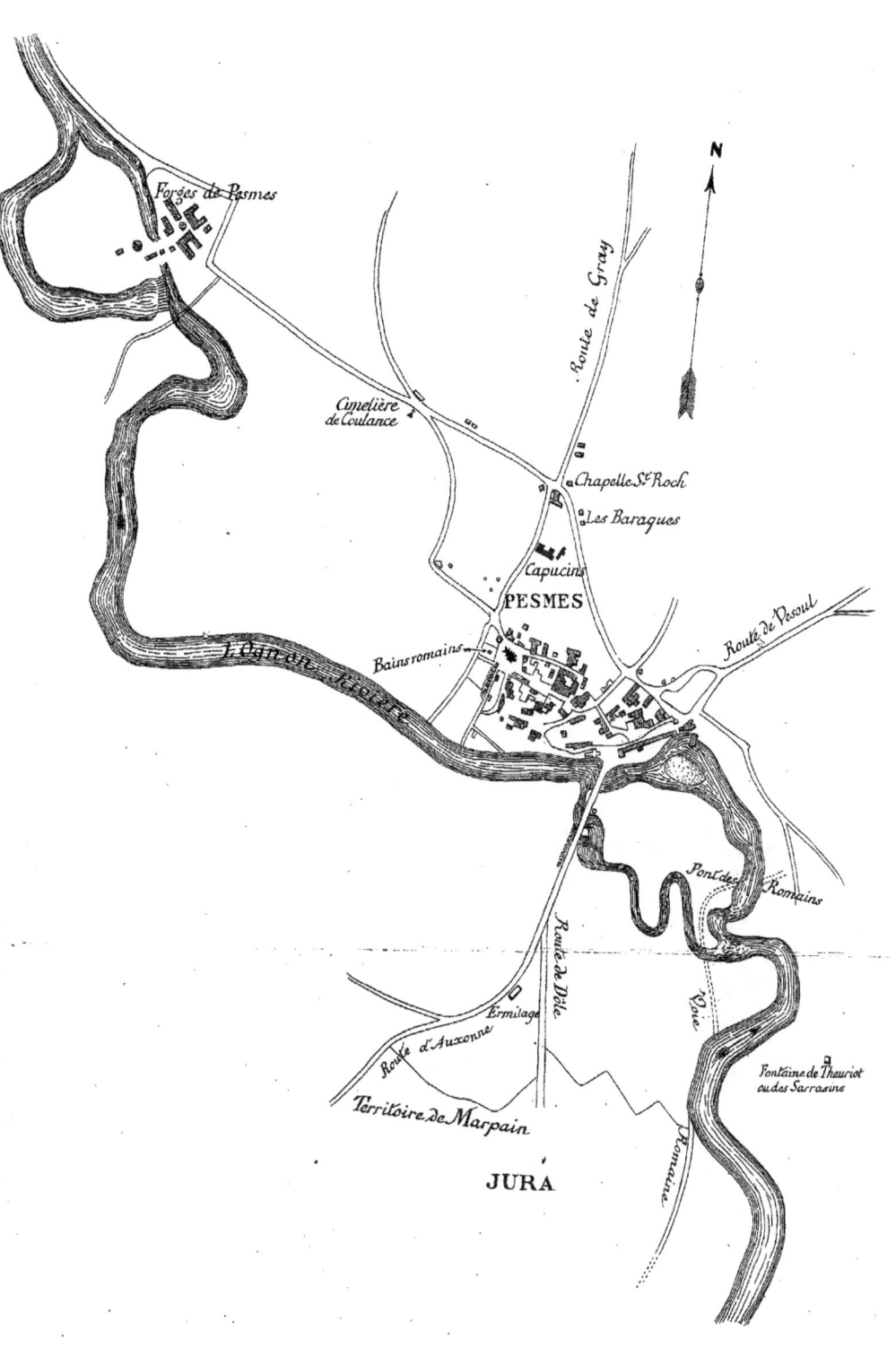

s'appelle le *Bief des Sarrazins*, et les vignes voisines de la source, *Vignes des Sarrazins*.

En 937, ce furent les Hongrois qui ravagèrent de nouveau une partie de la Bourgogne, mettant tout à feu et à sang, et faisant périr impitoyablement tous les habitants qui ne s'étaient pas retirés assez vite dans les montagnes ou dans les villes fortifiées. La terreur que cette invasion laissa en Bourgogne y multiplia les châteaux forts, que l'on construisit de préférence sur les pics les plus inattaquables. C'est à cette époque que l'on doit faire remonter la construction de l'ancien château fort de Pesmes, forteresse lourde et massive, flanquée d'un donjon, entourée de fossés profonds, dont il reste encore quelques vestiges (1), placée comme un nid d'aigle au sommet d'un rocher taillé à pic, de plus de trente mètres de hauteur perpendiculaire. Du côté de la ville, les fossés du château étaient bordés d'ouvrages en pierre solidement construits, dont les restes furent en partie mis à nu en 1884, lors de la construction des fontaines de la ville. Les quelques habitants qui avaient échappé au massacre se groupèrent autour de cette forteresse (2). Les chemins se dégradèrent de plus en plus ; les communications devinrent difficiles et périlleuses ; le brigandage resta impuni. Toute la puissance se concentra dans le château. Le seigneur y régna en maître absolu, veillant à la sûreté de ses sujets, et de là bravant impunément ses puissants voisins et même son souverain. « Dans le comté d'Amaous, dit M. Ed. Clerc, on distin-

---

(1) Rue de la Grapillotte.
(2) La tradition a conservé dans le pays comme un vague souvenir de cet épouvantable massacre. Entre la ville de Pesmes et le bois des Chazeaux coule un petit ruisseau prenant naissance au Gros-Bois, traversant le territoire de Sauvigney et une partie de celui de Pesmes et allant se jeter dans l'Ognon. D'après la légende, c'est là que les populations se sauvant dans la forêt furent surprises par les hordes hongroises, qui se livrèrent à une horrible tuerie ; le ruisseau rempli de cadavres semblait ne plus charrier que du sang, et fut nommé à cette occasion par les survivants le *Bief rouge*. C'est encore sous ce nom qu'on le désigne aujourd'hui.

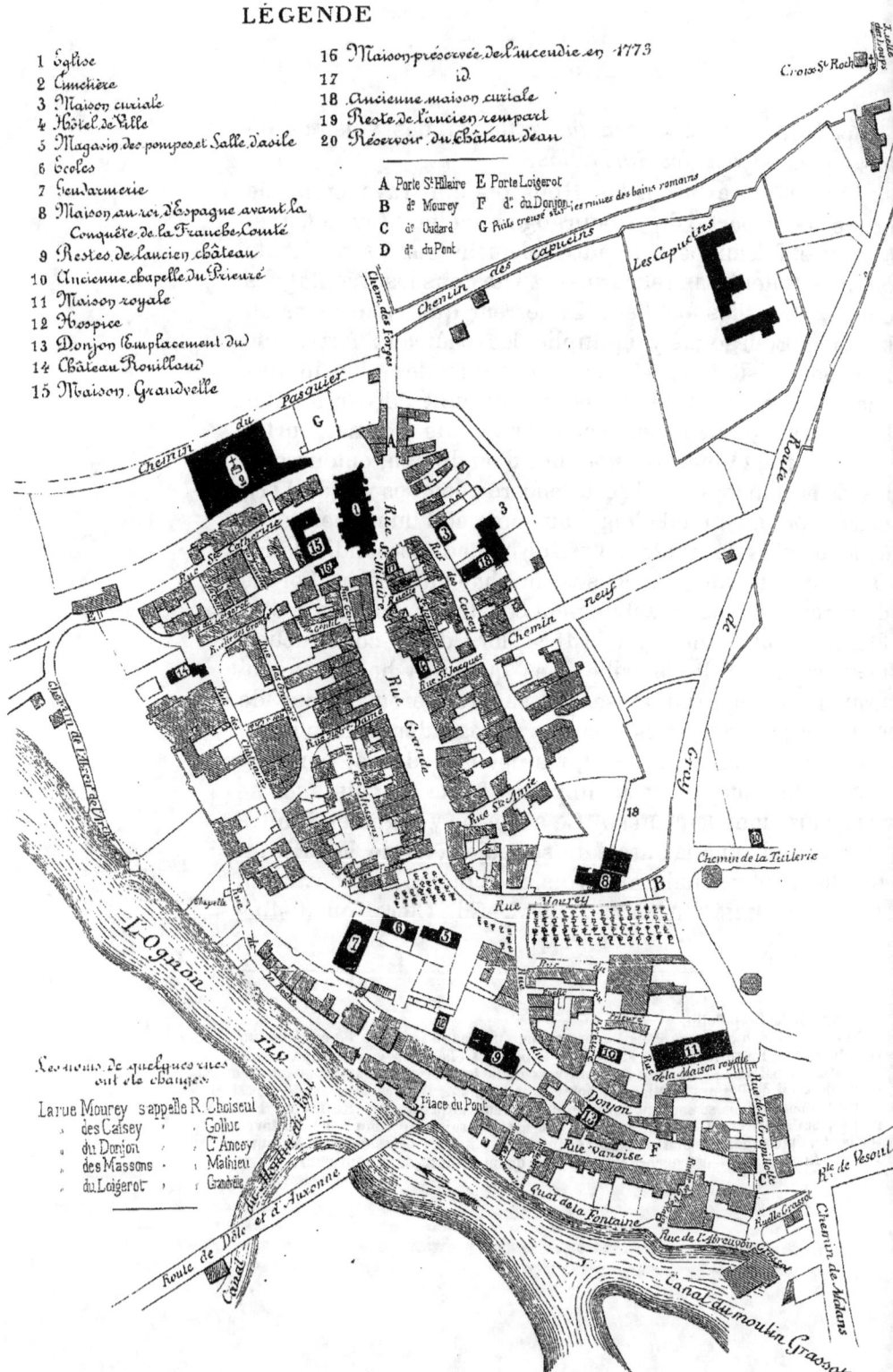

patronage du seigneur, il n'était plus libre ; il ne pouvait plus aliéner ses biens sans l'autorisation du maître et se trouvait astreint, outre les charges générales, à certaines obligations envers son protecteur ; il lui devait notamment l'hoste et la chevauchée, c'est-à-dire le suivre à la guerre, l'aider de tout son pouvoir dans la défense de la ville et même des propriétés privées du seigneur. C'est ce que l'on a appelé le régime féodal.

## III

*Administration civile de la ville — Délégué du seigneur — Maire
Les prudhommes — Pesmes saccagé, brûlé.*

Le seigneur, agissant en maître absolu, était tenu de maintenir l'ordre dans la communauté, dont il confiait l'administration et la police à un délégué qui portait le titre de *maire*. Ce délégué n'était pas un agent municipal, mais il se faisait aider dans l'exercice de ses fonctions par des prudhommes, nommés par le seigneur et qui donnaient leur avis sur les questions intéressant la communauté. Si les intérêts du seigneur n'étaient pas en cause, les délibérations des prudhommes recevaient généralement leur exécution. Le 20 mars 1383 (v. st.), les gouverneurs amodièrent « pour les prud'hommes et habitants de
« Pesmes à messire Hugues de Sornay, prêtre, notaire,
« juré de la Cour de Besançon, demeurant aud. Pesmes,
« pour toute sa vie, une maison située au bourg de Pesmes,
« devant l'église Saint-Hilaire, du côté des murs du bourg
« dud. Pesmes, tant du long que du large et ainsi que lad.
« maison s'étend et comporte. Moyennant iceluy seigneur
« de Sornay payera auxdits Prudhommes tant qu'il vivra,
« chascun jour de feste annonciation Notre-Dame, 10 sols
« estevenants. Ledit acte reçu de Maillard, notaire de la
« Cour de Besançon » (1).

---

(1) Archives communales de Pesmes, JJ. 4.

Cette agglomération d'habitants n'était pas précisément une communauté ; elle n'avait aucun pouvoir par elle-même, aucune juridiction ; elle était entièrement soumise au seigneur. Mais ses membres n'étaient pas les esclaves de celui-ci, auquel ils ne devaient que certaines redevances ; ils travaillaient pour eux, à leur profit personnel. Seulement leur présence étant nécessaire pour la défense de la ville, ils ne pouvaient s'absenter ni surtout changer de domicile sans autorisation. Du reste, les seigneurs de Pesmes agirent toujours avec bienveillance envers les habitants, auxquels ils laissaient toute la liberté compatible avec les exigences du service militaire et les intérêts du maître. Sous cette administration tutélaire, il s'établit des coutumes locales admises par le seigneur et qu'il consacra par la charte des franchises.

Le maire de Pesmes avait à cette époque une position très enviable. Comme délégué du seigneur, il possédait toute la confiance de ce haut et puissant personnage au nom duquel il agissait et dont il était l'homme-lige. La mairie était un fief de grand produit et procurait au titulaire de sérieux avantages pécuniaires. Il était lui-même un homme de distinction, choisi dans l'entourage du seigneur, ayant son habitation dans l'enceinte du château, la moitié de la petite justice « à savoir la moitié de trois soz
« et la moitié une soz quant li amande est de sexante et
« une soz. Item toute la moitié de trois seteres de vins
« quant li amande est de sanc ». Il avait les mêmes profits pour Malans, qu'il administrait également au nom du seigneur de Pesmes (1).

---

(1) Pièces justificatives, I En avril 1273, Richard, maire de Pesmes, ratifia la donation faite à l'abbaye d'Acey par Jacquette d'Estrabonne, sa sœur, femme de Perrin du Verger, écuyer, d'un sujet avec son meix et dépendances, mouvant du fief dudit Richard (Inventaire d'Acey). Un siècle plus tard, Philiberte, fille de Perrin, écuyer, maire de Pesmes avait épousé Lambert-le-Maitrot de Champdotre Celui-ci, après la mort de son beau-père, donna le 7 juin 1372, le dénombrement de ce qu'il tenait, à

Malgré le courage avec lequel les habitants de Pesmes et leur seigneur défendaient leur ville contre les déprédations de toutes sortes de ses ennemis, elle eut beaucoup à souffrir des guerres et des assauts qui se renouvelaient sans cesse. Dans les premières années du xv⁰ siècle, la ville brûlée, saccagée, était en ruines ; son mur d'enceinte ébréché de toutes parts, était hors d'état de la défendre contre les agressions de puissants seigneurs, qui la harcelaient sans relâche. La ville se dépeuplait ; les habitants se retiraient dans d'autres lieux où ils espéraient trouver plus de tranquillité. Pour les retenir, le seigneur, Guillaume de Grandson, les affranchit de la mainmorte, leur permit de s'administrer eux-mêmes, de vendre, d'acquérir, de changer de domicile sous les conditions spécifiées dans la charte d'affranchissement. Cet acte, qui porte la date du 15 novembre 1416, approuvé par le duc et comte de Bourgogne le 17 février de la même année (v. st.) (1), ouvrit une nouvelle ère pour la ville de Pesmes. Nous en donnons ici la copie littérale.

---

cause de sa femme, à Germigney-les-Auxonne, savoir : la grange, maison et le moulin de Germigney, quatorze soitures de pré et le gagnage d'une charrue de bœufs, le bois derrière ladite grange et les dîmes de la grange Jeannin, de Mailley, jusqu'à ladite grange de Germigney ; un four en la ville d'Auxonne ; environ dix-huit soitures de pré en la prairie de Flammerans, lieu dit En-la-Renouse.

(1) L'année commençait alors à Pâques ; elle n'a commencé au 1ᵉʳ janvier qu'en 1567, en exécution d'un édit de Charles ix, donné en 1564.

IV

# CHARTE DES FRANCHISES

(15 novembre 1416)

Jehan duc de Bourgoingne comte de Flandres, d'Artois et de Bourgoingne, Palatin seigneur de Salins et de Malines, scavoir faisons à tous présens et advenir. Nous avons faict veoir et visiter par plusieurs des gens de notre conseil les lettres patentes de nostre tres chier et féal cousin messire Guilleaume de Grantson seigneur de Pesmes, scellées de son seaul en cire vermeille et doubles quehues pendant, desquelles la teneur est telle :

Guillaume de Grantson chevalier seigneur de Pesmes scavoir faisons à tous, que comme les habitans de nostre ville de Pesmes ayent esté du temps passés et soyent nos mainmortables et taillables deux fois l'année à nostre volonté et ayent esté notred. ville par guerre prinse, pillée et par feu gastée tellement qu'elle a estée presque déserte et est en voye de cheoir en plus grant ruyne et désertion, tant par faulte d'habitans que de maintenement et fortiffication d'icelle ; Nous désirant l'augmentation et accroissement de laditte ville et habitans d'icelle, et à ce pourveoir par l'advis et délibération de plusieurs Nos seigneurs parens et amys charnels quelconques, et meure délibération de conseil ; Avons perpétuellement ausdits habitans de ladite ville de Pesmes, hommes et femmes presens et advenir, pour eulx et leurs hoirs, successeurs et ayant cause d'eulx, donnés ou ouctroyés, donnons et ouctroyons par ces presentes Lettres, de notre certaine science, les libertés, franchises, exemptions et previlèges que s'ensuyvent ;

Premièrement la dite ville de Pesmes, les habitans en icelle et chascun des hommes et femmes, leurs enffans, pour eulx, leurs hoirs, leurs successeurs et ayant cause d'eulx, leurs meix, maisons, héritaiges quelconques, meubles, non meubles, immeubles et aultres biens quelconques, soyent francs, quittes, exempts de toutes mainmortes, tailles, courvyées, exactions, guises, prises, aides, dons et subventions quelconques, gardes de prisons et de toutes aultres manières de servitudes par quelconques manières qu'elles soyent dictes, nommées ou appellées.

Et tiendront et pourront tenir leurs dits meix, maisons et aultres biens dessus dits de quelques lieux où ils seront ou habiteront, sans danger parmy, payant la Rente ou débite que les héritaiges qu'ils auront debvront, sauf réserve à nous et nos hoirs et successeurs sieurs et dames dudit Pesmes, les seignories, justices et droictures cy après déclairées et divisées.

Premièrement lesdits habitans doibvent à nous, à nos hoirs et successeurs seigneurs ou dames dudit Pesmes host et chevauchie (1) et nous servir en guerre mesme pour notre propre fait ou de notre fils, à nos missions et dépens, touteffois que pour ceste cause les trayrons de la chastellenie dudit Pesmes, et nous doivent aider à deffendre nous et nos terres es depens de nous, nos hoirs et successeurs, seigneurs et dames dudit Pesmes, au comté de Bourgoingne, hors de ladite

---

(1) Service militaire obligatoire. Ost, service dans l'infanterie ; chevauchée service à cheval.

chastellenie dudit Pesmes ; Et ne les en debvront requerir ne faire a requerir sans juste et loyale cause.

Et il pourra chascun desdits habitans envoyer pour luy homme recepvable (1), touteffois homme qui n'eust oncques femme, ne que ne tient hostel ; homme de qui la femme gist d'enffans, homme qui gist malade au lict et femme vesve n'y seront tenus d'aller ne de y envoyer si ne leur plaît.

Les dits habitans doivent obeir aux bans et aux commandements du Bailly du chastelain, et du prévost dudit Pesmes saufs toujours les dites franchises cy devant et cy apres escriptes. Le Ban et commandement que l'on fera auxdits habitans ou aulcun d'eulx doibvent estre faits par juste Raison et sans mauvais accusons.

La justice haulte, moyenne et basse et toutes les amandes sont à nous, nos hoirs et successeurs seigneurs et dames dudit Pesmes (2).

Gaige de batailles, gestes encourt qu'il ne sera adjugie et fait, il nous debvra soixante sos Estevenant d'amande ; et qui levera ledit gaige sans licence de nous ou de nostre Bailly, sera amandable à nous arbitrairement. Et se nous ou nostre bailly dudit Pesmes ne sommes en ladite ville, le Prevost et les Proudhommes dudit Pesmes doivent mettre garde sur le gaige et sur celluy qui l'aura gesté jusques à la venue de l'ung de nous se n'est bien tenanble.

Item, qui ferira hommes ou femmes d'armes esmoulues, et il y a sang par peaux rouptes, Il nous debvra soixante sos d'amande : Et se n'y a sang, ou se sang il avait qui fut sans peaux rouptes, par conduyt, il nous debvra trois sos Estevenant d'amande,

---

(1) C'était le remplacement militaire autorisé.
(2) Elles appartiennent maintenant à l'État.

se tant n'estoit que l'on eust enfrainct notre garde essurément ou deffense.

Vuillennie dicte, se l'on ne dit de quoy, nos debvra tant seulement trois sols d'amande (1). Et si l'on dit de quoy, il nous debvra soixante sols (2).

Tous clains faits à justice nous debvront trois sols d'amande et les paiera celluy qu'il sera treuvé à tort, excepté de la déclaration cy dedans contenue (3).

Désobéissance de bans et de commandements debvront trois sols d'amande (4).

Qui deffauldra d'aller en notre host ou en chevauchie, il nous debvra soixante sols, se n'est excusé d'aulcunes des choses avant dictes

Nul ne nous debvra amande si l'on ne se plaint de luy, ou s'il n'est prins au present meffait par justice,

Qui meffera en vignes, en vergiers, en champs, en prels ou en curtil de jour, il nous debvra trois sols ; et de nuyt, soixante sols d'Emende, et restituera le dommaige à la partie à cuy il sera fait

Et pourra ung chascun desdits habitans gaigier en son dommaige, sans sergent ou justice,

Et sera creu ung chascun desdits habitans de son dommaige par son serment jusques à trois sols sans tesmoings

Les plays et les causes desdits habitans de ladite ville de Pesmes seront demenées en icelle ville de Pesmes en l'aulle ou en notre chateaul dudit Pesmes. Nuls de ladite franchise ne pourra estre contraing de plaidier autre part, hors de ladite ville de Pesmes de choses qui nous appartient.

Et tous cas ou contraulx qu'ils se feront dedans

---

(1) Injures simples.
(2) Diffamation.
(3) Dénonciation calomnieuse.
(4) Contravention à un arrêté de police.

les termes de ladite franchise se déduiront audit lieu de Pesmes et non aultre part.

Tous faulx poix, aulnes, boisseaux et aultres mesures qu'ils seront tropt grans nous debvrons trois sols d'amende. Et s'ils sont tropt petits nous debveront soixante sols. Et pourra chascun de ladite ville peser, mesurer et aulner, de poix, mesures et aulnes d'aultruy sans accuson, se ils sont justes, saufs et réservé le droit du grand poix qu'il appartient à la chappelle fondée en l'église parrochiale dudit Pesmes

Et en outre avons voulu et voulons pour nos, nos hoirs et successeurs dudit Pesmes, Seigneurs et dames, que choses qu'il soit faicte dorresnavant contre ceste franchise, ou aulcungs poings d'icelle, ne vaillent et ne soit tenus par usaige par coustume ny pour prescription

Après, avons voulu et ouctroyé, et par les présentes lettres voulons et ouctroyons, que ladite communauté de ladite ville de Pesmes se puisse assembler chascun an, le landemain de la Nativité Notre-Seigneur, en ladite église ou en l'aulle de Pesmes, et illec eslire quatre proudhommes jurés, pour les affaires de ladite ville ordonner et gouverner, et qu'ils les puissent chascun an changier les deux, les trois ou les quatres, se bon leur semble ; lesquels incontinent qu'ils seront esleus, seront tenus de jurer de garder les droits de nous et de nos successeurs dudit Pesmes, de byen et loyalement gouverner le fait de la communauté de ladite ville de Pesmes ; ausquels proudhommes tous les habitans d'icelle ville de Pesmes seront tenus de obéir et de garder les ordonnances et establissement qu'ils feront pour les prouffits des communautés et Eglises d'icelle ville de Pesmes. Et ceulx à qui eulx n'obéiront, ni ne feront ce que par eulx sera ordonné par le commung accord d'eulx quatres, ou de la plus grande partie d'eulx, debvront à nous six sols d'amende se ledits proudhommes se clament d'eulx, pour chascune fois qu'ils en deffauldront (1).

Et est assavoir que les messiers et gardes de vignes et des biens de ladite ville de Pesmes doivent estre mis par lesdits quatre proudhommes, et doivent iceulx proudhommes prendre le serement desdits messiers et gardes de biens, en tel cas accoustumés. Et toute les amendes qu'il viendront et seront rapportées par lesdits messiers et gardes desdites vignes et desdits biens, seront à nous se ceulx à qu'il seront faits les dommaiges se plaignent. Et en quelque cas que ce soit n'aura point d'amende partie contre aultre, se claints n'y vient ou qu'il soit prins au present meffait comme dit est.

Qui fera petits pains, selon la valeur du blez qui sera lors au regard des proudhommes dudit Pesmes, nous debvra pour amende trois sols, et sera ledit pain donné pour Dieu.

Qui achètera poissons ou viandes pour vivre, devant prime pour revendre crues, ou celluy qu'il vra au devant, hors de ladite ville acheter desdites viandes, nous debvra pour amende trois sols.

Marchiers ou bouchier qui vendra aux bans chair quelle qu'elle soit, qu'il ne soit tuée ou morte, de bonne mort, chair mézelle, truie, chevres, berbis, moutons, coillars, chair qu'il aura esté tuée en esté temps plus d'ung jour, et en yver, plus de deux jours, chair tuée pour Juifs, ou aultre chair deffendue, nous paiera pour amende soixante sols. Mais seront vendus toutes lesdites chairs es bans derriers, qui, au regard du Prevost dudit Pesmes et des quatre proudhommes

---

(1) Pouvoir donné aux prudhommes de faire des règlements de police.

d'illec, seront si loing des bans devant que bonnement lesdits maréchiers ou bouchiers ne pourront transporter ne mesler connectement la chair deffendue parmy la bone, dès les bans derriers avec ceulx devant (1).

Tavernier qui qu'il encherira son vin, depuis qu'il aura entaverné, ou celluy qu'il y mectra empirement, nous paiera pour amende soixante sols

Qui rescorra à ung sergent dudit lieu, pour amende il nous payera soixante sols.

Qui rescorra à son voisin, il remectra les gaiges, et paiera pour amende trois sols, ce il se claint

Et tous les cas pourtant amende, desquels mention n'est faicte en ces presentes lettres, se déduiront et adjugeront selon la coustume dudit lieu de Pesmes et selon raison; laquelle coustume sera sceue et dicernée par lesdits proudhommes dudit lieu (2).

Les termes et les bounes de ladite ville de Pesmes sont et doivent estre entre les croix qu'il sont alentour de ladite ville de Pesmes, tout à la ronde.

Et les franchises et libertés dessus dites se extendront par tout le finaige dudit Pesmes

Et aussi voulons que lesdits quatre proudhommes jurés de ladite ville de Pesmes, puissent faire et mettre bans et commandemens, gest, impos et communal, sans notre justice toutes les fois qu'il leur plaira, pour la fermeté de ladite ville, maintenement et utilité d'icelle, et généralement pour tous les prouffits de ladite ville, à telle peine que bon leur semblera; laquelle peine sera à nous selon son claint Desquels gests et imposts ils seront tenus de en rendre compte devant les commis et depputés desdits habitans

---

(1) Règlement très sage qu'on aurait pu conserver.
(2) Les anciennes coutumes non contraires aux présentes franchises et reconnues par les prudhommes seront respectées.

Celluy qui se partira de taverne ou d'ostellerie dudit Pesmes, sans satisfaire ou contenter son hoste, si s'en plaint, nous paiera pour amende trois sols

Toutes places communes que seront encombrées, et l'on fait commandement par le prevost ou sergent, à la requeste des quatre proudhommes dudit lieu, à celluy qui les aura encombrées, qui les décombroit deans huit jours suyvans, et lesdits huit jours passés après ledit commandement, se lesdites places ne sont descombrées celluy à qui sera esté fait ledit commandement nous paiera pour amende trois sols

Toutes amendes à cause d'appellation se conduiront à la manière accoustumée et que l'on a usée audit lieu de Pesmes.

Et pour raison de ceste franchise et abonnement, lesdits habitans de Pesmes et chascun aultres ayant meix, maisons et héritaiges en ladite ville de Pesmes, finaige et territoire d'icelle ville, qui souloient estre les taillables et de mainmorte de nous, avant ceste présente franchise, nous paieront pour toises de front de maisons et meix doze deniers Estevenant ou aultre monnoye à la valeur (1).

Et pour chascun journal de vigne, trois sols Estevenant, c'est assavoir huit engroignes pour ung sol Estevenant, ou aultre monnoye à la valeur; pour chascune faulx de prel, deux sols Estevenant, et pour chascun journal de terre doze deniers Estevenant et au dessouts, selon la quantitey que ung chascun l'aura des héritaiges et choses dessus dites (2).

Et ung chascun desdits habitans pourra tranchier tous bois morts ou vifs en son héritaige pour luy édiffier, sans aulcunes amendes ne accusons de justice,

---

(1) Impôt sur la propriété bâtie.
(2) Impôt foncier.

et pour tant que seront lesdits héritaiges chargés des choses et charges dessus dites, seront francs et quittes de toutes aultres tailles, charges et servitudes qu'ils devroient paravant.

Encour seront tenus lesdits habitans dudit Pesmes ayant char, charrotte et chevaulx ung chascun d'eulx endroit soy, de admener ou faire admener à nous et à nos successeurs seigneurs et dames dudit Pesmes au chasteau d'illec, chascun an, une charrotte de bois prinse en nos bois sanss accuson, la veille de la Nativité Nostre Seigneur, et pareillement, la veille de Pasques charnel, la veille de la Nativité Saint Jehan-Baptiste et la veille de Toussaincts, ensuivant chascun char de ladite ville, une voiture de foing chargée en nos prels dudit Pesmes et de nostre foing en fenaison (1).

Et parmy ce, leur debvra bailler aide pour charger auxdits prels et descharger en notre grange dudit Pesmes, à nos despens et missions

Et ceulx qu'il auront feug et lieu en ladite ville de Pesmes, et ils louheront les maisons pour leurs demourances, nous paieront chascun pour leurs fouaiges et chambraiges cinq sols estevenant ou aultre monnoye à la valeur (2).

Et est assavoir que lesd. habitans seront tenus de aider à nous et à nos successeurs seigneurs dud. Pesmes, es cas esquels l'on a accoustumé au conté de Bourgoingne, de faire aide à son seigneur ; c'est assavoir, pour nouvelle chevalerie, pour le passaige d'oultre mer, pour le mariage de l'asnée fille, et pour sa ramson se il estoit prisonnier ou son fils : Laquelle aide pour chascune fois sera raisonnable et selon la

---

(1) Corvées dues au seigneur.
(2) Cote mobilière.

faculté desd. habitans: Laquelle aide sera imposée auxd. habitans en communs, et sera esgalée et gettée par les quatre eschevins de lad. ville, ou aultres tels que lesd. habitans ils vouldront eslire

Tous taverniers, marchans, ouvriers de bras et laboureurs de bon fame, seront creus en jugement par leur simple serement, sans temoingnaige, de ce que l'on leur pourra debvoir jusques à la valeur de trois sols estevenans

Et en oultre lesdits habitans de Pesmes, leurs hoirs successeurs et les ayant cause d'eulx, pourront donner et aliéner leurs biens meubles, immeubles et héritaiges estant en ladite ville de Pesmes finaige et territoire d'illec, ou aultre part, à qu'il qui leur plaira, sans le consentement de nous ou de nos successeurs, seigneurs ou dames dud. Pesmes ; saufs notre droit et les charges dessusd., et desd. transports en faire et passer lettres soubs notre scel, c'est assavoir par nostre tabellion dud. Pesmes ; pour lequel scel ils debvront payer tant seullement doze deniers estevenant si la somme contenue esd. lettres ne passe dix livres Estevenant ; et si elle passe dix livres Estevenant, ils debvront payer pour chascune livre ung denier estevenant (1).

Et en oultre se aulcungs habitans de Pesmes est adjournés devant le Bailly, Prevost ou aultres des juges dud. Pesmes, pour chose deue, et il a confessé plainement à la première journée, il ne debvra aulcune amende.

Et se aulcungs des Sergents fait aulcungs adjournement ou gaigement dedans les bounes de lad. ville de Pesmes, à la Requeste d'aulcungs des Bourgeois

---

(1) Droit d'enregistrement actuel.

dud. Lieu ou sur aulcungs des Bourgeois de lad. ville de Pesmes, il n'aura aulcungs salaires ; Mais si se ce est sur personne estrange, le sergent aura quatre deniers estevenant pour chascun adjournement ou gaigement, non plus.

Et pourront lesd. habitans de Pesmes gaiger l'ung l'aultre et vendre les gaiges pour leur propre debt, sans sergent et selon la coustume de lad. ville, gardée en tel cas

Et aussi pourront iceulx habitans prester l'ung à l'aultre leurs aulnes, mesures de vin de huille ou aultres courans, tous les jours de la sepmaine, sans accuson et sans amendes, pourveu qu'elles soient armoyrées de nos armes et qu'elles ayent estés taillées une fois, et aussi qu'elles soient justes (1) Et les pourront prester l'ung à l'aultre comme dit est, pour vendre et acheter, excepté à jour de foire et de merchefs

Item voullons que chascuns habitans dud. Pesmes soit creus, se y jure par son serement donné aux Saincts Evangilles, et sans aulcune fraulde, avoir paié sa vente à jour de foire ou de merchefs et que chascun habitans de lad. ville soit creu sans accuson à paier sad. vente, jusques au lendemain de foire ou de merchefs, à heure de midy ; Et dure lad. foire dès la veille à heure de midy, jusques au lendemain d'icelle foire à heure que dessus.

Et ne seront tenus lesd. habitans ne aultres personnes de payer vente, ce n'est à jour de foire ou de merchefs

Item et quand lesd. habitans ou leurs successeurs viendront au devant de nous ou nos successeurs, sieurs ou dames dud. Pesmes, par le temps advenu,

---

(1) Vérification des poids et mesures.

le sieur ou dame qui pour le temps, sera tenus de faire serement sur l'aultel de l'église Sainct Ylaire dud. Pesmes, d'estre bon et loyal sieur auxdits habitans, et qu'il leur tiendra et maintiendra ces présentes lettres de franchises parmy ce que lesd. habitans seront tenus de jurer en notre présence et celle de nos successeurs sieurs dud. Pesmes, en lad. église, ou à la porte d'icelle ville, d'estre nos vrays loyaulx subjects et hobéissans

Et pour nostre bienvenue, sont et seront tenus lesd. habitans de nos donner une aquenée au pris de cinquante escus d'or ou monnoye à la valeur, qu'il sera achetée en la présence du chastelain dud. lieu de Pesmes, ou aultres de nos gens, commis et depputés de part nous

Et à nostre nouvelle seignorie dud. lieu de Pesmes ne seront tenus par iceulx habitans pour seigneurs, jusques à ce que nous aurons fait le serement dessusd.

Et pareillement, que les Bailly, chastelain, Prevost et aultres nos justiciers et officiers dud. Pesmes, en leurs nouvelles institutions jureront et debvront jurer par leur serement donné aux Saincts Evvangilles de Dieu, ung chascun d'eulx en tant comme il touchera son office, lesd. franchises maintenir et garder de tout leur pouvoir durant leurs offices, et de ce, seront tenus de bailler auxd. habitans leurs lettres soubs leurs sceaulx

Et jureront, comme dit est, iceulx habitans à la venue de nous et nos successeurs sieur et dame dud. Pesmes, qu'ils seront bons et vrays obéissans à nous et à nosd. successeurs sieurs et dames dud. Pesmes, qu'ils garderont nostre bien et honneur, et de nos successeurs, et procureront de leur puissance nostre prouffit et évisteront dommaiges à leur pouvoir

Item seront tenus lesd. habitans de bailler à nous et à nos successeurs, sieurs dud. Pesmes, ung messaigier, tant seullement ydone et suffisant, par l'ordonnance des quatre proudhommes pour pourter nos lettres à nostre prouffit, parmy ce qu'il sera payé par nous ou nos successeurs sieurs dud. Pesmes aud. messaigier, par chascune lieue, allant et venant, deux deniers estevenans ; c'est assavoir pour l'aller deux deniers, et deux deniers pour le restour ; Et pour chascune nuigt que couchera hors de lad. ville de Pesmes, quatre deniers estevenans par tout la conté de Bourgoingne, et en la duché de Bourgoingne, jusques à Poix et non plus (1).

Item seront tenus iceulx habitans de nous faire avoir quatre chevaulx bons et suffisans, de la valeur de trente francs, touttefois que nous yrons en aulcungs mandemens et à nos retours seront tenus de les rendre et restituer ausd. habitans, et ne seront tenus iceulx habitans à nous et nos successeurs, sieurs dud. Pesmes, de plus faire à avoir, jusques à ce que par nous ou nos successeurs leurs ayons rendus lesd. chevaulx

Et pourrons panre sur iceulx habitans toutes manières de vivre, pour nostre nécessité et celle de nos successeurs sieurs dud. Pesmes pour prix raisonnable et competant tauxé par lesd. quatre proudhommes (2).

Item que tous ceulx qui tienront meix, maisons, curtil, prels, terres et vignes, de dedans les termes de lad. franchise, nos paieront et debvront paier les rentes et choses dessusd. chascun an, le lendemain

---

(1) Poix, actuellement Puits, village de la Côte-d'Or, canton de Laignes, arrondissement de Châtillon.
(2) Droit de réquisition.

de la Nativité Nostre Seigneur, en nostre chastel dud. Pesmes ; et qu'il deffauldra pour la première année, nos debvra pour amende trois sols ; pour la seconde année sept sols ; pour la tierce soixante sols, et pour la quarte année l'héritaige dont l'on aura deffaillu de payer nos sera acqui pour en faire nostre bon plaisir et ordonnance (1).

Item seront tenus lesd. habitans de nos bailler ou à nos commis et depputés, bonne et souffisante déclaration de leurs meix, maisons et héritaiges qu'ils tienront dedans les meites de ceste franchise, soient en estat suffisant ou en desert, sur peine d'estre acquis à nous ou à nos successeurs, sieurs dud. Pesmes tout ce qu'ils auront obmis de bailler par déclaration comme dit est et sur peine de soixante sols d'emende (2).

Et seront aussi tenus iceulx habitans de faire guet et garde en lad. ville de Pesmes, toutes et quanteffois que besoing sera, et de aider à faire toutes fortifficalions et réparations d'icelle ville de Pesmes hors de nostre chastel et dongeon, par l'ordonnance de nous ou nos commis

Et les dessusd. libertés, franchises, exemptions et previlèges avons donné et ouctroié, et par les presentes lettres donnons et ouctroions à nostre ville de Pesmes, les habitans en icelle ville, chascun d'eulx, hommes et femmes, leurs enffans et leurs hoirs et successeurs et ayant cause d'eulx, présens et advenir, pour causes dessusd.

Et pour ce qu'ils nous ont donné et payé pour une fois la somme de cinq cens francs d'or ou mon-

---

(1) Les denrées et autres redevances étaient livrées en la maison du seigneur, où est actuellement un hôtel, sur la porte d'entrée de laquelle on lit encore cette plaisanterie, souvent renouvelée depuis : OMNIA CVM PVNDERE ET MENSVRA NVLLA FIDE HODIE CRASTINA SOLA DATVR. (Tout au poids et à la mesure aujourd'hui qu'il n'y a pas de bonne foi, demain on s'en tiendra à la déclaration du débiteur).

(2) C'est la matrice cadastrale qui maintenant remplace cette déclaration.

noye à la valeur, lesquels cinq cens francs nous employrons ou ferons employer en la reparation et maintenement de nostre ville de Pesmes.

Réservés à nous et à nos successeurs, seigneurs dud. Pesmes touttesffoys, et non comprins en ces présentes franchises, Pierre Pillot, demeurant à Paris, et Perrin de Pesmes, demeurant à Genesve, lesquels Pierre Pillot et Perrin de Pesmes sont toujours et demeurent nos hommes mainmortables et taillables, et aussi de la condition qu'estoient lesd. habitans de Pesmes avant l'ouctroy et concession de ceste franchise.

Lesquelles franchises, libertés exemptions et previlèges cy-dessus spécifiés, déclairés et émises, et chascun d'eulx selon sa forme et teneur, et au meilleur et plus vray et seur entendement que faire ce pourra, au prouffit et utilité desd. habitans, et d'ung chascun d'eulx, et des ayans cause d'eulx, Nous avons promis et promettons en bonne foy, et par notre serement pour ce donné et juré aux Saints evvangiles de Dieu, tenir, maintenir, garder et observer fermement, entièrement et inviolablement, sans corrompre et sans jamais rappeller ne venir encontre, ne souffrir ou consentir que aultre y viegne en aulcune partie d'icelles, par quelconque manière que ce soit, soubs l'expresse et efficace obligation de tous et singuliers nos biens, et des biens de nos successeurs et ayans cause de nous, meubles et non meubles, présents et advenir quelconques, lesquels biens tous et singuliers nous avons pour ce engagés et obligés expressément. Et avons quant à ce pour nous, nos hoirs et successeurs renoncés et renonceons par ces presentes lettres à toute exception de mal, debarrat, de fraulde, d'ignorance, de déception, de compulsion, de circonvention, à l'exception sans cause ou moings suffisante cause, à toutes restitutions par entier, par deffault d'eaige ou pour quelques aultres causes que ce soit, et à toutes aultres déceptions, raisons, deffences, cauteltes, cavillations et alleguations que contre la teneur de ces presentes lettres nous ou nos hoirs et successeurs pourroient aider, et nuyre ausd. habitans de Pesmes et aux ayans cause d'eulx

Et le droit disant que generale renonciation non valoir se l'especiale ne est devant mise

Et supplions très humblement à nostre très redouté et Souverain Seigneur Mons$^{gr}$ le duc et conte de Bourgoingne, duquel, à cause de son conté de Bourgoingne, nous tenons en fied et hommage nostre chastel et ville de Pesmes, appartenances et appendances d'illec, qui luy plaise louher, consentir, rattiffier, appreuver et confirmer lesd. franchises, libertés, exemptions et previleges, et desd. confirmation, consentement, rattiffication et approbation donner ces lettres esd. habitans pour eulx et les ayans cause d'eulx

Et pour ce que ces choses soient fermes et estables nous avons mis notre séel à ces présentes lettres, ensemble et avec les seings mannuels des notaires cy dessous soubscriptes à nostre requeste.

Donné en notre chastel de Pesmes, le quinzième jour de novembre, l'an de grâce courant mil quatre cens et seize. Présens Aymé de Bart, Jean Dessus les Aultres, Claude d'Andelost, fedry dit Roc, escuyers, et Estienne de Foulans, Clerc, tesmoings, et à ce par nous especialement appelés et requis ; ainsi signé, huguenin de Sornay, Ita Est, Prussardy, J. de Malan.

CONFIRMATION PAR LE DUC ET COMTE DE BOURGOGNE

Lesquelles lettres cy dessus transcriptes et incorporées, ensemble les libertés, franchises, exemptions et prévileges, et toutes et chascunes ces choses déclairées et contenues en icelles lettres ayons aggreables ; que memement considérant à ce que la somme de cinq cens francs, receue par nostre aymé cousin Messire Guillaume de Grantson, Seigneur de Pesmes, cy devant nommé, pour cause de l'ouctroy et concession desd. lettres, a esté de par luy employée et convertie en la reparation et fortiffication de lad. ville de Pesmes, comme nous en avons estés et sommes suffisamment informés, et aussi sont lesd. lettres pour repeupler et accroistre lad. ville de Pesmes, qui est de nostre fied, et aussi est le tout à l'amélioration et augmentation de notre fied

Nous pour grand et meure délibération de nostre conseil, avons, pour nos, nos hoirs, successeurs, ayans cause de nous, à l'humble supplication dud. nostre cousin, et des manans et habitans de sad. ville de Pesmes, louhés, gréhés, rattiffiés, consentis et approuvés, louhons, grehons, rattiffions, approuvons, consentons et de nostre certaine science, grace especiale, entière et pleine puissance ; A perpétuité confirmons, par ces mesmes présentes, sans ce que de par nous ou nosd. Successeurs, ne aultrement doyve estre, ne soit de cy en avant venir, aller en fait contre la teneur desd. lettres cy dessus incorporées, en aulcune manière. Et affin que ce soit et demeure chose ferme et estable à tous jamais, nos avons faict mectre nostre séel à ces nos présentes lettres, saufs en aultre chose notre droit et l'aultruy en toutes.

Donné à Dijon, le dix septième jour du mois de feuvrier l'an de grace mil quatre cens et seize. Ainsi signé sur le Reply, par monseigneur le duc, à la relation du Conseil auquel nous et plusieurs aultres en grant nombre estions Bonneseaul et escript, Visa

*Archives communales de Pesmes* $\frac{AA}{I}$

## 17 Mai 1417 : Quittance des 500 francs

Est attaché à icelle franchises la quittance de 500 francs payés et que tenus étoient les habitans dudit Pesmes pour le fait des franchises de Guillaume de Granson, seigneur dud. lieu, commenceant : Nous Guillaume de Granson, chevalier seigneur de Pesmes En datte du 17ᵉ de may l'an 1417.

*Ancien invent. des arch. de Pesmes* $\frac{JJ}{9}$

## V

Election des prudhommes — Droit de pêche — Assemblée des habitants pour délibérer — Les Jurés — Maire élu — Antoine Grignot — Lieutenant de maire — Nouveau mode d'élection — Difficultés avec le seigneur — Avec le maire — Ordonnance de l'Intendant — Nouvelles difficultés — Nouvelle ordonnance — Refus de paiement du cens au seigneur — Les droits seigneuriaux — La noblesse renonce à ses privilèges — Conciliabules de la noblesse — Réunion des Etats de Franche-Comté — Arrêt du parlement de Franche-Comté — Protestations — Cahiers de doléances des habitants de Pesmes — Députés aux Etats généraux — Suppression des anciennes provinces — Division de la France en départements — Érection des anciennes paroisses en communes — Oudille, maire — Oudille, juge de paix — Badouiller, maire — Formation d'un club à Pesmes — Société des Amis de la liberté et de l'égalité — Arbres de la liberté — Louis XVI condamné à mort — Son exécution — Assassinat de Marat ; service funèbre à Pesmes — Destruction des Armoiries — Comité de surveillance — Désarmement des personnes suspectes — Les femmes armées de piques — Le drapeau blanc enlevé de l'église et brûlé sur la place publique — Destitution de fonctionnaires — Arrestation de M. de Choiseul — Fête anniversaire de la mort du roi — Fin de la Terreur — Epuration des fonctionnaires — Doudier, maire — Désarmement.

Pendant près de trois siècles, l'élection des quatre prudhommes jurés ou échevins eut lieu régulièrement le lendemain de Noël par tous les habitants de Pesmes réunis à cet effet au son de la cloche. Les quatre premiers échevins prudhommes dont les archives communales nous ont conservé les noms sont : Odard Honneret, Jean Michelet, Guillaume Guenasin et Perrenot Mairot, représentant la commune de Pesmes dans un procès qu'elle soutint contre son seigneur.

En 1425, Guillaume de Grandson, qui avait affranchi les habitants de Pesmes, leur fit défense de pêcher dans la rivière de l'Ognon, soit de jour, soit de nuit. Les échevins se pourvurent contre cette défense devant la justice seigneuriale, pour trouble apporté dans leur possession du droit de pêche dans la rivière, depuis le moulin Grassot jusqu'à la Saône, et sollicitèrent une enquête pour établir une jouissance même immémoriale du droit qu'ils revendiquaient. L'enquête justifia pleinement leurs prétentions, et le seigneur, qui avait, par l'acte d'affranchissement promis de respecter les anciennes coutumes de Pesmes, s'empressa, le 16 mai 1425, de rapporter son arrêté et d'autoriser la pêche dans les conditions où elle avait eu lieu par le passé (1).

Cette difficulté se renouvela en 1472, mais les échevins, qui étaient alors Pierre Renaud, Jean Bombard, Guillemin Baroillot et Claude Guichot, se fondant tant sur la possession des habitants que sur le titre du 16 mai 1425, obtinrent la main levée de l'interdiction de pêcher décrétée par le seigneur de Pesmes, Dame Guillemette de Vienne.

Les prudhommes qui, aux termes d'un règlement arrêté par le parlement de Dole au mois de décembre 1657, devaient être choisis parmi les plus notables et apparents de la commune, ne délibéraient pas entre eux enfermés dans une salle comme dans un cénacle ; tous les habitants de la ville étaient appelés à prendre part aux délibérations. Le peuple était réuni au son de la cloche sur l'ordre des échevins, qui exposaient publiquement l'objet de la réunion. Le sentiment patriotique présidait à ces assemblées populaires qui, malgré la diversité des classes, ne furent jamais tumultueuses. Elles ne le devinrent que plus tard sous l'influence des idées de liberté et d'égalité qui se répandirent dans les esprits, et après le changement apporté dans la constitution de la municipalité. Jusqu'alors, c'était la ville s'administrant elle-même, à la satisfaction de toute la population. Cette administration très sage, très prudente, était inspirée par un sentiment religieux qui ne se démentit jamais. Dans toutes les grandes circonstances, dans tous les cas embarrassants, le magistrat recourait à

---

(1) Pièces justificatives, II.

la prière et mettait toute sa confiance dans l'utile intervention de la Providence.

La conquête de la Franche-Comté par Louis XIV changea ce mode d'administration. Un arrêt du parlement de Besançon, du 18 février 1689, portait que les habitants de Pesmes pourraient avoir quatre échevins pour l'administration de leurs affaires et y associer neuf habitants pour concourir avec eux, sous le nom de *Jurés*, à cette administration. Le Conseil de la ville se trouvait alors composé de treize personnes. L'élection de ces treize personnes engendra bientôt dans la population des cabales et des divisions qui furent souvent nuisibles à la bonne expédition des affaires et à la tranquillité publique.

Le roi de France s'était couvert de gloire, mais son règne fastueux avait épuisé ses trésors. Ses ministres employèrent divers moyens pour les remplir. Entre autres, on imagina de faire payer aux villes de la Franche-Comté le droit de conserver leurs maires avec leur juridiction, et la ville de Pesmes fut taxée à cet effet à 2.200 francs par arrêt du 28 avril 1693. Vainement les échevins représentèrent à l'intendant de la province « qu'à Pesmes il n'y a
« eu jusqu'ici aucun magistrat composé de maire établi,
« mais que la ville est seulement gouvernée par quatre
« échevins prudhommes, sans aucune juridiction ni jus-
« tice, qu'ainsi on a sujet de croire que lad. ville n'est pas
« comprise dans celle où l'on veut conserver le magis-
« trat (1).

« Qu'en conséquence on supplie led seigneur Inten-
« dant d'exonérer du paiement de lad somme, si non d'éta-
« blir un maire titré afin que l'on trouve quelque sujet qui,
« achetant cet emploi, en décharge la ville » (2).

Cette délibération, reposant sur des motifs qui parais-

---

(1) Le magistrat d'une ville était l'ensemble des fonctionnaires appelés à administrer la ville.

(2) Délibération du 31 mai 1693.

saient très sérieux, n'eut aucun succès. L'Intendant insista et menaça de contrainte ; il fallut se soumettre. Les élections eurent lieu le 23 décembre 1693 ; M. Antoine Grignet, docteur en médecine, fut le premier maire élu de Pesmes, mais il ne voulut pas prendre à sa charge le paiement des 2.200 francs, montant de la taxe réclamée par l'État. Cette somme fut empruntée par la commune le 24 janvier 1694, et l'arrêt « touchant la réunion des offices de conseillers
« du Roy, maire, échevins et assesseurs de lad ville de
« Pesmes, daté de Versailles le quatorze novembre 1695,
« signé Louis, visé et scellé de cire jaune Enregistré Es
« cours de Parlement et Chambre des Comptes de cette
« province », ne fut déposé aux archives de Pesmes par l'avocat Grignet, maire, que le 14 août 1722 (1). Ce n'était qu'un premier pas dans cette voie fiscale. Moins de dix ans plus tard, en juin 1703, on créa un *lieutenant de maire*, dont il fallut payer la charge. La ville souleva à cet égard une contestation, elle protesta ; mais le 22 mai 1704, on lui signifia une contrainte « en paiement de 266 livres 13
« sols 4 deniers faisant le tiers de 800 livres et 2 sols par
« livre pour la réunion des offices de Lieutenant de maire
« et assesseurs ». Il fallut encore payer ; comme on paya plus tard, en mai 1730, une somme de 1536 livres 9 sols plus les frais, pour l'acquisition de la charge de receveur des octrois et deniers patrimoniaux pour être réunie au magistrat. On restreignait de plus en plus la liberté des élections, et l'Intendant usait quelquefois très arbitrairement de son pouvoir. La municipalité se renouvelait chaque année sur la fin de décembre. Pour l'année 1710, on avait élu pour maire un sieur Fourcaut, dont l'élection fut contestée par le sieur Grignet, avocat, qui sollicita pour lui-même les fonctions dévolues à Fourcaut. L'Intendant, par un ordre daté du 2 janvier 1710, délégua de sa propre autorité la charge de maire audit Grignet.

(1) Archives communales de Pesmes.

Ces actes d'autorité indisposaient la population, qui voyait ses choix méconnus au profit de la haute bourgeoisie, plus en rapport avec le pouvoir supérieur. Elle voulut réagir contre des procédés qu'elle considérait comme contraires à ses droits. La bonne harmonie qui, pendant plusieurs siècles, avait régné entre les habitants, eut à souffrir quelques atteintes. Il arriva que l'assemblée populaire élut des échevins ou des jurés qui ne rentraient pas dans la classe des habitants notables et apparents. Des troubles se produisirent ; les réunions devinrent tumultueuses. Alors M. de Résie sollicita de l'Intendant un nouveau mode d'élection, et le 27 janvier 1721, une ordonnance de M. de la Neuville décida qu'à l'avenir le maire, les échevins et les jurés formant ensemble le nombre treize, s'adjoindront treize autres notables tirés au sort sur une liste de vingt-six choisis parmi les plus apparents de tous états, et que ces treize notables avec les treize jurés procéderont « à la pluralité des voix à l'élection « des officiers et des autres jurés jusqu'au nombre de « treize ». Le nouveau régime n'était pas favorable à la liberté. Peut-être les intérêts de la ville n'avaient-ils pas à en souffrir, les suffrages ne pouvant se porter que sur des personnes ayant intérêt elles-mêmes à ce que la ville fut bien administrée. Mais en 1723, en vertu d'un édit du roi du mois d'août 1722, le marquis de la Baume, seigneur de Pesmes, leva toutes les charges de cette ville pour l'année 1724 et fit donner des provisions de l'office de maire à Claude-François Grignet, son chatelain ; de l'office de procureur du roi en l'hôtel-de-ville au sieur Pyot, son procureur fiscal, et de l'office d'échevin à Claude-François Carolet, son maréchal-ferrant. Un vif mécontentement se manifesta au milieu de cette population de Pesmes, avide de liberté. Un mémoire contenant ses griefs fut adressé à l'Intendant, avec opposition à l'installation des officiers du seigneur dans les fonctions municipales. Les habitants

de la ville fondaient leur protestation sur une ordonnance du 9 juillet 1687 et un arrêt du Conseil du 14 novembre suivant. Ils ajoutaient que « les intérêts de la ville étant
« opposés à ceux de M. le marquis de la Baume, il semble
« et il paroit mesme de Justice que les officiers de mon-
« sieur le marquis de la Baume ne peuvent avoir ni pren-
« dre connaissance des affaires de la ville ; que la juridic-
« tion de la ville est totalement opposée à celle du sei-
« gneur et que ce seroit un abus de confier leurs biens,
« tiltres, papiers et droits à de semblables officiers ».

Dans sa réponse à la protestation qui précède, le maire expose qu'elle n'émane pas de la généralité des habitants ; que l'ordonnance dont ceux-ci se prévalent et l'arrêt du Conseil du 14 novembre 1687 qui la confirme, ne subsistent plus, parce que Sa Majesté ayant fixé les fonctions des officiers municipaux de la ville de Pesmes pour les passages et logement des gens de guerre, impositions royales et quartier d'hiver, elle a renvoyé les parties sur le surplus de leur contestation à la compétence et au jugement du parlement de Besançon, qui a rendu son arrêt le 18 février 1689, rappelé plus haut ; « que par ce
« mesme arrest Il est dit que lesd. Echevins preteront
« serment après leur élection entre les mains des officiers
« de monsieur le marquis de la Baume et que leur juri-
« diction est réglée et bornée à résoudre et déliberer
« entr'Eux de ce qui concerne leurs biens, leurs Eglises,
« leurs revenus, à faire jets, impôts et repartements, à
« taxer le pain, le vin, les viandes et les autres danrées, à
« veiller sur l'entretien des Rues et réparations des che-
« mins publics, à la conservation des maisons et des fruits
« qui croissent dans leurs héritages ; que les maire et
« Echevins peuvent prononcer les amandes mais sans les
« pouvoir appliquer au proffit de la Ville ny de leurs Egli-
« ses, et il n'y a que les pains qui ne se trouveront pas de
« poid dont la confiscation doit être convertie en œuvres

« pieuses ; que suivant le mesme arrest les habitants de
« Pesmes ne peuvent rien faire ny statuer au delà de leur
« affranchissement sans en avoir participé à monsieur le
« marquis de la Baume leur seigneur; qu'il n'y a donc
« aucune suspicion à proposer contre M. Grignet, maire,
« sous prétexte qu'il est chatelain de la justice de monsieur
« le marquis de la Baume puisque la justice de police doit
« être également exercée sous le nom de celui-ci comme
« la justice ordinaire ».

Sur cette contestation, Monsieur de la Neuville, intendant, rendit, le 4 mai 1724, l'ordonnance suivante :

### Article 1er

« Attendu qu'il n'appartient qu'au Roy d'interpréter les
« Edits et déclarations et arrests, les partyes se pourvoiront si
« bon leur semble par devers Sa Majesté en interprétation de
« l'Edit du mois d'aoust 1722, qui déclare les officiers munici-
« paux compatibles avec les autres offices afin de scavoir si
« nonobstant l'arrest du Conseil du 14° novembre 1687 qui
« deffend aux officiers du seigneur de Pesmes de se mesler des
« affaires de la police, et la déclaration du 18° may 1706 qui
« fait pareil inibition à tous seigneurs et officiers de Justice de
« s'immiscer ou directement ou indirectement dans ce qui
« concerne les impositions, le juge chatelain dud lieu de la ville
« de Pesmes peut être en mesme temps maire et chatelain, et
« cependant led Claude François Grignet continuerat en Vertu
« de ses provisions d'Exercer le dit office de Maire sans préju-
« dice dans les cas où il s'agirat d'affaire ou de procès desd
« habitants contre leur seigneur de s'abstenir des délibérations
« dans les affaires où il pourra être suspect.

### Art. 2

« L'Etablissement des offices municipaux n'influant que
« sur une partye desd offices, et l'autre partie devant subsister
« sur le pied d'Electif du Conseil de lad ville de Pesmes restera
« avec le mesme nombre de suposts qui fut Etablit par l'arrest
« du parlement du 18° février 1689, c'est-à-dire quatre Echevins
« y compris le maire qui représente aujourd'huy le premier de
« ces quatre échevins; les deux Echevins qui sont pourvus par
« sa majesté, l'autre Echevin qui demeure Electif et les neuf
« Jurés réglés par led arrest, et tout s'y délibererat à la plura-
« lité des Voyes en la manière accoutumée.

### Art. 3

« On suivrat l'Usage pour s'assembler une fois la semaine
« tous les Vendredys et l'on conviendra par délibération d'une
« heure fixée pour se rendre à cette assemblée sans qu'il soit
« besoin d'autre avertissement à l'avenir.
 « Le maire pourrat outre cela convoquer des assemblées
« extraordinaires touttes les fois qu'il croira convenable de le
« faire, et au surplus n'apporterat aucune difficulté n'y retar-
« dement à la représentation des Clefs n'y Du registre des
« déliberations au Contraire en cas qu'il soit dans l'obligation
« de s'absenter Il remettrat le tout à celuy qui devra présider
« en son lieu et place.

### Art. 4

« Le Conseil de Ville ayant toujours eu la police à Pesmes,
« la taxe des danrées et autres réglemens concernant la police
« seront fait dans l'assemblée dud corps de Ville comme par le
« passé et conformément au sud arrest du 18 février 1689.

. . . . . . . . . . . . . . . . . . . . . . . . . .

### Art. 7

« Le Procureur du Roy de l'hotel de Ville assistera quand
« bon luy semblerat aux assemblées pour y faire telle requisi-
« tion et remontrance que bon luy semblera et après les avoir
« faitte se Retirerat pendant qu'on y déliberera et au surplus
« les Edits et déclarations le concernant seront Executés » (1).

On voit quelles difficultés soulevait la nomination du magistrat de la ville depuis l'annexion de la Franche-Comté à la France. Le système de concentration et d'absolutisme, en détruisant la liberté des élections, avait jeté la désunion et le trouble dans la commune.

Comme dans toutes les calamités qui se produisaient à Pesmes, les administrateurs de la ville recoururent à la prière pour faire cesser les divisions et inspirer de bons choix aux électeurs, et délibérèrent le 22 décembre 1724, que « les sieurs curé et familiers seront priés de célébrer
« une grande messe le lendemain de Noël à sept heures du

---

(1) Archives communales de Pesmes.

« matin pour invoquer le Saint-Esprit et le prier d'éclairer
« les magistrats et notables pour faire le choix du sieur
« Maire et trois Échevins de l'année prochaine qui soient
« Bons protecteurs et administrateurs de la Ville ».

Malgré ces précautions, des plaintes furent adressées contre les administrateurs de Pesmes à l'Intendant de la province, qui restreignit encore le droit des habitants. Par une nouvelle ordonnance du 24 décembre 1730, il demanda une liste de vingt-six des bourgeois les plus apparents, parmi lesquels, le 29 du même mois, il choisit lui-même le maire, les trois échevins, les neuf jurés et le secrétaire, ordonnant en outre qu'à sa première réunion le corps du magistrat procéderait à l'élection du syndic. La population se sentit blessée par ce nouvel acte d'autorité ; les jurés eux-mêmes étaient atteints dans leur dignité et plusieurs d'entre eux n'assistaient pas aux séances. Le 1$^{er}$ février 1732, le maire Jannot se plaignait de cette négligence, qui entraînait des retards préjudiciables aux intérêts de la ville. L'Intendant dut intervenir de nouveau pour vaincre le mauvais vouloir des suppots du magistrat.

En supprimant la liberté des élections, on suscitait des cabales, on soulevait les ambitions particulières, on provoquait dans les esprits des idées de rébellion que l'on était ensuite obligé de combattre. Un jour, le 29 décembre 1735, on apprit à Pesmes que Claude Pyot s'était procuré de Sa Majesté une commission de maire et Pierre Fumey celle de premier échevin. On protesta contre ce que l'on appelait une usurpation ; Pyot était fermier de M. de Montrevel dont Fumey était le greffier. La ville se retrouvait ainsi sous la domination de son seigneur. L'indépendance dont elle avait joui pendant de longues années, à laquelle elle s'était habituée, était perdue, anéantie. Il en résulta un ressentiment qui ne fut pas étranger aux excès révolutionnaires.

Pour remplir ses trésors, qu'il dilapidait avec ses

courtisans, le roi Louis xv, à l'exemple de son prédécesseur, créa de nouveaux offices et les vendit à deniers comptants. Par son édit du mois de novembre 1733, il rétablit en titre d'offices différentes charges, entre autres celles de « *conseillers maires anciens mytriennaux et* « *alternatifs mytriennaux des villes et communautés du* « *royaume* » et pourvut la ville de Pesmes de cette nouvelle charge. Le 3 août 1744, il institua Jean-Baptiste Ponsard conseiller maire alternatif mytriennal de la ville de Pesmes (1). Cette mesure n'était pas de nature à faire cesser les divisions, et plusieurs fois encore l'Intendant dut interposer son autorité. La Révolution, en passant son niveau égalitaire sur toutes les communes du royaume, mit fin à la domination de l'Intendance et la ville de Pesmes subit la loi commune.

Outre les mécontentements qu'excitait le dédain de l'autorité supérieure pour les élections faites par le peuple, les idées d'égalité faisaient de grands progrès dans les esprits. La petite noblesse elle-même et la haute bourgeoisie se soulevaient contre les droits seigneuriaux qu'elles ne supportaient que contraintes et forcées. Nous avons vu la charte des franchises frapper d'un cens au profit du seigneur les maisons et les terres des habitants autrefois sujets à la mainmorte. Pendant trois siècles le cens fut payé sans contestation. Mais pendant les premières années du xviii° siècle, certaines familles se refusèrent au paiement de cet impôt et le seigneur de Pesmes fut obligé de se pourvoir en justice pour les y contraindre. L'action ouverte les 12 mai et 12 novembre 1708 contre 1° noble Lambert Aubert et 2° Jeanne-Pierre Grignet, veuve de Claude-François Aubert, seigneur de Chevigney, par Claude-Antoine de la Baume Montrevel subit des incidents et des retards considérables, et ne fut jugée au

---

(1) Pièces justificatives, III.

bailliage royal de Gray que le 26 mai 1751. Le droit du Seigneur, établi par un acte authentique, fut consacré par le jugement et les défendeurs condamnés à lui payer le cens réclamé (1).

Nous avons précédemment expliqué l'origine des droits seigneuriaux, qui, à l'époque où ils furent créés, n'étaient qu'une juste compensation des luttes et des guerres soutenues par le seigneur pour sa défense et celle du peuple. Mais depuis longtemps ces luttes avaient cessé. La province, réunie à la France, était protégée par le roi auquel on payait des impôts désignés sous le nom d'impositions royales. Les causes ayant cessé d'exister, il était de toute justice de supprimer les cens, redevances et corvées qui en étaient la conséquence. Sans doute, au point de vue purement légal, les droits du seigneur reposaient sur des titres et sur des usages anciens, mais ces titres et ces usages n'avaient plus de base ; la cause ayant disparu, les effets devaient également disparaître. L'exercice des droits du seigneur était devenu une véritable spoliation. Les populations voulaient se soustraire à ces odieux impôts. Malheureusement le but fut dépassé. Quand la noblesse, dans la nuit du 4 août 1789, sur l'initiative du duc de Noailles, renonça à ses privilèges, la Révolution était accomplie. Mais le peuple excité par des hommes de désordre se livra à d'horribles excès, qui retardèrent de plus d'un siècle le règne de la liberté.

La noblesse pouvait échapper à la Révolution qui se préparait en abandonnant spontanément, comme elle le fit plus tard, des droits injustes et vexatoires. Elle ne comprit pas alors ses devoirs, et lorsqu'elle fit l'abandon de ses privilèges, les esprits étaient surexcités : il était trop tard. Pour aviser aux moyens de conserver ses droits féodaux, elle eut des conciliabules, des réunions

---

(1) E. PERCHET. LE CULTE A PESMES, p. 369.

mystérieuses qui furent bientôt connues et qui causèrent parmi les populations une violente irritation. Les officiers municipaux de la ville de Pesmes convoquèrent extraordinairement, le 19 octobre 1788, les notables de la commune pour leur faire part des menées de la noblesse de la province, et prendre en conséquence une délibération pour protester contre ces procédés, en assurant toutefois Sa Majesté qu'ils resteront ses fidèles sujets et en lui renouvelant leur serment de fidélité, d'obéissance et de respect (1).

Quelques jours plus tard, le premier novembre 1788, un arrêt du Conseil d'État fixa l'assemblée des États de la province à Besançon, au 26 du même mois. La ville de Pesmes en ayant été informée seulement le 30 du mois de novembre, délégua les sieurs Morizot, maire, et Borel, secrétaire, pour se rendre à la réunion, y représenter la commune et pour « y faire tout ce qui conviendra de plus « avantageux pour la ville et pour le tiers-état ». De vives discussions s'élevèrent dans cette assemblée provinciale, composée des trois chambres : de la noblesse, du clergé et du tiers-état. Les trois ordres ne purent se mettre d'accord, le tiers-état voulant siéger en nombre égal aux deux autres ordres en comptant les suffrages par tête et non par chambre. La chambre de la noblesse elle-même se divisa. Elle se réunit le 28 novembre 1788, et fit un règlement qui excluait de son sein tous ceux dont le titre de noblesse ne remontait pas à cent ans. A cette nouvelle, les nobles de la province exclus de l'Assemblée se réunirent à Dole, le 18 janvier 1789, et protestèrent avec énergie contre ce règlement « arbitraire, illégal, inconstitutionnel » (2). Une ordonnance royale du 24 janvier 1789 avait convoqué les états-généraux du royaume. Le parlement

---

(1) Pièces justificatives. IV.
(2) E. PERCHET. LE CULTE A PESMES.

de Franche-Comté, en présence des divisions qui troublaient la province, rendit le 27 janvier 1789, un arrêté portant que la Cour tiendra pour maximes :

« 1. Que les états de la province sont composés de trois
« chambres qui représentent les trois ordres, dans lesquels est
« divisée la nation Franc-Comtoise.

« 2. Que tous les bénéficiers titulaires ayant eu séance aux
« anciens états dans la chambre du clergé, doivent être appelés
« et que tous les corps ecclésiastiques doivent y être représentés
« par députés.

« 3. Que tous les nobles de noblesse acquise et transmis-
« sible possédant fief avec juridiction, ont le droit d'entrée et
« de séance et de suffrage dans la chambre de la noblesse, et
« que tout acte qui tendroit à les en priver est inconstitutionnel.

« 4. Que le tiers état doit être représenté dans la troisième
« chambre par des députés des villes et bourgs, librement élus ;
« et pour les villages, par des députés élus et choisis par dis-
« trict et arrondissement dans toute l'étendue de la province.

« 5. Que quel que soit le nombre des représentants dans
« les trois ordres on ne doit délibérer que par ordre et par
« chambre ; qu'en toute matière deux voix font décret et plu-
« ralité, sauf en matière d'impôt, où l'unanimité des trois voix
« est nécessaire.

« 6. Qu'il n'est pas permis aux états de la province d'en
« changer la constitution ; qu'elle ne pourrait l'être que par la
« nation Franc-Comtoise assemblée par individus, par ses
« députés qui en auraient reçu le mandat spécial de chaque
« individu.

« 7. Que les députés de Franche-Comté aux états généraux,
« doivent être élus aux états de la province ; que chaque ordre
« doit nommer les siens et les prendre par égalité dans les qua-
« tre bailliages principaux suivant l'ancien usage des états pour
« les commissions et députations.

« 8. Que les états généraux doivent être convoqués dans la
« forme de 1614 et des précédents, et d'un ou de plusieurs
« députés, en nombre égal pour chaque ordre, que chaque
« ordre doit délibérer séparément dans sa chambre, et que les
« trois ordres ne peuvent délibérer en commun et par tête.

« 9. Que les députés aux états généraux ne peuvent changer
« ni innover la constitution des états ; que ce pouvoir n'appar-
« tient qu'à la nation entière assemblée individuellement ou à
« ses députés qui en auraient reçu le mandat spécial de chaque
« individu.

« 10. Qu'il n'est pas en leur pouvoir de changer la consti-
« tution particulière des états de Franche-Comté ni d'attoucher
« à leur formation.

« 11. Qu'ils ne peuvent déroger aux droits, aux immuni-
« tés, aux privilèges et aux capitulations de la province ni atté-
« nuer sa constitution.

« 12. Que tous les impôts qui la concernent doivent être
« consentis par les états de la province constitutionnellement
« assemblés et vérifiés ensuite au parlement.

« 13. Que le roi sera supplié de convoquer incessamment
« les états de la province pour nommer les députés aux états
« généraux » (1).

Loin d'apaiser la querelle, ce règlement souleva une réprobation extraordinaire. De toutes parts s'élevèrent des protestations indignées et des adresses au roi. La municipalité de Gray convoqua les habitants de la ville, ainsi que les maires des villes de Champlitte, Gy et Pesmes pour le mercredi 18 février 1789. Cette importante assemblée délibéra à l'unanimité des voix:

« 1º De ne regarder en aucun temps l'arrêté de la cour du
« 27 janvier dernier, que comme la déclaration de l'opinion
« particulière d'un corps, et non comme des principes de la
« constitution française, ni comme des maximes d'état;

« 2º De ne regarder comme telles que les maximes qui
« seront reconnues ou établies aux états généraux par la nation
« entière légalement représentée;

« 3º De ne reconnoître le droit de délibérer sur la consti-
« tution particulière de la Franche-Comté et de la former sous
« l'autorité du roi et de la nation qu'à la province elle-même
« représentée par des députés munis de pouvoirs à cet effet;

« 4º De n'accéder volontairement au paiement d'aucun
« impôt, qu'autant qu'il aura été consenti librement par la
« nation, réparti par égalité sur les trois ordres, enregistré et
« non pas vérifié en la cour;

« 5º De ne reconnoître pour députés de cette province aux
« états généraux que ceux qui auront été choisis par la nation
« Franc-Comtoise assemblée à cet effet, ou en corps de pro-
« vince, ou par bailliage, et de désavouer ceux qui pourroient
« être nommés en états particuliers;

(1) Archives communales de Pesmes, AA.
1

« En conséquence lesd. officiers municipaux, notables et
« bourgeois, maires et députés, ont protesté, comme ils pro-
« testent contre l'arrêté de la cour, comme contraire au droit
« de la nation, du roi et de la province ;
« Protestent également contre tous actes d'autorité qui ten-
« droient à faire prévaloir les maximes y contenues, à empê-
« cher ou retarder la convocation des états généraux, et à
« porter atteinte à la liberté des assemblées de province ou de
« bailliages et de communes ; se remettant lesdits officiers
« municipaux, notables et bourgeois, maires et députés, sous
« la protection immédiate du roi et de la nation ».

Le maire de Pesmes, M. Morizot, qui assistait à cette délibération, à laquelle il apposa sa signature, s'empressa de la communiquer a ses administrés, réunis à cet effet le 21 du même mois et rendit compte en ces termes de la réunion du 18 février :

« J'ai vu, dit-il, avec admiration le zèle vraiment patrioti-
« que dont cette généreuse et respectable assemblée était ani-
« mée, et le concours unanime de tous les ordres qui la compo-
« saient à aviser aux moyens de procurer le retour de la tran-
« quillité publique
« Vous connaissant le même amour, messieurs, pour le
« plus bienfaisant des roix, le même zèle pour le bonheur et la
« prospérité de l'état, j'ai pensé que mon devoir m'imposoit
« l'obligation de vous faire connoître le vœu général de mes-
« sieurs de la ville de Gray exprimé avec autant de force que
« de précision dans leur délibération dont j'ai pris copie, je
« suis persuadé que vous y donnerez votre approbation ».
« Lecture faite de la délibération de la ville de Gray, les
« officiers municipaux, messieurs du clergé, de la noblesse et
« les notables et bourgeois de cette ville considérant que l'ar-
« rêté du parlement de cette province ne tend qu'à perpétuer
« les abus et a détruire les efforts que les vrais patriotes ont
« faits jusqu'à présent pour rétablir l'ordre et la tranquillité
« publique, étant attentatoire à l'autorité royale, et subversif
« de la liberté nationale, ont délibéré et arrêté qu'il leur étoit
« important de se réunir à messieurs de la ville de Gray et
« d'adhérer comme ils le font par les présentes à leur délibéra-
« tion du 18 de ce mois dans laquelle sont contenues leurs
« protestations et réclamations, qu'elle sera inscrite au registre
« des actes importants de cette ville, comme un monument
« durable de son sincère attachement et de sa vive reconnais-
« sance du zéle patriotique qu'ils ont manifesté jusqu'à pré-

« sent en les priant de vouloir bien communiquer avec la ville
« de Pesmes toutes les fois que le cas le requerra, et que copie
« leur sera envoyée des présentes pour la joindre à leur déli-
« bération s'ils le jugent à propos » (1).

Ce qui frappe tout d'abord dans ces manifestations publiques, c'est la parfaite concordance d'idées et de sentiments qui règne entre le peuple, le clergé et la haute bourgeoisie. Tous se réunissent pour exprimer les mêmes désirs et les mêmes vœux. Dans ces moments de trouble, les réunions étaient fréquentes et la ville de Pesmes donnait l'exemple d'un patriotique entrain.

En exécution du décret du 24 janvier 1789, pour la convocation et la tenue des états généraux du royaume, les habitants de Pesmes s'occupèrent, le 19 mars 1789, de la rédaction de leurs cahiers de doléances, plaintes et remontrances devant être présentés à l'assemblée qui devait avoir lieu à Gray le 20 du même mois, sous la présidence du Lieutenant Général du Bailliage. Dans cette même réunion, ils firent choix des députés devant présenter leurs cahiers de doléances ; la pluralité des suffrages désigna messieurs Claude-Michel Morizot, maire, Larquand, lieutenant de maire, Claude Callier, négociant, et Jean-Claude Doudier fils, aussi négociant, qui acceptèrent ladite commission et promirent de s'en acquitter fidèlement.

« Lad nomination des députés ainsy faitte lesd habitans
« ont remis aux sieurs Morizot, Larquand, Callier et Doudier,

---

(1) Cette délibération est revêtue des signatures suivantes : Morizot, maire ; Larquand ; Maître ; Cadenat ; Bergeret ; Bollo, curé ; Callier, prêtre familier ; Baudran, prêtre familier ; Dorriey, prêtre familier ; Mercier, prêtre familier ; Petitin ; Grignet d'Eugny ; de Cramant, ancien garde du corps du roy ; Dupoirier ; Oudille ; Duvigné, ancien officier de cavalerie ; Badouiller, D⁰ M. ; Ancey, D⁰ M. ; Doudier, chirurgien ; de Réalle, brigadier des armées du roy ; Doudier père ; Doudier fils, épicier ; Richardet, Prinot, chevalier de l'Ordre militaire de Saint-Louis ; Guenot ; Morizot ; Grignet de Champagnolot, chevalier de Saint-Louis ; Guillaume ; Borel ; Bourcet ; Paullin ; Petetin fils ; Mairot ; Monnot ; Courbet, chirurgien ; Thiéry ; Besse ; Barraux, Vauthier ; Marion ; Pilleron ; Gardinet ; Bourdin, négociant ; Estienne Morel ; B. Le Saint ; Guenot ; Barbier ; Parisot, fils ; Pierrecy, lieutenant du bailliage ; Jeannot, ancien lieutenant de maire ; Callier ; Dubois ; Maître Humbert ; Lucarn ; Bazaille, etc.

« leurs députés, le cahier des doléances afin de le porter à
« l'assemblée qui se tiendra le lendemain devant Monsieur le
« lieutenant général du bailliage de Gray, et leur ont donné
« tout pouvoir requis et nécessaire à l'effet de les représenter
« en lad assemblée pour toutes les opérations prescrittes par
« l'ordonnance susdite de monsieur le lieutenant général comme
« aussy de donner pouvoirs généraux et suffisans de proposer,
« remontrer, aviser et consentir tout ce qui peut concerner les
« besoins de l'état, la réforme des abus, l'établissement d'un
« ordre fixe et durable dans toutes les parties de l'administra-
« tion, la prospérité génerallé du royaume, le bien de tous et
« de chacun des sujets de sa majesté » (1).

« DEMANDES ET DOLÉANCES DE LA VILLE DE PESME, POUR ÊTRE
« PRÉSENTÉES A L'ASSEMBLÉE QUI SE TIENDRA PARDEVANT
« MONSIEUR LE LIEUTENANT GÉNÉRAL DU BAILLIAGE DE GRAY LE
« VINGT MARS COURANT.

### Art. 1er

« Les États généraux seront établis à perpétuité pour se
« rassembler tous les six ans et formés de trois chambres, trois
« ordres et trois voix ; la chambre du tiers État sera aussi
« nombreuse que les deux autres chambres réunies ; Lorsqu'une
« des trois chambres n'admettra pas la motion que les deux
« autres chambres auroient acceptées, les suffrages alors seront
« recueillis par tête et la pluralité des suffrages, pour ou contre
« l'emportera.

### Art. 2

« Chaque Province aura des États particuliers, établis à
« perpétuité pour se rassembler tous les trois ans et formés en
« même nombre de chambres que les États généraux et dans
« lesquels on votera comme dans ces derniers.

### Art. 3

« Les États généraux seront représentés sans interruption
« par une commission intermédiaire composée de deux députés
« de chaque province, nommés par les États particuliers, amo-

---

(1) La minute est signée : Morizot, maire ; Larquand ; Cadenat ; Petitin ; Boillin ; Bergeret ; Doudier ; Bailly ; Mairot ; Duvigné ; Gardinet ; Seguin ; Bourdin ; Marion ; G.-F. Tarby ; Doudier ; Petetin fils ; A. Menetrier ; A. Mercier ; Pierre Lambert ; Ph. Gardinet ; Jean Pelico ; Callier ; Estienne Morel ; Pierre Boitteu ; Thiou, Péron ; Roussenard ; Charpin ; Rabbe ; Sepot ; Thiéry ; J.-B. Callier ; Morizot ; Vauthier ; Fontaine ; B. Le Saint ; C. F. Thiéry ; Dubois et Pierrecy.

(Archives communales de Pesmes, A.A.I.).

« vibles à leur gré et seront autorisés par lettres patentes de
« vérifier les recettes et dépenses du gouvernement, d'en relever
« des États et d'en fournir annuellement des exemplaires aux
« États particuliers des provinces pour être rendus publics. Ces
« députés n'auront d'autres pouvoirs que de surveiller l'admi-
« nistration des finances, d'entretenir une correspondance avec
« les États particuliers, et d'être en même temps les Députés du
« commerce.

ART. 4

« Les États particuliers seront aussi représentés sans inter-
« ruption, par une Commission intermédiaire en nombre
« suffisant ; Les membres de cette Commission seront nommés
« par leurs États et connoitront de la répartition des impôts,
« des ponts et chaussées, des transports militaires, de l'excé-
« dent des fourages, de la milice nationale et de tous les objets
« qu'il plaira à Sa Majesté leur attribuer, et seront tenus de
« faire imprimer chaque année plusieurs exemplaires de la
« quotité d'impots qui aura été répartie sur chaque ville et
« communauté ensorte qu'il soit possible de juger si les repar-
« titions ont été faites également.

ART. 5

« Dans le cas où il serait pressant de rassembler prompte-
« ment les États généraux ou particuliers, les représentants de
« la dernière tenue seront rappelés sans autre forme de convo-
« cation.

ART. 6

« Les Députés des États particuliers seront nommés par
« Baillages de la même manière que les Députés aux États
« généraux de 1789 auront été nommés.

ART. 7

« Les Chambres des États généraux ou particuliers seront
« libres de nommer à leur choix un président né françois.

ART. 8

« Tous les impôts tels qu'ils subsistent et ceux qui seront
« accordés par les prochains États généraux, ne pourront être
« perçus que jusqu'à ceux qui seront convoqués postérieure-
« ment, et ceux cy en fixeront s'il est besoin la continuation et
« la durée.

ART. 9

» Aucun impôt ne sera perçu, aucunes loix nouvelles ne
« seront éxécutées que les États généraux et particuliers ne les

« aient acceptés suivant la forme prescrite et qu'elles n'aient
« été enregistrées dans les cours souveraines et les Baillages, à
« quoi lesd. cours et tribunaux ne pourront s'opposer.

Art. 10

« Le Gouvernement ne pourra faire aucuns emprunts au
« nom du Roy ni autrement, pas même en tems de Guerre
« qu'ils n'aient été consentis par les États généraux ou particu-
« liers.

Art. 11

« La vénalité des charges de Judicature (1) et autres sera
« proscrite et supprimée à perpétuité, sans qu'il soit permis de
« destituer aucun de ceux qui les possèdent avant le rembour-
« sement qui sera fait sur l'estimation du centième denier pour
« les charges qui y sont assujetties, et suivant la finance avant
« 1788, pour celles qui n'y sont pas sujettes.

Art. 12

« Toutes les Délibérations qui auront été prises et consen-
« ties par les États généraux seront rendues publiques par la
« voie de l'impression et envoyées dans tous les tribunaux pour
« être exécutées suivant leur forme et teneur.

Art. 13

« Toutes les propriétés qui couvrent la surface de la france,
« de quelles natures elles soient, excepté les déserts arides et
« nus, sans exception, sans privilèges de domaines d'église, de
« fiefs, de rotures, seront réparties dans une parfaite égalité
« relativement à leur valeur sur un seul et unique role d'impo-
« sition.

---

(1) On voit à Gray, dans les bureaux de la *Presse Grayloise*, l'affiche suivante :

> ## CHARGE
> ### DE CONSEILLER
> #### A VENDRE
>
> CEUX qui voudront acheter la Charge de Con-
> seiller aux Bailliage & Siége Présidial de Gray,
> vacante par la mort de Mr. REGNAULD
> dernier titulaire, pourront s'adresser au Sr MILLOT
> Procureur à Gray, qui en fera faire la Vente avec
> toutes sûretés à des Condition avantageuses. Fait à
> Gray le
>
> *J'ay reçu de Mr Millot trente-six sols pour l'im-
> pression de cinquante affiches parelles à la pre-
> sente à Gray. le 3e. décembre 1758: Couad.*

### Art. 14

« Il sera retenu à tous les créanciers regnicoles de l'État
« deux vingtièmes tant sur les rentes des dettes remboursables
« que sur les viagers, et les rentes remboursables ou viagères
« continueront d'être payées sans retenue aux créanciers étran-
« gers.

### Art. 15

« L'administration des Aides, des Domaines et Bois, des
« fermes générales, la régie des droits réunis seront supprimés,
« mais avant de les déplacer il faut pourvoir au rembourse-
« ment des sommes qui ont été fournies en forme de caution-
« nement, Et comme la nation est hors d'état d'y supléer on ne
« peut se dispenser de vendre les Domaines de la Couronne,
« dont les bois seront exceptés sous la promesse que fera la
« nation de pensionner dignement les princes nés ou à naître
« pour leur tenir lieu d'apanages.

### Art. 16

« Il n'est pas moins pressant de rembourser 300 millions
« d'anticipations dont les intérêts se payent au huit pour cent ;
« on Estime que la vente des domaines de la Couronne pourra
« fournir encor cette somme.

### Art. 17

« Que le reculement des Barrières du Royaume soit porté
« aux frontières conséquemment que le commerce intérieur
« soit libre.

### Art. 18

« Que le sel des marais salants sera distribué à tout le
« royaume au prix qui sera fixé par les États généraux, sauf
« aux Etats provinciaux à faire régir les salines dans les pro-
« vinces où il y en a, au soulagement de la patrie.

### Art. 19

« Que tous offices de finances ou commissions soient supri-
« mées sauf aux États provinciaux à faire faire la perception
« de l'impot comme ils trouveront convenir.

### Art. 20

« Qu'il n'y ait que le poids de marc seul en usage par tout
« le royaume et pour la vente des grains une seule et même
« mesure et une même aulne pour la vente des Étoffes, en sorte
« que les seigneurs, le Clergé ne puissent percevoir leur cens

« qu'en conformité de la mesure et du poids qui seront déter-
« minés.

### Art. 21

« Que le tirage de la milice demeurera aboli sauf aux États
« particuliers de provinces à pourvoir au remplacement pour
« le service militaire.

### Art. 22

« Que toutes les Corvées tant pour confections de grands
« chemins que réparations de ceux faits et toutes autres Cor-
« vées publiques demeurent également suprimées sauf aussi aux
« États provinciaux à y pourvoir.

### Art. 23

« Que la suppression des droits réunis spécialement pour
« la marque des cuirs, fers, papiers, amidons et autres de cette
« espèce sera ordonnée attendu que ces sortes de droits nuisent
« au commerce.

« Nonobstant les représentations cy dessus on demande
« encor que les usines que les propriétaires ne pourront alli-
« menter avec leurs propres forets seront suprimées.

« Les droits de halages, pontonage, Banvin, Eminage et
« tous droits exigés sur les comestibles seront de même supri-
« més, les droits de messerie établis dans les Communautés à
« prix d'argent seront abrogés.

« Les fidelles sujets de sa majesté composant le tiers état
« de la ville de pesme, sensiblement touchés de ses bontés
« paternelles, pénétrés du respect le plus profond pour sa per-
« sonne sacrée, viennent lui renouveller les assurances de leur
« fidélité inviolable et de leur parfaite soumission, ils promet-
« tent de sacrifier leurs biens et leurs vies pour maintenir sa
« Couronne sur sa tête et dans son auguste maison, ils employe-
« ront toutes leurs forces pour le bien et la prospérité de l'État
« et s'opposer aux dessins ambitieux de ceux qui le troublent.
« fait clos et arrêté en l'hôtel de ville de pesme le dix-neuf
« mars mil sept cent quatre-vingt-neuf.

« La minute est signée : Duvigné ; D. Doudier ; A. Menetrier ;
« Marion, J.-F. ; Tarby ; C.-F. Thiéry ; P. Lambert ; Charpin ;
« Bourdin ; Seguin ; J. Pelico ; Vauthier ; Doudier ; Mairot ;
« Estienne Morel ; Pierre Boillen ; B. Le Saint ; Boussenard ;
« Ph. Gardinet ; Thiéry ; Morizot ; Rabbe ; Sepot ; A. Mercier ;
« Péron ; Petitin fils ; Gardinet ; Calliey ; Cadenat ; Petitin ;
« Dubois ; Larquand ; Maitre ; Bergeret ; Pierrecy ; Borel ;
« J.-B. Callier ; Boillin » (1).

---

(1) Archives communales de Pesmes AA I.

Le département de la Haute-Saône envoya aux états généraux six députés du tiers-état : MM. Pernel, notaire royal à Lure; Bureau de Puzy, officier du génie ; de Raze, lieutenant général au bailliage de Vesoul ; Gourdan, lieutenant assesseur criminel au bailliage de Gray; Cochart et Durget, tous deux de Vesoul, l'un avocat au parlement, l'autre bourgeois et officier municipal (1).

Dans les cahiers de 1789, le tiers-état de Franche-Comté protestait de son attachement au roi et de sa fidélité inviolable. Rien alors ne faisait prévoir le tragique dénouement de ce mouvement provoqué par le roi lui-même pour arriver aux réformes sollicitées par le peuple, qui voulait l'amélioration de la constitution et non un bouleversement général de l'État. « Un roi chrétien et philosophe, qui
« appelle son peuple à concourir aux réformes réclamées
« par le progrès du temps et la raison humaine ; une
« nation considérée comme la première par la civilisation
« et l'intelligence, qui se groupe autour de son roi, avec
« respect et reconnaissance afin de le soustraire à l'in-
« fluence des courtisans qui le trompent, tel est le tableau
« qui se présentait aux yeux de l'Europe, le 5 mai
« 1789 » (2).

L'Assemblée nationale supprima les anciennes provinces, et partagea la Franche-Comté en trois départements : le Doubs, la Haute-Saône et le Jura. L'administration centrale fut établie au chef-lieu de chaque département sous le nom de Directoire ; les départements étaient divisés en districts et les districts en communes. La Haute-Saône avait six districts, dont les chefs-lieux étaient Vesoul, Gray, Lure, Luxeuil, Jussey et Champlitte. Pesmes fit partie du district de Gray.

Un décret du mois de décembre 1789 avait constitué

---

(1) Gatin et Besson. Histoire de Gray, p. 281.
(2) Pellissier. Monarchie et Révolution.

les municipalités. Celui du mois de janvier 1790, qui érigeait en communes toutes les anciennes paroisses et organisait les assemblées primaires et administratives, n'apporta que peu de changement dans la nomination des administrateurs. Les élections se continuèrent comme par le passé, mais dans les formes indiquées par la loi nouvelle. Le 26 janvier 1790, « dans une salle dépendant du « couvent des capucins, la salle de l'hotel de ville étant « trop petite », eut lieu l'élection de Jean Oudille, en qualité de maire. A raison de l'heure avancée, les opérations électorales furent remises au lendemain. Dans la séance du 27 janvier, on nomma le procureur de la commune, les officiers municipaux et les notables chargés de participer à l'administration de la commune. Puis, le 28 janvier, on élut le secrétaire greffier (1).

Le 15 novembre suivant (1790) Jean Oudille ayant été nommé juge de paix et François-Melchior Borel greffier de la justice, en procéda à de nouvelles élections: Badouiller succéda à Oudille dans les fonctions de maire (2).

La loi municipale du 19 juillet 1791 apporta une grave innovation dans l'administration des communes. En exécution de cette loi, le 25 mars 1792, « ont comparu « devant Borel, secrétaire greffier: Claude Petit, Étienne « Pilleron, Antoine Mercier fils, Jean Pélicaut, Pierre « Pyot, Jean Fontaine, François Bourcet le jeune, Fran- « çois Parisot, Jean-François Richard, Jean Lachaux fils « de Jean-Jacques, François Fey, Antoine Vauthier, « Joseph Rabbe, Jean-Claude Chauveroiche, Charles-

---

(1) Claude-Antoine Guillaume fut élu procureur de la commune ; Laurent Maire, Charles Badouiller, François Vauthier, Claude Callier et Antoine Mercier furent élus officiers municipaux ; Nicolas Richardet, Jean Lachaux, Charles Lance, Antoine Besse, Charles Thiébaut, Antoine Mairot, Christophe Rabbe, Pierre Borel, Edme Bourdin, Charles Suchet, François Bourcet le vieux et Jean-Baptiste Guilleminot, chirurgien, furent élus notables ; François-Melchior Borel, fut nommé secrétaire greffier.

(2) Antoine Mercier père, Ferdinand Monnot et Antoine Dupoirier furent élus officiers municipaux ; Etienne Haulet, Antoine Doudier, Claude-Antoine Guenot, François Vauthier, Jean-Claude Leconte et Nicolas Ancey furent élus notables.

« François-Xavier Jannot, Jean-Baptiste Prodhon, Jean-
« Baptiste Callier, prêtre, et Claude Bardouillet, tous de
« Pesmes, lesquels ont déclaré qu'ils désiraient former un
« *club* en cette ville, sous la dénomination de *Société des
« amis de la liberté et de l'égalité,* et qu'ils se réuniront le
« dimanche et le jeudi en la maison dite Saint-Roch, appar-
« tenant à la commune, si la municipalité y consent ».

Le même jour, le Conseil général de la commune, pour « seconder les bonnes intentions des citoyens dénom-
« més dans la déclaration cy devant transcrite » accorda l'autorisation demandée.

La Société des amis de la liberté ne resta pas inactive. Bientôt, elle exigea de la municipalité la plantation d'arbres de la liberté sur la place publique. Cette opération eut lieu les 5 et 27 mai 1792. On en planta un sur la place principale et un autre sur la place du Pont. Ils furent décorés du bonnet phrygien, du drapeau tricolore et d'autres emblèmes.

L'établissement des clubs fut un malheur pour la France. Tous les désœuvrés, tous les hommes de désordre s'y rendaient assidûment, et par des discours incendiaires excitaient le peuple, le soulevaient contre l'autorité qui était devenue sans force et n'osait résister aux sommations des clubistes. De là résultait l'anarchie dans l'administration ; le vrai pouvoir avait passé entre les mains de quelques forcenés. L'Assemblée nationale n'avait plus une autorité suffisante pour réprimer le désordre ; elle fit place à la Convention. Cette nouvelle assemblée se composait de sept cent soixante membres ; la Haute-Saône y comptait sept députés : Vigneron, Siblot, Chauvier, Bolot, Gourdan, Dornier et Balivet. Elle suspendit les pouvoirs du roi le 11 août, proclama la République (22 septembre 1792), et décréta que Louis XVI serait jugé par elle. Gourdan et Dornier votèrent la mort du roi, sans sursis ni appel au peuple (1). Ce crime fut consommé le 21 janvier suivant (1793).

Quelques jours après la proclamation de la République, tous les fonctionnaires furent appelés à prêter le serment suivant : « Je jure d'être fidèle à la Nation, et de « maintenir la liberté et l'égalité ou de mourir en la défen- « dant ». Cette formalité eut lieu à Pesmes le 4 octobre 1792. Le serment fut prêté par le maire, les officiers municipaux, les notables, le procureur de la commune, le secrétaire greffier, le juge de paix et le greffier de la justice, ainsi que par les prêtres et les religieux qui étaient restés à Pesmes.

Le Conseil général de la commune, constamment en délibération, s'était déclaré en permanence le 18 avril 1793. La constitution de l'an III avait été votée ; elle fut solennellement publiée à Pesmes le 14 juillet 1793, ainsi qu'une adresse de la Convention nationale au peuple français, du 26 juin précédent. Marat venait de mourir, assassiné, le 13 juillet 1793, par Charlotte Corday. Les Sans-Culottes de Pesmes célébrèrent en son honneur une pompe funèbre dont la Société populaire de cette ville conserva le souvenir en faisant imprimer le compte-rendu de cette mémorable cérémonie (2).

L'effervescence révolutionnaire était alors à son apogée. Un décret du premier août 1793 ordonna la confiscation sous huitaine au profit de la Nation des maisons et autres édifices portant des armoiries. La Société populaire montagnarde ou antifédéraliste qui s'était formée à Pesmes, signala la maison de Cramant comme ayant

---

(1) On ajoutait toujours à leurs noms celui de régicide. Dornier acquit les forges de Pesmes vendues comme bien nationaux, le 6 messidor an IV, moyennant 186.162 livres 13 s., payables en assignats, ce qui représente en argent une somme approximative de 791 fr.

(2) Voir les curieux détails de la cérémonie publiés par ARMAND LODS, dans les ANNALES FRANC-COMTOISES 1892, livraison de mars-avril, p. 106.

conservé ses anciennes armoiries. Aussitôt le maire, André Morizot, assisté de Charles-François-Xavier Jannot et d'Antoine Mercier, officiers municipaux, se transporta le 8 septembre 1793, vers les six heures du soir, devant la maison qui lui avait été signalée à l'effet de s'assurer de la vérité de la plainte. Il s'était fait en outre accompagner des citoyens Parisot et Fontaine, notables et du citoyen Piquerey, capitaine de la compagnie du bataillon du Mont-Terrible. Arrivée devant la maison de Vincent Cramant, « cy devant noble et garde du corps du « cy devant Roy », la commission remarqua qu'au-dessus de la porte d'entrée de cette maison on avait appliqué du mortier, que le citoyen Parisot enleva avec un marteau. On reconnut alors qu'il existait « sous ce masque des « armoiries saines et entières, représentant un Lyon, une « tour et autres attributs de la féodalité » (1).

A cette époque, la ville de Pesmes était loin de jouir de son ancienne tranquillité. Pour y rétablir l'ordre, on y avait mis en garnison une compagnie du bataillon du Mont-Terrible. Le calme s'étant rétabli, cette compagnie quitta Pesmes le 16 septembre 1793. Mais afin d'y maintenir la paix, il se forma un comité dit Comité de surveillance composé de douze membres, dont l'élection eut lieu le 29 septembre 1793 (2). Ce comité s'occupa sérieusement de ses fonctions, car le lendemain de sa nomination, Étienne Brienne, l'un de ses membres, se présenta devant le Conseil général de la commune et le requit d'enlever les armes à toutes *les personnes suspectes et de les emprisonner*. Le Conseil, trop faible pour résister, obéit à la som-

---

(1) Archives communales de Pesmes. Cramant portait : D'azur, à une fasce d'or, accompagnée en chef de deux étoiles d'argent, et en pointe d'un aigle naissant de même. (Armorial général de France).
(2) Pilleron, Javelot, Tronchon et Ravillon furent élus en qualité de scrutateurs ; Jean-Claude Chauveroiche, Pierre Pyot, Jacques Luquain, Antoine Vauthier, Louis-Charles Sepot fils, Etienne Pilleron, Etienne Brienne, Claude Callier, Antoine Mercier fils, François-Melchior Borel, François Bourcet et Jean-Claude Boilin dit l'abbé, furent élus membres du comité.

mation de Brienne. Et le 8 octobre suivant, à la réquisition des citoyens Chauveroiche, président du Comité de surveillance, Pyot, Brienne, Pilleron, Bourcet, Sepot fils, Luquain, Vauthier, membres de ce comité, et Jobard, commissaire des représentants du peuple pour les départements du Doubs et de la Haute-Saône; Jean Pélicaut, Joseph Rabbe, Charles Lance, Pierre Guiot, Jacques Javelot et Antoine Petitin, délégués par la Société populaire montagnarde et antifédéraliste, il fut décidé que trente-neuf citoyens de la commune seraient désarmés (1).

Rendons cette justice au Conseil de la commune qu'il n'avait pas attendu la formation du Comité de surveillance pour ordonner le désarmement des personnes suspectes. Dès le 13 avril 1793, en vertu d'un décret du 26 mars précédent, le Conseil avait désigné ceux de ses concitoyens qui devaient être désarmés pour cause « d'incivisme ». Parmi ceux-ci se trouvaient M. de Choiseul et tous ses agents et domestiques; MM. Rossigneux frères et tous leurs employés, forgerons, ouvriers et domestiques; M. de Cramant; M. Jean-Antoine Grignet d'Eugny; M. Edme Grignet; M. Aubert dit Résie, M. Lamarche, notaire; M. Guillaume, notaire; M. Guilleminot, chirurgien; M. Antoine Doudier, chirurgien, etc. On enleva à ce dernier un fusil double et une épée à poignée de cuivre doré; ces objets lui furent rendus le 3 mai suivant (2).

En même temps qu'on désarmait d'honnêtes citoyens,

---

(1) Les personnes qui devaient être désarmées étaient : Jean-Baptiste Charpin, Joseph Lucam, Alexandre Cadenat, François Massu, Ferdinand Monnot, Claude Paillard, Jean-François Paulin, Pierre Thiéry, Nicolas Valraut, Doudier, chirurgien, Jean-Claude Doudier, Pierre Lemaître, Claude-François Thiéry, Bonaventure Borel, Claude-Antoine Bergeret, Claude-Antoine Guillaume, Nicolas Joubert, Jean-Baptiste Lamarche fils, Jean-Baptiste Maître, Michaud, menuisier, François Paffoy, Simon Renaud, Jacques Valrant, Henry Vuillemot, Vincent Cramant, les frères Rossigneux, Claude-François Gonzal, Sébastien Tribouillet, Adrien Marion, Abel-François Larquand, Edme Grignet, Alexandre Grignet, Jean-Antoine Grignet, Lambert Aubert, Laurent Maire, Pierre Fage, Nicolas Ancey et François Bourset, traiteur; le sieur Richardet, commandant du bataillon devait être privé de fusil.

(2) Archives communales de Pesmes.

on donnait à soixante-quinze femmes de Pesmes, connues pour leurs caractères turbulents et exaltés, des piques forgées avec les grillages que l'on avait enlevés de l'église (1).

La Société montagnarde ou antifédéraliste rivalisait de zèle avec le comité de surveillance. A la séance publique du Conseil général de la commune tenue le 7 septembre 1793, les citoyens Sepot fils et Pyot « commissai- « res de la Société des amis de la liberté et de l'égalité « républicaine et montagnarde ou antifédéraliste séante à « Pesmes », déposèrent sur le bureau un « arrêté pris « dans ladite Société ledit jour par lequel elle invite la « municipalité à faire enlever le drapeau blanc suspendu « a la voute de l'église paroissiale de Pesmes et de le faire « bruler sur la place publique en présence de tous les « bons républicains qui seront invités à y assister ».

Le Conseil fit droit à cet « arrêté » et délibéra : « Con- « sidérant que le drapeau blanc est le signe de ralliement « des aristocrates, des malveillans et des ennemis de la « chose publique, qu'en le laissant plus longtemps dans « l'église à la vue du public, cela pourrait exciter de la « fermentation dans la commune surtout lors du passage « des volontaires en cette ville, a arrêté que ce drapeau « serait enlevé sur le champ de l'église et brûlé demain, « 8 septembre, à l'issue des vepres sur la place publique « de Pesmes, en présence des volontaires du bataillon du « Mont terrible qui seroit invité à s'y rencontrer. En outre « qu'il sera fait la perquisition la plus exacte tant dans « l'église paroissiale que dans tous les autres lieux de « Pesmes pour découvrir s'il y a des armoiries et les faire « bruler sur le champ » (2).

Les anciens fonctionnaires de Pesmes, élus en dehors

---

(1) Ces femmes dont nous voulons taire les noms, furent flétries du sobriquet de *Dames de pique*.
(2) E. PERCHET. LE CULTE A PESMES, p. 103.

de la pression des divers comités qui étaient la terreur des gens paisibles, furent suspectés et accusés de tiédeur. On s'empressa de les remplacer. Le 17 octobre 1793, le représentant du peuple Prost, délégué par la Convention nationale pour les départements de la Côte-d'Or, du Doubs, du Jura, de la Haute-Saône, du Mont Terrible (1) et de l'Ain, ayant été informé que les fonctionnaires publics de Pesmes « ne démontrent pas l'esprit énergique qui doit carac-
« tériser le vrai républicain, arrête que le citoyen Oudille,
« juge de paix du canton de Pesmes, est destitué et sera
« remplacé par le citoyen Charles-François-Xavier Jannot;
« le greffier actuel François-Melchior Borel est destitué, il
« sera remplacé par le citoyen Jacques Luquain. Les quatre
« assesseurs actuels sont destitués, ils seront remplacés
« par les citoyens Jean-Baptiste Prodhon, Antoine Mai-
« rot, Pierre Pyot et François Parisot ».

Rien n'échappait à la vigilance de la Société populaire, elle s'occupait de tout. Le 31 octobre 1793, cinq de ses membres (2), agissant au nom de ladite Société en qualité de commissaires députés, se sont présentés à la séance du Conseil général de la commune, « lesquels ont
« dit et représentés qu'il y a environ trois à quatre mois
« la messagerie des lettres de Pesmes à Gray avait été
« mise à l'enchère au Rabais et que le prix en fut porté
« à six deniers par lettre, les journaux francs de cette
« taxe, qu'il en était résulté un abus préjudiciable, en
« sorte que l'adjudication qui en fut faite au citoyen
« Parisot l'a transmise à un autre et celui-ci au citoyen
« Vallerant qui la tient maintenant, mais que ce citoyen
« toujours attaché à un ci-devant seigneur logeant même
« dans une de ses maisons, ce qui paraît être contraire

---

(1) Département ayant Bâle pour chef lieu et où se trouvait la montagne appelée le Mont Terrible.

(2) Charles Lance, Pierre Fey, Jacques Javelot, Jean Lachaux et François Munier.

« au vœu général du peuple, pourquoi ils demandent à
« ce que le Conseil général ait à choisir un citoyen en
« état de faire cette messagerie et duquel le Sans-Culo-
« tisme et la probité soient reconnus ».

Toujours soumis, le Conseil fit droit à cette requète et nomma pour messager Antoine Vauthier, membre du Comité de surveillance.

Le lendemain, premier novembre 1793, M. de Choiseul était arrêté en son château de Pesmes. Le 21 janvier, jour anniversaire de la mort de Louis XVI, était un jour de « fête nationale ». Le 2 pluviôse an III, cette fête fut célébrée à Pesmes avec beaucoup d'éclat. « La garde
« nationale de cette commune s'est rendue ce présent
« jour, second pluviose, avec le drapeau et les tambours
« au temple de la raison environ la 4e heure dudit jour,
« ou les membres du Conseil général, l'agent national se
« sont rencontrés ainsy que plusieurs citoyens de cette
« commune... Le citoyen Derriey (1), membre du Conseil
« a prononcé un discours dans lequel il a démontré le
« grand avantage que le peuple français ressentait de
« l'abolition de la royauté et de l'établissement de la
« République ».

Le règne de la Terreur avait pris fin le 9 thermidor, an II (27 juillet 1794), par la mort de Robespierre et de ses complices. La France éprouva un soulagement qui s'étendit sur tout le royaume. Délivrée de ses tyranneaux, la province respira ; les municipalités furent changées et d'honnêtes gens furent chargés de l'administration municipale. Des commissaires parcoururent les départements et procédèrent à l'épuration des fonctionnaires de tous ordres. Cette opération eut lieu à Pesmes le 14 ventôse, an III. Voici le procès-verbal qui en fut

---

(1) Curé de Pesmes.

dressé. Il est assez intéressant pour être lu en son entier :

« L'an III° de la République française, une et indivisible,
« le quatorze ventose environ trois heures 75 minutes décima-
« les, nous Pierre Virginie Roche, administrateur du départe-
« ment de la Haute-Saône, et Jean François Cretin, président
« du district de Gray, nommés commissaires scavoir, ledit
« Roche par arrêté du département du 29 pluviose et led Cretin
« par arrêté du district de Gray du 1er ventose présent mois,
« pour, en exécution de l'arrêté du représentant du peuple
« Sevestre du 7 dud mois de pluviose, procéder à l'épuration
« des municipalités du district qui n'ont pas été épurées depuis
« la révolution du 9 thermidor dernier, nous sommes rendus
« accompagné du citoyen Joseph Perrin, commis secrétaire du
« district de Gray, dans la commune de Pesmes même dans le
« temple dédié à l'être suprême où nous avons fait inviter dès
« la veille les maire, officiers municipaux de lad commune
« ainsi que le Conseil général d'icelle par une lettre circulaire
« adressée à toutes les municipalités du canton de se rencon-
« trer en les chargeant d'avertir respectivement par une pro-
« clamation dans leurs communes les citoyens d'être présents à
« l'épuration et d'y concourir avec nous...
« Avons en premier ordre appelé à la tribune à l'effet de
« subir lad. épuration le citoyen Morisot, maire, lequel n'a pas
« paru, et nous a été signalé par la voix générale du peuple
« assemblé comme un homme sanguinaire, prévenu de plu-
« sieurs prévarications dans sa place, d'avoir manifesté le désir
« de voir une guillotine en permanence pour faire périr *qua-
« rante* citoyens de Pesmes, pourquoi nous l'avons destitué
« Avons ensuite appelé à la tribune le citoyen Callier, offi-
« cier municipal, qui n'a pas paru ; le citoyen Mercier qui s'est
« présenté et qui nous ont été peints par le cri universel de
« l'assemblée sous les mêmes couleurs que led Morisot. Sur
« l'appel fait des citoyens Parisot, Prodhon, Guérillot, Fontaine,
« Sépot père, Jean Baptiste Caillier, notables ; Melchior Borel,
« secrétaire greffier, aucun d'eux ne s'est présenté, mais l'opi-
« nion publique et générale de l'assemblée nous les a dévoilés
« comme fauteurs et apologistes du système de terreur et des
« principes subversifs de toute moralité qui ont affligé la Répu-
« blique dans le cours de l'an II, comme hommes immoraux,
« oppresseurs de leurs concitoyens et plusieurs même ont été
« accusés de vol, notamment lesd Parisot, Fontaine et Melchior
« Borel, pourquoi nous avons prononcé leur destitution, ainsi
« que desd. Prodhon, Guérillot et Sépot père, et Jean Baptiste
« Callier, Claude Caillier et Mercier officiers municipaux. Sur

« l'appel fait d'Antoine Vauthier, commis de la municipalité
« au bureau des postes, la voix générale de l'assemblée nous a
« appris que c'est un homme sanguinaire, qu'il est notoire qu'il
« viole le secret des lettres, qu'il a été surpris d'en avoir
« détourné et décacheté, qu'il s'est même fait payer le port des
« lettres affranchies, pourquoi nous avons cru nécessaire aussi
« de prononcer sa destitution. A l'égard des citoyens Suchet,
« Borel et Bardouillet, officiers municipaux, Derriey, Menes-
« trier, Mairot, Petitin, l'aîné, Charles Thevenon, notables, ils
« ont offert leurs démissions quoique l'assemblée ne leur ait fait
« aucuns reproches, il en a été de même du citoyen Bunot, agent
« national, qui a également offert sa démission à la tribune ou
« il s'est présenté, toutes lesquelles démissions nous avons
« acceptées. Ces circonstances nous ont mis dans la nécessité
« de recomposer la municipalité de la dite commune et nous
« avons arrêté qu'elle demeurera reformée ainsi qu'il suit :

« Antoine Doudier, maire ; Jean François Paulin ; Alexan-
« dre Cadenat ; Henry Vuillemot ; Antoine Guenot ; Antoine-
« Nicolas Morizot, officiers municipaux, Claude-Antoine Guil-
« laume, agent national ;

« Ferdinand Monnot ; Jean-Claude Doudier ; Claude Joseph
« Michaud ; Jacques Vincent Craman ; Pierre Borel ; Claude
« Bardouillet ; Adrien Marion ; Etienne Haulet ; Laurent Maire ;
« Pierre Thiéry ; Christophe Rabbe ; Charles Suchet, notables ;
« Jean-Baptiste Maitre, secrétaire-greffier

« Nicolas Pierre Vallerand, commis de la municipalité à la
« poste aux lettres

« Chargeons le citoyen Guillaume, agent national, de faire
« installer la municipalité telle qu'elle a été proclamée à la
« grande satisfaction des citoyens présents

« Et led. jour, dans le temple dédié à l'Etre suprême, envi-
« ron les sept heures décimales... est comparu le citoyen
« Antoine Doudier, maire de la commune de Pesmes, qui a
« prêté entre nos mains le serment ainsi qu'il suit :

« Je jure de maintenir de tout mon pouvoir la liberté et
« l'égalité, l'unité et l'indivisibilité de la République, de mou-
« rir à mon poste et de remplir avec honneur, probité et
« impartialité les fonctions qui me sont déléguées ».

Les officiers municipaux et les notables ont immédiatement prêté le même serment.

A peine la population de Pesmes se reposait de
l'affreux cauchemar qui avait pesé sur elle pendant la
Terreur qu'elle apprit avec douleur que par décision du

Conseil de santé du 29 germinal an III, le maire Doudier
avait été nommé « officier de santé pour être attaché
« comme chirurgien de première classe à la onzième
« demi-brigade d'infanterie légère du 1ᵉʳ bataillon pour
« se rendre sans délai au bivouac devant Mayence ».
Aussitôt, l'Agent national réunit les habitants auxquels
il fit part de cet arrêté et les invita à en délibérer.

« La matière mise en délibération, l'Agent national de nou-
« veau entendu, il a été arrêté, pris égard aux circonstances,
« qu'il seroit fait une pétition au représentant du peuple ten-
« dante à ce que le citoyen Doudier soit conservé dans sa place
« de maire de la commune de Pesmes, attendu qu'il a mérité
« et acquit la confiance publique ; que son âme honnête, son
« affabilité et ses lumières le rendent plus propre qu'aucun
« autre a reparer les désordres de la commune et ramener l'es-
« prit public a la hauteur de la constitution, et que ses connais-
« sances dans son état de chirurgien le rendent absolument
« nécessaire dans la commune ou il a rendu jusqu'à présent
« les plus grands services ; qu'il est de plus nécessaire dans sa
« famille attendu que son épouse est d'une faible santé et qu'il
« a plusieurs enfants en bas âge. Et ont les officiers munici-
« paux et le Conseil général de la commune signé » (1).

A la réception de la pétition qui lui fut présentée, le
représentant du peuple, Saladin, qui en parcourant le
département de la Haute-Saône s'était arrêté à Pesmes,
suspendit provisoirement le départ du chirurgien Doudier pour sa nouvelle destination. Saladin demanda alors
à la municipalité de Pesmes une liste des principaux agi-
tateurs. Le Conseil municipal lui en présenta une comprenant *quarante* noms. Doudier avait eu beaucoup à
souffrir des anciens administrateurs de la ville et les
premiers inscrits sur la liste étaient ses plus acharnés
persécuteurs. Il essaya de les sauver. Grâce à une lutte

---

(1) Signé au registre : Morizot, Cadenat, Vuillemot, Marion, Doudier l'aîné, Michaud, Cramant, Thiéry, Borel, Monnot, Suchet, Bardouillet, Rabbe et Guillaume,
agent national.

énergique contre le Conseil municipal et contre le représentant du peuple lui-même, Doudier fit réduire cette liste à *huit* personnes qui furent immédiatement arrêtées (1).

L'arrêté du représentant Saladin qui maintenait provisoirement le maire Doudier à la tête de la municipalité, fut approuvé par le Conseil de Santé, qui à cette

---

(1) Au nom du peuple français
Saladin, représentant du peuple près les départements du Jura, du Doubs et de la Haute-Saône
Vu la pétition des officiers municipaux de la commune de Pesmes
Considérant que le règne de la justice ne peut s'établir que par des mesures répressives contre ceux qui ont prêchés l'anarchie, que c'est en enlevant aux ennemis de la révolution des armes qui deviendraient meurtrières dans leurs mains homicides qu'on peut assurer et garantir les mesures de justice, de bienfaisance et de salut public qu'a adopté la convention nationale; que la loi du 21 germinal dernier qui ordonne ce désarmement n'a point encor reçu dans cette commune son exécution, que s'il est des hommes qui doivent être désarmés et surveillés, il est une première classe de ces individus que la loi doit mettre dans l'impuissance absolue de nuire en les enlevant du sein de la Société qu'ils égarent par la propagation de leurs maximes atroces

Arrête ce qui suit :
Art. 1er. — 1. Morizot, ex-maire de Pesmes
2. Claude Caillier, tanneur, ex-municipal
3. Jannot, ex-juge de paix, destitué
4. Antoine Vauthier, vitrier, ex-membre du Comité de surveillance de la municipalité
5. Richard, ex-président dud. Comité
6. Mercier fils, ex-membre dud. Comité
7. François Parisot, ci-devant assesseur du juge de paix
8. Melchior Borel, ex-greffier de la ci-devant municipalité,
seront désarmés, mis sur le champ en arrestation et transférés au fort Saint-André à Salins, à l'exception de Caillier, qui sera conduit dans les prisons de Vesoul
Art. 2. — Il sera informé contre eux par le juge de paix du canton de Pesmes que nous commettons à cet effet
Art. 3. — Seront simplement désarmés ceux qui suivent
1. Caillier, ex-prêtre ; 2. Boudrot, ex-membre du Comité ; 3. Piot, gendarme, ex-membre du Comité ; 4. Sepot, gendarme, ex-membre du Comité ; 5. Luquin, ex-greffier ; 6. Boilin, Antoine, le jeune ; 7. Boilin, dit l'abbé, ex-membre du Comité ; 8. Mercier père, ex-municipal ; 9. Villet, ex-membre du Comité; 10. Prudhon, ex-assesseur du juge de paix ; 11. Fouettet; 12. Panier : 13. Javelot; 14. Jean Fromont ; 15. Pierre Guiot ; 16. Sepot père ; 17. Meunier, jardinier ; 18. Fontaine ; 19. Claude Labaume.
Art. 4. — Les désarmés seront mis sous la surveillance spéciale de la municipalité ; ils sont destitués de toutes fonctions civiles et militaires si aucune ils occupent
Art. 5. — Charge le procureur syndic de Gray de l'exécution du présent.
Fait à Pesmes le 16 floréal an III de la République française une et indivisible.
(Signé) le représentant du peuple
SALADIN
Et au-dessous
LE VERDIER, secrétaire

occasion adressa une lettre très élogieuse à M. Doudier (1).

A partir de cette époque, l'administration de Pesmes

---

(1) Voici la copie littérale de cette lettre :

RÉPUBLIQUE FRANÇAISE      Paris, le vingt-huit prairial an troisième de la
LIBERTÉ, ÉGALITÉ, FRATERNITÉ      République Française une et indivisible

**Conseil de Santé**

LE CONSEIL DE SANTÉ

Au citoyen Doudier, chirurgien et maire de la commune de Pesmes, district de Gray, départ. de la Haute-Saône

Le représentant du peuple Saladin, citoyen, nous a adressé l'arrêté qu'il a pris en conséquence d'une pétition que lui a présentée la commune de Pesmes qui, par différents motifs désire que vous restiez au milieu d'elle. Votre nomination à la place honorable de chef de la municipalité, prouve la confiance et l'utilité dont vous pouvez être à vos concitoyens, dans un moment où la nation a besoin du zèle des vrais républicains pour écraser l'affreux Terrorisme. Ce sont ces raisons qui ont déterminé le représentant Saladin à suspendre provisoirement votre destination comme chirurgien de deuxième classe attaché à la 11ᵉ demi-brigade d'infanterie légère. Nous ne pouvons qu'applaudir aux dispositions prises par le représentant du peuple, Saladin, et nous allons proposer au comité de Salut public de les approuver en lui présentant quelqu'un pour vous remplacer.

Mais, citoyen, ce n'est pas sans peine que nous faisons cette démarche ; depuis votre nomination il nous a été fait rapport d'un excellent Mémoire de vous, trouvé dans les cartons de la commission de Santé, que nous avons remplacée. Ce mémoire contient trois observations sur les maladies des os ; il est accompagné d'un plan de deux machines de votre invention. Le tout annonce un homme qui aime son art et qui l'exerce d'une manière distinguée. Nous ne pouvons deviner le motif qui avoit déterminé l'envoi des questions de deuxième classe en récompense de ce travail qui méritoit un autre accueil. Nous vous avions déjà donné une preuve de notre amour pour la justice, puisque vous aviez été nommé à votre emploi, d'après les réponses que vous avez bien voulu faire. Aujourd'hui la lecture de votre Mémoire a singulièrement ajouté à la bonne opinion que nous avions de vous, et nous avons arrêté que vous seriez inscrit sur nos registres comme *chirurgien de première classe*, à employer dans le premier besoin. Vous devez être persuadé, citoyen, d'après cet exposé, des regrets que nous éprouvons en voyant que la grande utilité dont vous êtes dans vos fonctions de magistrat du peuple, nous prive de vos talents pour le service de santé des armées. Vos fonctions publiques ne devant avoir qu'un terme, nous espérons que vous nous mettrez à même de vous rendre enfin toute la justice que vous méritez. En attendant nous accueillerions avec la même reconnaissance les nouveaux faits de pratique que vous pourriez avoir encore et qui auroient le même caractère d'importance.

Nous vous invitons à nous renvoyer la lettre de service qui vous avoit été adressée.
Salut et fraternité
(Signé) Heurteloup, Coste, Lancerotte, Parmentier, Le Preux, Groffier, Dinou, Lorent, Rufin et Verger (E. PERCHET. NOTICE BIOGRAPHIQUE SUR DOUDIER, ANTOINE, p. 19).

Doudier administra la ville de Pesmes soit comme maire, soit comme adjoint, pendant plus de trente ans. C'est lui qui acheta, le 7 juin 1823, de M. de Choiseul, au nom de la commune, les belles promenades de Pesmes, formant autrefois le parterre du château.

ne différa pas dans son recrutement de celle des autres communes de France, mais la ville ne recouvra pas l'éclat que lui donnaient ses anciens seigneurs et les nombreuses familles nobles qui l'habitaient et qui l'avaient fait surnommer *Pesmes-les-Nobles*.

## VI

Liste des Administrateurs de la ville de Pesmes depuis la charte d'affranchissement jusqu'à l'année 1870.

| ANNÉES | ÉCHEVINS |
| --- | --- |
| 1425 | Odard Honneret, Jean Michelet, Guillaume Guenasin et Perrenot Mairot. |
| 1472 | Pierre Renaud, Jean Bombard, Guillemin Baroillot et Claude Guichot. |
| 1475 (avant octobre) | Pierre Davadans (Davadans portait : De.. à une croix de... chargée sur les croisillons d'une couronne d'épines de... au croissant montant de... en pointe), Jean Glairvalx, Pierre Vairon et Jean de Vers. |
| 1475 (fin de l'année) | François Bichard, Aulest Gauthier, Catherin Guiochot et Jean Belpoy. |
| 1505 | Philippe Mairot, marchand, Simon Michelot, bourgeois, Jean Bellot, clerc, notaire public et Pierre-Monin-Alexis Bonnier, maréchal. |
| 1558 | François Andrey, Ylaire Billard, Pierre Tuebois, docteur es-droits et Philippe Mairot. |

| ANNÉES | ÉCHEVINS |
|---|---|
| 1558 (juillet) | Claude Grignet. |
| 1560 (avril) | Noble Catherin Mayrot, François Andrey, Jean Mayrot et Ilaire Fyot. |
| 1560 (novembre) | Pierre Renevier, Claude Marchand, Jean Mayrot le jeune et Ilaire Fyot. |
| 1561 | Catherin Mayrot, François Andrey, Jean Mayrot et Ilaire Fyot. |
| 1562 | Catherin Mayrot, Francois Andrey, Ilaire Fyot... |
| 1563 | Ilaire Fyot... |
| 1564 (avril) | François Andrey, Jean Haubert, Jean Mayrot et Ilaire Fyot. |
| 1564 (novembre) | Philippe Mayrot, Claude Grignet, Claude Marchand... |
| 1565 (jusqu'à Pâques) | Catherin Mayrot, François Andrey le viel, Pierre Renevier et Benigne de la Clef. |
| 1565 (après Pâques) | François Andrey, Jean Mayrot, Jean Haulbert et Ilaire Fyot. |
| 1566 (avant Pâques) | Laurent Mayrot, Benigne de la Clef... |
| 1566 (après Pâques) | François Andrey le viel, Pierre Renevier, Benigne de la Clef et Odot Fyot. |
| 1596 | Claude de Landriano, Claude Poinssard, Nicolas Sanche... |
| 1630 | Etienne Mol, Claude Malconnet, Jean Coudriset et Pierre Girardot. |
| 1632 | Guillaume Clairot. |
| 1645 | François Grignet, François Davadans, Étienne Mol et Claude Renaud. |

| ANNÉES | ÉCHEVINS |
| --- | --- |
| 1664 | 2ᵉ échevin : Lasnier. |
| 1665 | Bacquet, docteur es-droits, H. Grignet, Lasnier, notaire et Vounier. |
| 1666 | Lasnier, notaire, H. Grignet, Arnoul et Bacquet. |
| 1667 | Bacquet, Pierre Perret, F. Grignet et H. Grignet. |
| 1668 | De Résie, H. Grignet, Lasnier et Vounier. |
| 1669 | H. Grignet, Vounier, de Résie et F. Grignet. |
| 1670 | Bacquet, E. Grignet, P. Perret et L. Grignet. |
| 1689 | Lambert Aubert, écuyer, seigneur de la Grande-Résie et de Chevigney, Antoine Grignet, docteur en médecine, Jean Gousty, chirurgien et Jean Fourcaut. |
| 1693 23 décembre (pour 1694) | Premier maire élu : Antoine Grignet, docteur-médecin ; |
| 1695 | Échevins : Antoine Grignet, Jean Fourcaut, Claude Pageot et Jean Thiébaut. |
| 1697 | Maire : Luxeul ; échevins : Fourcaut et Pageot. |
| 1702 | Maire : Magdelaine ; échevins : Buthoz et Grignet. |
| 1704 | Échevins : François Clerc (ne sait pas signer). |
| 1710 | Maire : Grignet, avocat en parlement ; échevins : Buthoz, Pageot et Fourcault. |

| ANNÉES | ÉCHEVINS |
| --- | --- |
| 1711 | Maire : Claude-François Grignet le jeune, docteur en médecine ; échevins : Pageot, Fourcaut et Migneret. |
| 1712 | Maire : Fourcaut ; échevins : Claude Pageot, Antoine Migneret et Joseph Buthoz. |
| 1713 | Maire : Claude Pageot ; échevins : Jean Fourcaut, Antoine Migneret et François Clerc. |
| 1714 | Maire : noble Charles de Résie, écuyer ; échevins : Migneret, Clerc et Fourcaut. Parmi les conseillers se trouvaient noble Pierre Mairot, lieutenant des maréchaux de France, Pageot, Grignet, docteur en médecine, Colard dit la Gravoulière, Grignet, avocat..... |
| 1715 | Maire : Antoine Migneret ; échevins : Fourcaut, Jean-Jacques Besse et Claude-Antoine Jeannot. |
| 1716 | Maire : Fourcaut,..... |
| 1717-1718 | Maire : Étienne-François Grignet, avocat en parlement ; échevins : Fourcaut, Stevenin et Jeannier. |
| 1719-1720 | Maire : Étienne-François Grignet ; échevins : Jeannier, Fourcaut et Jeannot ; |
| 1721 | Maire : Grignet le jeune, médecin ; échevins : Grignet, avocat, Combes et Luxeul. |
| 1722 | Maire : Luxeul (portait : d'azur à un soleil d'or). |

| ANNÉES | ÉCHEVINS |
|---|---|

1723 — Maire : Grignet ;.....

1724 — Maire : Claude-François Grignet, docteur en médecine, châtelain de la justice ; échevins : Claude-François Carolet, maréchal-ferrant au service du seigneur, procureur du roi en l'hôtel de ville, Pyot, procureur fiscal du seigneur.

1725 — Maire : N.....

1726 — Maire : Claude Jeannier, notaire ; échevins : Grignet le Vieil, médecin, Carolet et Jeannot.

1727 — Maire : Combes ;.....

1728-1729 — id.

1730 — Maire : Étienne-François Grignet, avocat en parlement ;.....

1731 — Maire : Claude-Antoine Jeannot ; échevins : Étienne-François Grignet, Jacques Morisot et Guillier.

1736 — Maire : Jean-Baptiste Bernard ; échevins, Claude-Antoine Jeannot et André Bisot.

1739 — Maire : Claude Pyot ; échevins ; Étienne-François Grignet, Jacques Morisot et Jean-Baptiste Bernard.

1746 — Maire : Pyot ; maire alternatif : Ponsard.

1746-1750 — id. Ponsard.

1751 — id. Ponsard (décédé) et Pyot (qui fut interdit).

| ANNÉES | ÉCHEVINS |
|---|---|
| 1752 | Maire : Claude-Philippe Grignet de Champagnolot ;..... |
| 1754-1755 | Maire : Jean-Antoine Grignet d'Eugny ; lieutenant de maire : Pierre-Joseph Poncet ; échevins : André Bisot et Antoine-Joseph Gardinet. |
| 1756 | Maire : Jean-Claude-Isidore Guesle, avocat au parlement, (Guesle portait : d'azur à un chevron d'or, accompagné en chef de deux étoiles de même, et en pointe d'un croissant d'argent) ; lieutenant de maire : Poncet ; échevins : Bisot et Gardinet, administrateurs de la ville de la Baume Montrevel ; 8 septembre 1756, nomination du secrétaire de la ville. |
| 1757 | Maire : Claude-Philippe Grignet de Champagnolot ; les autres administrateurs restant les mêmes. |
| 1758-59-60 et 61 | Maire : Jacques-Étienne Dupoirier, notaire ; sans changement pour les autres. |
| 1762 | Maire : Claude Morisot, chirurgien ;..... |
| 1763 | Maire : Derriey, notaire ;..... |
| 1764 | Maire : Claude Morisot ; lieutenant de maire : Pierre Fumey ; échevins : Bisot et Gardinet. |
| 1765 | Maire : Bonnaventure Borel (jusqu'en février) et Jacques-Étienne Dupoirier. |
| 1766 | Maire : Dupoirier ;..... |

| ANNÉES | ÉCHEVINS |
|---|---|

| | |
|---|---|
| 1767 | 1er échevin : Dupoirier ;..... |
| 1768 | id. Luxeul ;..... |
| 1769-1770 | id. Jean-Baptiste Maître ; |
| 1772 | id. Dupoirier. |
| 1773-74-75-76 et 77 | id. Dupoirier (16 juillet ; maire : Dupoirier, nommé d'office. |
| 1778 | Maire : Bonnaventure Borel, dont l'élection fut annulée ; Dupoirier, nommé d'office. |
| 1779-80-81 et 82 | Maire : Jean-Baptiste Guilleminot, chirurgien ;..... |
| 1783-84 | Maire : Ancey ;..... |
| 1785 | Maire : Morisot ;..... |
| 1786-87-88 et 89 | id. Morisot, chirurgien ;..... |
| 1790 | Maire : Jean Oudille (M. Oudille ayant été nommé juge de paix fut remplacé par Claude-Charles Badouiller. |
| 1791 | Maire : Badouiller ;... |
| 1792 | id. Laurent Maire ;..... |
| 1793 (an 2) | id. André Morisot, |
| An 3, 14 ventôse | id. Antoine Doudier, chirurgien ;... |
| An 3, 13 prairial | id. Thiéry ;..... |
| An 8 à 13 (inclus) | id. Lamarche ;..... |
| 1810 à 1814 | id. Thiéry ;..... |
| 1814 | id. Poncet, général ;..... |
| 1814 à 1815 (inclus) | id. De Cramant ;..... |

| ANNÉES | ÉCHEVINS |
|---|---|
| 1816 à 1832 | id. Doudier, chirurgien ;..... |
| 1832 à 1848 | id. Courbet l'aîné, notaire ;..... |
| 1848, 14 octobre | id. Jouffroy, maire élu ;..... |
| 1848, 4 décembre à 1854 | id. Duvernois, maire élu ;..... |
| 1854, 6 mai à 1870 | id. Bourdin, François-Eugène, nommé d'office ;..... |
| 1870 | Maire : Lièvre ;..... |

## VII

Agriculture. — Terres incultes. — Forêts. — Animaux sauvages. — Le pâtre communal. — Les loups. — Épidémies sur le bétail. — Améliorations sous la domination française. — Pâturage au Gros-Bois. — Dénombrement donné par Guillaume de Grandson. — Route de Gray à Dole. — Projets. — Réparations aux chemins. — Prestations en nature. — Les récoltes endommagées. — Famine de 1709. — Expulsion des gens à scandales. — Impôts progressifs.

L'état de guerre dans lequel vivait continuellement la population de Pesmes jusqu'à l'annexion de la Franche-Comté à la France, ne lui permettait de se livrer à aucun commerce ni à aucun genre d'industrie. Plusieurs fois, au XIII° et au XIV° siècles, la ville avait été pillée, saccagée, réduite en cendres. Les terres, dévastées par de nombreuses troupes de pillards, restaient incultes et étaient envahies par des bois, des forêts dont on ne pouvait tirer aucune ressource et qui se peuplaient d'animaux sauvages. Dans les montagnes, les ours étaient communs (1); dans le reste de la Franche-Comté vivait le lynx, vulgairement appelé loup-cervier (2). Autour de Pesmes, les bois étaient peuplés de loups qui causaient de grands ravages dans les troupeaux, non-seulement parmi les animaux de petite taille, comme les moutons, mais parmi les vaches et les chevaux. En juillet 1731, le Conseil de la ville vota une somme de « 24 sols pour avoir encrotté une jument

---

(1) Ed. Clerc: Essai sur l'histoire de la Franche-Comté, t. I. p. 486.
(2) Histoire du Comté de la Roche, par l'abbé Loye, p. 84.

« d'Étienne Berthet tuée par le loup ». Dans les marchés avec le pâtre communal, et notamment dans celui du 28 avril 1730, il est expliqué que le pâtre préservera « la proye « des vaches de la ville de tout danger sauf de mort natu- « rel (sic) et de *la dent du loup* ». La même clause était insérée dans le marché passé pour la garde des cochons. Dans sa délibération du 27 février 1722, le Conseil déli- bère: « que l'on donne pouvoir auxd. s$^{rs}$ maire et échevins « de passer bail et marchef à Joseph La Pesse pour être « pastre de la proye des cochons de lad. ville pendant l'an « present, ce qui a été fait instamment, scavoir que led. » La Pesse s'oblige de bien et duement garder lad. proye « et préserver les cochons de tous dangers sauf de la « *Dent du loup.* Il percevra de chaque particulier et par « chacun des cochons qu'ils auront et qu'ils sont obligés « de mettre à lad proye conduitte par Iceluy ; dix-huit « deniers par chaque mois, et une demye livre de pain « par chaque semaine. Réservant cependant ceux qui ne « les laisseront sortir qui ne payeront rien ainsy que les « sieurs Maire, Échevins, du S$^r$ Curé et du Secrétaire ». Il existait en dehors de Pesmes un chemin en mauvais état, bordé de trous ou d'anciennes carrières où l'on jetait les animaux morts ; les loups y venaient en si grand nombre que ce chemin avait reçu le nom de Ruelle des Loups. C'est aujourd'hui un chemin de grande communication, bien entretenu, en très bon état et que l'on nomme toujours la Ruelle des Loups. Pour se débarrasser de ces hôtes incommodes, on attribua une prime importante à la destruction des loups. Une lettre du subdélégué de Gray, du 4 février 1775, adressée au maire et aux échevins de Pesmes, les informe que pour exciter le zèle des habitants des campagnes, l'Intendant a le projet de donner : par chaque louve 24 livres ; par chaque vieux loup 18 livres ; par chaque jeune loup de l'année 12 livres, et enfin par chaque louveteau 6 livres. Et que pour obtenir ces gratifications, il faut nécessairement qu'on lui présente au moins la tête des animaux qui auront été détruits, parce que c'est sur le certificat qu'il donnera ensuite, que l'Intendant fera expédier les ordonnances de paiement sur le receveur des finances du bailliage (1). Cette mesure n'était que le complément de celles qui avaient été prises précédemment pour la destruction des animaux carnassiers. Le 10 juillet 1718, le Conseil de la ville avait autorisé le paiement de « 2 livres 1/2 de poudre et 3 livres 1/2 « de plomb pour *traque* ordonné par M. de Grandmont ». Dans ces conditions, le bétail ne pouvait sortir de l'écurie que sous la garde d'hommes armés. Si l'on joint à ces difficultés les fréquentes épidémies qui venaient décimer les écuries (2), on comprendra l'état misérable des cultivateurs de Pesmes, avant la conquête de Louis xiv. A partir de cette époque, la campagne resta infestée d'animaux destructeurs, mais elle fut à l'abri des bandes armées qui auparavant la ravageaient. Le sort du cultivateur s'était par conséquent bien amélioré, ses récoltes étant moins sujettes à la dévastation. Mais ses moyens de culture étaient très primitifs ; le bétail, en petit nombre d'ailleurs, vivait tant bien que mal, plutôt mal que bien, sur des pâturages facilement épuisés, et dans la forêt du Gros-Bois appartenant au seigneur, mais où les habitants s'étaient réservé, par un traité du 25 mars 1703, le droit de parcours et de glandage lorsque les coupes étaient « défensables et à l'abri du Brout », l'engrais faisant défaut, les récoltes étaient maigres, chétives, peu productives ; quand on en avait distrait la semence pour l'année

---

(1) Archives communales de Pesmes, BB. 12.
(2) Délibération du 8 août 1714 : « *la maladie commune* existant sur le bétail, « toutes les bêtes atteintes seront conduites au canton des Essards, sous la garde « d'un homme choisi à cet effet. Et un autre sera choisi pour encrotter les bêtes « mortes ». La mortalité fut si grande que pour venir en aide aux cultivateurs de Pesmes, le roi leur fit remise sur leurs impôts de l'année 1715 d'une somme de 1365 livres.

suivante et la dîme, souvent il n'en restait pas suffisamment pour la nourriture de la famille. On manquait alors de ces récoltes qui produisent aujourd'hui l'abondance, ou qui tout au moins préviennent les disettes : la pomme de terre, ce pain du pauvre, n'avait pas encore fait son apparition dans le pays (1). Un dénombrement donné le 20 mai 1424, par Guillaume de Granson, seigneur de Pesmes, nous fait connaître la nature des grains cultivés à Pesmes à cette époque reculée ; il était dû au seigneur « l'Éminage « de tous grains qui se vendent en lad. Hale (la halle de « Pesmes) (2) esd jours de marchef c'est a savoir tant en « *blez, avoine, pois, feves, millot, lentilles*, comme autres « grains quelconques, et l'on doit de deux Éminottes une « couppe dont les vingt-quatre font l'éminotte a la mesure « de Pesmes ». Plus tard, on y ajouta la culture du méteil, du seigle, du maïs (turquet) et des haricots. La culture du chanvre y était très répandue. Lorsque la récolte manquait dans la province, on ne pouvait se procurer des denrées ailleurs, à cause du mauvais état des chemins et de leur peu de sûreté. Ce n'est qu'en 1737 qu'on traça le chemin de Dole. Le Conseil demandait son tracé devant l'Ermitage et non derrière, à cause des inondations. Le 12 mars 1769 le magistrat de Pesmes prit une délibération constatant « que les chemins des vignes et des environs de Pesmes « sont remplis de fondrières et rendus très étroits par suite « des anticipations. Qu'il sera pris des mesures pour « remédier à ces inconvénients qui présentent les plus « grands dangers *même pour la vie des personnes* ». Deux ans plus tard, le 24 juin 1771, le maire faisait observer au Conseil « que le chemin passant au-dessous des vignes de « la Varde servant pour la traite des prairies des Epaches

---

(1) C'est sous le règne de Louis XVI que Parmentier introduisit en France la culture de la pomme de terre. Parmentier est mort le 17 décembre 1813.
(2) Une délibération du 22 novembre 1778 constate que la halle n'existait plus.

« Ressies et Haute-Rive est totalement dégradé et impra-
« ticable; qu'il conviendrait d'y mettre des fascines et des
« terres ».

Le chemin de Gray était lui-même impraticable, et ce n'est qu'en 1700 que l'on commença à y faire quelques réparations. Mais en 1766, on résolut l'établissement d'une route de Gray à Dole par Pesmes. Le Conseil fit alors d'actives démarches pour que la route projetée passât par la place de la ville afin d'y attirer le commerce, comme autrefois avant la construction du chemin des Capucins. Il demandait en conséquence que la route à construire arrivât à Pesmes par la porte Saint-Hilaire, pour de là remonter la place, passer entre le parterre appartenant au seigneur et le jardin de M. de Résie, se diriger derrière la Maison Royale, où déjà l'on avait comblé les fossés du donjon, et se prolonger jusqu'à la porte Oudard où elle se serait réunie à la route de Vesoul à Auxonne. M. de Choiseul, alors seigneur de Pesmes, propriétaire des fossés du donjon, consentit à tout ce que sollicitaient de lui les habitants de Pesmes. Ce projet, d'une exécution difficile, ne fut pas approuvé par l'intendance qui, pour donner satisfaction à la municipalité, lui offrit en 1769, de faire pénétrer la route nouvelle dans la ville par la porte Mourey, d'où elle descendrait la place de Pesmes pour aboutir au chœur de l'église, en faisant toutefois disparaître les maisons situées entre la rue Saint-Hilaire et la rue Gentil, et se continuer comme précédemment par la rue Sainte-Catherine, la porte du Loigerot, le quai de la rive droite de l'Ognon et venir aboutir au pont. On devait en outre enlever le chœur de l'église et le reporter à l'autre extrémité, en rétablissant à sa place un frontispice monumental.

Ce projet était superbe, mais pour sa mise à exécution on demandait à la ville une subvention que le défaut de ressources ne lui permit pas de donner. Le 18 février 1769,

le Conseil avait délibéré « que la ville, qui retirerait de ces
« travaux un grand avantage, est trop pauvre pour y parti-
« ciper, mais donnerait deux coupes de bois ». Puis il
constate que la place de Pesmes est toujours boueuse et
malpropre et qu'il conviendrait de la paver.

Cette offre ne fut pas acceptée, et l'Intendant ordonna
que sa proposition fut discutée dans une assemblée de
notables régulièrement convoquée. Cette réunion eut lieu
le 7 mai 1769, sous la présidence de M. Maître, premier
échevin qui exposa: « qu'ayant reçu une lettre de M. Sau-
« geon, élève du génie par laqu'elle il demandoit au nom
« de M. Friquet une somme de 4.000 livres pour l'exécu-
« tion pure et simple du projet de faire passer la route de
« Dole à Gray par la partie supérieure de la ville a vüe de
« laquelle lettre le sieur Maitre trouvant la somme de 4.000
« livres un peu trop forte eut l'honneur d'écrire à Monsei-
« gneur l'Intendant et luy faire des représentations à cet
« effet et le suplioit de se contenter de la somme de 3.000
« livres pour lexecution dud projet et que la ville ne seroit
« chargée d'aucune autre dépense et que cette somme
« seroit prise sur le prix de la vente du canton de réserve
« dont led seigneur Intendant est prié d'obtenir la permis-
« sion, led sr Maitre avoit encore eu l'honneur de represen-
« ter que quelque bien imaginé que fut le projet de faire
« passer la route dans l'endroit désigné par l'Ingénieur il
« n'en resulteroit qu'un bien petit avantage pour l'utilité
« et l'embellissement de la ville tant que le cœur de l'église
« et lisle de maison subsisteroit

« 1° Parceque le cœur de leglise subsistant la route
« ne seroit pas droite et qu'il faudroit tourner autour et
« que cela occasionneroit la demolition d'une maison et
« qu'il faudroit ecorner deux autres

« 2° Lisle de maison n'etant pas detruite la route sera
« masquée et serrée entre lesd maisons et leglise ce qui
« feroit un vilain effet au lieu que cette isle etant enleve la

« place sera de beaucoup plus grande entierement degagé
« borné lextremite den bas par le frontispice de leglise
« devant laquelle passera la route et a lextremite d'en haut
« par le château de M. de Choiseul ce qui feroit que cette
« place seroit une des plus belles de la province lorsquelle
« sera pavé et comme lesd ouvrages occasionneront une
« dépense denviron 20.000 livres et que le canton de bois
« en reserve ne suffira pas pour le tout led S. Maître
« suplioit Mgr l'Intendant denvoyer un ingénieur pour
« dresser des plants et devis estimatif du tout à vue des-
« quels on prendra les mesures les moins onéreuses et les
« plus convenables pour subvenir auxdites depenses et que
« dans le cas lesd ouvrages auroient lieu et ce projet
« executé, la ville seroit decharge des 3.000 livres pour
« lexecution du projet du quay et de la route par la partie
« superieure de la ville. Mgr l'Intendant ayant agree les
« propositions dud S. Maitre ne les trouvant pas revetues
« des formalités requises demande quelles soient faitte et
« arreté dans une assemblée de notables regulierement
« convoquée

Delibere : que l'on approuvoit les soumissions faitte
« a Mgr l'Intendant par le S<sup>r</sup> Maitre premier echevin de la
« somme de 3.000 livres pour lexecution du projet de faire
« passer la route de Dole à Gray par la partie superieure
« de la ville et quelle ne pourra être comprise dans aucune
« autre depense pour lexecution dud projet, esperant qu a
« vue desd soumissions Mgr l'Intendant exemptera lad
« ville de toutes corvées concernant la construction des
« quais, pris egard qu'ils en coutent a la ville 3.500 livres
« pour le remblais de la chaussée, laquelle somme de 3.000
« livres sera prise sur le prix du canton du bois en
« réserve... Et que le surplus de largent sera employe a la
« reconstruction du cœur et frontispice de leglise et a l'ac-
« quisition de Lisle de maison qui masque la place et au

« pavement de lad place » (1). Les offres faites par la commune de Pesmes n'ayant pas été acceptées, l'Intendant ne donna pas suite à son projet et fit tracer la route entre le parterre et le jardin du seigneur, où elle existe aujourd'hui.

On se préoccupait sérieusement de la viabilité des chemins sur le territoire de Pesmes ; on y dépensait beaucoup d'argent, sans compter les corvées qu'on exigeait des habitants ; en 1771, on paya 955 livres pour réparations aux chemins ; en 1772, la somme dépensée à cet effet s'éleva à 995 livres 18 sols. Aussi, lorsque les habitants rédigèrent leurs cahiers de doléances, le 19 mars 1789, ils demandèrent, article 22, la suppression de toutes les corvées tant pour confection de grands chemins que pour réparations de ceux qui étaient établis. Les populations se sont toujours montrées récalcitrantes pour les corvées à faire sur les chemins, ce que nous appelons maintenant les *prestations*. C'est cependant grâce à ce système de prestations, qui aurait pu être amélioré, qu'on est parvenu à établir dans nos campagnes un état de viabilité qui facilite la rentrée des récoltes et leur conduite sur les divers marchés. Nous avons été témoin de la surexcitation soulevée dans les communes rurales par la loi du 21 mai 1836 sur les chemins vicinaux, loi bienfaisante, qui avec la loi du 28 juin 1833 sur l'instruction primaire, suffiraient pour immortaliser un règne. Aujourd'hui, la charge ordinaire d'un cheval est de 1.000 kilogs, mais il était loin d'en être ainsi le 14 juin 1709, jour où le Conseil de Pesmes prenait la délibération que nous reproduisons :

« Suivant l'ordre du Seigneur Intendant de fournir six
« chariots garnis d'écheles, attelés de *quatre bons chevaux*

---

(1) C'est sur la fin de l'année 1779 qu'on a pavé une grande partie de la place de Pesmes. Chaque particulier a pavé devant chez soi sur une largeur de treize pieds. Le pavé est enlevé depuis longtemps.

« ou *six bœufs* pour aller charger *la quantité d'un millier*
« *de foin chacun* au lieu de Tervay et les voiturer inces-
« samment dans les magasins du Roy à Dole, desquels
« chariots ils seront payés par l'entrepreneur des fourages
« sur le pied qui sera réglé par led seigneur, lesd S$^{rs}$ du
« magistrat commanderont ce qui est nécessaire pour lesd
« chariots, et au cas la taxe dud seigneur Intendant pour
« lesd chariots ne soit suffisante, le surplus sera supporté
« par lad ville de Pesmes. » Il s'agissait de conduire 3.000
kilogs de foin ; vingt-quatre bons chevaux ou trente-six
bœufs étaient nécessaires: quatre bons bœufs suffiraient
dans l'état actuel des chemins, pour faire ce transport.

Le mauvais état des chemins n'était pas la seule
difficulté que rencontrait le cultivateur dans l'exploitation
de ses terres. Autrefois comme aujourd'hui, il se produisait des perturbations atmosphériques qui comprromet-
taient les récoltes. Nous parlerons tout à l'heure de la
famine de 1709. En 1710, les vignes furent gelées au mois
de mai et la récolte fut perdue ; dans le courant de l'automne, les blés furent attaqués et mangés par les « rates »
que l'on « excommunia ». En 1712, c'est la récolte des
foins qui fut perdue par les inondations ; en 1715, la récolte
des vignes fut anéantie par la grêle. Pendant l'année 1719,
la chaleur fut si forte et si prolongée que le regain fit
complètement défaut ; les vendanges s'ouvrirent le 6
septembre (1). En 1731, le pays fut envahi par les chenilles ;
la grêle détruisit la récolte des vignes. La sécheresse
devint si grande et le fourrage si rare que le parlement

---

(1) Ce n'est pas seulement le regain qui fit défaut en 1893, mais la récolte des foins fut absolument nulle par suite d'une sécheresse sans précédent ; la chaleur devint suffocante, et pendant un certain nombre de jours le thermomètre se maintint à 34° à l'ombre. Le bétail se vendit à vil prix et on ne trouvait pas toujours des acquéreurs même à des prix dérisoires. La vigne seule ne souffrit pas de cette température tropicale ; malheureusement les quelques vignes qui restent à Pesmes furent complètement gelées le dimanche 7 mai. Les rares ceps qui échappèrent à ce désastre furent vendangés dans la seconde quinzaine du mois d'août: le 24 août on servit du vin nouveau sur la table de l'auteur.

défendit de laisser pâturer les prairies avant la récolte des regains. Enfin, en 1736, le 25 mai, la gelée détruisit complètement la récolte du vignoble. On a fait sur le territoire de Pesmes des travaux d'assainissement qui, en facilitant l'écoulement des eaux garantissent les racines des jeunes plantes et assurent les récoltes. Sous ce rapport, il reste encore beaucoup à faire ; on arrivera au résultat désiré au moyen des associations, des syndicats ; mais la formation des syndicats est difficile dans les campagnes ; le cultivateur n'aime ni les associations, ni les innovations. Il est un peu égoïste et ne veut pas que son travail profite au voisin. Cependant, on ne constate plus de nos jours des catastrophes comme celle qui se produisit à Pesmes en 1709. On frémit en lisant les détails de cette horrible famine.

Au mois de mai 1708, le vignoble de Pesmes fut entièrement gelé, et la récolte fut presque nulle. Le printemps de 1709 fut très pluvieux, l'eau séjourna sur les champs ensemencés et les emblavures d'automne furent pourries et perdues. Malheureusement la culture n'était pas libre comme maintenant ; on ne pouvait changer les soles et semer des graines de printemps dans la sole des blés sans une autorisation, pas plus qu'on ne pouvait, sans y être autorisé, faire d'un pré un champ et vice versa (1). Pour compliquer la situation, une ordonnance royale vint défendre aux laboureurs, à peine de cinquante livres d'amende, de retourner les terres ensemencées de blé jusqu'à ce qu'on ait reconnu l'apparence d'une récolte. Cette ordonnance fut transmise au magistrat de Pesmes le 17 avril 1709 et y produisit une véritable consternation. Le maire réunit aussitôt le Conseil pour aviser aux mesures

---

(1) Le 5 décembre 1738, le Conseil donne un avis favorable à la demande du Sʳ Rousselot, qui sollicite l'autorisation de transformer en pré un champ qu'il possède à Theuriot, *sauf à faire statuer par le parlement*.

à prendre. Il fut délibéré à cette réunion que « comme le
« temps et la saison sont bien avancés et que le temps
« presse de semer quelques menues graines comme
« avoine, orge, turcet (maïs), poids et autres pour éviter
« les malheurs de famine dont on est menacé pour ces
« raisons ayant député la majeure part de la ville avec
« ceux du magistrat accompagnés des six premiers labou-
« reurs de la ville, lesquels ayant fait ensemble la visite
« de tout le canton ensemencé de blé, après avoir *reviré* et
« remué la terre en plusieurs endroits ils ont reconnu qu'il
« n'y avait aucune apparence de récolte, le blé étant
« entièrement pourri et perdu ainsi que toutes les racines
« desquelles il ne peut absolument rien repousser et comme
« le retardement à semer quelque chose sera d'un préju-
« dice infini attendu que les chaleurs et sécheresses endur-
« ciront la terre qui ne sera plus propre à semer et du
« moins plus difficile et moins en état de produire pourquoi
« on présentera requête incessamment à M. l'Intendant
« pour avoir pouvoir de labourer incessamment les terres
« ou lesd blés étaient semés pour y mettre les menues
« graines que l'on pourra trouver dans le voisinage attendu
« qu'il y en a peu dans led lieu ».

Il fut en outre ordonné de visiter et de dresser un état
des provisions existantes chez les particuliers pour pourvoir à la subsistance des pauvres.

Quelques jours après, le 27 avril 1709, le magistrat
signifia aux meuniers de Pesmes « de ne prendre la coupe
« de mouture de blé que raclée ».

La famine qui régnait à Pesmes se faisait aussi sentir
dans les villages voisins, et malgré une grande surveillance quelques mesures de grains sortaient de Pesmes
clandestinement soit pour l'alimentation des pays limitrophes, soit plutôt au profit de quelques marchands peu
scrupuleux, de quelques accapareurs qui spéculaient sur
la misère du peuple. Pour empêcher ce commerce odieux,

la municipalité décida, le 5 mai 1709, que « l'on fera une
« garde exacte toutes les nuits qui sera composée de douze
« hommes avec un chef, dont huit feront la patrouille et
« quatre tiendront corps de garde, et le tout pour obvier
« aux désordres et larcins qui pourraient se commettre et
« ceux qui courront la patrouille veilleront soigneusement
« aux ponts et portes de lad ville tant pour empêcher la
« sortie des grains qu'arrêter ceux que l'on apercevrait y
« entrer ou sortir dans ces heures indues avec danger et
« mal intentionnés ». On alloua deux sols par jour à dater
du premier juin, « au petit Girardot pour avertir et sonner
« la garde ». Il est difficile d'empêcher une population
mourant de faim de se procurer quelque subsistance :
*Ventre affamé n'a pas d'oreilles.* Et quelle subsistance !
Dès le mois de mai on allait voler les récoltes dans les
champs. Il n'y avait pas deux mois que la semence avait
été jetée en terre ; le grain était à peine formé. On se préparait ainsi une famine plus terrible encore pour l'année
suivante en détruisant la récolte en herbe ! Le Conseil,
dont la situation devenait de plus en plus pénible institua,
le 2 juin, six messiers, pour veiller à la conservation des
biens de la terre. L'élection de ces gardes eut lieu le 9 du
même mois : ils étaient responsables des dégâts commis
dans les champs, mais on devait leur payer cinq sols par
journal de grains qui ne se lient pas, et une gerbe par
journal des grains qui se lient, orge, avoine et fèves. Les
messiers élus refusèrent d'accepter les conditions imposées et il fallut procéder à la nomination de six nouveaux
gardes. Le 25 juin, on mit la *messerie* aux enchères, et il
se présenta six habitants qui non-seulement acceptèrent
les conditions du cahier des charges mais qui s'engagèrent à payer en outre au Receveur de la ville une somme
de quatre-vingts livres plus vingt-quatre mesures d'avoine
au marquis de la Baume. Pour diminuer le nombre de
bouches à nourrir, le Conseil ordonna l'expulsion des

« gens à scandale ». L'été de cette malheureuse année 1709 fut assez propice aux récoltes ; les vendanges s'ouvrirent à Pesmes le 25 septembre. Par reconnaissance pour les personnes qui avaient prêté du blé pour ensemencer les terres à l'automne de 1709, un arrêt du Conseil d'État ordonna « que tous les actes qui seraient passés à « leur profit jusqu'au 1ᵉʳ avril 1710 seraient déchargés du « contrôle et du sceau ». En même temps, l'Intendant donna l'ordre de faire la déclaration du nombre de journaux de terre ensemencés pendant la saison d'automne 1709.

Comme si tous ces malheurs n'avaient pas suffi à décourager les cultivateurs, on les surchargea d'impôts : le 28 décembre 1702, le prix du sel fut fixé à dix sols le pain pour l'année suivante ; en 1711, on le payait douze sols. En 1701, l'imposition royale s'élevait à 1.000 livres et l'impôt de capitation (cote personnelle) à 720 livres, soit un total de 1720 livres; en 1771, l'imposition royale est de 2.230 livres et l'impôt de capitation de 1860 livres, en totalité 4.090 livres; en 1776, les mêmes impôts s'élèvent à 4.438 livres. La progression est constante. Elle ne l'est pas moins pour la contribution foncière : en 1770, le journal de vigne paie 22 sols, la faulx de pré 11 sols, le journal de terre et la mesure de chenevière 6 sols. Dix ans plus tard, en 1781, le journal de vigne paie 26 sols, la faulx de pré 16 sols, le journal de terre et la mesure de chenevière 7 s. 6 d. Les contributions étaient basées sur l'appréciation des directeurs du 20ᵉ (comme aujourd'hui elles sont basées sur l'appréciation du contrôleur des contributions directes pour les propriétés bâties). Ces directeurs du 20ᵉ avaient, en 1751, pour la fixation de l'impôt de 1752, estimé le revenu du journal de vigne à 24 livres, celui de la faulx de pré à 14 livres et celui du journal de terre à 12 livres. Le magistrat de la ville protesta énergiquement contre cette évaluation arbitraire et soutint que le journal de vigne, en moyenne, rapportait « tout au plus 10 livres, la

« faulx de pré 6 livres et le journal de terre 30 sols ». L'impôt le plus funeste à l'agriculture était la taxe que l'on avait mise sur chaque tête de bétail du cultivateur, lorsqu'au contraire on aurait dû offrir des primes aux éleveurs. Le rôle de la contribution pour l'année 1781, que nous avons pu consulter, nous apprend que les bœufs étaient imposés à 2 s. par tête, les vaches à 1 s. 6 d., les veaux à 2 s., les moutons à 5 d., les chèvres et les chevreaux à 3 s. (1). Tous ces impôts étaient en sus de ceux que l'on payait au seigneur en vertu du pacte des franchises.

---

(1) Archives communales de Pesmes.

## VIII

Industrie — Moulins — Forges et fourneaux — Fonte de canons — Don de douze canons à la ville de Dole — Lances à canons — Clôture des forges — Pont de la forge — Le chemin de Broye — Industries diverses.

L'absence de chemins praticables en empêchant tout genre d'industrie de s'établir dans le pays, privait la ville des ressources que procurent aux habitants les établissements industriels. Jusqu'à l'année 1620, Pesmes ne possédait comme établissements de ce genre que trois moulins : le moulin Grassot, où il y avait « foule et batteur », le moulin du Pont où il n'y avait ni « foule ni batteur », et enfin le moulin Boussard où il y avait également « foule et batteur » (1). Un quatrième moulin, appelé le moulin de Mutigney, mû au moyen d'une dérivation de l'Ognon, dont on voit encore quelques traces qu'on appelle la riviérotte, avait été détruit par l'armée française en 1477 et n'a jamais été reconstruit.

Le moulin Boussard fut transformé en forges et hauts-

---

(1) Dénombrement donné le 1er novembre 1620 par Lamberte de Ligne.
Vers cette époque, le meunier Boussard eut un singulier procès devant le parlement de Dole. Voici à quelle occasion
Boussard avait acheté de Nicolas Sanche, Jean Sirebel et Pierre Girardot, tous de Pesmes, moyennant une somme de 12 fr. payée comptant à chacun des vendeurs, une quantité de millet calculée sur le nombre des enfants qui naîtraient et seraient baptisés à Pesmes pendant l'année. Il en est né 66. Les vendeurs devaient livrer à l'acquéreur au bout de l'année un grain de millet pour le premier enfant, deux grains pour le deuxième, 4 grains pour le troisième, huit grains pour le quatrième et ainsi jusqu'au dernier, en suivant toujours cette progression.
Les avocats des défendeurs soutenaient que la convention était nulle, parce que son

fourneaux en vertu d'un édit de Philippe, roi de Castille, de Léon, d'Aragon, etc., comte de Bourgogne, à la date du premier janvier 1660, qui accorda au marquis de Saint-Martin, gouverneur de Dole « l'autorisation de faire
« chercher et tirer de la terre de Pesmes des minéraux de
« fer et d'établir forges et fourneaux pour la maniature
« desdits minéraux, à charge de fournir les arsenaux de
« bombes, grenades et balles de canon, en lui payant le
« prix et à la condition qu'il paiera au profit du roi, entre
« les mains de son receveur d'épargne au Comté de
« Bourgogne la somme de seize francs par an monnaie
« de Bourgogne ».

Les forges de Pesmes concédées au marquis de Saint-Martin, seigneur de Pesmes, furent exploitées par des fermiers, mais elles restèrent la propriété du seigneur jusqu'à la Révolution, époque à laquelle elles furent mises sous la main de la Nation. Un des premiers amodiataires fut un sieur Mopinot (1), dont la fille épousa Jean-François Clerc, aïeul de Jeanne-Françoise Clerc, épouse de Charles Aubert, seigneur de la Grande et de la Petite-Résie et de Chevigney (2). En 1767 le fermier était Jean-Baptiste-Joseph Courty, seigneur de Sornay (3) qui habitait les Forges ; il y fut remplacé par les frères Rossigneux, qui en continuèrent l'exploitation jusqu'à la vente de cette usine, le 6 messidor, an IV, à Claude-Pierre Dornier.

L'Assemblée nationale en proclamant la République,

---

exécution était impossible. Ils démontrèrent par des calculs arithmétiques qu'en suivant cette progression jusqu'au nombre de 64 seulement, il n'y aurait pas assez de froment au monde pour effectuer une telle livraison, ni assez d'or pour la payer ni assez de navires pour l'embarquer.

Le parlement ordonna que Sancho, Sirebel et Girardot rendraient à Boussard chacun les 12 fr. qu'ils en avaient reçus et lui payeraient la même somme à titre d'indemnité. (Extrait des *Curiosités judiciaires* par Warée. Note communiquée par feu M. le D<sup>r</sup> Stéphane Bourdin).

(1) La famille Mopinot possédait à Pesmes un fief qui porte encore le nom de Corvée Mopinot.

(2) E. PERCHET, LE CULTE A PESMES.

(3) Sornay portait : d'azur, à une colombe s'essorant d'argent, becquée et membrée de gueules, écartelé de gueules, à un griffon d'or, lampassé et armé de sable.

avait excité contre la France, chez les puissances étrangères, un sentiment d'hostilité qui se manifestait d'une manière sensible ; on prévoyait une guerre prochaine et les villes de Franche-Comté, notamment la ville de Dole, donnaient l'exemple des préparatifs de défense. Les conditions imposées au marquis de Saint-Martin par le roi de Castille subsistaient toujours, et les forges de Pesmes continuaient à fabriquer des canons pour les arsenaux. Le fermier offrit alors des canons et de la mitraille à la ville de Dole qui, par délibération de son Comité en date du 3 octobre 1789, déclare que M. Rossigneux, maître de forges à Pesmes, offre de donner à la ville de Dole douze canons en fonte avec une certaine quantité de mitraille, et vingt-quatre plateaux en chêne pour monter lesd canons ce qui est accepté avec reconnaissance. Le Comité délègue M. Chapuis, lieutenant criminel, membre du Comité et M. Badois, officier de la milice nationale, afin de se rendre à Pesmes pour y prévenir messieurs du Comité permanent de la fonte des canons. Le Comité de la ville de Pesmes, ayant reçu communication de cette délibération le 5 octobre donna immédiatement son adhésion à ce projet, et promit de faire au besoin escorter les canons jusqu'à Dole.

Après s'être emparé des forges de Pesmes, l'État en avait continué le bail aux frères Rossigneux ; ceux-ci, par une soumission en date du 27 ventôse, an II, s'obligèrent à fournir aux arsenaux de la République la quantité de six cents milliers de *lances à canons*, vingt-cinq milliers de petits carrés et autres pour Meulon. Le 21 messidor suivant, le Comité de Salut public pressait vivement cette fabrication, et les entrepreneurs des forges et fourneaux de Pesmes s'adressant au maire et aux officiers municipaux de la ville leur exposaient : « que les circonstances
« impérieuses ne leur permettaient pas de négliger cette
« fourniture sans compromettre les intérêts de la Répu-
« blique et de se rendre coupables envers elle ; que

« cependant il faut pour pouvoir remplir les engagements
« formels qu'ils ont contractés envers la commission des
« armes et poudres, des martinets pour cette fabrication ;
« que depuis plus de huit mois, ils n'ont cessé d'en
« poursuivre la construction avec toute l'activité possible ;
« ces martinets auraient dû rouler il y a déjà du tems, si le
« charpentier qui s'est chargé de cette entreprise ne l'avoit
« pas négligée au point qu'il ne vient travailler aux forges
« que quelques jours par décade, malgré les réquisitions
« verbales qui lui ont été faites de suivre ce travail impor-
« tant, de manière que par l'effet de sa négligence ou de sa
« mauvaise volonté la fabrication des lances à canons se
« trouve éprouver actuellement un retard de cent milliers
« environ ». Sur cet exposé la municipalité de Pesmes
ordonna à l'ouvrier de se rendre aux forges de Pesmes et
partout où le service des usines l'exigera à peine d'être puni
suivant les rigueurs des lois.

Les frères Rossigneux employaient dans leur usine
un grand nombre de personnes. Il arriva un jour qu'ils ne
possédèrent pour faire leurs paiements que des assignats
de mille et de deux mille francs. Le 30 novembre 1791, ils
s'adressèrent à la municipalité de Pesmes pour en obtenir
un certificat qui leur fut accordé, afin de solliciter de
l'autorité compétente la remise de petits assignats, parce
qu'ils ne trouvaient pas à changer les autres.

Autrefois, l'usine de Pesmes n'était pas close ; le
chemin de Broye se continuait en ligne droite le long du
canal de décharge. En outre, au-dessous de l'écluse
existait un gué qui servait au défruitement de la prairie.
Pour arriver à ce gué, les voitures passaient sur un pont
en bois placé devant les « empellements » de l'usine et que
le propriétaire de cet établissement devait entretenir à cet
effet en vertu d'un traité passé avec les habitants de
Pesmes, le 30 mars 1505. Ce passage ne fut supprimé
qu'ensuite d'un nouveau traité intervenu entre M. Doudier,

agissant en sa qualité de maire de la commune de Pesmes, et Madame Dornier, alors propriétaire des forges. Il fut convenu que le propriétaire des forges de Pesmes ferait construire à ses frais et entretiendrait à perpétuité un pont sur l'Ognon en amont de l'usine, qui pourrait alors être complètement close (1). C'est ce pont qui existe aujourd'hui, et qui non-seulement sert au défruitement de la prairie, mais fait communiquer beaucoup plus facilement les populations de la Haute-Saône avec celles du Jura et de la Côte-d'Or. Le chemin de Broye avait changé de direction depuis longtemps. En 1778, M. de Choiseul s'était pourvu en autorisation de clore sa forge en se soumettant à remplacer le chemin de Broye par un autre chemin qui tournerait autour de la propriété (2). Cette demande fut vivement combattue par la municipalité, qui craignait d'abord de perdre le droit de passage lui résultant du traité du 30 mars 1505 ensuite d'avoir un chemin beaucoup plus difficile, plus long, et qui faisait « deux retours d'équaires » (3). Un arrêt du Conseil du 16 septembre 1779 accorda à M. de Choiseul l'autorisation qu'il sollicitait, mais en conservant aux habitants de Pesmes le droit de passer par la Forge et par le gué pour défruiter leur prairie.

La forge de Pesmes acquit une importance considérable par la qualité de ses fers, la bonté des minerais qui y étaient employés, et qui étaient extraits tant sur le territoire de Pesmes que sur celui de quelques communes voisines, et par le mode de fusion pour lequel on ne se servait que

---

(1) Le pont de la Forge fut détruit en 1870 par l'armée française et reconstruit par la Société des Forges de Franche-Comté.

(2) Le 23 novembre 1777, le Conseil de Pesmes avait accordé à M. de Choiseul l'autorisation d'avancer de 17 pieds sur le chemin de la Tromarère le pavillon qu'il voulait faire construire à l'angle du grand jardin pour le rejoindre par une grille en fer à l'autre pavillon qu'il voulait également construire à l'angle de droite. Il fut alors constaté qu'après ces constructions le chemin de la Tromarère, en face du pavillon de gauche aurait encore 11 pieds de largeur. (Arch. de Pesmes).

(3) Arch. communales de Pesmes.

de charbon de bois. Cet établissement avait une grande réputation ; les fers de Pesmes étaient très recherchés et jouissaient sur le marché d'une préférence méritée. Absorbée dans la Société des Forges de Franche-Comté, l'usine de Pesmes subit la conséquence fatale des traités de 1860 ; sa production se ralentit, puis finit par cesser tout à fait. Depuis plusieurs années elle est en ruines, et la propriété vient d'être vendue à M. Chrétien, qui y a établi une fabrique de sécateurs et autres menus objets métalliques.

L'industrie n'avait pris à Pesmes qu'un faible développement ; cependant depuis la conquête il s'était établi une tuilerie, une tannerie et des clouteries. On comptait également plusieurs établissements de menuisiers, de charrons, de maréchaux, de bourreliers, de tisserands, de tourneurs sur bois ainsi que plusieurs huileries. A l'exception des clouteries et des métiers de tisserands, les mêmes industries s'exercent encore à Pesmes où l'on trouve en outre une scierie mécanique.

La vente des objets fabriqués était encore entravée par l'exercice et le poinçonnage des droits réunis, l'impôt le plus vexatoire, le plus inquisitorial, le plus impopulaire, dont les habitants de Pesmes demandaient déjà la suppression dans leurs cahiers de doléances, suppression maintes fois promise et jamais obtenue. Cet odieux exercice n'en fleurit pas moins depuis cette époque et menace aujourd'hui l'inviolabilité de nos domiciles.

## IX

Commerce — Les Lombards — Les Juifs — Les pelletiers. — Les habitations — L'Ognon flottable — Tuilerie — Huileries — Foires — Marchés — Marché aux grains — Étoffes — Modes — Confections.

A raison de sa situation, de son importance comme chef-lieu d'une vaste baronnie, la ville de Pesmes dans des temps reculés fut envahie par des marchands étrangers et surtout par des juifs qu'on appelait *Lombards* (1), venus d'Italie avec la balle sur le dos, se livrant au change, à l'usure et rançonnant le pays. Le taux de l'intérêt était généralement vingt pour cent, souvent trente, quelquefois quarante. Puis ils prêtaient sur gages ; ce gage consistait en meubles, en blé, en peaux fraîches ou tannées, en effets d'habillements. La maison du juif était un véritable bazar. Tous ces gages étaient vendus si le débiteur ne se libérait pas. Méprisés, détestés, enrichis, ils s'implantaient dans la province en prêtant de l'argent non-seulement à la classe

---

(1) BULLETIN DE LA SOCIÉTÉ D'AGRICULTURE, SCIENCES ET ARTS DE LA HAUTE-SAONE, année 1886, p. 211 et suiv.

Il y avait alors, dit M. le chanoine Morey (BULLETIN DE LA SOCIÉTÉ D'AGRICULTURE, SCIENCES ET ARTS DE LA HAUTE-SAONE, année 1885, p. 213), de la monnaie de toutes les provenances et de toutes les valeurs ; elle vient d'Angleterre ou de Venise, aussi bien que de Tours et de Besançon. Les pièces les plus communes sont encore les monnaies estevenantes, frappées par le Chapitre de Saint-Étienne de Besançon. Elles valent un sixième de plus que les autres à cause de leur pureté, et les juifs sont trop habiles pour ne pas les estimer à leur prix, bien qu'ils acceptent des marcs, des esterlins d'Angleterre, des baudequins de France, des bourgeois ou angelots parisis, des gros à l'ol, des florins de Venise, des gros toulois venant de Lorraine, des gros tournois, des livres viennoises, des baregles, des singles, des sous, des deniers, des oboles de tout calibre et de toute couleur. Il y avait des deniers à la génisse, des florins à l'aguel, ceux-ci portaient un *Agnus-Dei* : on lui donnait le nom de mouton, de là, les moutons d'or ; (le mouton d'or pesait 4 gr. 60 centig. ce qui au titre actuel représente 14 fr. 25. Mais au XIVe siècle, sa valeur effective devait être triple ou quadruple). Il y avait des florins à la chaire, au roi, au chat, etc.

pauvre, mais aux nobles et au seigneur de Pesmes lui-même. Les prieurs de Bèze et de Pesmes empruntaient de l'argent près des juifs ; ceux-ci étaient devenus les créanciers de la généralité des habitants de la Franche-Comté et par ce moyen les maîtres de la province. Ils étaient en exécration et on les accusait de tous les crimes. En l'an 1349 « l'année de la grande mort », la peste qui sévit à Pesmes avec une cruelle intensité, fut attribuée aux juifs ; on les accusa d'avoir empoisonné les puits et les fontaines. Ils furent poursuivis et traqués. Un grand nombre furent enfermés dans la grande tour de Gray, où ils étaient couchés sur « l'étrain » (paille) et où ils restèrent du 1$^{er}$ novembre 1348 au 22 février 1349 (1), ce qui ne les empêcha pas de revenir un peu plus tard. Beaucoup d'entre eux qui s'étaient enrichis par leurs rapines, abjurèrent leur religion pour conserver leur fortune et changèrent de nom (2), quelques-uns avaient acheté des fiefs, et sous leurs nouveaux noms fondèrent des maisons honorablement connues par la suite. L'histoire ne dit pas qu'ils restituèrent : ce qui avait été bon à prendre était bon à garder (3).

Dans ces siècles éloignés, en dehors du trafic exercé par les juifs, qu'aucune difficulté n'arrêtait, le commerce à Pesmes était presque nul. « Au XIII$^e$ siècle, dit M. Ed. « Clerc (4), le pays était sans commerce ; il ignorait la « valeur de ses bois, de ses mines ; le *droguet* même « n'avait pas une manufacture. Dans les montagnes, les « bêtes sauvages, les ours principalement étaient encore « communs ; on s'habillait de leurs peaux ; un tailleur « s'appelait un pelletier (5). Tout était grossier dans les

---

(1) Parmi les juifs de Gray, on citait le riche Simonnot, chez lequel les meubles de ses coreligionnaires avaient été mis en dépôt.
(2) Nouv. Goll., col. 760.
(3) Pièces justificatives Y
(4) Ed. Clerc. Essai T. I., p. 486.
(5) Dans les montagnes de la Haute-Saône, notamment dans les villages du canton de Faucogney, le tailleur d'habits est encore nommé un *Pelletey*.

« habitudes de la vie. Les maisons des villes étaient géné-
« ralement en bois et les tristes cahutes des serfs, enter-
« rées dans le sol, percées au centre d'une ouverture pour
« le jour et la fumée, ressemblaient, dans les montagnes
« surtout, aux réduits misérables des sauvages ».

Dans l'état où se trouvaient alors les chemins, les marchandises volumineuses, encombrantes, comme le bois, par exemple, ne pouvaient être transportées d'un lieu à un autre que par eau ; on utilisait à cet effet les rivières, sur lesquelles on voyait de loin en loin, flotter quelques radeaux. A peu de distance de Pesmes, sur le territoire de Montagney, existait un port d'embarquement et un bac que se disputaient le seigneur de Pesmes et le prieur d'Acey. Une charte d'Othon, duc de Méranie et comte de Bourgogne Palatin, datée de 1212, attribua ce bac à l'abbaye d'Acey (1). Après l'établissement des forges de Pesmes les transports furent plus nombreux, et l'Ognon fut sillonné par un plus grand nombre de radeaux transportant les marchandises à la Saône. Le 9 août 1699, le magistrat de Pesmes délibéra : « que lon donne pouvoir
« aux S^rs Maire et Eschevins denvoyer reconnoistre le long
« de la rivière sur le territoire dud Pesmes sil y a quelques
« bois ou autres choses a nettoyer pour qu'ils le fassent
« faire aux despends de lad Ville, afin que les rats d'eau
« (sic) puissent passer librement ».

Si un commerce plus étendu n'avait pas lieu à Pesmes, on ne pouvait en attribuer la faute au seigneur, qui faisait de louables efforts pour lui donner une plus grande expansion. En mai 1432, il fit un traité en vertu duquel « les
« habitants de Pesmes avaient la liberté de passer sur le
« pont d'Orchamp toutes leurs denrées et marchandises
« sans payer aucune chose ». Mais nous l'avons dit déjà,

---

(1) Invent. d'Acey.

le mauvais état des chemins et leur peu de sûreté étaient un obstacle insurmontable.

Malgré toutes ces difficultés, la ville de Pesmes était le point central d'un commerce de détail qui rendait ses foires et ses marchés très suivis. Les quatre foires de Pesmes qui, au moment de l'affranchissement des habitants, en 1416, paraissaient être déjà anciennes, étaient très fréquentées et donnaient lieu à de nombreuses transactions. Ces foires, qui étaient fixées aux 3 février, 4 mai, 23 août et 23 novembre, existent toujours ; on en a ajouté trois autres qui ont lieu les 20 mars, 20 juin et 20 septembre. Les marchés hebdomadaires se sont aussi maintenus, mais ils sont moins bien approvisionnés, moins suivis qu'autrefois. Depuis la Révolution, la nombreuse bourgeoisie qui habitait Pesmes abandonna peu à peu le pays ; les ouvriers des Forges, qui donnaient au marché son animation et assuraient le débit des objets mis en vente, ont disparu après la chute de l'usine. Comme compensation, il s'est établi un important marché aux grains qui se tient le mardi de chaque semaine. Si Pesmes était desservi par une voie ferrée, le marché aux grains prendrait bientôt un grand développement au profit de l'agriculture, qui écoulerait ses produits sans frais. Pour obtenir ce résultat, il suffirait que les négociants d'Auxonne et de Gray eussent un moyen facile de transport. Ce moyen nous l'appelons de tous nos vœux ; nous espérons qu'ils se réaliseront un jour.

De nombreux magasins sont maintenant établis à Pesmes et sont dans un état prospère : les villages circonvoisins, tant de la Haute-Saône que du Jura, y entretiennent une clientèle productive et donnent à la ville un aspect vivant et animé. On compte actuellement à Pesmes trois grands magasins d'étoffes et de confections pour hommes, trois de modes, trois ateliers de confections pour dames, un de lingerie, dix magasins d'épicerie et de mercerie, quatre boulangeries ou dépôts de pain, deux bouchers, trois charcutiers, trois hôtels avec cafés, huit cafés, deux négociants en vins et liqueurs, un libraire, deux bureaux de tabac, un horloger, trois cordonniers, quatre fabricants de sabots, un magasin de papiers peints, trois messagers de Pesmes à Dijon, un de Pesmes à Dole et un service hebdomadaire sur Gray.

---

## X

Alimentation — Droits d'entrée, de sortie, de vente — Boucherie — Les cabaretiers et les échevins — Boulangers et cabaretiers — Four banal — Vendu à la commune — Taxe de la viande et du vin — Les accapareurs — Troubles — Comités de subsistance — Traité fédératif — Adhésion de Pesmes — Provision de blé — Secours accordé par M. de Choiseul — Disette de 1817 — Le maire Doudier — Emmagasinage des blés.

Des restrictions de toutes sortes entravaient le développement du commerce. La ville, ruinée par des guerres désastreuses, obligée de pourvoir aux dépenses du culte et de l'enseignement, se créait des ressources en établissant des droits d'entrée, de sortie et de vente sur les denrées et sur le bétail. Ces droits étaient perçus par des fermiers de la ville, à qui ils étaient concédés par adjudication ou par traité fait à l'amiable. En 1655, Pierre Maistret (1) s'en rendit adjudicataire moyennant la somme annuelle de 930 francs. Voici en quoi consistaient alors les droits qu'on appelait « l'impôt et gabelle » :

« 1º Le vin sortant de la ville de Pesmes paiera 40 sols par
« queue ; le vin qui demeurera deux fois vingt-quatre heures
« en lad ville paiera aussi 40 sols par sortie et par queue ; 2º La
« graine paiera à raison de un sol par mesure de froment et de
« deux liards par celle de menue graine. 3º Celui qui amènera
« du vin en lad ville paiera 20 sols par queue pour l'entrée, de
« même que celui qui le débitera en détail par pinte, paiera
« encore 20 sols ; 4º Le froment qui sortira de lad ville paiera

---

(1) Maistret portait : de sable à un chevron d'argent.

« 20 sols par mesure ; 5° Ceux qui tueront bœufs ou vaches
« pour débiter paieront 40 sols par bête, 6° Ceux qui tueront
« moutons, veaux, porcs, chèvres paieront 10 sols par chaque
« bête ; 7° Ceux qui tiendront hotellerie portant enseigne et qui
« logent paieront 40 sols par mois; 8° Les cabaretiers qui ne
« logent point et qui donnent à boire soit dedans leurs caves
« ou logis paieront 20 sols par mois, soit qu'ils mettent la nappe
« ou non. 9° La livre de pain blanc qui se débite, 2 deniers et
« celle de pain bis un denier. Et le tout à la réserve du seigneur
« dud Pesmes qui ne paiera aucune chose et des sieurs curé et
« familliers dud lieu eu égard aux biens qui dépendent de leur
« église » (1).

Le 8 décembre 1672 « les sieurs échevins et jurés de
« la ville de Pesmes assemblés en corps de commune avec
« la plus saine et majeure part des autres habitans de lad
« Ville après le son de la cloche en tel cas requis pour
« délibérer des affaires de la Coaûté dud Pesmes. Sur ce
« que lesd Eschevins auroient declares que le terme de
« lauthorisation de limpost et gabelle establis en lad Ville
« estoit expiré à la fin de la pnte année 1672, a esté resolu
« et delibere que de nouveau seroit pnte reqte a la souve-
« raine Chambre de justice pour avoir lauthorisation de
« lad Chambre au regard dud impost suivant les condi-
« tions accoutumees et cy apres declarees scavoir que
« lentree du vin dans lad Ville sera impose a trois francs
« par queües, la vente dud vin chez les hostes et cabare-
« tiers a 5 f par queüe, celuy vendu par les autres habitans
« soit en gros ou en destail a 20 sols par queüe, que ceux
« tenant hostellerie et logeant ou a pied ou a cheval seront
« imposes a 40 sols par mois, que le grain comme froment
« et consceau sortant de lad Ville a un sols par mesure et
« les autres grains a 4 deniers par mesure, que les grosses
« bestes comme bœufs et vaches tues et debites en la bou-
« cherie ou par autres seront imposees a 40 sols par cha-
« cune et les autres menues bestes comme veaux, moutons,

---

(1) Archives communales de Pesmes, JJ. 4.

« pourceaux et chevroz a 10 sols. Le tout du prix prove-
« nant dud impost a l'effet d'estre employé utilement pour
« l'extinction et payement des debtes dont lad ville est char-
« gee et selon qu'il s'est pratique du passé, consideré
« encore que lad ville n'a aucun autre moyen pour y satis-
« faire estant despourvcüe de communaux capables de
« leur donner des revenus suffisants pour estre employés
« aud effet » (1).

Le produit de ces divers droits ne suffisant pas pour faire face aux dépenses communales, la ville sollicita de l'Intendance, le 3 mai 1683, l'autorisation d'établir une boucherie pour la vente de la viande de bœuf, de veau et de mouton suivant la taxe qui serait faite chaque mois par les échevins, au profit du sieur Davadans, qui devra payer à la ville une redevance annuelle de « 16 pistoles et quit-
« tera en outre 20 écus sur ce que la ville lui doit ». L'autorisation demandée fut accordée à la ville en novembre 1685, ainsi que celle d'établir une boulangerie (2). Il ne suffisait pas de créer une boucherie et une boulangerie communales, il fallait encore leur assurer le monopole de la vente afin d'éviter la concurrence, et c'est ce que fit le Conseil de la ville le 3 janvier 1700 en faisant « défense à
« tous bourgeois, hàans et manants de se fournir de viande
« de quelque manière que ce soit ailleurs que vers les
« fermiers de la ville à peine arbitraire ». Malgré ces précautions, on ne payait pas très exactement et il se commettait quelques fraudes sur les droits d'entrée et de sortie. Le magistrat crut y remédier en établissant un octroi qui permettrait d'exercer une surveillance plus efficace, et à cet effet, il sollicita une autorisation le 25 mai

---

(1) Archives communales de Pesmes. Registre des délibérations.
(2) Jacque Dupoirier, de Besançon, admis au nombre des habitants de Pesmes le 31 août 1720, avait acquis comme boulanger une réputation d'impartialité qui, le 28 août 1744, le fit choisir comme expert dans le procès que fit la ville au boulanger Angelot. (Archives communales de Pesmes. Registre des délibérations).

1704. Mais cette mesure n'augmenta pas sensiblement les recettes ; en 1703, la boucherie était louée 303 livres 6 s. 8 d. ; la boulangerie 266 l. 13 s. 4 d. ; l'entrée du vin avait produit 305 livres. Le 23 décembre 1703, le Conseil de la ville s'élève contre les abus relatifs à l'entrée du vin : « la ville touche peu et on entre beaucoup ». Mais en 1712, la boucherie était amodiée 303 l., la boulangerie 400 l., et l'entrée du vin n'avait produit que 100 l. L'abus n'avait fait qu'augmenter.

 Une autre redevance était établie sur les cabaretiers au profit des échevins. C'est ce que nous apprend un curieux procès, en date du 9 mars 1645 : « Entre noble
« François Grignet docteur es droit et honorable François
« Davadans, co échevins de la ville de Pesmes, tant en
« leur nom que pour et es nom d'honorable Etienne Mol (1)
« marchand, et honorable Claude Renaud, aussi co éche-
« vins de lad Ville.

« Contre honorable Didier gentilhomme et Jacques
« David habitants et Bourgeois aud Pesmes tenants logis
« et vendans vin en détail comparants en personne, assi-
« gnés pour conformément a l'ancienne coutume observée
« aud Pesmes se voir condamner a payer et delivrer
« auxdits echevins présens et avenir aud Pesmes et par
« chaque quart dan une pinte de vin du meilleur qu'ils
« vendent et vendront cy apres et un pain blanc en cas ils
« en viennent à vendre aussy par chaque quart d'an ».

 Le jugement admit les conclusions des échevins quelque bizarres qu'elles nous paraissent aujourd'hui.

 En une autre circonstance, les cabaretiers et les boulangers de Pesmes furent condamnés à payer aux échevins un pain et une pinte de vin tous les jours de foire.

 Tous les habitants n'achetaient pas leur pain à la boulangerie ; les cultivateurs qui récoltaient du blé ou

---

(1) Étienne Mol portait : D'argent à un murier de Sinople.

autres grains pour leur nourriture, faisaient réduire ce blé en farine et en faisaient du pain ; mais il ne leur était pas permis d'avoir un four dans leurs maisons d'habitation, ils étaient obligés de faire cuire leur pain dans les fours banaux. Pierre Petetin, de Pesmes, fut condamné en 1767, à 50 s. d'amende pour avoir construit un four dans sa maison et y avoir fait cuire son pain. Ces fours banaux étaient au nombre de deux : le four du seigneur, près de l'église (rue Gentil) et le four du prieuré. Ils étaient loués à des fermiers auxquels on payait une rétribution fixée par une délibération « des maire, échevins et notables, « bourgeois et habitans », du 16 décembre 1732 portant : « que les bourgeois et habitans de la ville de Pesmes « étant sujets de faire cuire leurs pâtes et pâtons dans les « fourgs bannaux, ils sont obligés pour retribution de « payer aux fermiers ou sous-fermiers des droits et émo- « luments d'iceux de 20 miches de pain, une, moyennant « quoi lesd fermiers sont tenus de fournir des commandeu- « ses et fourniers et faire cuire les pâtes bien et duement « à peine d'en répondre ». Les fermiers prétendaient prélever deux miches sur vingt, mais cette prétention fut repoussée. Elle avait déjà été soulevée en 1727 par Étienne Magdeleine, Pierre Virot et Claude Plusquin, fermiers des fours et repoussée par la municipalité.

De nouvelles difficultés surgirent plus tard entre la ville et le seigneur, notamment les 8 mars et 18 juillet 1778 ; pour y mettre un terme, M. de Choiseul vendit à la commune, le 20 juin 1790, « le four qu'il possédait au bas « de la Grand'-rue ».

Il est intéressant de connaître aujourd'hui les prix payés par nos ancêtres en vertu de la taxe municipale.

TAXE DU 12 MAI 1724

La livre de bœuf : 3 s. 9 d.
La livre de veau : 4 s.
La livre de mouton : 4 s. 3 d.

La livre de pain blanc bien conditionné de pur froment : 2 s.
La livre de pain bourgeois : 15 d.
La livre de pain bis : 1 s.
La pinte de vin : 4 s.

### TAXE DU 6 AVRIL 1730

La livre de bon bœuf : 3 s. 9 d.
La livre de veau : 3 s. 9 d.
La livre de mouton : 4 s. 6 d.
La livre de pain mollet de froment 1 s. 9 d.
La livre de pain bis : 1 s.
La pinte de bon vin rouge dans les logis cabarets : 2 s. 3 d.

Les grands événements de 1789 avaient produit une certaine effervescence dans la province ; quelques accapareurs en profitèrent pour enlever les blés du pays et les faire passer à l'étranger, notamment en Suisse (1). Des bruits inquiétants circulèrent dans la population ; on parla du monopole de l'exportation des grains, de l'insuffisance de la dernière récolte ; on alarma le peuple ; on le poussa à un soulèvement contre les lois, contre le pouvoir : on touchait à l'anarchie. Des Comités de subsistance s'établirent dans les villes, et le marquis de Langeron, commandant en chef de la province, provoqua une réunion des députés des villes bailliagères pour aviser au moyen de rassurer les populations et de maintenir l'ordre. Sur l'invitation du Comité de subsistance de la ville de Besançon, l'assemblée eut lieu en cette ville le 5 novembre 1789, sous la présidence de M. Arbilleur, M. Crestin étant secrétaire ; les quatorze villes bailliagères de la province y étaient représentées par leurs députés, savoir :

Clerc, Milleret, Noirot, députés d'Arbois.

---

(1) Délibération du Comité de subsistance et de police de la ville de Gray, du 24 novembre 1789.

Arbey, Didelot, Blondeau, députés de Baume.
Arbilleur, Antony, Millot, députés de Besançon.
Bouvier, Balland, Willier, députés de Dole.
Avesne, Crestin, Nouvot, députés de Gray.
Gacon, Vauchez, Coitier, députés de Lons-le-Saunier.
Clerc, De Vaux, Levrat, députés d'Orgelet.
Simonin de Vermondans, Étienne Belin, Grandjacquet, députés d'Ornans.
Espiard, Portier, Guérillot, députés de Poligny.
Maillot, Chevalier de la Ferrière, Michaud de Doubs, députés de Pontarlier.
Caubet de la Fay, Dornier, Pourcy, députés de Quingey.
Guirand l'aîné, Dolard, Dumoulin l'aîné, députés de Saint-Claude.
Clermont, Bourdin, Mottet, députés de Salins.
Galmiche, Daguenet de Purgerot, Bailly, députés de Vesoul.

Le Comte Louis de Narbonne, commandant de la milice nationale de Besançon, fut prié d'assister aux délibérations.

De ces délibérations sortit, à la date du 11 novembre 1789, un traité fédératif, qui fut soumis à la ratification des villes représentées à la réunion, lesquelles villes rédigèrent ensuite une proclamation adressée à toutes les villes, bourgs et communautés de leur ressort (1).

La ville de Gray, tout en protestant contre les articles I, II et III du 4ᵉ paragraphe, adhéra pour le reste au traité fédératif, par délibération du 24 novembre 1789. Mais la ville de Pesmes y donna son adhésion sans restriction aucune le 26 décembre suivant, par une délibération prise sous la présidence de M. Larquand, lieutenant de

---

(1) Pièces justificatives, vi

maire, par une assemblée composée d'un grand nombre d'habitants « formant la majeure part d'y ceux, et repré-
« sentant la commune dudit lieu, lesquels ayant entendu
« la lecture d'une copie imprimée du Traité fédératif
« conclu entre les *quatorze villes bailliagères* de cette
« province, par leurs députés réunis à Besançon le 11
« novembre 1789, et ratifié par les communes desdites
« villes pour procurer l'exécution des décrets de l'Assem-
« blée nationale, des loix anciennes auxquelles cette
« Assemblée n'auroit pas dérogé, et faire respecter l'auto-
« rité du Roi et des jugements des Tribunaux, et d'une
« adresse annexée aud Traité, de la part desd villes bail-
« liagères, aux autres villes, bourgs et villages de chaque
« ressort, le tout collationné et signé par le Secrétaire de
« la ville de Gray au bailliage de laquelle ressortit la
« commune ici assemblée, ont déclaré que désirant jouir
« des avantages de cette confédération, ils consentent de
« s'y réunir ; qu'ils adoptent tous les principes qui ont
« servi de bases au Traité ; qu'ils promettent de se confor-
« mer à toutes ces dispositions et de concourir à en procu-
« rer l'exécution ».

Malgré le traité fédératif et la surveillance exercée par la municipalité, la disette se fit sentir à Pesmes dès les premiers mois de 1790. On résolut alors de venir en aide à la population en achetant le grain nécessaire à la consommation des habitants. La ville ne possédant pas des ressources suffisantes à cet effet, M. de Choiseul, dont la bonté et la charité étaient inépuisables, prêta à la commune une somme de 2.300 fr. pour acheter du blé. La ville devait lui rendre 2.000 francs au bout d'un an, sans intérêts, et les 300 francs formant le surplus devaient être distribués en aumônes.

Ce n'était là qu'un palliatif momentané ; les terres, négligées pour les réunions politiques, étaient mal cultivées et ne produisaient que des récoltes médiocres ; la disette s'accentuait et exaspérait la population, qui ne faisait rien pour y mettre un terme. Un jour, il passa à Pesmes plusieurs voitures de fromages sur lesquelles le Comité révolutionnaire voulut mettre le séquestre, rien n'indiquant que ces fromages étaient destinés à la subsistance de l'armée ; la municipalité eut beaucoup de peine à en empêcher le pillage. A cette époque troublée, la loi était sans force et sans sanction ; c'était l'anarchie. Les plus violents se rendaient les maîtres. Quand l'orage fut passé, l'ordre rétabli, les disettes cessèrent et une plus grande liberté fut laissée au commerce.

Cependant une nouvelle disette se fit sentir à Pesmes en 1817. L'année 1816 avait été très pluvieuse ; les récoltes avaient pourri sur place : Pesmes était menacé de la famine. En 1817, le prix du blé s'éleva à 24 francs la mesure de Gray (mesure de 40 livres), soit 120 francs le sac de 100 kilogs. Une profonde misère régnait dans le pays, où cette année malheureuse fut désignée sous le nom de *la chère année*. Heureusement, la ville de Pesmes avait alors pour maire un homme dévoué et prévoyant, M. Doudier : il acheta et emmagasina à la maison curiale une grande quantité de blé et de seigle qu'il se procura à un bon marché relatif, payant le blé 8 francs la mesure de Pesmes (mesure de 30 livres) et le seigle 5 francs, soit 53 fr. 35 les 100 kil. de blé et 33 fr. 35 les 100 kil. de seigle ; la municipalité revendit ce grain aux personnes pauvres ou peu aisées de la commune à 6 fr. 50 la mesure de blé, ou 43 fr. 35 les 100 kil. La liste des habitants admis à profiter de cette baisse de prix comprend 77 chefs de ménage. Grâce à la sagesse de son administrateur, la commune de Pesmes ne ressentit que d'une manière restreinte les dures privations de la « chère année » (1).

---

(1) E. PERCHET. NOTICE BIOGRAPHIQUE SUR ANTOINE DOUDIER.

## XI

Hygiène, Salubrité — Pureté de l'air — Logements insalubres — Les cours intérieures — État des rues — Fumiers — Cloaques — Mauvais vouloir des administrateurs — Eau — Projet de construction d'une fontaine — Inhumations.

Bâtie au sommet d'un rocher, la ville de Pesmes a toujours joui d'un air pur et d'un climat salubre ; si elle a ressenti de temps en temps les atteintes des maladies épidémiques qui désolaient le pays, ce phénomène avait plusieurs causes. Les foires et les marchés attiraient à Pesmes un grand nombre de personnes étrangères à la localité, qui y apportaient souvent le germe des maladies infectieuses. Il y avait en outre les logements trop étroits, où s'entassaient des familles entières respirant un air vicié et malsain, inconvénient qui n'a pas entièrement disparu. Les anciennes habitations bourgeoises de la ville semblent avoir été construites pour une double destination : des escaliers en pierre de taille, construits en viorbe, à degrés étroits et élevés, dans des espaces resserrés, devaient permettre la communication du rez-de-chaussée avec les étages supérieurs dans les incendies, si fréquents pendant les guerres qu'eut à soutenir la ville ; de belles et profondes caves, aux voûtes solides, servaient d'abri aux familles dont l'habitation était en feu, et à loger le vin, souvent abondant et qui formait la principale récolte des habitants. Les maisons des vignerons, petites, étroites, serrées les unes contre les autres, souvent enclavées l'une dans l'autre, toujours insuffisantes pour le logement de la famille, étaient des foyers pestilentiels, si l'on songe surtout à ces cours intérieures ou cloaques de trois à quatre mètres de dimensions, qui souvent servaient à l'usage de plusieurs familles. Mais ces maisons, ces cahutes possédaient de très belles caves : la cave était le luxe des habitants de Pesmes. Elle a bien perdu de son utilité.

Une autre cause d'insalubrité était le mauvais état des rues. On croirait à peine l'historien s'il n'appuyait son récit sur des documents officiels. Écoutons ce que le Conseil de Pesmes expose le 24 septembre 1769, sur la physionomie de la ville à cette époque :

« Le sieur Maître, premier échevin, a représenté au Conseil
« que depuis longtemps on s'était aperçu que l'on déposait dans
« les rües de Pesmes et aux environs des puits et fontaine
« publiques des matières qui gatoient les eaux infectoient l'air
« et y causoient une intemperie qui influoit beaucoup sur la
« santé de ses habitans et propre à y remédier et que l'on avoit
« déjà précédemment cherché les moyens de rendre a cette
« ville la salubrité que luy a donné son heureuse situation, que
« le mal saugmentant considérablement meme a un point
« intolerable l'infection causant beaucoup de maladie meme
« des Bubons pestilenciel appelles vulgairement puce maligne
« qui depuis quelques années nous ont enleves nombre d'ha-
« bitans, il est nécessaire d'employer tous les moyens possibles
« pour eloigner cette semence mortifère et empescher qu'un
« pareil abus ne se perpetue que ce seroit en vain que l'on
« auroit eu dans les ville la sage précaution de construire des
« cimetières au dehors pour y enterrer les morts si l'on n'éloigne
« pas du dedans ce qui peut infecter l'air et causer le même
« effet comme les fumiers les cloaques et les lieux d'aisance
« qui vuident dans les rues communes et n'ont point d'autres
« issues Pesmes se trouve dans tous ses cas placé avantageu-
« sement, devroit jouir de l'air le plus pur et n'avoir pas la
« douleur de se voir enlever des hommes utiles au printemps
« de leur âge ; les rües sont remplies de fumier et d'ordure,
« les voitures, les gens de pieds meme ont peine à y passer
« quelques particuliers y font des creux ou sarrettent les
« egoux qu'ils vuident lorsqu'ils sont dessechés d'autres ont
« leurs cabinets d'aisance qui sy vuident touttes ces horreurs

« ensemble répandent dans l'air une odeur qui le corrompt
« aisément surtout en ete, l'on n'ose pas meme ouvrir ses
« fenetres crainte d'en être infecté.

« Délibéré ; que les representations de M. Maitre sont justes,
« qu'il convient de procurer aux habitans le precieux bien de
« la santé ; que les puits et fontaine publiques sont environnés
« de fumier dont les égouts corrompent les eaux ;

« Ordonne l'enlèvement des fumiers, le comblement des
« creux ou mares, la fermeture des lieux d'aisance ; fait défense
« de jeter par les fenêtres des eaux mal propres et des pots de
« chambre, sous peine d'amende » (1).

Cette situation n'était pas nouvelle. Le 16 avril 1721 le Conseil arrête « qu'une assignation sera donnée à « Dupoirier pour boucher ses latrines qui se déchargent « dans une ruelle au joignant de sa maison au bas de la « Grande-Rue » (2). Et le 12 janvier 1764, le magistrat constate que « les rues sont remplies de boues, de fumier « et amas de détritus, notamment la rue basse ou l'on a « peine a passer a pied sans être obligé de se mettre « dans le fumier ». Cependant, dès l'année 1737, la municipalité avait fait un règlement de police contenant défense aux habitants « de mettre et déposer aucun fumier dans « les places, rües ou autres lieus publics de la ville ». Ce règlement ne paraît pas avoir été exécuté même par ses auteurs, car le 14 octobre 1773, quelques jours après le terrible incendie qui détruisit une partie de la ville, le maire fit observer au Conseil que les habitants « ont laissé « subsister leurs fumiers dans les places où ils reposaient « cy devant ; qu'ils font des pourrissages dans les rues, « des levées de paille sèche qui présentent de graves « dangers d'incendie ». Le Conseil arrête « que les fumiers « seront enlevés et déposés dans les places vacantes autour « de la ville, telles qu'entre le grand jardin et les vignes de « la Tromarère où il y en a déjà eu, au chemin de Gray

---

(1) Arch. communales de Pesmes. Registre des délibérations.
(2) Maison Guilleminot.

« au delà des Capucins en deça de la Ruelle des Loups,
« ainsi qu'à l'entrée de la dite ruelle, ou dans les héritages
« appartenant aux particuliers ». Toutefois, sur la fin de
1777 ou les commencements de 1778, un procès-verbal fut
rédigé pour infraction à cet arrêté de police. La majorité
du Conseil qui siégeait alors prit la défense des contreve-
nants par une délibération du 5 février 1778, basée sur les
motifs suivants : le sieur Jeannot, lieutenant de maire,
président de l'assemblée, fait observer « que l'article
« consernant l'enlèvement des fumiers étoit contraire au
« Bien public et particuliers ; vü que Pesmes étant une
« petite Bourgade peuplée de tout tems de cultivateurs, et
« dont le sol du territoire est aride et de si peu de consis-
« tance qu'il n'est plus en état en peu d'année que de
« donner des productions si chétives qu'elles peuvent à
« peine dédommager des frais de culture, s'il n'est secouru,
« et son épuisement réparé par l'abondance des Engrais,
« aussy la nécessité et l'expérience ont appris de tout tems
« a ses habitans que la matière la plus propre a former
« cet engrais devoit être placée a portée des Bergeries et
« surtout dans les endroits où doit passer le bétail au
« sortir des Etables et ou l'on doit avoir l'attention d'y en
« former le dépôt ». Cette délibération, prise à une époque
qui n'est pas très éloignée de nous fait suffisamment connaître les sentiments des administrateurs de Pesmes sur
l'hygiène en ce moment. Ces sentiments ne paraissent pas
avoir beaucoup changé ; la plupart des rues de Pesmes
sont encore bordées de fumier dont les égouts s'écoulent
ou croupissent devant les habitations. Autrefois les mares
puantes dont se plaignait le magistrat de la ville en 1769,
avaient pour la population un avantage qu'elles n'auraient
plus aujourd'hui. On élevait à Pesmes une grande quantité
de cochons, qu'on envoyait à la pâture sous la direction
d'un pâtre communal, notamment au Gros-Bois, mais
« seulement dès le jour et fête de purification Notre-Dame

« que l'on dit la Chandeleur y celui jour inclus, jusqu'au
« jour et fête de décollation monseigneur saint Jean
« Baptiste (29 août) ledit jour exclus », en vertu d'un
traité entre les habitants de Pesmes et Marc de la Baume,
seigneur dudit lieu, en date du 30 mars 1505 après Pâques.
Quelques personnes se dispensaient de mettre leurs
cochons à la « proye » commune et les laissaient divaguer
dans les rues de la ville, où ces animaux trouvaient dans
les creux des dépôts de matière en putréfaction au milieu
desquelles ils se vautraient tout le jour, remuant sans
cesse cette vase délétère qui infectait l'air. Le Conseil de
la ville finit par s'émouvoir de ces procédés, et le 13 juillet
1788 il se réunit afin d'en délibérer. Voici la délibération
qu'il prit à cet égard : « le président a représenté que les
« particuliers de Pesmes pour la plupart n'envoyoient
« point leurs cochons à la proye commune, et les laissaient
« courir toute la journée et *même la nuit* dans les rues,
« qu'ils peuvent par conséquent entrer dans les héritages
« et y causer du dommage, *ainsy que dans les maisons* et
« qu'il peut en résulter des accidents, qu'il convient de
« faire cesser cet abus.

« Délibère que les cochons seront enfermés sous
« peine de dix livres d'amende. »

Un principe d'hygiène acquis aujourd'hui, c'est que
l'eau joue un grand rôle dans l'état sanitaire de la population. Sous ce rapport, la ville de Pesmes n'était pas
privilégiée. Elle possédait autrefois, à la rue Basse, une
fontaine qui existe encore, mais qui est souvent envahie
par les eaux de la rivière et souvent à sec pendant l'été ;
il y avait en outre trois puits communaux, un en haut de
la place et un en bas (1), ces deux puits sont fermés, et le

---

(1) 1565. Quittance de 60 francs donnée par Guillaume Arnaul citoyen de Besançon aux manans et habitans de Pesmes, agissant par le fait de noble homme François Andrey, seigneur de Champagnolot, coéchevin dudit Pesmes, pour construction d'un puits en la Grande rue dudit lieu, vis-à-vis les meix et maison des Guyotte (Arch. de Pesmes DD ).

troisième, *extra muros*, au dessous de la porte Saint-Hilaire. Ces puits, entourés de fumiers et de détritus, ne pouvaient donner qu'une eau malsaine, on les curait de temps à autre, mais la cause subsistant, les mêmes inconvénients se reproduisaient. Pour abreuver le bétail, il y avait plusieurs creux contenant une eau croupissante provenant des égouts des rues ; les deux plus importants étaient le creux Marmet, près de la maison de M. de Résie, et le creux Molard, au bas de la place. Celui-ci était grand, profond, et était alimenté tant par les eaux pluviales que par les eaux provenant d'une source abondante qui jaillissait dans une cave d'une des maisons de la place (1). Les eaux de ces creux étaient utilisées dans les cas d'incendie, et en 1727, on avait dans ce but fait de sérieuses réparations au creux Molard.

La population de Pesmes sentait le besoin d'une eau saine pour son alimentation, et l'idée dominante alors était de faire monter au-dessus de la place l'eau de la fontaine de la rue Basse. Le 5 octobre 1767 le Conseil décida que l'on ferait venir un expert chargé d'exécuter le plan et le devis des travaux à faire à cet effet. On s'adressa à M. Bebian, entrepreneur machiniste demeurant au moulin de Gy, qui rédigea le rapport suivant, auquel nous conservons scrupuleusement son orthographe :

« Voicy le plan, — quoique non figuré pas le devis — Une
« Roüe qui sera posée à l'essieu des trois tournants du moulin
« Gressot appartenant à M. de Choiseuil, d'une distance propor-
« tionnée, de sorte qu'elle ne portera aucun préjudice au
« moulin ; cette roüe fera mouvoir une machine simple et non
« sujette à se déranger : Elle (est) si simple que quand même
« elle se dérangerait, le dernier des manœuvres peut y remédier
« sans le secours d'aucun ouvrier de l'art. Cette machine sera

---

(1) Le 16 septembre 1770, le maire fit observer au Conseil « qu'une source abondante existe dans la cave du sieur Guillaume à 1 pied et demi du rez-de-chaussée de la cave, qui a 7 pieds de profondeur, qu'on pourrait amener cette eau par la rue des Granges, dont la pente est considérable, et de là au bas de la place ».

Place de Pesmes

« éloignée de Deux Cents vingt toises de la place lieu de la
« destination où il convient de poser le bassin sur les 220 toises.
« C'est sur l'oblique et 19 toises perpendiculaire : faisant 112
« pieds de hauteur. Si on veut on se servira de la fontaine de
« Terriot, elle est éloignée de 460 Toises de lad. machine ;
« faisant en tout 680 Toises depuis lad. fontaine jusque sur la
« place où sera placé le Bassin. Ce bassin aura vingt pieds de
« longueur sur sept pieds quatre pouces de largeur hors-
« d'œuvre, Les parpin des accolés faisant pour tour dud. bassin
« auront huit pouces d'Epaisseur sur deux pieds et demi de
« hauteur, décoré dans le pourtour d'un bec de Corbin, filet et
« congé et le fond dud bassin saillira de quatre pouces, orné
« d'un carderon avec son filet et congé : Et les quatre angles
« dud. Bassin seront Chantournés et portant pilastre : dans
« l'intérieur dud. Bassin seront faittes deux séparations d'une
« Egalité de hauteur scavoir celuy ou sera la Chevre ou tombera
« la première eau sera de trois pouces plus Elevé que le second
« et le second plus élevé de trois pouces que le 3$^e$. Ces trois
« bassins faisant Casquade l'un dans l'autre, cette différente
« hauteur Empèchera la communication desd. bassins : dans le
« dernier d'iceux il y aura un Tuyeau qui communiquera où
« que le trop plein communiquera dans le puis./.

« Voicy l'Explication desd. bassins, le premier aura six
« pieds en quarré, le second de même largeur servant à laver
« des légumes et le troisième aura huit pieds servant d'abrevoir
« et pour y laver les linges que l'on jugera à propos. Tous les
« caneaux de cette conduitte d'eau d'une longueur comme il
« est cy devant dit, seront faits d'une composition simple et
« solide quoi qu'il ny entre ny bois ni pierres, ni que très peu
« de fer, une fois construits d'un nombre de siècles il n'y aura
« aucune réparation à y faire et pour employer tout ce qui
« descendra sur la place de Pesmes ou autres endroits destinés
« a prendre cette Eau a la fontaine de la rue Basse j'estime à
« 6.000$^{liv.}$ et celle de Teuriot 8.000$^{liv.}$ en se chargeant des ou
« Chateau d'Eau ou sont les sources que l'on prendra. Généra-
« lement de tout rendre fait et parfait suivant le plan figuré
« que je m'oblige de remettre à MM. les officiers municipaux
« de lad. Ville ». (1)

Si l'on eut mis ce projet à exécution, la ville serait
pourvue d'une fontaine monumentale, à jet permanent et
d'un entretien facile ; mais pour un motif qui nous est

---

(1) Arch. communales de Pesmes DD II.

inconnu, on abandonna cette idée et, le 29 octobre 1772, le Conseil décida : « qu'on renonce à la construction d'une « fontaine sur la place et au pavement de cette place et des « rues ; qu'on fera un lavoir à la fontaine de Coulance et « un réservoir d'eau pour les incendies avec les eaux de la « cave de Guillaume et de M<sup>lle</sup> de Résie ». (1)

Telle est la force de l'habitude qu'on préféra conserver le creux Molard que de construire une fontaine dont chacun sentait la nécessité. Ce creux ne disparut qu'en 1777, mais la fontaine ne fut pas établie. Plus tard, en 1787, on fit réparer la fontaine de Theuriot, et à cette occasion M. de Choiseul fit à la ville une gratification de 600 liv. Récemment, en 1883, on amena à Pesmes les eaux de la fontaine de Theuriot : Les élections municipales de 1884 approchaient ; il s'agissait pour les administrateurs de la ville de faire jaillir l'eau des bornes-fontaines avant le jour des élections. Le travail se fit avec précipitation, engloutit des sommes considérables et ne donna pas le résultat que les contribuables avaient le droit d'espérer.

Une autre cause d'insalubrité était l'établissement, au XVII<sup>e</sup> siècle, du cimetière autour de l'église paroissiale, dans un espace restreint où s'accumulaient les corps des défunts. Plusieurs familles de Pesmes avaient en outre le privilège d'être inhumées dans l'intérieur de l'église, ce qui répandait dans cet édifice un air infect. Frappé de ce

---

(1) Il s'éleva en 1777, un conflit entre plusieurs habitants de Pesmes et le maire de la ville, auquel on reprochait entre autres griefs celui d'avoir fermé le creux Molard. « Il existait autrefois, disaient les plaignants, de temps immémorial à Pesmes « un réservoir considérable qui se remplissait des eaux des chaineaux des gouttières « de deux maisons voisines et qu'on conservait avec soin en cas d'incendie. Mais « depuis quinze ou vingt ans la police ne se faisant plus, et les habitants ayant placé « à leur gré tous les déblais des bâtiments au milieu des rues, le réservoir s'est rempli « des boues amenées par les ravins des rues et a perdu toute utilité. Mais il existait « dans une cave creusée dans une maison au centre de Pesmes une source assez « abondante pour la remplir d'eau jusqu'à la voûte et quand elle était pleine il s'y « formait encore un écoulement qui ne tarissait que dans les temps de sécheresse. Le « propriétaire pour se débarrasser de cette incommodité reconnut qu'à 30 toises de sa « maison la pente de la rue commune égalait le niveau de la cave, il y pratiqua un « conduit pour l'écoulement de la source ».

grave inconvénient, l'archevêque de Besançon, Mgr de Choiseul, par son décret du 31 mai 1760, ordonna, sur la demande des officiers municipaux, qu'il serait construit hors de l'église paroissiale et de son portail un bâtiment en forme de chapelle sépulcrale dans l'enceinte de laquelle on pratiquerait un ou plusieurs caveaux bien voûtés et fermés où seraient inhumés ceux qui avaient le droit de l'être dans l'église. La chapelle fut construite, mais bientôt les corps qui y étaient déposés répandirent une odeur tellement insupportable que le 19 juillet 1773 le Conseil interdit toute inhumation dans la Chapelle sépulcrale. Un nouveau cimetière, placé en dehors des murs de la ville, mais très rapproché de l'église, avait été bénit le 11 juillet et c'est là que depuis cette époque, sont enterrés les morts de la paroisse. (1)

Il fallait que l'air de Pesmes fut bien salubre, et que les anciens habitants eussent un tempéramment fortement trempé pour résister à tous ces foyers d'infection.

---

(1) E. PERCHET. LE CULTE A PESMES, p. 58. Quelques auteurs ont eu l'idée de placer l'ancien cimetière et l'église paroissiale de Pesmes à l'Ermitage, au milieu d'un marais qu'on n'est pas encore parvenu à assainir. Cette affirmation, que d'ailleurs rien ne justifie, est tout au moins singulière !

## XII

Épidémies — L'année de la grande mort — Cimetière Saint-Roch — Les Bosserands. — Les Capucins — Le Parlement — La Cour à Pesmes — Le roi d'Espagne — Départ de la Cour — La contagion — Interdiction des marchés de Pesmes — La ville est barrée — Le caporal Bernard — Le docteur Bourbault — Effets de la barre — L'hôpital de Pesmes — Marpain — Francs — Thervay — L'abbaye d'Acey — Malans — Peste de Marseille — Le choléra.

Ils n'y résistaient pas toujours. En 1349, « l'année de la grande mort », la peste emporta un grand nombre de victimes. La population se mit sous la protection de Saint-Roch, le patron des pestiférés, auquel elle dédia une chapelle ; près de cette chapelle existait un cimetière où l'on enterrait les personnes mortes de la peste. A côté de la chapelle Saint-Roch, en temps d'épidémie, on construisait des baraques en bois ou loges, où l'on reléguait les malades ; autour de ces loges on établissait une clôture en planches que personne ne pouvait franchir. Les aliments des pestiférés leur étaient transmis au bout d'une longue perche qu'ils ne devaient pas toucher ; il en était de même pour les lettres qu'ils recevaient ou qu'ils expédiaient. On brûlait les baraques aussitôt que la maladie avait accompli sa funèbre besogne.

Lorsque la peste faisait son apparition dans une commune, on barrait la maison qui était atteinte ; on y enfermait les personnes malades, sur lesquelles on exerçait une surveillance active. Si malgré ces précautions, la contagion (c'est ainsi qu'on appelait la peste) se répandait dans la communauté, on barrait la ville, avec laquelle toute communication était interdite. Les maisons qui avaient renfermé des malades ou qui étaient simplement suspectes, étaient ensuite livrées à des nettoyeurs ; ceux-ci les aéraient, les nettoyaient, les parfumaient et y logeaient personnellement pendant quelques jours pour prouver que la désinfection avait été opérée et était complète. On désigne quelquefois ces hommes sous le nom de *Bosserands*, parce que la peste se manifestait par des bosses ou bubons qui se produisaient aux aînes, au cou ou aux aisselles.

En 1628, la peste se déclara à Bard-lez-Pesmes, où elle ne fit que peu de victimes et d'où elle disparut au bout de quelques jours ; les malades y furent soignés par les capucins de Pesmes qui, seuls en ces temps de calamité, osaient braver la contagion.

La maladie eut plus de gravité en 1630 ; dès le 28 juillet elle envahit la ville de Dole, où siégeait la Cour du Parlement du comté de Bourgogne. La Cour prit peur, et le lendemain 29 juillet, elle se réunit pour délibérer sur ce qu'il convenait de faire en la circonstance. « Et ayant mes
« dits seigneurs mis en délibération s'il estoit dans que le
« parlement choisit ung lieu pour se retirer pendant ladite
« contagion de peste a esté résolut qu'il n'y falloit pas
« penser maintenant. Que si touteffois le mal croissoit
« davantage en lad ville, qu'il n'y avoit lieu plus propre
« que celluy de Pesmes ». Le mal s'aggrava en effet, car cette courageuse résolution ne dura pas longtemps ; le lendemain 30 juillet, la Cour, où siégeaient MM. Mercey, président, Boitouset, Lachaud, Chaumont, Bereur, Berjoin, Froment, Clerc, de Bersaillin, de Beauchemin et Garnier, conseillers, prit une nouvelle délibération :

« Lad Cour prenant égard que cette ville n'est plus acces-
« sible avec seurté a ceux qui ont besoing recourir a elle soit
« pour la justice ou pour mettre les ordres qu'il convient aux

« villes et villages spécialement pour le fait de la contagion et
« que les conseillers qui estoient absents en grand nombre
« avant que la peste fut descouverte ne se disposent pas à ren-
« trer dans la ville ainsi que lon a aprius de leurs domestiques,
« voires que plusieurs de ceulx y estans désiroient se retirer
« comme aulcuns avoient ja fait, etc. ».

Le premier août 1630, en exécution des délibérations qui précèdent, le président de la Cour écrivit aux échevins de Pesmes la lettre suivante :

« Messieurs les eschevins et conseil l'accident de peste
« nouvellement survenu en ceste ville nous ayant faict résouldre
« a choisir un aultre séjour pour y faire nos assemblées afin de
« pourveoir en toute sureté aux affaires de justice et à la police
« du pais. Nous avons considéré pour beaucoup de raisons que
« vôtre lieu de Pesmes seroit très commode et très propre pour
« nous y retirer, et y continuer à l'exercice de nos charges, non
« seulement pour ce qu'il est assis entre Dôle et Gray, et au
« cœur de la province, mais encore pour ce que dès là nous
« pourrons recepvoir des nouvelles et advis de toutes parts, et
« pourveoir plus promptement et plus commodément aux
« nécessités publiques. Ce que partant nous faict vous inviter à
« vouloir recepvoir ceux de ce Parlement et leurs hommes tant
« seulement sans suitte ny compagnie d'aultres personnes, et
« les loger en maisons bourgeoises le plus commodément que
« faire se pourra. Et afin de vous donner du temps suffisam-
« ment tant pour faire préparer leurs logis que pour treuver
« une chambre assez capable et spatieuse pour y tenir nôtre
« Conseil, le dix neuviesme de ce moys qu'est le lundi après
« l'assumption nôtre Dame prochainement venant que nous
« avons pris délibération de nous retirer en vôtre lieu, nous
« confiant qu'en ce que dessus vous tesmoignerez voluntiers ce
« qui est de votre affection au bien et soulagement du publicq.
« Sur quoy prions Dieu le créateur vous avoir continuellement
« en sa très saincte et digne garde de Dôle ce 1 d'aost 1630. Le
« président Mercey ».

Le même jour, le président écrivit à S. A. l'Infante pour la prévenir de cette résolution.

La ville de Pesmes considéra comme un honneur d'avoir été choisie entre toutes les villes de la Franche-

Comté pour le séjour du parlement. Aussi les échevins s'empressèrent-ils de répondre à la Cour :

« Très honorés sieurs, la joie que nos habitants ont receue
« par l'espoir que vos lettres du jour d'hier, premier de ce
« moys, leur donnent d'une retraicte de vos seigneuries en leur
« petite ville, adoucit autant qu'il est possible leur tristesse
« prinse sur le subject qui les y portera. C'est pourquoy ayant
« à grand honneur que sur toutes les autres villes du pays, la
« nostre soit choisie pour y faire vos sainctes assemblées, nous
« vous supplierons en toute humilité croire que les logis qu'elle
« désirent leur seront préparés au mieux que nos petites for-
« tunes le permettront dès aussitôt qu'il leur aura pleu nous
« faire scavoir le nombre et les noms des seigneurs qui nous
« honorerons ; ce qu'attendans nous prions tous le Créateur
« augmenter toujours de plus en plus l'honneur et la santé de
« toutes vos seigneuries desquelles nous nous disons, très
« honoré sieurs, les très humbles et très obéissants serviteurs.
« Les Eschevins et Conseil de la ville de Pesmes
« Pesmes ce 2 août 1630.
« Par ordonnance, ANCEY ». (1)

Les maisons de Pesmes furent réparées et embellies ; on veilla avec le plus grand soin à ce qu'aucun étranger suspect n'y apportât le germe de la contagion. On ne permit l'entrée de la ville ni aux objets ni aux personnes venant de Gray parceque la peste sévissait alors à Chargey et à Ancier. La Cour tint ses audiences à l'hôtel-de-ville, où elle rendit plusieurs arrêts.

Dès le 26 août, la Cour avait fait connaître à l'Infante son installation à Pesmes. Ce fut le roi d'Espagne lui-même qui répondit par une lettre datée de Bruxelles le 6 septembre 1630, ainsi conçue :

« A nos très chers et feaux les président et gens
« tenans nostre Cour de Parlement à Dole

« Très chiers et feaux nous avons vu ce que vous avez écrit
« de Pesmc le 26 du passé à notre bonne tante la Serenissime

---

(1) Dr Perron. Mémoire de la Société d'émulation du Doubs, année 1861.

« Infante touchant la contagion survenue en votre ville de Dole
« et de la retraitte qu'en avez faitte audit Pesme lieu proche
« des villes principales et de la demeure de notre gou-
« verneur de la Province pour y tenir le siége de justice et
« exercer vos fonctions selon vos ordonnances et marris que
« nous sommes de l'arrivée de cet accident vous dirons avoir
« eu et avons pour agreable les advertances de votre devoir et
« d'autres contenues en la dite lettre. Nous asseurant que vous
« continueres au dit Pesmes de vous acquitter de vos charges
« selon la confiance qu'en avons au bon zèle qu'avez jusqu'à
« maintenant temoignes à notre service a vous tres chiers et
« feaux Notre Seigneur vous ait en sa Sainte garde. De Bruxel-
« les, le 6 de septembre 1630 ». (1)

Le gouverneur de la province, M. de Vergy, était alors malade à Besançon, où il mourut le 27 novembre 1630 ; le gouvernement de la Comté avait été confié par provision à l'archevêque, Ferdinand de Rye, qui avait son habitation au château de Balançon, situé à quatre kilomètres de Pesmes. Il gouvernait la province de concert avec la Cour. Les relations entre Pesmes et Balançon étaient faciles.

Le parlement ne résida que peu de temps à Pesmes. Dès le 22 août la ville de Gray était atteinte par la maladie et elle était trop rapprochée de la Cour pour que celle-ci ne craignit pas l'invasion de la contagion. Aussi dans le courant d'octobre s'empressa-t-elle de se transporter à la Vieille-Loye. Les habitants de Pesmes profitèrent de son séjour dans leur ville pour obtenir un arrêt ordonnant la démolition de la boucherie et sa reconstruction dans un lieu plus commode et moins sujet à causer l'infection de la ville. Cet arrêt, tout de circonstance, rendu par Nicolas Briot, docteur es droits, conseiller de Sa Majesté en sa cour souveraine du parlement de Dole, séant à Pesmes, est à la date du 26 septembre 1630.

La contagion s'étendit en 1631, à plusieurs villes du

---

(1) Actes importants du Parlement. Reg. fol. 130 vol. 245. Coll. Droz vol. 40 p. 186. Biblioth. nat<sup>le</sup>. Lettres du Roy T. II. p. 129 V°.

bailliage d'Amont : Champlitte, Pesmes, Vesoul furent atteints. Le chemin de Gray à Dole passait par la partie basse de Pesmes, et ce passage dans une ville infectée inquiétait la Cour. Elle ordonna que tous les voyageurs qui viendraient de Gray, soit à pied, soit en voitures, n'entreraient pas à Pesmes et iraient passer le bac à Malans, où l'on transféra aussi la poste. Mais la barque de Malans étant hors d'état de servir, il fallut renoncer à ce moyen ; on se borna à recommander aux voyageurs d'éviter Pesmes autant qu'ils le pourraient. Du reste, le mal était moins grand qu'on ne le croyait ; la peste faisait peu de victimes à Pesmes, où l'on ne comptait que seize loges : quatre renfermaient chacune un malade, huit étaient occupées par des individus valides simplement suspects et les quatre autres étaient vides. Mais Pesmes n'est qu'à 23 kilomètres de Dole et à 4 kilomètres de Balançon, résidence du gouverneur. C'était suffisant pour effrayer le Parlement.

Pesmes continuait à être approvisionné par les habitants des villages voisins ; la Cour en interdit formellement les marchés, et par un édit du 22 octobre 1631, elle y député ses officiers de Dole et de Gray pour aviser aux moyens d'approvisionner la ville.

Le rapport de ces officiers constate « que les habitants
« de Pesmes avaient du vin en abondance et du blé pour
« plus d'une année ; ils tenaient en réserve soixante bœufs
« gras et environ trois cents moutons (1) ; ils n'avaient
« besoin que de bois de chauffage, de beurre, d'œufs, de
« laitage, etc., etc. On fournissait aux gens des loges,
« malades ou non, trois livres de pain par jour, aultant de
« viande et de vin qu'on jugeait leur estre nécessaire.
« Quant à ceux qui pouvaient se nourrir, ils se faisaient

---

(1) Dr PERRON. En écrivant, en 1889 (BROYE-LES-PESMES, p. 28), que Pesmes était trop pauvre pour nourrir des vaches et ne tenait que des chèvres, M. Perron avait sans doute oublié ce qu'il avait écrit en 1861.

« porter de jour à autre par des parents ce qu'ils dési-
« raient manger, discrètement néanmoins et sous la sur-
« veillance de certains personnages qu'on députait pour
« empêcher les approches ou la *parentelle* les pouvait
« pousser. On n'avait pas de chirurgien pour le moment,
« mais les malades ne délaissaient d'être assistés par
« l'apothicaire Monyotte, qui leur portait de temps en
« temps des emplâtres et des médicaments ».

Il fut alors convenu que deux barrières ou palissades seraient placées hors des portes, et que chaque jeudi les habitants y achèteraient ce dont ils auraient besoin. Le paiement des objets vendus devait être reçu *sur des palettes à grands manches ou pesles de fer, et l'argent jetté dans de l'eau, ainsy que l'on en usoit en la ville de Gray pendant son affliction.*

Les échevins de Pesmes ne se pressèrent pas d'ériger les barrières prescrites ; ils se trouvaient grevés déjà d'assez d'autres dépenses. Mais quelques jours plus tard ils eurent la fâcheuse idée de se plaindre à la Cour de leur manque de provisions. Aux reproches qui furent adressés aux villages voisins ceux-ci répondirent que les palissades n'avaient pas été construites comme il avait été convenu.

On savait en outre que quelques villages rapprochés étaient mal gardés, notamment Bard, qu'habitait le procureur d'office de la seigneurie de Pesmes. On n'eut aucun égard aux motifs évoqués par les échevins, et on établit aux frais de la ville deux corps de garde, l'un à la porte basse et l'autre à la porte haute ou porte Mourey. Chaque corps de garde était commandé par un caporal, qu'on payait vingt-cinq sols par jour. Un de ces caporaux, qui s'appelait Bernard, traitait Pesmes en pays conquis, permettant à ses soldats de couper de beaux arbres fruitiers dans les terrains proches de la ville, sous le prétexte qu'il ne serait pas convenable de leur laisser faire des corvées de bois.

Ces caporaux étaient chargés de faire à la Cour des rapports sur l'état sanitaire de la ville. Aux dires du caporal Bernard, qui cependant n'avait pas accès dans la ville, les habitants de Pesmes faisaient enterrer secrètement leurs morts afin de dissimuler l'état de leur santé ; ils faisaient évacuer et brûler leurs loges afin de tromper la foi publique, etc... La Cour, qui aurait dû se méfier des exagérations intéressées de ces hommes, ajoutait foi à leurs rapports et les maintenait à leur poste.

Il fallait cependant sortir de cette pénible situation. Les échevins requirent un docteur en médecine de faire une revue générale des habitants et de constater l'état de la santé publique. Sur cette réquisition, le docteur Bourbault fit une première visite le 14 décembre 1631 et examina toutes les personnes qui se trouvaient alors à Pesmes. Il n'y trouva aucun malade sinon un petit enfant malade depuis trois mois, atteint de fièvre « tantost d'une fiebvre tierce tantost d'une quarte » auquel on n'a administré aucun remède et qui est « tombé dans une espèce d'hydro-« pisie nommée lympanite dont il seroit mort ».

La seconde visite générale du docteur Bourbault eut lieu le 24 janvier 1632, en présence des échevins. Il n'a « veu n'y recogneu autre malade si-non ung nommé Pierre « Henry pressé et affligé d'une pleuresie qui par nous fust « recogneue telle à cause d'une grande fiebvre d'une dif-« ficulté de respirer et d'une douleur intolérable qu'il « ressentoit au costé gauche, et d'autres signes essentiels « qui pour l'ordinaire accompagnent ceste maladie Lequel « Pierre Henry ayant rejetté tous remèdes salutaires sans « observer aucun régime de vivre mesme ayant beu du « vin en quantité durant son mal auroit augmenté la « fiebvre et l'inflammation de la pleure et seroit à la fin « du septiesme. Le corps pareillement dudit sieur Henry « ayant esté visité en presence mesme de messire Claude « Perron commis au traitemen des pestifferés des loges

« n'avons par ensemble vœu ny remarque aucune marque
« sur son corps qui nous peust faire juger ledit Pierre
« Henry avoir esté saisy ; ni mort du mal contagieux. C'est
« ce que nous affirmons soubs nos seings manuels cy mis
« ce 28 janvier 1632.
    « Bourbault, D. M. ; J. G. Clerc ».

On voit que le pays n'était pas dépourvu de médecins, mais ceux-ci montraient peu de zèle à soigner les pestiférés, puisque avant l'arrivée de Claude Perron les malades n'avaient que les secours de l'apothicaire Monyotte. Nous verrons bientôt qu'outre le docteur Bourbault il y avait encore à Pesmes le chirurgien Nicolas Alteris.

Ensuite du rapport du docteur Bourbault, la barre de Pesmes fut levée et les habitants de la ville reprirent leur liberté. Toutefois, défense fut faite aux hôteliers de loger pendant quelque temps les voyageurs et les passants.

La ville était à peine remise de cette terrible crise que les échevins reçurent de la Cour un ordre leur enjoignant de lui faire savoir s'il était vrai que quelques nouveaux cas de maladie se fussent produits et quelles étaient les mesures d'ordre prises par eux à cet égard.

Les échevins, jurés et Conseil de la ville répondirent aussitôt :

« Désirans satisfaire à l'ordonnance qu'avons receue de V.
« Seigneuries pour le regard des rapports que lon leur a fait
« contre nostre santé Nous dirons que sont passez neuf ou dix
« jours il se trouva en la maison d'un nommé Philibert Henry
« un enfant mort aagé de quatre à cinq ans ayant esté la maison
« dudit Henry barrée plus de trois sepmaines avant la mort
« dudit enffant sans avoir dès lors heu aucune conversation
« avec qui que ce soit. De quoy instamment nous advertimes
« messieurs du magistrat de Dôle et envoyames incontinent
« ceux de ladite maison aux loges lesquels comme il y eust
« quelque bruit ilz avoient fréquenté en une maison de ce lieu
« nommée chez la vesve Mourard a cause de leur parentage ;
« nous ordonnasmes à mesme temps a la dite vefve ensemble a
« toutte sa famille de ne sortir de sa résidence pour seurté de
« quoy procurasmes que touttes les portes de ladite maison

« fussent dehument cramponnées. Pendant laquelle barre mes-
« mes puis trois jours en cea un enffant et une femme de la
« mesmes famille sont morts et ladite vefve Mourard aagée de
« soixante et dix ans fut malade et,... dez sont passez quinze
« jours, ce qui est cause que n'avons encore envoye ceux de lad
« maison aux loges craignans que la dite vefve n'advance sa
« mort sortant de sa maison. Et attendant quelle esperance de
« la faute ou autrement pour incontinent les envoyer aux loges.
« C'est de quoy nous avons voulu advertir V. S. Ce affin qu'elles
« soient asseurees de la sincèrité de toute notre procédure.
   « Les supplians tres humblement nous continuer en nostre
« liberté affin que soyons en tant plus obligez a prier Dieu pour
« la santé et prospérité de V. Seigneuries ».

Il ne faut pas s'étonner si les échevins de Pesmes
priaient la Cour de laisser la ville en liberté : la barre d'une
ville en arrêtait tout le commerce et toutes les relations
extérieures ; il n'y avait plus ni transaction ni justice. Dans
ces temps malheureux, quand un particulier devait sortir
de la ville ou de son village, il était obligé de prendre une
licence de santé des échevins, puis à son retour, il la
représentait visée par les échevins de toutes les localités
par où il avait passé. De plus, chaque communauté était
obligée de nourrir ses pauvres et de les loger afin d'empêcher leurs divagations. « Les pauvres n'estans domiciliés
« ny logés seront contenus par ensemble en un hospital ou
« aultre lieu certain et à ce destiné... ou s'il y a danger de
« les réunir, ils seront logés séparément ». Cet édit, appelé
édit des pauvres, fut renouvelé par le Parlement pendant
son séjour à Pesmes, le 2 septembre 1630.

Pesmes possédait depuis plusieurs siècles un hôpital
situé à la rue Basse ; les pauvres y trouvaient le logement
et la nourriture. (1)

---

(1) Arch. communales de Pesmes.
L'hôpital de Pesmes avait cessé d'exister depuis un certain nombre d'années lorsqu'é-
clata la terrible épidémie de choléra, en 1854. L'administration municipale de la ville
comprit alors la nécessité d'un hôpital à Pesmes pour isoler les malades au moment
où se produit une maladie contagieuse. A cet effet elle acquit des héritiers Renaud
une maison formant autrefois une dépendance du château qu'elle affecta *en tout ou
en partie* à un hôpital. Ensuite de cet engagement, l'hôpital fut institué par décret

Mais bientôt eut lieu une nouvelle alerte. Le 23 mars, une jeune fille de Pesmes, parente de Guillaume Clairot, échevin, chez lequel elle demeurait, proche la maison infectée et barrée en février, vint à mourir d'une maladie « recogneue maligne par une notable lividité et epautheurs « sur le corps mort de ceste jeune fille sans aucun bubon « ni charbon ». Aussitôt Clairot fut barré avec toute sa famille « en sa maison et tous autres soubconnes y avoir « conversé et fréquenté ». Avis en fut immédiatement transmis à la Cour.

La Cour répondit :

Messieurs les Eschevins et habitans de Pesmes

« Vous avés bien fait de nous advertir du mal qu'est survenu
« de nouveau en vostre ville lequel moyennant laide de Dieu et
« le bon ordre que nous esperons vous y apporterés, nous vou-
« lons croire au debvoir passer plus avant mais cependant vous
« ne manquerés d'envoyer incontinent le mesnage de Clerot
« hors de la ville et de resserrer promptement ceux audites
« personnes desquels vous jugerés qu'il y at quelque soupçon
« de mal contagieux soit pour conversation ou aultrement nous
« donnant advis de jour à l'autre de lestat de vostre santé et
« tenant des gardes aux portes de votre ville pour advertir les
« voiageurs de passer tant que faire se pourrat au tour d'icelle
« pendant quelques jours et jusques a ce que lon soit hors
« d'aprehension de cet accident duquel nous prions Dieu qu'il
« vous delivre et vous ayt en sa sainte garde

« De Dôle ce 26° mars 1632

« Le Vice-président et gens tenant la Cour »

A peine la contagion eût-elle quitté Pesmes, qu'elle fit son apparition à Marpain. Les échevins de Pesmes en informèrent la Cour, le 3 juillet 1632, en lui adressant le

---

du 16 août 1856. Mais moins soucieux sans doute que son aîné de la santé et de la vie de ses administrés, le Conseil municipal de la ville de Pesmes, sur la proposition du maire, vendit en 1894 l'hôpital au département de la Haute-Saône pour y loger la gendarmerie, réservant comme hôpital l'ancien vestibule du château.

C'est le cas de répéter avec le poète :
    Le vrai peut quelquefois n'être pas vraisemblable...

rapport de deux médecins qui avaient visité les corps des personnes décédées.

Ces nouvelles avaient toujours pour résultat d'effrayer la Cour, qui s'empressait d'ordonner les mesures nécessaires. C'était pour elle une grande préoccupation et on doit l'en féliciter. Le 4 juillet elle répondit aux échevins de Pesmes :

« Messieurs les Eschevins, nous avons reçu avec bien du
« déplaisir la nouvelle du mal contagieux survenu au village de
« Marpain pour auquel remedier et empescher que par la
« fréquentation des habitans dud lieu avec les vâges ou vos
« voisins le mal ne vienne à s'augmenter vous ne manquerez
« detablir des gardes autour dud village (si ja ne lavez fait)
« pour les contenir en icelluy et leur ferez administrer ce qui
« leur sera nécessaire, attendant que nous y mettions ung ordre
« plus particulier si la maladie continue. Et cependant vous ne
« fauldrez de nous advertir de temps a autre de letat d'icelle.
« Surquoy prions Dieu qu'il vous ayt en sa sainte garde. Dole
« ce 4 juillet 1632.

« Le Vice président et gens tenant la Cour souveraine du
« parlement à Dole
« BERNARD. » (1)

Afin de donner au magistrat de Pesmes plus d'autorité et inspirer aux villages contaminés plus de respect pour ses ordres, la Cour lui adressa, le 6 juillet, un mandement en vertu duquel il pouvait prendre toutes les précautions usitées en pareil cas, non seulement pour ce qui concernait Marpain, mais encore tous les villages circonvoisins.

Le village de Marpain fut complètement infecté dans le courant du mois de juillet ; le premier août il n'y restait que quatre maisons intactes. Dans les derniers jours de juillet tous les habitants furent confessés par un révérend père capucin de Pesmes, qui se dévoua pour assurer aux mourants les consolations de la religion. Tous les jours on

---

(1) Arch. de Pesmes GG

— 132 —

administrait à cette malheureuse population ce qui lui était nécessaire.

Mais ce n'est pas sans peine que l'on maintint les habitants de Marpain dans leur village ; ils se révoltèrent contre les mesures d'ordre que l'on prenait à leur égard et ils tentèrent même de détruire les corps de garde qu'on avait établis pour les empêcher de communiquer avec les villages voisins. On fut obligé d'y envoyer des renforts. La Cour, par sa lettre du 14 juillet 1632, demanda qu'on lui signalât les désobéissants afin de les châtier d'une manière exemplaire.

« Messieurs les Eschevins jurés et Conseil Votre lettre du
« 13e du courant confirmant les advis que nous avons reçu de
« la continuation du mal contagieux survenu à Marpain pour
« auquel remedier vous faites bien de pourvoir qu'au plus tost
« les maisons infestees soient repurgées et que ceux qui sont
« atteints de peste soient promptement mis aux Loges et Isoles
« des habitations du Village, etablissant des corps de garde
« austant que jugerez nêres pour contenir les habitans dud
« Marpain suyvant le pouvoir que Vous en avons donne. Et
« quant aux désobéissans desquels vos lettres font mention,
« vous en dresserez des verbaux que nous envoyerez inconti-
« nent, affin de les chastier à l'exemple des autres. Vous
« ordonnant au surplus d'avoir ung soing particulier de subve-
« nir aux necessites desd. de Marpain leur fournissant ce qu'ils
« auront besoing et de n'admettre cy après aucuns passans ou
« estrangers dans votre ville, s'il n'at certiffication du lieu d'où
« il vient. Vous advertirez aussy vos habitans qu'ils apportent
« des certiffcats de santé quand ils viendront en cette ville et
« aux autres endroits du pays a . . . . et qu'à deffautes de ce
« Lentree ne leur soit refusee, . . . Dieu vous ayt en sa saintte
« garde a Dole le 14 juillet 1632.
 « Le vice président et gens tenans la Cour souveraine du
 « parlement à Dole
« BERNARD ». (1)

Malgré toutes les précautions prises pour circonscrire le fléau, il s'étendait de plus en plus. Le 21 juillet il était à

(1) Arch. de Pesmes GG

Franes, (1) et c'est encore le magistrat de Pesmes que la Cour chargea de surveiller ce village, par l'ordre suivant :

« Messieurs les Eschevins jurés et Conseil comme nous
« advertis de nouveau que la peste est survenue au village de
« Franes assez voysin de vôtre ville a raison de quoy il vous est
« important de pourvoir a ce qu'il convient pour empescher
« que le mal ne saugmente et qu'il ne sespanche plus avant ce
« que vous pouvez plus commodement faire que les officiers du
« ressort et magistrat de la ville de Dole qui ja sont employes
« a pourvoir à d'aultres villages infestes de lad contagion nous
« vous ordonnons aussytost cette receue et toute aultre affaire
« cessantes de visiter les habitans dud franes vous informer de
« letat de leur santé et y mettre tous les ordres que treuverez
« convenir et qui sont ordinaires et pratiqués en pareil cas,
« selon que vous avez faict au regard du village de Marpain a
« leffet de quoy nous vous commettons et authorizons tout ainsy
« et en la mesme sorte qu'avons faict par le mandement a vous
« adresse pour led village de Marpain quentendons valoir et
« servir pour celuy de franes et esperant que n'y ferez faulte et
« que nous advertirez de temps a aultre des (suites?) du succes
« dud mal et de l'ordre qui aurez mis nous prions Dieu qu'il
« vous ayt en sa sainte garde, a Dole le 21mo juillet 1632,
  « Le vice président et gens tenants la Cour souveraine du
       « parlement a Dole.           « BERNARD » (2)

La mission dont on chargeait ainsi le magistrat de Pesmes n'était pas toujours facile à remplir. A Marpain on avait éprouvé de grandes difficultés pour le maintien des corps de garde : ce fut bien autre chose à Thervay, dont les habitants n'écoutèrent même pas la voix de leur échevin. Les personnes envoyées sur les lieux par les échevins de Pesmes furent obligées de rétrograder devant la mauvaise volonté de la population. Il en fut aussitôt référé à la Cour en ces termes :

« Noz seigneurs

« Ensuitte du pouvoir qu'avons receu de V. Seigneuries
« pour le regard de l'establissement de gardes sur les limites de
« Tervay comme aussi de pourvoir a touttes autres leurs néces-
« sitez, elles seraient adverties que le jour dhier dernier

---

(1) Village du département du Jura, canton de Montmirey-le-Château.
(2) Archives de Pesmes.

« du mois passé deux nos échevins par nous deputez se
« transportèrent sur les limites du dit lieu à l'effect de reco-
« gnoistre et choisir une place la plus convenable pour dresser
« un logement pour deux hommes qu'avions commis à la garde
« d'iceulx de quoy estans advertis ceux du dit Tervay se repré-
« senterent par devant nosdits commis et gardes et respondirent
« mesme un nommé Bonvalot eschevin audit lieu qu'ilz ne
« permettroient qu'on dressast aucun corps de garde sur leur
« territoire, que si lon procedoit plus avant à l'establissement
« d'iceluy ilz le bruleroient par fait de commune, De plus ayans
« esté interrogez s'ils avoient quelques nécessitez soit de vivres
« ou remèdes pour leurs malades, ilz ont respondu qu'ilz n'a-
« vaient que faire de nostre assistance et ne vouloient que
« prinssions de l'argent à frais pour leur subject qu'ils en
« avoient assez. Pour le regard de l'administration des Saintz
« Sacrementz nos ditz commis furent présens au debvoir que
« le sieur Curé du dit Tervay fit portant le Saint Sacrement par
« les loges comme aussy virrent plusieurs faulcheurs s'en allant
« du costé de Besançon qui eussent passé infailliblement par
« ledit Tervay n'eust esté qu'ils en furent empeschez par nos
« dits commis auxquels plainte fut faitte à la part des pauvres
« du dit Tervay de ce que les eschevins et habitans ne leur
« vouloient donner ny pain ni por leur nourriture si que ils
« estoient contrains de pourvoir confusément par tout le village
« de tout quoy avons voulu faire part à V. S. et les supplier
« deputer une garde de leur part pour contenir ceux dudit
« Tervay attendu les menasses qu'ilz font à ceux qui commet-
« trions en sorte que personne ne les ose entreprendre.

« De Pesmes, le premier Aost 1632 ».

Les mêmes obstacles se présentèrent partout, malgré la rigueur de la répression. A l'Abbaye d'Acey, l'amodiataire des revenus de l'Abbaye refusa de faire garder le passage qui y existait et qui était alors très fréquenté. Les habitants de Franes ne voulurent pas non plus se conformer aux prescriptions édictées par les échevins de Pesmes, qui demandèrent à la Cour de nouveaux pouvoirs. Mais bientôt leurs préoccupations durent se porter sur un autre point. Le 3 août les échevins de Malans sollicitèrent le transport d'un chirurgien dans leur village pour y opérer la visite d'un enfant de neuf à dix ans, malade depuis six à sept jours et qui venait de mourir en la maison d'un nommé Chissey, dudit lieu. Le magistrat de Pesmes en rendit compte aussitôt à la Cour.

On fut bien vite fixé sur la nature de la maladie qui règnait à Malans, car le lendemain 4 août, les échevins de Pesmes informaient la Cour que la communauté de Malans était atteinte de la contagion.

A cette nouvelle, la Cour fut plus émue encore que précédemment, si l'on en juge par la lettre suivante qu'elle adressa au magistrat de Pesmes :

« Messieurs les Eschevins Jurés et Conseil. C'est a regret
« qu'entendons par la Vostre du 4 du courant le mal contagieux
« estre survenu a Malan parce que plusieurs aultres villages
« qui vous avoisinent en sont ja atteints, Vu qu'il semble ceste
« maladie se vouloir espancher par toute vre terre, si le tout
« puissant ne vous en garanthy, Nous avons eu aggreables les
« debvoirs que y avez apportes, pour ausquelx coutumes on
« vous en donne les moyens vous vous servirez du mandement
« que vous avons cy devant adressé touchant Tervay et Marpain
« et en suitte d'Icelluy pourvoyrez a tout ce que jugerez con-
« venir. Voulant qu'a cet effet ce mandement sorte son plain et
« entier effet. Que si avez besoin de plus ample pouvoir, nous
« en donnant advis, nous ne manquerons de vous tendre La
« main et vous secourir en ung affaire tant important au repos
« publique, Vous ordonnant de plus aussi tost nostre receue
« envoyer aud Malan des nettoyeurs pour nettoyer la maison
« Infectée. Et en cas que n'en auriez a cest effet en advertirez
« ceulx du magistrat de Dole Affin d'y pourveoir, Et soubs la
« confiance que prenons de vos diligences et vigilances et que
« nous resservirez de temps a auttre de ce qui surviendra en tout
« votre voisinage, prions Dieu qu'il soit garde de vous De Dole
« ce 4 aost 1632
  « Le vice président et gens tenant la Cour souveraine du
    « parlement a Dole
                                    « BERNARD » (1)

Les édiles de Pesmes étaient sur les dents ; il fallait contenir les populations de Marpain, de Thervay, de Malans et surtout celle de Franes, qui était très insoumise. Le magistrat de Pesmes désespérait de pouvoir convenablement remplir sa mission, et il fit part de son embarras

---

(1) Arch. de Pesmes GG/16

à la Cour par sa lettre du 17 août. La Cour lui répondit le même jour par une lettre d'encouragement :

« Messieurs les Eschevins Jurés et Conseil nous avons reçu
« vos lettres du 17 du courant, et vous dirons en responses que
« vous ferez bien de continuer le soing que vous avez heu par
« cy Devant a pourveoir les villages Infectes de contagion qui
« sont en vre voisinage nous esbaissant fort que par vos d lettres
« vous demandiez (a estre autorises ?) de contenir ceux du
« village de franes et leur faire garder Les ordres que leur ont
« este enjoint puisque vous le pouvez

« Et qu'il vous est autant important qu'ils soient contenus
« qua nul aultre Cest pourquoy nous vous ordonnons toutes
« excuses cessantes de continuer d'y prendre garde et leur
« commander de la part de ceste Cour tout ce que vous jugerez
« convenir pour la santé publique ensuitte de la q mission que
« vous en avons adressee Et cependant nous vous enchargeons
« de leur faire scavoir et a tous aultres que si nobéissant
« promptement a ce q par vous leur sera commandé de nre
« part ll en seront chastiez exemplairement a leffet de quoy
« nous advertirez particulièrement du nom des reffractaires,
« affin de les punir. Et sils sesmancipent Jusques la de sortir
« de leur territoire vous pourrez praticquer q tre eulx la rigueur
« des Edits publics sur ce fait (1) Esperant que tout ce que
« dessus ne ferez faute nous prions Dieu qu'il vous ayt en sa
« sainte garde a Dole ce 17 aost 1632

« Le Vice président et gens tenans La Cour Souveraine du
« parlement à Dôle

« RICHARD » (2)

La peste qui en 1720 éclata à Marseille, où le sublime dévouement de Mgr de Belzunce fit l'admiration du monde entier, jeta la terreur et l'épouvante dans les populations.

---

(1) Les édits dont il s'agit ordonnaient de tirer sur ceux qui tenteraient de sortir de l'enceinte où ils étaient enfermés, de les *arquebuser*.

Cette manière de maintenir les malades dans les limites qui leur étaient assignées, n'a pas beaucoup varié : elle est encore employée de nos jours en certains lieux. En 1883, le choléra s'étant déclaré en Egypte, le Conseil de santé, qui siégeait au Caire en permanence, ordonna, d'accord avec le ministre de l'intérieur, d'éparpiller la population de Damiette sous des tentes, des baraques ou des gourbis ; de désinfecter en partie le quartier contaminé et de brûler le surplus.

Les troupes formant le cordon sanitaire reçurent l'ordre de *tirer sur ceux qui tenteraient de franchir le cordon.*

(*Moniteur universel* du 4 juillet 1883).

(2) Arch. de Pesmes GG
16

On prit de sévères mesures pour en empêcher la propagation. Le 15 septembre 1720, le magistrat de Pesmes ordonna « qu'il sera fait guay et garde aux portes de la « ville pour surveiller les voyageurs, vagabons, gens sans « aveux et autres à moins qu'ils ne soyent munis de billet « de santé signé du maire et échevins de chaque ville, et « ce pour prévenir la maladie contagieuse qui reigne déjà « en la ville de Marseille ».

La porte principale de Pesmes en ce qui concerne la circulation, était la porte du Pont ; c'était donc celle-là surtout qu'il fallait surveiller. A côté de cette porte existait autrefois un corps de garde, qu'on avait considéré comme inutile depuis l'annexion à la France ; la commune l'avait en conséquence vendu à un sieur Pronier, qui l'avait fermé. On sentit le besoin de le rouvrir pour exercer une surveillance plus sérieuse, plus efficace sur les passants. Aussi, le 20 octobre, le Conseil de la ville fit « offre à M$^{me}$ Collard de « donner la permission de faire ouvrir le corps de garde « qui est à la porte du pont de la ville qui fut vendu à « M. Pronier son mari par M$^{rs}$ de Pesmes moyennant « qu'on lui paiera la location du corps de garde. En cas « de refus, le Conseil autorise le maire a en faire faire « l'ouverture incessamment pour le bien public pour la « garde de la porte du pont à cause des maladies conta- « gieuses qui sont dans le royaume ».

Ces mesures de prudence eurent l'effet qu'on en attendait ; Pesmes ne se ressentit pas de la contagion. Mais la ville eut souvent à souffrir des maladies contagieuses ; nous en avons plus haut expliqué les causes principales. Il y a quarante-deux ans, en 1854, une nouvelle peste, le choléra, s'abattit sur le bourg de Pesmes et enleva plus de trois cents victimes dans l'espace de quelques semaines. Au point de vue de la salubrité, de l'hygiène, de la propreté, Pesmes ne s'est pas amélioré d'une manière sensible depuis cette fatale époque.

## XIII

Mœurs — Coutumes — Usages — Baptême des enfants naturels — Choix des instituteurs et des institutrices — Jeu de l'arquebuse — Promenade du Pasquier — Les folières — Les messageries — Les postes — Dons aux administrateurs.

Élevée dans des sentiments de piété et de foi, la population de Pesmes avait des mœurs exemplaires ; les cas d'immoralité étaient fort rares et toujours suivis d'une réprobation universelle. La fille qui avait failli était à jamais déconsidérée et flétrie ; sa faute rejaillissait sur sa famille, qui perdait ainsi toute considération, toute honorabilité. Pour découvrir un acte de naissance d'enfant naturel, il faut souvent parcourir plusieurs années sur les registres de l'état civil. Le baptême de ces enfants avait lieu la nuit, après l'angelus du soir, dans le silence et le mystère. Le magistrat de la ville veillait avec soin à l'entretien des bonnes mœurs dans la commune, notamment dans le choix des instituteurs et surtout des institutrices (1), qui devaient donner à leurs élèves l'exemple de la modestie et des bonnes mœurs. On flétrissait non-seulement les filles mères, mais on imposait une certaine contribution « aux faux nobles et aux bastards », deux catégories de personnes qu'on enveloppait dans la même réprobation (2). Toutefois, il se glissait dans cette honnête

---

(1) E. Perchet. Le Culte a Pesmes, p. 11 et suiv.
(2) Archives communales de Pesmes. Délibération du 17 juillet 1701.

population quelques étrangers dont la conduite n'était pas toujours exempte de reproches ; le 29 juin 1709, le Conseil délibéra qu'on expulserait de la ville « ceux qui sont scandaleux », et il réitéra cet ordre le 14 août 1726.

Plus tard, il se passa un fait audacieux, qui donna lieu à une procédure criminelle contre ses auteurs : Jean-Baptiste Mercier et Charlotte Gigoux, de Pesmes, furent condamnés par jugement du présidial de Gray, siégeant en matière criminelle, à la date du 28 août 1758, à 50 livres d'aumône pour s'être transportés à l'église paroissiale, s'être pris pour mari et femme sans la participation du curé et avoir vécu ensemble comme si leur mariage eut été consommé. Cette condamnation s'appliquait également aux témoins de ce prétendu mariage, considérés comme complices, et notamment à Jean-Joseph Tournay, recteur des écoles de Pesmes, qui avait conseillé ce moyen de se passer du ministère du curé (1).

Les exercices de piété ne mettaient pas obstacle aux amusements mondains. Si la conquête de la Franche-Comté interrompit certaines coutumes anciennes, elles se rétablirent peu à peu. Parmi ces coutumes, il en existait une en particulier à laquelle la population de Pesmes était très attachée, c'était le jeu de l'arquebuse. Le gouvernement de Louis XIV avait défendu le port des armes en Franche-Comté ; le jeu de l'arquebuse si en honneur et qui jouissait de certains privilèges, avait dû cesser. Le magistrat de la ville fit de pressantes démarches pour en obtenir le rétablissement. Enfin, le marquis de Saint-Martin ayant déclaré aux échevins qu'il avait obtenu du marquis de Montauban, gouverneur du pays, le pouvoir de « planter « et tirer l'oiseau ainsi qu'il s'estoit pratiqué du passé aud « Pesmes pour de ce les habitans y avoir droit et a tel jour « que de ce jourd'huy », le Conseil délibéra, le premier mai

---

(1) Archives de la Haute-Saône, B 2668.

1680, « qu'il seroit délivré a celluy qu'il le mettroit a bas et
« par lad. ville incontinent après la sôe de trente-trois
« francs monnoye de ce pays pour toute récompense...
« Sans entendre porter préjudice au droit de celui qui l'a
« mis a bas d'avoir son tiré franc pendant l'année au jeu de
« l'arquebuse ainsi que du passé ».

Le jeu favori des habitants de Pesmes fut interdit, sans doute à cause des fréquentes difficultés qui s'élevaient avec les troupes de la garnison, mais le 31 décembre 1738, le Conseil décida « que l'on feroit rétablir le jeu d'arque-
« buse et qu'a cet effet lon présenteroit requeste à Mons.
« Duval, commandant de la province pour en obtenir la
« permission ». On rétablit alors le Papegai (1) dans son ancien emplacement, à la promenade du Pasquier. Cette promenade, sur le bord de l'eau, était fort agréable; elle était peuplée de beaux tilleuls, formant plusieurs allées, plantés ensuite d'une convention intervenue le 18 novembre 1695, avec le Sieur Maistre qui, moyennant l'exemption du logement des gens de guerre, devait planter « à la
« promenade du Pasquier ou l'on tire à la cible autant
« d'arbres tillot, chesnes, qu'hormes ou noiers qu'il
« faudra pour former allées ». Ces jeunes arbres furent, en 1707, l'objet d'une scandaleuse mutilation. Sous l'administration de M. Dupoirier, notaire royal, vers les années 1766 ou 1767, les tilleuls du Pasquier furent coupés et remplacés par des *mûriers blancs*, qu'on fut obligé d'arracher au bout de neuf ans parce qu'ils ne réussirent pas et ne prirent aucune croissance (2).

Un autre genre d'amusement était aussi très en vogue chez les anciens habitants de Pesmes. Pendant le temps de l'Avent, pendant le carême et les jours de fête, on allumait sur les places, dans les rues, de grands feux de joie

---

(1) Perroquet en bois ou en carton.
(2) Depuis l'acquisition de la promenade actuelle, on a abandonné celle du Pasquier qui est maintenant en culture.

qu'on appelait folières ou chavannes, autour desquels les jeunes gens se réunissaient, dansaient et se livraient à de joyeux ébats. Mais cet amusement donnait lieu quelquefois à des scandales ; dans ces divertissements folâtres, la décence courait quelques risques. D'ailleurs, un grand danger en résultait pour la sécurité publique. Toutes les maisons de la ville étaient couvertes en chaume et en bois ; toutes avaient des auvents ayant la même couverture. Une étincelle échappée des chavannes et jetée sur une maison par un coup de vent pouvait occasionner un incendie. Frappé de ces dangers, le magistrat de la ville, par une décision du 25 juin 1684, supprima les folières dans l'intérieur de la ville. Plus tard, il prit des mesures plus énergiques. Le 6 avril 1700, il donna l'ordre « au Procureur « syndic de faire assigner les particuliers qui ont des mai- « sons couvertes en paille et remplacer la couverture par « d'autres moins dangereuses pour le feu ». Et le 6 juin 1701, ensuite d'un sinistre qui avait eu lieu le jour de la Fête-Dieu, il constate qu'il existe « des ordonnances pour « faire mettre bas les tects de paille ». A cette époque on ne proscrivait pas encore les couvertures en bois, malgré un grand incendie survenu en 1734 ; la commune en faisait même usage, car le 12 mars 1763, elle fit l'acquisition « d'un cent et demi d'*ancelles* pour réparer les couverts « des écuries de M. de Cramant louées à la ville ».

Dix ans plus tard, le 22 septembre 1773, un terrible incendie détruisit la partie basse de la ville. Ce fut un affreux désastre ; le clocher devint la proie des flammes, les cloches fondirent sur place. La municipalité prit alors de nouvelles mesures ; elle décida, le 14 octobre suivant « qu'on ne pourra couvrir les maisons à l'avenir en bois ou « en paille ». Le 24 du même mois elle ordonna « que tous les avant-couverts qui existent sur la place seront détruits ».

Parmi les usages établis à Pesmes nous ferons entrer le service des postes ; le service des lettres s'appelait la *messagerie* ; le mot poste désignait la poste aux chevaux. Un traité intervenu entre la ville et Joseph Petit, le 14 janvier 1724, nous fait connaître dans quelles conditions s'effectuait le transport des lettres. Le messager recevra de la ville « 20 liv. par an et sera rétribué d'un sol par lettre « qu'il rapportera de Gray, exempt de tout logement de « gens de guerre pendant ledit an, moyennant qu'il sera « obligé d'aller deux fois par semaine en lad ville de Gray, « porter et rapporter les lettres qui luy seront mises en « main. A la condition d'aller aud Gray les mardy et ven-« dredy de chaque semaine a peine de diminution de son « gage s'il n'execute pas ce que dessus ». Avec le temps, ce service de messagerie ne suffisait plus aux habitants de Pesmes, et le 25 octobre 1773, le magistrat demanda l'établissement d'un bureau de distribution « des lettres à « Pesmes en payant deux sols en plus par lettre, et qu'on « feroit prendre les dépêches trois fois par semaine à « Auxonne ». Enfin, un arrêté du département de la Haute Saône, à la date du 23 pluviose an v, fixa à Gray le bureau de poste pour les cantons d'Autrey, Champvans, Chargey, Dampierre-sur-Salon, Gray, Mercey et Pesmes. La poste aux lettres fut pendant de longues années en la possession de la famille Valrant.

La poste aux chevaux resta le monopole de la famille Bourdin. Le 7 janvier 1785, le titulaire qui, en cette qualité, était exempt d'impôts pour les terres qu'il exploitait, exigea en plus une subvention annuelle de deux cents francs. On fit alors une convention moins onéreuse avec un S$^r$ Montenois, qui partit sur la fin d'avril ; le S$^r$ Bourdin reprit le service le 2 mai, et on lui accorda la subvention de deux cents francs qu'il avait demandée.

Il existait aussi à Pesmes l'usage de faire des cadeaux aux hauts fonctionnaires, afin de se les rendre favorables. Il est assez curieux aujourd'hui de voir comment les choses se passaient anciennement.

En 1595, Henri IV s'avançait avec son armée pour combattre les Espagnols, auxquels s'était joint le duc de Mayenne ; le roi de France les battit à Fontaine-Française et envahit la Franche-Comté. La population de Pesmes était très attachée à l'Espagne et se disposait à défendre énergiquement la ville contre les Français. A cet effet, elle sollicitait de M. de Vergy, gouverneur de la province, la mise en état de défense de la ville de Pesmes, et pour assurer à sa demande un accueil favorable, elle fit don au gouverneur de *quatre pintes de vin* (1).

En 1670, il s'agissait encore de combattre contre la France. Le baron de Monclef avait reçu le pouvoir de lever une compagnie de cent hommes et de les prendre à son choix tant parmi les habitants de Pesmes que dans les autres lieux qui lui étaient désignés ; aussitôt, le magistrat de Pesmes décida, le 19 novembre, « que l'on donne- « roit au Sieur baron de Monclef une *queüe de bon vin* que « l'on luy feroit mettre en son lieu ».

Après la conquête de la Franche-Comté et sa réunion à la France, Louis XIV avait transféré à Besançon le siège du parlement de la province. Ayant été informé que M. Boisot avait été nommé premier président, et M. Doraz procureur général, le magistrat de Pesmes délibéra, le 18 février 1703, « que lon envoyeroit un député du magistrat « pour leur aller témoigner la part que les M<sup>rs</sup> du magistrat « de cette ville prennent à lhonneur que Sa majesté leurs « at fait et demander en mesme temps leurs protections ». Tel était alors le respect que l'on avait pour la justice qu'on n'osa pas cette fois offrir de cadeaux à ces hauts magistrats (2). Mais en 1706 on fit don de *six fromages* à M. de Montrichier, subdélégué à Gray.

---

(1) Archives communales de Pesmes.
(2) En 1789, l'ancienne magistrature avait beaucoup perdu de son prestige, malgré l'honorabilité incontestée de ses membres. On s'éleva surtout contre la vénalité des charges de judicature et contre les règlements des parlements. Mais nous avons

Il faut admettre que ces petits cadeaux étaient bien accueillis, car le 3 mars 1730, le Conseil de la ville décida « qu'il sera fait honnêteté à Monseigneur l'Intendant *d'un* « *beau brochet et de deux carpes* que l'on achètera à « l'étang de Cuve, pour obtenir sa protection ». Il n'était pas toujours facile d'approcher l'Intendant et d'en obtenir une audience ; la requête devait lui être présentée par son valet et celui-ci savait tirer parti de son influence. C'est ce que le Conseil de la ville de Pesmes nous apprend par sa délibération du 16 novembre 1731 : « il sera passé au S[r] « Maire 24 sols qu'il a payé au Valet d'Entrée de Monsei-« gneur l'Intendant lorsqu'il a fait lever la Barre des reve-« nus de la ville ».

Cet usage se continua à Pesmes jusqu'à la Révolution.

---

pu constater qu'à cette époque d'émotion populaire les habitants de Pesmes conservèrent pour les magistrats de l'ordre judiciaire la déférence et le respect dont ils avaient toujours entouré la justice du pays.

## XIV

Justice — Cours seigneuriales — Haute, moyenne et basse justice — La potence — Police — Les prudhommes — Bailliage — Appel — Les exécutions — Bailliage de la Baume Montrevel — Justice de paix — Élection des juges de paix — Canton de Pesmes, 32 communes — Réduction du territoire cantonal.

Avec l'établissement des fiefs sous les faibles descendants de Charlemagne s'établirent également les justices seigneuriales. Maîtres dans leurs châteaux, les seigneurs s'arrogèrent le droit de *haute, moyenne* et *basse justice* sur leurs vassaux et sur leurs sujets. La *haute justice* permettait de condamner à la peine capitale et de connaître de toutes les causes civiles et criminelles. Pour l'exercice de ce droit, le seigneur de Pesmes avait un tribunal ou Cour de justice et une potence à quatre piliers, ce qui était le signe caractéristique de la plus haute puissance seigneuriale. La potence était établie dans un lieu appelé le *Belmontot*, près de la route d'Auxonne. (1) Depuis les fenêtres de son château, le seigneur de Pesmes pouvait assister aux exécutions. La *moyenne justice* connaissait des délits et des contraventions dont l'amende n'excédait pas 60 sols. Enfin, la *basse justice* s'occupait des redevances dues au seigneur, des tutelles et curatelles, (2) des

---

(1) Dénombrement donné par Lamberte de Ligne, le 1er novembre 1620. Ce lieu figure au plan cadastral de la commune de Mutigney au canton appelé *A la Fourche*.

(2) 1689. 9 décembre. Hugue de Fonvant, notaire à Gray.
PACTE D'ÉMANCIPATION [DE NOBLE JEAN-BAPTISTE PETIT, DE GRAY
DOCTEUR ÈS-DROIT ET AVOCAT EN PARLEMENT
L'an seize cent octante neuf, le neuuiesme decembre auant midy, au logis et par deuant nous Jean-Antoine Grignet, docteur ès drois, lieutenant establly a uie au

injures, des dégats et des contraventions ne donnant lieu qu'à de faibles amendes. A la Révolution ces attributions furent dévolues aux justices de paix, dont elles déterminèrent alors approximativement la compétence, bien étendue depuis cette époque.

La charte des franchises apporta quelques modifications à cette justice féodale. Érigée en communauté, la ville de Pesmes put s'administrer elle-même ; les quatre prudhommes furent autorisés à établir des règlements de police auxquels les habitants étaient tenus d'obéir sous peine d'amende. Le produit de cette amende appartenait au seigneur, mais les poursuites judiciaires ne s'exerçaient plus d'une façon arbitraire comme précédemment, elles étaient basées sur des arrêtés municipaux publiés et connus. Cependant la procédure pour le recouvrement des amendes faisait l'objet de graves difficultés entre le seigneur et les habitants, mais en 1689 un édit du roi régla les droits des parties à cet égard.

Une importante innovation fut apportée quelques années plus tard dans l'administration de la justice à Pesmes. Le 26 juillet 1695, des lettres patentes du roi

---

bailliage de Pesmes, Claude-Estienne Luxeul appelé auec nous pour scribe et greffier ordinaire dud. bailliage, est comparu noble Jean-Baptiste Petit de Gray, docteur ès drois, aduocat en parlement, fils de noble Léonel Petit aussy dud. Gray, docteur ès drois, procureur general des eaux et forests et de la gruerie du comté de Bourgogne, seigneur a Brotte ; lequel estant a genoux les mains ioinctes et la teste nue a demandé aud. Sr son pere très humblement de le uouloir émanciper et mettre hors de sa puissance paternelle ; a quoy led. Sr Petit père ayant incliné fauorablement, luy a donné la main, l'a fait releuer et déclaré qu'il l'émancipoit et mettoit iceluy hors de sa puissance paternelle pour cy après pouuoir regir et gouuerner ses biens, passer touttes sortes de contracts entre uifs qu'autrement sans son authorité et enfin touttes sortes d'actes tant en iugement que dehors qu'un fils émancipé peut faire ; de quoy led. Sr Petit fils nous a quis et demandé acte et a ce qu'il nous pleu interposer l'aucthorité et décret de notre iustice pour la ualidité, lequel acte lui auons octroyé et interposant nostre ditte aucthorité et decret cette part et fesant d'office litiscontestation, conclusion et renonciation en cause suiuant l'ancien stile, nous déclarons led. Sr Petit fils émancipé pour pouuoir faire cy après touts les actes cy dessus énoncés sans l'aucthorité dud. Sr son père ; pour uérité de quoy nous nous sommes soubsignés auec led. greffier en presence de Pierre Clerc, aduocat en parlement, et de Jean-Baptiste Dufourg, procureur postulant au bailliage dud. Gray.

Signé : Ant. Grignet ; L. Petit ; Clerc de Marcsole ; J.-Dufourg et C.-F. Luxeul.

(*Supplément littéraire* de la *Presse Grayloise* du 10 décembre 1892).

attribuèrent au magistrat de Pesmes la connaissance de tous les faits de police ; les formalités légales en retardèrent l'exécution jusqu'en 1722.

Louis XIV qui disait : « L'État, c'est moi » concentrait tous les pouvoirs dans sa main. La justice se rendait en son nom. Les cours seigneuriales ne rendaient plus des arrêts irrévocables ; le recours contre leurs jugements était porté devant les juges royaux, qui statuaient en dernier ressort. Les appels des jugements rendus au bailliage de Pesmes ressortissaient au bailliage de Gray, où se jugeaient également les difficultés qui survenaient entre le seigneur et les habitants. Ces difficultés se renouvelaient fréquemment et les procès occasionnaient des frais considérables. Pour éviter ces dépenses ruineuses pour la ville, le magistrat prit, le 11 juin 1728, la délibération suivante : « On tirera devant le seigneur Intendant toutes les affaires que la ville a pendantes au bailliage de Gray pour éviter les frais exorbitans qui se font esd. Bailliage ».

Dans certaines causes criminelles où la vindicte publique était plus spécialement intéressée, le procureur du présidial de Gray évoquait la cause et les juges de Pesmes s'en dessaisissaient et la renvoyaient au bailliage criminel.

La justice s'armait alors pour punir le coupable de moyens qui répugneraient aujourd'hui à nos mœurs et à notre sentimentalité pour les condamnés. (1) Les exécutions

---

(1) Voici le dispositif d'un jugement rendu en matière criminelle au présidial de Gray le 7 janvier 1782, contre Jean et Laurent Michaud, cultivateurs, Antoine Fidon et Antoine Thevenon, tous de Pesmes, accusés d'assassinat suivi de vol commis le 11 mars 1781 sur la personne de Charles Boudot, de Mutigney et Royer, de Dammartin. ce dernier ayant survécu à ses blessures.

Les quatre prévenus, qui étaient parvenus à franchir la frontière, furent condamnés par contumace « à avoir les Reins, bras, cuisses et jambes Rompus vifs par l'exécuteur de la haute justice sur un échafaud qui à cet effet sera dressé sur la place du Cour de cette ville, ce fait leurs corps attachés sur une Roüe, la face tournée vers le Ciel, pour y finir leurs jours, ce qui sera exécuté par effigie en un tableau lequel sera par ledit exécuteur attaché à un poteau planté à cet effet sur ladite place. (Arch. de la Haute-Saône. B 2668).

barbares du siècle dernier avaient cependant un résultat dont nous nous éloignons de plus en plus : les crimes contre les personnes, devenus si fréquents de nos jours, étaient alors très rares, et quand un assassinat se commettait en France, de naïves complaintes, vendues sur les places publiques, portaient dans l'esprit des populations une salutaire horreur.

Les lettres patentes du roi, du mois de mai 1754, érigeant la terre de Pesmes en marquisat et créant le bailliage de la Baume Montrevel (1) apportèrent un grand changement à l'état de choses existant alors. En exécution de ces lettres, M. de Montrevel nomma les officiers de justice et autres du Bailliage de son marquisat, et le 5 février 1779, le marquis de Choiseul institua Jean-Baptiste Lamarche, « cy devant procureur au bailliage de Gray, y demeurant, en qualité de procureur fiscal et tabellion du Bailliage de la Baume Montrevel cy devant Pesmes ». L'année suivante, le 9 février 1780, Claude-Antoine Bergeret fut nommé greffier de la justice dudit Bailliage, et le 12 juillet suivant, M. de Choiseul institua Claude-François Pierrecy « cy devant notaire et procureur à Dôle, en qualité de lieutenant du Bailliage de la Baume Montrevel cy devant Pesmes et juge de la justice et seigneurie de Champagney ».

La Révolution en abolissant les justices seigneuriales créa les justices de paix. Ce fut un grand bienfait pour le pays. Le décret de l'Assemblée nationale qui divisa le territoire français en 83 départements et chacun de ces départements en districts, divisa les districts en cantons et les cantons en municipalités. Un décret du 16 août 1790 sanctionné le 24 du même mois, organisa la justice en France et créa un juge de paix siégeant dans chaque canton, dont on multiplia le nombre afin de faciliter les

---

(1) E. PERCHET, LE CULTE A PESMES p. 340 et suiv.

Sceau du Bailliage de la Baume Montrevel

rapports des justiciables avec la justice cantonale. Pesmes, qui sous ses derniers seigneurs avait acquis comme bailliage une grande importance, fut désigné pour être chef lieu de canton.

Aux termes de la loi, le juge de paix et ses quatre assesseurs devaient être élus par des assemblées primaires convoquées à cet effet (1) ; le choix des justiciables du canton de Pesmes se porta sur M. Oudille, maire de la ville, qui prêta serment en sa nouvelle qualité le 15 novembre 1790. (2) D'un caractère bon, conciliant, ennemi des violences révolutionnaires, M. Oudille fut accusé de tiédeur envers le gouvernement de l'époque et révoqué de ses fonctions le 17 octobre 1793. (3) Il fut remplacé par Charles-François-Xavier Jannot.

M. Jannot fut juge de paix de Pesmes pendant la Terreur. Accusé de tendances sanguinaires, il fut destitué le 14 pluviose an III (4) et céda la magistrature cantonale à M. Lamarche, fils, qui eut lui-même pour successeur,

---

(1) La nomination des juges de paix par l'élection plaçait ces magistrats sous la dépendance de leurs électeurs et enlevait à la justice toute garantie d'impartialité. De nos jours encore le juge de paix manque de l'indépendance nécessaire pour une bonne administration de la justice.

(2) Du 15 novembre 1790. En l'assemblée du Conseil général de la commune de Pesmes, tenue sous la présidence de M. Badouiller, maire, « Le sʳ Jean Oudille, citoyen de cette commune, est entré et a 'dit qu'ayant été élu juge de paix de ce canton, ainsi qu'il résulte du procès-verbal de l'assemblée primaire tenue à cet effet en cette ville les 15, 16, 17, 18, 19 et 20 octobre dernier, dont extrait a été remis sur le bureau par led. Sʳ Oudille et que devant, aux termes de l'art. 6 du titre VII du décret de l'ordre judiciaire du 16 août dernier, sanctionné le 24, prêter le serment prescrit par la même loy devant le Conseil général de la commune de cette ville celui de son domicile avant d'entrer en fonctions, il se présente à cet effet devant l'assemblée la requérant de vouloir bien recevoir à l'instant son serment.

Surquoy le Sʳ Procureur de la commune ayant conclu à la réception du serment dud. Sʳ Oudille en qualité de juge de paix de ce canton

M. le Maire au nom de l'assemblée après un discours de félicitations adresssé aud. Sʳ Oudille lui a dit de lever la main et a prononcé la formule du serment en ces termes, vous jurez de maintenir de tout votre pouvoir la constitution du royaume décrétée par l'assemblée nationale et acceptée par le roy, d'être fidèle à la nation, à la loy et au roy, et de remplir avec exactitude et impartialité les fonctions de votre office

A quoy le Sʳ Oudille a répondu en tenant la main levée, *Je le jure*. (Arch. comm. de Pesmes).

(3-4) Arch. communales de Pesmes.

en l'an VII, M. Charles-François Bunot, décédé le 2 prairial an IX. L'un des assesseurs, Pierre Thiéry, remplit provisoirement les fonctions de juge de paix jusqu'à la nomination du nouveau titulaire, Pierre Oudot, en l'an X.

Le canton de Pesmes comprenait alors une circonscription territoriale très étendue. La loi du 8 ventôse an IX ayant ordonné que les justices de paix pour tout le territoire français européen seraient au nombre de 3.000 au moins et de 3.600 au plus, des arrêtés pris en exécution de cette loi déterminèrent les communes qui formeraient chaque canton. Le canton de Pesmes se composa des 32 communes suivantes : 1 Arsans ; 2 Aubigney ; 3 Avrigney ; 4 Bard ; 5 Bay ; 6 Bonboillon ; 7 Bresilley ; 8 Broye ; 9 Chancey ; 10 Charcenne ; 11 Chaumercenne ; 12 Chenevrey ; 13 Chevigney ; 14 Cugney ; 15 Cult ; 16 Hugier ; 17 Lieucourt ; 18 Malans ; 19 Marnay ; 20 Montagney ; 21 Morogne ; 22 Motey ; 23 Pesmes ; 24 Résie-Saint-Martin ; 25 Résie-Grande ; 26 Sauvigney ; 27 Sornay ; 28 Tromarey ; 29 Vadans ; 30 Valay ; 31 Venère ; 32 Virey. La loi du 29 ventôse an IX supprima les assesseurs des juges de paix et donna deux suppléants à chacun de ces juges.

M. Oudot resta juge de paix de Pesmes jusqu'en 1826, époque de sa mort. Il eut pour successeur M. Oudille (1) dont le premier acte pris sous sa présidence est à la date du 16 juin 1826. Peu de temps après l'installation de M. Oudille le canton de Pesmes fut réduit aux vingt communes qui le composent aujourd'hui, par une ordonnance royale du 26 juillet 1826, ainsi conçue :

« ART. 1er. — Il sera formé dans l'arrondissement de Gray, département de la Haute-Saône, un huitième canton, dont le chef-lieu est fixé dans la commune de *Marnay* : il sera composé des communes d'Avrigney, Bay, Bonboillon, Charcenne, Chenevrey, Cugney, Cult, Hugier, Marnay, Morogne, Sornay,

---

(1) Probablement fils de M. Oudille, premier juge de paix de Pesmes.

Tromarey et Virey, qui sont distraites du canton de Pesmes, et des communes de Beaumotte-les-Pins, de Brussey, de Chambornay-les-Pins, de Courcuire, Ethuz et Vregille, qui sont distraites du canton de Gy.

« La commune de Montseugny est détachée du canton de Gray et réunie au canton de Pesmes ».

M. Oudille, dont le nom est resté très populaire dans le canton de Pesmes, y exerça ses fonctions jusqu'à sa mort, arrivée en 1848. M. Robinet, qui lui succéda, n'occupa son siège de juge de paix que pendant quelques mois. Le dernier acte pris sous sa présidence est à la date du 27 novembre 1848.

M. Dubois, juge de paix de Marnay, fut alors nommé juge de paix de Pesmes. Il prit sa retraite en 1861 et se retira à Gray, où il mourut en mai 1883.

M. Thierry, juge de paix de Faucogney, lui succéda à la justice de paix de Pesmes ; nommé, en 1870, juge de paix à Ornans, M. Thierry y est mort.

Un décret du 30 juillet 1870 appela à la justice de paix de Pesmes M. Perchet, ancien greffier de la justice de paix du canton nord de Melun (Seine-et-Marne). Par un autre décret du 17 juillet 1880, M. Perchet fut nommé juge de paix à Pont-à-Marcq (Nord). Il donna alors sa démission et se consacra à des études historiques.

Il eut pour successeur à Pesmes M. Poignand, qui, en 1889, fut nommé juge de paix à Champagney (Haute-Saône). M. Poignand fut remplacé à Pesmes par M. Bertin, qui est encore en fonction.

Pour compléter cette étude sur la justice à Pesmes, rappelons qu'en 1630, la ville de Dole ayant été atteinte de la peste, le parlement de Franche-Comté se retira à Pesmes, où il rendit plusieurs arrêts.

# DEUXIÈME PARTIE

# SEIGNEURS DE PESMES

La féodalité avait sa hiérarchie, en tête de laquelle se trouvait, en Franche-Comté, le *Comte héréditaire*, qui ne relevait que du Souverain ; *cinq comtes inférieurs*, et, au-dessous de ceux-ci, les barons, c'est-à-dire hommes de condition libre et noble. Les comtes inférieurs et les barons étaient vassaux du comte héréditaire, auquel ils devaient foi et hommage ; eux-mêmes recevaient l'hommage d'une foule de petits seigneurs et de possesseurs de fiefs auxquels ils devaient protection en échange du service militaire et de divers services honorifiques.

La seigneurie de Pesmes formait une vaste baronnie qui avait son siège principal dans la fertile région comprise dans le bassin de l'Ognon jusqu'à la Saône ; elle comprenait, outre la ville de Pesmes, les communautés de Sauvigney, Broye, Aubigney, Montseugny, la Grande-Résie, la Résie-Saint-Martin, Vadans, Valay, Chaumercenne, Bard, Bresilley, Malans, Thervay, Marpain, Montrambert, Jallerange, Mutigney, Chassey, Nilieu, Talmay et Montmirey en partie, Batterans, Fontenelle, Choye et plus loin Rupt, Bougey, Oigney, etc., dont les seigneurs devaient foi et hommage au seigneur de Pesmes, leur suzerain. Elle fut possédée par trois familles principales ou trois dynasties : les *Sires de Pesmes*, les *Sires de Grandson* et la famille de la *Baume Montrevel* héritière de la famille de Neuchatel.

I

PREMIÈRE DYNASTIE

## LES SIRES DE PESMES

Origine des Sires de Pesmes — La Maison de Vienne — Étendue de la seigneurie de Pesmes — Sa division en plusieurs branches.

Pesmes portait (1090-1327) d'azur à la bande d'or, accompagnée de 7 croisettes de même recroisetées, au pied fiché, 3 en chef et 4 en pointe.
La branche de Valay brisait d'un lambel à 5 pendants d'argent.

Pesmes donna son nom à ses premiers seigneurs : on les appelait les Sires de Pesmes. On ne sait pas exactement à quelle haute famille ils appartenaient. Cependant, on croit généralement qu'ils étaient de la noble maison *de Vienne*, (1) et cette opinion est rendue vraisemblable par l'épitaphe suivante de Guy de Pesmes, religieux de l'Ordre de Saint Benoit, gravée au $xi^e$ siècle sur une tombe de l'abbaye de Saint Martin des Champs :

GUIDO DE PESMIS JACET HIC, QUEM CHRISTUS SUPREMIS
    AGMINIBUS SOCIET, MATRE ROGANTE MARIA
QUEM CLARUM GENERE, COMITES GENUERE VIENNA
HUNC, DEUS, ERIPERE MANIBUS DIGNARE GEHENNA
NAM MONACHUS FACTUS, LIQUIT PUER OMNIA PROTE
    UT TIBI DEVOTE, MONACHI SERVIAT AD ACTUS
HUNC, DEUS, ERGO POLI VALVIS EXCLUDERE NOLI

(1) Vienne portait : de gueules à l'aigle d'or. (Hist$^{re}$ DE Jouv. p. 487).

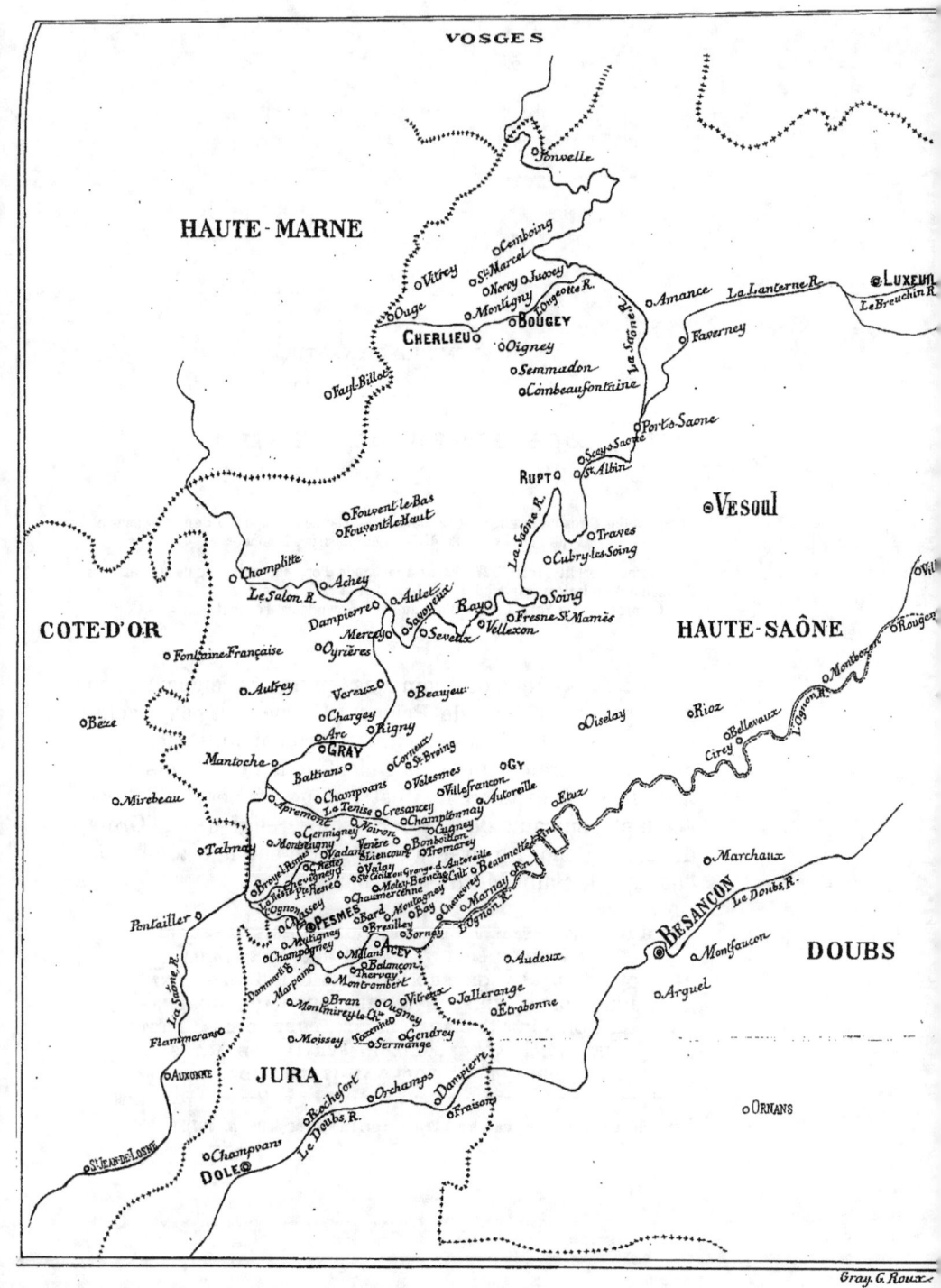

Carte des Possessions des Sires de Pesmes. — (1re Dynastie)

La maison de Vienne était une des plus illustres de France. Par ses alliances, elle descendait de Henri, frère de Hugues Capet, roi de France (1). En 1087, Guillaume-le-Grand, chef de cette noble famille, possédait les comtés de Bourgogne, de Vienne, de Mâcon et de ses terres transjuranne's. Sous le rapport de la naissance on voit que les Sires de Pesmes ne le cédaient à aucune des plus hautes familles de France, puisqu'ils étaient de sang royal.

La tige de la maison de Pesmes ne nous est point connue ; les archives ne nous fournissant aucun document de nature à soulever le voile qui recouvre l'histoire de Pesmes à cette époque. Ce n'est qu'au $xi^e$ siècle, en 1066, que le seigneur de Pesmes est nommé parmi les grands officiers de l'illustre archevêque de Besançon, Hugues $I^{er}$. Mais ce qui est certain, c'est que dès ces temps reculés, les seigneurs de Pesmes possédaient dans cette ville un château fort, situé au sommet d'un rocher taillé à pic, entouré de fossés et flanqué de son donjon, du haut duquel ils pouvaient braver leurs voisins. C'était là le siège et le centre de leur puissance. D'autres châteaux leur appartenant se dressaient à Balançon, à Montrambert, à Valay, à Rupt. Entourés de leurs nombreux vassaux, ils se rendaient redoutables même à leur souverain, auquel ils refusaient fièrement de rendre hommage. Leurs possessions s'étendaient dans une grande partie du bailliage d'Amont, elles se prolongeaient même dans le duché de Bourgogne. Ils étaient alliés aux plus grandes familles du pays, et leur puissance en était encore augmentée. Leurs propres contemporains leur donnaient le titre d'illustres. Ils enrichirent de leurs dons les abbayes de Cherlieu, Corneux, Bèze, et Accy. Les anciens comtes du pays les choisirent comme arbitres et comme fidéi commis.

Par suite de partages, les diverses seigneuries

---

(1) Ed. Clerc, Essai. p. 230 et suiv.

possédées par les sires de Pesmes se divisèrent et donnèrent naissance à plusieurs branches qui, toutes, s'intitulaient *de Pesmes*. Les seigneurs de Rupt, de Valay, de la Résie étaient presque aussi puissants que celui de Pesmes, auquel ils rendaient foi et hommage en sa qualité de chef de la famille, et sous la bannière duquel ils se rangeaient dans les combats. La branche de Rupt fut la tige de celle de Bougey. (Pl. 1). Le patronage et les revenus des cures de Bougey et d'Oigney appartenaient aux Sires de Pesmes ; ces droits furent partagés entre tous ces hauts seigneurs qui plus tard les abandonnèrent à l'abbé de Cherlieu (1284-1326) (1).

Les armes de la maison de Pesmes étaient d'azur à la bande d'or, accompagnée de croisettes recroisetées aussi d'or, posée en orbe (2).

---

(1) HISTOIRE DE JONVELLE, p. 343.
(2) Dunod, HIST. DU COMTÉ.

## II

## GUILLAUME I<sup>er</sup>

L'abbaye de Burgille — Traité entre l'archevêque Anséric et le comte de Bourgogne — Dons aux abbayes — Réconciliation avec l'archevêque — Combat judiciaire entre Louis et Olivier. — Fondation de l'Abbaye d'Acey — Schisme — Ses conséquences — Les deux fils de Guillaume.

Le premier seigneur de Pesmes dont l'histoire nous ait conservé le nom est Guillaume, que nous appellerons Guillaume I<sup>er</sup>. Il est appelé Guy dans plusieurs Chartes. C'était un seigneur puissant et redouté de ses voisins. L'abbaye de Burgille, voisine de ses terres et placée sous le patronage de l'archevêque de Besançon, était inquiétée par Guillaume, dont l'activité belliqueuse la mettait dans le plus grand danger. Pour se garantir contre les entreprises de son turbulent voisin, l'archevêque Anséric, s'assura le secours du comte de Bourgogne, par un traité conclu en 1122.

Au milieu des luttes ardentes provoquées ou soutenues par Guillaume, il assura la paix de sa conscience par de nombreuses donations aux églises et aux monastères : l'abbaye de Cherlieu, celle de Corneux, celle d'Acey et le couvent de Montseugny, dont on jetait alors les premières fondations, profitèrent largement de ses pieuses dispositions (1).

Ces actes de piété le réconcilièrent avec l'archevêque de Besançon, dont les craintes s'étaient dissipées, et qui

---

(1) E. Perchet. Le Culte a Pesmes, p. 355 et suiv.

tenait à s'attacher le seigneur de Pesmes par des actes de courtoisie. En septembre 1132, il le convoqua aux assises solennelles qui eurent lieu à Faverney et qu'on appela le *plaid de Faverney* (1). Précédemment, en 1127, l'archevêque confirma les dons faits en sa présence à l'église de Cherlieu par Guillaume de Pesmes, son épouse, l'épouse d'Odon de Dampierre et son fils Odon, consistant notamment dans la faculté de posséder librement tout ce que le couvent et les frères de Cherlieu cultiveront ou bâtiront sur la terre de Bougey ; de conduire leurs animaux au pâturage sur cette même terre ; enfin de jouir paisiblement et sans aucune redevance de l'usufruit des prés, forêts, étangs, cours d'eau et de tout le bois qui leur sera nécessaire pour leur usage et leurs constructions (2).

A cette époque reculée où l'on ne pouvait trouver la sûreté des contrats dans la force des pouvoirs publics, la parole et l'honneur des chevaliers étaient l'unique garantie des engagements et de leur exécution. La parole jurée ne se violait jamais. Si une contestation s'élevait entre deux chevaliers, aucun tribunal ne pouvait statuer sur le sujet qui les divisait : Dieu seul était leur juge. Une épreuve par les armes avait lieu entre les deux adversaires, et le vaincu était déclaré coupable. C'est ce qu'on appelait *le combat judiciaire*. Un combat célèbre de ce genre eut lieu, en 1140, en présence de Gaucher de Salins, le doyen Gurin, Renaud de Traves, Jérémie de Ruffey, *Guillaume de Pesmes*, Odilon de Montbozon, Henri de Purgerot et Étienne, maire de Vesoul, entre Olivier de Jonvelle et Louis de Jussey, et porte dans l'histoire de la province le nom de *combat entre Louis et Olivier*. Ces deux seigneurs rejetaient l'un sur l'autre les déprédations commises envers les bénédictins de Faverney et le prieuré de Saint-Marcel. Ils subirent l'épreuve judiciaire dans laquelle Olivier succomba.

(1) Histoire de Jonvelle.
(2) Bibl. nat<sup>le</sup>. Cartulaire de Cherlieu f. 1. Fonds latin 10973.

Sur les bords gracieux de l'Ognon, à Acey, s'élevait vers la même époque, en 1128, une abbaye célèbre. Elle subsiste encore aujourd'hui et est occupée par des religieux de la Trappe, qui, n'ayant plus la liberté de se réunir pour y prier Dieu, l'ont convertie en un établissement agricole (1). Sa belle basilique, mélange du gothique et du roman, est en ruines, mais ce qui en reste pourrait encore servir de modèle aux architectes et de but d'excursion pour les archéologues.

Un grave événement vint vers ce temps affliger la chrétienté. A la mort du Pape Honorius II, en 1130, Pierre de Léon, juif d'origine et ancien moine de Cluny, se fit élire sous le nom d'Anaclet II, concurremment avec le Pape Innocent II, grâce à sa fortune et au crédit de sa famille. A sa mort (1138) ses partisans lui donnèrent comme successeur le cardinal Grégoire, qui prit le titre de Victor IV (2), sous la protection de Frédéric Barberousse, duc d'Alsace et de Souabe, neveu de l'empereur Conrad III, auquel il succéda sur le trône impérial en 1152. Converti par Saint-Bernard, Victor IV quitta bientôt le siège usurpé après avoir demandé pardon à Innocent II, pape légitime. Avant la fin de 1139 le schisme de Victor IV était terminé, mais il avait profondément divisé l'église. Les abbés de Citeaux et de Cluny l'avaient reconnu pour leur chef; l'abbé d'Acey ayant suivi leur exemple fut chassé de son couvent et les religieux dispersés. Les seigneurs du voisinage profitèrent de cette circonstance pour se partager les riches domaines de cette florissante abbaye.

Nous touchons aux dernières années de la vie de Guillaume I$^{er}$. Le nom de son épouse nous est resté inconnu, mais ceux de ses fils, Guy et Ponce, figurent à côté de celui de leur père dans des donations

---

(1) Les trappistes d'Acey rendent dans le pays des services très appréciés et leurs produits, les semences notamment, sont recherchés par les cultivateurs du voisinage.

(2) ROUGEBIEF, p. 202, dit Victor III.

importantes. En 1150, Guillaume et ses fils donnèrent à l'abbaye de Cherlieu, pour le posséder en toute sécurité, ce qui faisait entre eux l'objet d'une contestation, savoir : un meix et un pré à Oigney, la grange de Minières, un moulin avec droits d'usage et de parcours à travers toute la terre d'Oigney, les bois et les forêts, un champ à Durevillers, et en outre tous les privilèges et toutes les donations contenues dans les chartes de l'abbaye. De son côté, l'abbé de Cherlieu promit de ne rien réclamer au seigneur de Pesmes de ce que celui-ci avait enlevé aux pauvres de Cherlieu, sauf le cas où ledit seigneur lui ferait la guerre. Guillaume et ses deux fils jurèrent en assemblée générale d'observer fidèlement les conditions de cet accord.

Guillaume est également mentionné dans le cartulaire de l'abbaye de Corneux. Seigneur de terres à Battrans, il consentit à ce que Suèves de Battrans, ainsi que sa femme qui se retirait dans un couvent, donnassent un meix à cette abbaye ; il approuva cette donation, ainsi que Guy, son fils et Ponce, archidiacre, avec Burinus, son neveu, et un chevalier de Pesmes, nommé Hugues.

Des deux fils de Guillaume, l'un, Guy, lui succéda, et le second, Ponce, embrassa la vie religieuse, devint chanoine et archidiacre de l'église Saint-Étienne de Besançon. Il donna à Bard-lez-Pesmes une pièce de terre et un meix à la Résie pour la fondation d'une messe anniversaire à Saint-Étienne de Besançon pour le repos de son âme. Cette messe était célébrée le 27 août.

## III

## GUY (1150-1169)

*Dons aux abbayes. — Frédéric Barberousse à Broye — Les enfants de Guy*

Les premiers seigneurs de Pesmes ne sont guère connus que par les nombreux dons qu'ils firent aux couvents. Les deux fils de Guillaume I$^{er}$, que déjà celui-ci avait associés à ses œuvres pieuses, suivirent les exemples de leur père (1). En 1151, Guy de Pesmes donna à l'abbaye de Corneux tout ce qu'il possédait à Valay et pour faciliter le recrutement des religieux, il donna en 1157, aux frères de Cherlieu la permission de garder dans leur communauté tous ceux de ses hommes qui voudraient s'y rendre, sans qu'on put les inquiéter à ce sujet.

D'autres donations s'ajoutèrent à celles des sires de Pesmes et, en 1153, Humbert, archevêque de Besançon, confirma celles que firent en faveur de l'abbaye de Corneux Étienne Vuiar et Payen, frères germains, du consentement de leur mère et de leur sœur, en présence de Ponce, clerc de Gray, et de Vincent de Pesmes, des dîmes que ces deux frères réclamaient sur le territoire de Valay.

Guy de Pesmes eut l'honneur de voir sa haute baronnie visitée par l'empereur Frédéric Barberousse qui, en 1156, avait épousé Béatrix, unique héritière du comte de Bourgogne. L'empereur fixa sa résidence à Dole, où il fit construire un superbe palais. Les jeux, les fêtes, les tournois s'y succédaient pendant la paix sans interruption. Il y attira Cupelin et Hue de Broye-Selves (Broye-lez-Pesmes), deux trouvères renommés à la Cour de France, qui chantaient en s'accompagnant de la lyre. Vers 1157, Frédéric

---

(1) E. Perchet. Le Culte a Pesmes. Pièces justificatives vii.

tint une cour solennelle et plénière sur les bords de l'Ognon et vint avec son trouvère Hue à Broye, où il se livra à des jeux et à des danses (1).

Guy de Pesmes avait épousé une femme nommée Algaïe, dont il eut cinq enfants :

1° Guillaume, qui lui succéda ;

2° Guy, qui fut la tige de la branche de Rupt ;

3° Hugues, seigneur de Bougey, qui fit don à l'abbaye de Cherlieu de quelques propriétés situées à Saint-Marcel. Cette donation fut ratifiée par Guy de Pesmes, seigneur de Rupt, en 1208 (2).

4° Ponce ou Poinçard, chanoine et archidiacre de Besançon (3) ;

5° Bonnefemme, qui épousa Guy de Montmirey, chevalier, fils d'Audon, sire de Montmirey. Guy de Montmirey accorda, en 1203, aux religieux d'Acey l'usage et le pâturage dans les bois de Voufflanges et le pâturage sur le finage de Taxenne et dans la chastellenie d'Estrabonne. Il fit approuver cette donation par Bonnefemme de Pesmes, son épouse, et ses fils Guy, Othon, Audon et Étienne (4).

(1) De Broye-Selve, vers Oignon
I vint Hue à cele cort
L'empereres le tint molcort
Que li aproist une dance
Que firent pucelles de France
A l'ormel devant Tremilly
Où l'on a meint bon plat basti
C'est vers de belle Marguerite
Qué ci hel se paie et acquitte
De la chansonnette nouvelle ;
Celle d'oiseri
Ne met en oubli
Que n'aille au combal.
Tant a bien enli
Que moult embelli
Le gieu sous l'ormel.
(ÉD. CLERC. t. I., p. 369).

(2) ABBÉ GUILLAUME. HISTOIRE DES SIRES DE SALINS.

(3) L'abbé Guillaume dans sa généalogie des sires de Pesmes (HISTOIRE DES SIRES DE SALINS), dit que Ponce de Pesmes était archidiacre du Barrois et qu'il est rappelé sous cette qualité dans un titre de 1188.

(4) ROUSSET. DICTIONNAIRE HISTORIQUE DU JURA, t. 4, p. 331).

## IV

## GUILLAUME II (1169-1204)

Dons aux abbayes — Restitution de biens à l'abbaye d'Acey — Les particuliers rivalisent de générosité — Croisade — Guillaume prend la croix à Citeaux — Prise de Constantinople — Passage du Salef — Mort de l'empereur — Donation à l'abbaye de Corneux d'une grange à Valay — Donation à la même abbaye par le comte de Bourgogne — Nombreux dons aux abbayes — La comtesse de Bourgogne appelle Guillaume II dans ses Conseils — Nouvelle croisade — Guy et Aymon de Pesmes prennent la croix à Citeaux — Enfants de Guillaume.

En succédant à son père, Guillaume II ratifia les donations faites par ses ancêtres au couvent de Cherlieu (1) et l'année suivante (1170), il confirma le don fait à l'abbaye d'Acey par Ponce, son oncle, d'une terre située à Bard-lez-Pesmes.

L'abbaye d'Acey, située à huit kilomètres de Pesmes, avait retrouvé sa première tranquillité après le schisme qui avait déchiré l'Église et Guillaume de Pesmes lui fit d'importantes aumônes (2). Mais si Guillaume donnait au couvent d'Acey des preuves éclatantes de sa protection et de sa générosité, son frère Guy, retenait injustement une partie des biens saisis sur l'abbaye pendant le schisme. D'autres usurpateurs : Gérard de Thervay, Lambert de Gendrey et le Chapitre de Besançon ne restituèrent à cette abbaye les biens dont ils s'étaient emparés que sur la menace d'anathème du pape Alexandre.

---

(1) E. PERCHET. LE CULTE A PESMES. Pièces justificatives VIII.
(2) Pièces justificatives IX.

Les exemples des nombreuses aumônes de la noble maison de Pesmes aux établissements religieux trouvaient des imitateurs. Autour du château de Pesmes étaient venues se grouper un grand nombre de familles nobles qui se rangeaient sous la protection du haut et puissant sire de Pesmes. Les différentes chartes qui nous sont restées de ces temps reculés, nous rappellent quelquefois les noms de ces familles depuis longtemps disparues. Le maire de Pesmes (le premier dont l'histoire fasse mention) Guy et ses frères Narduin et Hugues, donnèrent, en 1169, aux religieux de Corneux la dîme de Bay. Cette donation fut approuvée par Herbert, archevêque de Besançon, en présence de Guy de Pesmes, Hugues, clerc de Durne, Bernard chanoine, et autres. La même année, Tuvin de Pesmes, son épouse et ses enfants, ses frères Étienne, Viard et Narduin ainsi que leur mère, donnèrent à la même abbaye tout ce qu'ils possédaient au Moulin de Planches. Cette donation fut également approuvée par l'archevêque de Besançon, en présence de Gérard et Guatter, abbés d'Acey, Landri de Chantonnay et Guy son frère, et Humbert, chevalier, de Montagney. En 1188, Pierre de Noiron, (1) de l'assentiment de sa femme et de son fils Ponce, donna à l'abbaye de Corneux le quart du moulin de Noiron qu'il tenait en alleu. Étienne de Pesmes, Théobald de Gray et Maurice de Champvans furent les témoins de cette charte.

De fréquentes contestations s'élevaient entre les couvents et les seigneurs du voisinage ; grâce au sentiment religieux qui régnait alors, des transactions intervenaient toujours au profit des premiers. Du reste, il n'est pas téméraire d'admettre que les seigneurs abusaient souvent de leur puissance pour s'approprier sans droit des biens ne leur appartenant pas et qu'ils restituaient plus tard aux établissements religieux, leurs véritables propriétaires.

---

(1) Village de la Haute-Saône, canton de Gray.

L'église de Corneux avait une contestation avec Vuolo de Chaumercenne, qui retenait des terres de l'abbaye ; il consentit, en 1189, à les leur restituer, par une transaction passée devant l'archevêque Théodoric, en présence de Guillaume, seigneur de Pesmes.

Les grandes invasions qui, sous le nom de *croisades*, envahirent l'Orient, ne pouvaient laisser indifférent le haut Baron de Pesmes (1). Saladin ayant vaincu Gui de Lusignan, roi de Jérusalem, les Lieux Saints étaient retombés entre les mains des infidèles. Guillaume, archevêque de Tyr, chargé de prêcher une nouvelle croisade, se rendit à la diète de Mayence, en 1188, et fit un tableau si touchant des malheurs qui accablaient l'Orient, que tous les assistants criaient : La Croix ! La Croix ! L'empereur Frédéric Barberousse, descendant de son trône, reçut la croix des mains de l'archevêque de Tyr. Son exemple fut suivi par Philippe Auguste roi de France, par Henri II roi d'Angleterre et par Léopold, duc d'Autriche. L'archevêque de Besançon fit retentir à son tour dans le comté de Bourgogne le récit des maux qui affligeaient les chrétiens de la Palestine et communiqua son enthousiasme au comte Étienne de Bourgogne ainsi qu'à plusieurs gentilshommes du pays, parmi lesquels l'histoire nous montre Guillaume de Pesmes, qui prit la croix à Citeaux avec Gaucher IV de Salins, Gilbert II de Faucogney, Ponce de Cuiseaux, Hugues de Saint-Quentin, Henri de la rue Portune, Hugues de Malans.

Frédéric Barberousse avait donné rendez-vous à Haguenau à ses vaillants chevaliers de Bourgogne ; ceux-ci se rendirent au lieu qui leur était assigné dès les premiers jours d'avril 1189. Avant de partir de Haguenau, l'empereur fonda à l'église Saint-Étienne de Besançon un anniversaire pour son épouse Béatrix et ses ancêtres les comtes de Bourgogne. A cet effet, il donna à ladite église

(2) E. Perchet. Le Culte a Pesmes, p. 359.

et à ses desservants, la terre de Villeneuve et ses dépendances. Comme témoins de cet engagement il appela Guillaume, seigneur de Pesmes, Thierry, archevêque de Besançon, le comte Louis de Laverde, Sislebert, vicomte de Vesoul, et plusieurs autres. Un mois plus tard, la petite armée comtoise était réunie aux troupes impériales, fortes de 150.000 hommes, et s'embarquait à Ratisbonne sur le Danube. Cette armée formidable força Isaac l'Ange, empereur de Constantinople, à lui livrer passage, prit d'assaut la ville de Konieh, passa le Salef, où se noya l'empereur. Son fils, le duc de Souabe, prit le commandement des troupes. Mais bientôt la discorde ayant éclaté parmi les croisés, Philippe-Auguste revint en France, et Guillaume de Pesmes rentra dans sa seigneurie, où il était en 1192, époque à laquelle il fut témoin avec Gervais, abbé de Corneux, Herbert, chanoine, Fromond de Trimolay, Ode, seigneur d'Apremont et plusieurs autres, d'une charte par laquelle Othe, comte palatin de Bourgogne (1), plaça Saint-Broin sous la sauvegarde de toute la Bourgogne.

En partant pour la Terre-Sainte, Guillaume avait institué pour régente de sa baronnie et de ses domaines Damette, sa femme qui, en 1190, pendant l'absence de son mari, donna à l'abbaye de Corneux un pré près de Bay, en exécution de la promesse qu'elle en avait faite au château de Ponce de Cul, son petit-fils, sans doute afin d'obtenir des prières pour la conservation de son époux. Les témoins de cette donation, qui fut confirmée par l'archevêque de Besançon, étaient Ode de Malans et Gui, clerc de Pesmes.

L'établissement des prémontrés de Corneux prenait une extension et une puissance considérables. Nous avons

---

(1) Othe, quatrième fils de Frédéric Barberousse, reçut le comté de Bourgogne dans la succession de sa mère. Il ajouta à son titre celui de *palatin* parce qu'il était né dans le palais impérial.
En 1190, âgé alors d'environ 25 ans et ayant toujours habité l'Allemagne, Othe se fit représenter en Bourgogne par un bailli, qui portait le titre de *Bailli de Bourgogne*. Le comté de Bourgogne ne formait alors qu'un bailliage. (Ed. Clerc. Essai T. I. p 381-382).

vu précédemment les nombreuses donations faites à son profit par différentes personnes. Ces pieuses aumônes se continuèrent et, en 1197, Étienne, archevêque de Besançon, confirma le don fait à l'église de Corneux par Tulio, prêtre de Valay, et Jean, son frère, de ce qu'ils possédaient dans une grange de Valay que les religieux revendiquaient, et d'une livre de cire que les donateurs tenaient en cens de l'église de Saint-Pierre. Cette donation eut lieu en présence de Ponce de Pesmes, chevalier, et de plusieurs autres. En 1200, Lambert, doyen de Pesmes, fut témoin d'une aumône faite à la même abbaye par Hugues de Glémeth, chevalier, du consentement de Marie, son épouse, de tout ce qu'il possédait au Moulin de Planches et d'un champ à Valay, et d'une autre donation faite au même couvent de tout ce qu'avaient ou réclamaient au Moulin de Planches Gui de Chaumercenne, Humbert, son frère, Rosette, son épouse, et Hugues son fils.

Le comte de Bourgogne lui-même, Othe, fit acte de générosité au profit de Corneux. Du consentement de Marguerite, sa femme, il donna à cette abbaye, l'an 1200, le droit d'usage et de passage en toute la chatellenie de Gray et la moitié des terres de Velesmes que Pierre Mercie tenait en fief du comte Conrad. Cette donation eut lieu à Besançon et eut pour témoins Guillaume de Pesmes et Guy, son fils.

Ces dons qui affluaient de toutes parts à l'abbaye de Corneux ne faisaient pas oublier les autres couvents, auxquels on faisait aussi de grandes largesses. En l'an 1200, Arduin de Champagney et Arduin de Pesmes firent donation à l'abbaye d'Acey de la *manse* (1) de Constance, de celle de Dominique de Colombier et d'une autre manse audit lieu ; Barthélemy de Chaumercenne donna la manse

---

(1) *Manse*, étendue de terrain qu'une charrue attelée de deux bœufs pouvait cultiver en un jour.

d'Humbert Bouchet audit. Colombier. L'année suivante (1201), Marguerite, comtesse de Bourgogne, alors veuve d'Othe, donna dix livres de rente à l'abbaye de Citeaux, en présence de Guillaume de Pesmes et de Odon d'Apremont. Le 3 mai 1201, jour de l'Ascension, Lambert, doyen du doyenné de Pesmes, rédigea les lettres constatant le don fait par Gui, chevalier de Glemeth, et Hugues, son fils, à l'abbaye d'Acey, des dîmes qu'ils percevaient à Sermange (1), pour le repos de l'âme de Gui, fils dudit chevalier de Glemeth, enterré à Acey. Cette donation, faite avec l'assentiment de Ode, fils du décédé, eut pour témoins Girard de Thervay et plusieurs autres (2). Mais le seigneur de Pesmes se distinguait surtout par sa magnificence envers l'église d'Acey, à laquelle il fit, en 1204, peu de temps avant sa mort, une aumône de quatre bichets, moitié froment et moitié avoine, à prendre sur le cens de sa terre de *Batonvillers*. Cette nouvelle générosité de Guillaume fut approuvée par Damette, sa femme, Erengarde, femme du seigneur Guy son fils, Bénédicte et Clémence, ses filles, le seigneur Haymon et Guillaume, ses fils.

Le seigneur de Pesmes, témoin dans la plupart des actes importants du comte de Bourgogne, était le compagnon ou le favori de ce prince. Rien ne fait mieux connaître sa puissance et son crédit que cette assiduité auprès de son souverain. Après la mort du comte, la comtesse de Bourgogne elle-même appela Guillaume de Pesmes dans ses conseils, et lorsqu'en l'an 1200, à Dole, elle confirma la donation faite à l'église Saint-Étienne de Besançon par Othe, comte palatin, de la justice de Traitefontaine et du moulin de Chissey, le sire de Pesmes fut témoin de cette ratification avec Amédée, archevêque de Besançon, et plusieurs autres.

---

(1) Village du Jura, dans le canton de Gendrey.
(2) Pièces justificatives X.

La haute considération dont jouissait le seigneur de Pesmes et son esprit chevaleresque le firent rechercher comme arbitre dans les différends qui s'élevaient entre les gentilshommes ses contemporains. Les chanoines de Saint-Paul réclamaient, en 1195, à Humbert de Rougemont une hoirie à Beaumotte, dont il s'était emparé ; cette contestation fut soumise au jugement de deux arbitres : un légat en Bourgogne et Guillaume, seigneur de Pesmes, qui condamnèrent Humbert de Rougemont à restituer aux chanoines l'hoirie litigieuse et à les indemniser des pertes qu'il leur avait causées.

Jérusalem était resté au pouvoir des Musulmans. Sur l'invitation du pape Innocent III, qui fit prêcher une nouvelle croisade, Foulques, curé de Neuilly, se présenta, en Champagne, au milieu d'un tournoi où se trouvaient réunis les plus grands seigneurs de France, qu'il enflamma d'un beau zèle pour la guerre sainte. Thiébaut III, comte de Champagne, frère du dernier roi de Jérusalem, Louis, comte de Blois et de Chartres et beaucoup d'autres seigneurs prirent la croix ; Baudouin IX, comte de Flandre, Boniface, marquis de Montferrat, Simon de Montfort, se joignirent à eux. Les chevaliers comtois suivirent cet exemple et prirent la croix. On voyait parmi eux : Otte de Vergy, seigneur de Champlitte, Guillaume et Étienne de Vergy ; Gauthier, sire de Montfaucon, frère du comte de Montbéliard, qui épousa Bourgogne de Lusignan, fille d'Amaury, roi de Chypre, et devint connétable de Jérusalem ; *Guy et Aymon de Pesmes, frères*, qui prirent la croix au chapitre tenu à Citeaux le 14 novembre 1201 ; Odet et Renauld de Dampierre ; Henri d'Argilières ; Richard et Guy de Dampierre, frères ; Othon et Guillaume de la Roche-sur-l'Ognon (le premier conquit les duchés de Thèbes et d'Athènes, le second fut prince d'Achaïe) ; Otton de Cicon, devenu prince de Caritène en Achaïe ; Aymon de Dampierre ; Eudes et Guillaume de Champlitte, fils d'Odon de Champagne ; Luthold de Rœtteln, évêque de Bâle ; Hugues de Cossonay (1).

Le maréchal de Villehardhoin faisait partie de cette expédition, dont il fut l'historien. Mais la croisade fut détournée de son but ; au lieu d'aller conquérir Jérusalem, les croisés firent la guerre aux chrétiens d'Orient et s'emparèrent de Constantinople, qu'ils saccagèrent et pillèrent. L'expédition contre Constantinople avait excité bien des mécontentements parmi les chefs de l'armée, et au nombre des mécontents se trouvaient les Comtois. Je vous nommerai, dit Villehardhoin, une partie des *plus maitre chevretaine :* « De tels fut li uns Odet-le-Champenois de « Champlitte, *Guy de Pesmes et Haimes son frère*, « Richart de Dampierre et Odet son frère » (2).

Les deux fils du seigneur de Pesmes qui, au témoignage de l'historien Villehardhoin, allaient de pair avec les plus grands seigneurs de l'armée chrétienne, continuèrent vraisemblablement leur route pour la Terre-Sainte, après l'élévation de Baudouin, comte de Flandre, sur le trône impérial de Constantinople. Ils revinrent au comté de Bourgogne à la mort de leur père, qui, de son mariage avec Damette, laissa six enfants :

1° Aymon, qui lui succéda ;

2° Guy, qui fut seigneur de Rupt. Il est désigné dans les chartes de l'époque sous le nom de Guy de Pesmes, sire de Rupt ;

3° Guillaume, chanoine de Besançon ;

4° Henri, dont on ignore la destinée ;

5° Bénédicte (Benoite) ;

6° Clémence.

---

(1) Goll. Coll. 504-1837 — Cossonay, chef-lieu de district du canton de Vaud.
(2) Ed. Clerc. Essai. T. 1. p. 391 et suiv.

V

## AYMON (1204-1220)

L'abbaye d'Acey — La forêt de Vaudenay — Le bac de Montagney — Aymon est témoin dans plusieurs actes importants — Guerre entre le duc de Méranie et le comte Étienne — Le duc de Bourgogne étend ses possessions dans le Comté — Château de Balançon — Les enfants d'Aymon.

Dans le partage de la succession paternelle, Aymon reçut la seigneurie de Pesmes, qui lui échut comme étant l'aîné des enfants, mais longtemps avant la mort de son père il prenait le titre de seigneur de Pesmes, car c'est ainsi qu'il est qualifié dans la donation qu'il fit à l'abbaye d'Acey en 1182. Il continua les traditions de sa famille en faisant aux établissements religieux de riches aumônes, auxquelles il associait ses enfants (1).

Les croisades avaient rendu plus illustres encore les sires de Pesmes, qui conservaient l'honneur de siéger aux côtés des comtes de Bourgogne et de les assister dans l'administration du comté. C'est en présence d'Aymon de Pesmes, de Richard, comte de Montbéliard, d'Odon, seigneur d'Apremont, et de Pierre d'Arguel que Hugues, sire de Rougemont, fit en l'an 1211, au comte Étienne de Bourgogne un aveu de fief pour Noidans et Servigney. Le seigneur de Pesmes était également présent à la sentence arbitrale rendue en 1214, attribuant définitivement au couvent d'Acey la forêt de Vaudenay dans laquelle les habitants de Vitreux prétendaient avoir un droit d'usage (2).

(1) E. Perchet. Le Culte a Pesmes, p. 361.
(2) Inventaire d'Acey.

Le sire de Pesmes eut lui-même un différend avec l'église d'Acey. A cette époque où les chemins étaient impraticables et où les cours d'eau servaient au transport des marchandises qui alimentaient un semblant de commerce, un port avait été créé sur l'Ognon à Montagney, et un bac y avait été établi. C'était une source assez importante de revenus et ce bac excitait les convoitises des seigneurs du voisinage. Le couvent d'Acey prétendait en être le maître, tandis que le chevalier de Moustier, Humbert, Aymon, Elisabeth, femme de Simon leur frère, et Aymon, sire de Pesmes, le revendiquaient à leur profit. Le duc de Méranie, Othon, comte de Bourgogne Palatin, choisi comme arbitre, par une sentence rendue en 1212, attribua le *bacq* du port de Montagney à l'abbaye d'Acey.

Le duc ne se borna pas à se montrer favorable aux prétentions de l'église d'Acey : il voulut encore contribuer personnellement à enrichir cette abbaye déjà si florissante. Au mois de mai 1213, il lui fit don, avec la duchesse Béatrix, sa femme, de cent sols de rente à prendre annuellement sur l'éminage (1) de Dole. Cette charte importante eut pour témoin Aymon, seigneur de Pesmes, (2) qui fut en outre témoin la même année, le 6 des calendes de juin, avec le doyen de Saint-Étienne de Besançon, le prieur d'Arbois, le seigneur de Choiseul, le seigneur de Bourgogne, le seigneur de Monnet et plusieurs autres du don fait par le duc Othon, du consentement de sa femme, à l'église Saint-Jean l'évangéliste de Besançon (3) pour le remède de son âme, de tout ce qu'il possédait à sa villa de Guigneville, de Voltam et de Bolat, pour en jouir paisiblement à l'avenir.

Le duc de Méranie avait dans le comté un ennemi puissant, Étienne, chef de la branche cadette de Bourgogne,

---

(1) Le droit d'éminage était une redevance payée au seigneur sur chaque émine de grains vendue.
(2) Inventaire d'Acey.
(3) La cathédrale de Saint-Jean fut consacrée le 5 mai 1148. (Ed. Clerc, Essai T. 1 p. 350.

CHATEAU DE BALANÇON
(Les ruines en 1895)

qui portait aussi le titre de comte de Bourgogne, et qui, sur la fin du xii° siècle, avait fait hommage au duc de son château et de sa ville d'Auxonne, lui ouvrant ainsi la frontière du comté. La guerre éclata bientôt entre le comte Étienne, soutenu par le duc de Bourgogne et le duc de Méranie, son souverain. Elle ne fut pas favorable à Othon, qui dut subir de dures conditions de la part de son vainqueur. Celui-ci profita de sa prépondérance dans le comté pour y construire de nombreux châteaux forts, et on croit généralement que c'est à cette occasion que fut édifié le château fort de Balançon, dont le nom apparaît pour la première fois en 1217. Les seigneurs de Pesmes en furent les premiers suzerains. En 1320, Jean de Neublans, sire de Rye, fit hommage au sire de Pesmes de Thervay et du château neuf de Balançon, avec déclaration que Thervay, La Tour, l'ancienne fermeté de ce lieu et le château neuf de Balançon sont du fief du seigneur de Pesmes (1).

De son mariage avec Marguerite, Aymon eut six enfants :

1° Guillaume, qui lui succéda ;

2° Aymon, chanoine, coseigneur de Pesmes en 1230 ;

3° Girard, qui partit pour la Terre-Sainte en 1240. Les chrétiens ayant été vaincus à Gaza (1244), Girard paraît avoir perdu la vie dans la bataille, car à partir de cette époque l'histoire ne mentionne plus son nom. Il laissa un fils, Poinçard, qui, en 1257, céda à Guillaume de Montmorot ses droits dans la ville de Besançon (2). Nous ne connaissons pas la descendance de Poinçard. Cependant, le 27 décembre 1297, mourut Hugues de Pesmes, qui fut inhumé à N.-D. de Balerne, et dont voici l'épitaphe : HIC JACET DOMINUS HUGO DE PESMA MILES ANIMA EJUS PER MISERICORDIAM DEI REQUIESCAT IN PACE. AMEN. OBIIT

---

(1) Ed. Clerc, Essai T. ii p. 28.
(2) Pièces justificatives, xi.

ANNO D. M. CC. XCVII. VI KL JANUARII. HUNC LAPIDEM FECIT FIERI HAYMO FILIUS EJUS.

Écu : une bande vivrée accompagnée de 10 croisettes pommelées au pied fiché 3 et 2 en chef et 5 en pointe (mises en bande).

Nous pensons que Hugues de Pesmes dont il s'agit, est le fils de Poinçard et le petit-fils de Girard, peut-être le frère de Poinçard, puisque son fils Aymé est déjà chanoine en 1283, époque à laquelle il fit don à l'abbaye d'Accy de diverses propriétés. (E. Perchet. *Le Culte à Pesmes*, p. 366.

4° Ponce, seigneur de Montrambert ;
5° Damette ;
6° Guillemette.

## VI

## GUILLAUME III (1220-1248)

Nouvelle guerre entre le duc de Méranie et le comte Étienne — Le sire de Pesmes suit la bannière du Duc — Traité de Bèze — Le duc de Bourgogne étend ses possessions jusqu'aux portes de Pesmes — Le comte de Champagne — Guillaume exécuteur testamentaire du duc de Méranie — Foi et hommage à l'abbé de Corneux — Enfants de Guillaume.

La paix était plus apparente que réelle entre le comte Étienne et le comte palatin. Le premier profita de la trêve pour préparer dans l'ombre une nouvelle guerre. La maison de Châlons possédait le comté d'Auxonne ; le duc de Bourgogne avait acquis, en 1224, de Marguerite, épouse du sire de Brancion, la baronnie de Salins, et devint ainsi maître au centre du comté d'une terre vaste et indépendante. Pendant que son adversaire se préparait à la lutte, le duc de Méranie était en Allemagne et semblait abandonner son comté de Bourgogne. Lorsque le comte Étienne se crut assez fort pour vaincre son ennemi, il lui refusa l'hommage de ses châteaux d'Oiselet et de Rochefort. Ce fut le signal de la guerre, qui éclata au mois de décembre 1225. Dans les rangs du comte Étienne marchaient les barons du midi de la province : Simon de Joinville, sire de Marnay ; Josserand de Brancion ; Guy de Roche ; Hugues de Fontvent ; la noblesse du Mâconnais, et surtout le duc de Bourgogne. Le sire de Pesmes, Guillaume III, n'eût pas d'hésitation ; il se rangea sous la bannière de son souverain légitime, le comte palatin, dont la défaite cependant paraissait certaine. Avec lui on voyait dans l'armée d'Othon : Thibaut de Neuchatel, Hugues de Beaujeu et autres. Othon, qui n'avait pris aucune précaution contre cette guerre civile, appela à son secours Hugues, comte de Bar ; celui-ci accourut avec ses Lorrains et se fit battre par Jean de Châlons et Henri de Vienne dès les premiers jours de la campagne. Privé de ce secours, Othon appela Thibaut, comte de Champagne. La guerre avec toutes ses horreurs traîna en longueur ; Étienne perdit cinq de ses forteresses et sollicita la paix, dont il subit les rigoureuses conditions. Le traité de paix fut signé à Bèze le 12 juin 1227.

Cette guerre malheureuse ne profita qu'au duc de Bourgogne, qui s'affermit dans ses possessions du comté et les étendit sensiblement. Broye-lez-Pesmes releva alors de sa suzeraineté et en novembre 1235, Guillaume III déclara tenir en fief Broye-Legnonas du duc de Bourgogne, dont il se reconnut l'homme lige. Le même jour, Perrin de Pesmes reprenait du duc tout ce qu'il possédait en fief à cause de Perrenote, sa femme, fille de feu Villemin de Germigney, consistant en une maison et appartenances dite la Grange de Germigney et un four à Auxonne.

Cette lutte fratricide avait amené la ruine des belligérants. Pour se libérer envers Thibaut, comte de Champagne, le comte Othon et Béatrix, sa femme, lui abandonnèrent la jouissance de tout le comté de Bourgogne, à l'exception de Poligny et de Vesoul confiés à deux chevaliers comtois, moyennant le versement de 15.000 liv. estevenantes (1), dont le comte de Champagne devait se rembourser par la perception des revenus du comté de Bourgogne ; cette province ne devait être rendue au comte palatin qu'après entière libération. Le traité, daté du 8 novembre 1227, fut placé sous la garantie de quatre fidéjusseurs :

---

(1) ED. CLERC. ESSAI, t. I, p. 415 et suiv.

Richard de Chayet, Guillaume de Pesmes, Jacques de Durne et Gérard de Chatenay.

En souvenir du dévouement du sire de Pesmes pour sa personne, le duc de Méranie lui prodigua des marques nombreuses de son estime et de son affection. Sentant sa fin approcher, il fit un nouvel appel à l'amitié et au patriotisme de son fidèle Guillaume de Pesmes, et par son testament en date à Niesten en empire, du 17 des calendes de juillet 1248, il le nomma un de ses exécuteurs testamentaires et mourut le 19 juin de la même année.

Au milieu des malheurs qui désolaient le pays, peut-être pour en demander à Dieu la cessation, on continuait à enrichir les abbayes. De nombreuses aumônes leur étaient faites par les seigneurs pour le remède de leurs âmes et de celles de leurs prédécesseurs. Les couvents devinrent bientôt de florissantes colonies (1).

Nous avons vu Guy, sire de Pesmes, donner en 1151, à l'église de Corneux, tout ce qu'il possédait à Valay puis, en 1153, les dîmes de la cure du même lieu et une grange dont il réclamait la possession. A partir de cette époque, les seigneurs de Pesmes tenaient Valay en fief et devaient en cette qualité hommage à l'abbé de Corneux. C'est ce que Guillaume III reconnut formellement en 1232, s'engageant, ainsi que ses successeurs, à renouveler cet hommage à chaque changement de l'abbé.

Dans ces temps éloignés où le droit et la justice étaient subordonnés à la force, on assurait l'authenticité et l'exécution des conventions en y faisant apposer le sceau d'un personnage puissant. Fréquemment on recourait au sire de Pesmes dont l'autorité, égalait celle des plus grands seigneurs du Comté. Lorsqu'il avait apposé son sceau à un contrat, personne ne se serait permis d'en enfreindre

---

(1) E. Perchet, Le Culte a Pesmes p. 361 et suiv. Pièces justificatives xii, xiii et xiv.

les conditions. Une transaction étant intervenue au mois d'avril 1240, entre les frères Girard et Hugues et Guillaume de Bresilley, elle fut approuvée par l'abbé d'Acey, leur suzerain, et à la prière des parties contractantes, revêtue du sceau de Guillaume, seigneur de Pesmes (1).

Guillaume III ne survécut que peu de temps au comte Othon et laissa de son mariage avec Élisabeth deux enfants :

1° Guillaume, qui lui succéda ;

2° Poinsard, seigneur de Valay, qui épousa Alix, dont il n'eut pas d'enfants.

---

(1) Pièces justificatives xv.

## VII

## GUILLAUME IV (1248-1275)

Servitudes imposées au peuple — Reprises de fiefs — Testament d'Aymon de Chantonnay — Dons à l'abbaye d'Acey — Transaction avec l'abbaye de Cherlieu — Enfants de Guillaume IV.

La guerre civile avait armé les seigneurs les uns contre les autres ; les luttes intestines se continuèrent entre eux après le traité de Bèze et le peuple en subit les tristes conséquences. Obligé de suivre son seigneur dans les osts et chevauchées, il était encore assujetti aux gîtes, passages, logements, ports de lettres, chauffage et autres servitudes. La puissance des sires de Pesmes, qui étaient chevaliers bannerets (1), dépendait du nombre et de l'intrépidité de leurs soldats ; ils acquéraient à prix d'or les sujets qui voulaient combattre sous leurs ordres. Le 23 juin 1255, en présence de Hugues, comte palatin de Bourgogne, et de Alix, comtesse palatine, sa femme, Guillaume, seigneur de Pesmes, du consentement de Damette, sa femme, reçut Robert de Champagney, et Simon, son fils, et leurs hoirs *homes de mains*. Comme compensation, Guillaume et sa femme donnèrent à Robert et à son fils et leurs hoirs issus de leurs corps le fief qu'ils tenaient desdits seigneur et dame en la terre de Pesmes, sous la condition que ni Robert ni Simon ne consentiraient à ce qu'un autre les prit en son pouvoir. Cette convention fut consa-

---

(1) On appelait chevalier banneret le chevalier qui avait le droit de lever la bannière sous laquelle devaient se ranger tous les hommes dont il était le suzerain.

crée par une charte datée du dimanche après la fête de Saint Jean-Baptiste en l'an 1255, constatant que le comte palatin et la comtesse sa femme, prirent l'engagement de la faire respecter (1).

La baronnie de Pesmes relevait du comte palatin de Bourgogne, et à son avènement chaque seigneur de Pesmes devait rendre foi et hommage à son suzerain. Mais les sires de Pesmes avaient de nombreuses possessions en dehors du comté, relevant de la suzeraineté d'autres seigneurs dont ils reprenaient de fief. La plupart de ces reprises, dont on dressait un acte authentique, ne sont pas arrivées jusqu'à nous ; de loin en loin nos archives nous en fournissent quelques exemples. Une charte du mois de janvier 1258 contient la déclaration faite par Guillaume, sire de Pesmes, qu'il tient en fief de noble baron Jean de Chalons, comte de Bourgogne et seigneur de Salins, quarante livrées de terre (2) qu'il en avait reçues en son pays de Salins, ainsi que le fief de Lambert de Fontanelle avec ses dépendances, la maison d'Autoreille appartenant à l'hôpital de Jérusalem et la garde desdits lieux.

Ces actes de soumission donnaient lieu quelquefois à des difficultés et le vassal ne s'y soumettait qu'avec une certaine réticence. Guillaume IV, que cette formalité féodale paraissait humilier, avait eu, comme héritier de son oncle Ponce ou Poinçard, le château et la terre de Montrambert et il ne s'empressait pas d'en faire hommage au comte palatin. Celui-ci, qui désirait ne pas se brouiller avec son puissant sujet, lui versa, en novembre 1260, une somme de trois cents livres estevenantes pour prix de sa soumission. Cependant, vers cette époque, le seigneur de

---

(1) Pièces justificatives XVI
(2) Livre ou livrée, quantité de terre nécessaire pour produire une livre de revenu.

Pesmes et Jean, fils d'Étienne, autrefois *dapiferi* (1), se reconnurent hommes liges de l'archevêque pour ce qu'ils tenaient à Besançon, où Guillaume iv possédait en particulier une maison qu'il vendit avec toutes ses dépendances, par acte passé le jeudi après l'octave de l'Annonciation de la Sainte Vierge, en 1263, moyennant cent soixante livres estevenantes, au vénérable père Guillaume, archevêque de Besançon, auquel le vendeur garantit la libre possession de cet immeuble (2).

Mais si le seigneur de Pesmes avait des devoirs de soumission et de respect à remplir envers le comte de Bourgogne, il recevait personnellement les mêmes hommages de ses vassaux. Aucune concession, aucune transmission de droits ne pouvaient s'effectuer dans le ressort de sa vaste baronnie sans son autorisation. Lorsque, le 1ᵉʳ novembre 1261, Humbert, curé de Champagney, et son frère Gui, dit Sorgniez, cédèrent à l'église de Sainte-Marie-Madeleine de Besançon les dîmes qu'ils avaient acquises sur Champagney, ils firent approuver cette donation par Guillaume, sire de Pesmes, qui y apposa son sceau (3). Précédemment, au mois de mai 1257, il avait garanti par l'apposition de son sceau, la vente faite par Donzey de Champagney à Vienot dit Soïgne du même lieu, pour huit livres estevenantes, les dîmes que le seigneur de Pesmes possédait à Champagney, à Dammartin, à Mutigney et à Chassey, et qu'il avait préalablement cédées à Donzey en échange d'une partie du moulin et de l'étang de Champagney (4).

---

(1) Porte-bannière quand le peuple allait en guerre (Académie de Besançon, Documents inédits, t. iii, p. 347).
(2) Pièces justificatives xvii. Simon, doyen de Gray, par ses lettres datées du jour de la Nativité de Saint Jean-Baptiste 1257, fit connaître que Jean, fils de feu seigneur Aymon de Pesmes, chevalier, du consentement de sa mère, vendit au vénérable père Guillaume, archevêque de Besançon, la moitié de la seizième partie des grosses, le quart du blé et du vin de tout le finage de Gy, pour dix livres estevenantes, et un bichet de froment.
(3) Pièces justificatives xviii.
(4) Pièces justificatives xix.

Souvent les seigneurs reprenaient de fief les uns des autres. Lorsque au mois d'avril 1284, Jean de Vienne, écuyer, se soumit au comte d'Auxerre, seigneur de Rochefort, pour les torts qu'il avait eus envers lui, il lui fit don de plusieurs fiefs, et notamment de ceux que les sires de Fouvent, de Pesmes et de Chaussin tenaient de lui. Au mois de novembre 1293, Simonin de Montmirey, écuyer, déclara qu'il était homme lige de Jean de Chalon, sire d'Arlay, et qu'il devait entretenir un cheval de la valeur de 50 livres pour le servir contre toutes personnes, à l'exception des seigneurs de Chaussin, de Pesmes, de Marnay et des héritiers de Guillaume de Bran. Quelques années plus tard, l'an 1300, Simon de Montmirey, damoiseau, reprit en fief de Jean de Chalon Auxerre, seigneur de Rochefort, son domaine de Chamole, sauf la fidélité envers Jean de Chalon Arlay, Pierre de Joinville, seigneur de Marnay, et le sire de Pesmes.

La seigneurie de Pesmes s'était divisée entre plusieurs enfants ; chaque membre de cette famille reconnaissait le sire de Pesmes comme chef de la maison et en cette qualité lui devait foi et hommage, mais il n'en reprenait pas moins de fief du comte palatin pour la part qui lui était échue. Au mois de mars 1259, Poinçard de Pesmes reconnut être devenu homme du comte Hugues et de la comtesse Alix pour son fief de Cemboin et pour ce que Othe de Rupt tenait de lui, *sauf la fidélité envers le seigneur de Pesmes, son frère*, qui mit son sceau à ladite reconnaissance (1). La même année, il reprit de fief du comte et de la comtesse Alix son fief de Cubry-lez-Soing (2).

Au moment de leur mort, tous ces grands seigneurs, qui avaient pendant leur existence fait peu de cas des biens et même de la vie de leurs semblables, se trouvaient saisis de frayeur à la pensée du jugement dernier, et

---

(1) Pièces justificatives xx.
(2) Arch. du Doubs.

croyaient apaiser la colère divine par des dons aux églises et aux monastères. Leurs testaments contiennent au profit des prêtres et des établissements religieux des dons qui reflètent leurs inquiétudes sur la vie future. Au mois de mars 1266, Guillaume, seigneur de Pesmes, fut témoin du testament d'Aymon de Chantonnay (1), qui institua pour ses héritiers son fils Gui et sa fille Agnès. Il fit ensuite de larges aumônes à diverses églises : il légua 100 livres tournois à l'église Saint-Étienne de Besançon, 100 livres à l'église Saint-Jean, 20 à l'église Saint-Paul, 20 aux moines de Saint-Vincent, 20 à l'hôpital du Saint-Esprit à Besançon, 20 à l'hôpital de Sainte-Brigitte, 20 à l'hôpital des Arènes, 100 aux frères mineurs, 100 aux frères prêcheurs, 15 à l'église de Vaux, 15 à l'église de Mageroles, 10 à l'église de Velers, 10 à l'église de Chemodens, 20 au nouvel hôpital de Marnay, 60 au curé de Chantonnay, 20 à l'église de Venère 10 pour la réparation ou construction du cloître de l'abbaye de Corneux, 20 à l'église d'Avadans, 10 à l'église de Cugney, 10 à celle de Valay, 20 à celle de Tromarey, 20 à celle de Noiron, 20 à celle de Cresancey, 20 à celle de Velesmes, 20 à la léproserie de Chantonnay ; à l'église de Chantonnay ainsi qu'à l'abbaye de Bèze un bichet de froment. Tous ces dons constituent une somme fort importante pour l'époque. Dans ce testament, auquel le seigneur de Pesmes apposa son sceau, Guillaume IV est qualifié d'illustre chevalier.

C'était à l'envi que les seigneurs multipliaient leurs dons aux abbayes et leur prodiguaient les plus riches aumônes. Au mois de juin 1274 Guillaume IV apposa son sceau à une donation faite à l'abbaye d'Acey par Étienne, fils de Pierre de Montmirey, de la troisième partie des dîmes de Malans. En février 1298, Perrin, fils de feu Gislebert de Montmirey, lui fit donation de différentes parties des dîmes, grosses et manses qui lui appartenaient

(1) Village de la Haute-Saône, canton de Gray. On écrit aujourd'hui Champtonnay.

sur le territoire de Montagney ; il reçut en « recumpensacium » de ce don quarante francs de bons estevenants et un « amenal » (émine) de blé à la mesure de Pesmes. C'est ainsi que le riche établissement d'Acey étendait sa puissance sur tout ce qui l'entourait.

Les nombreuses donations faites aux églises et aux couvents ne définissaient pas toujours d'une manière claire et précise les droits de chacun, de là les fréquentes difficultés qui s'élevaient entre les religieux et leurs donateurs et que nous avons souvent l'occasion de relater. Un procès de ce genre existait en 1270, entre Poinçard, frère du seigneur de Pesmes, Guillaume et Simon, fils de Hugues, seigneur de Résie, tous seigneurs de Bougey, chacun pour une quote part, et l'abbaye de Cherlieu, relativement aux droits que lesdits seigneurs croyaient avoir de faire paître leurs porcs et ceux de leurs hommes dans les bois du couvent à l'époque de la glandée. Une transaction amiable intervint entre les parties dans le mois de juillet 1270 : les demandeurs se désistèrent de toutes leurs prétentions à ce sujet moyennant une somme de cent soixante livres tournois ou de monnaie équivalente. Ce traité fut approuvé et ratifié par Guillaume IV et par Jean, seigneur de Fouvent, qui se désistèrent eux-mêmes en faveur de l'abbé et du couvent de Cherlieu de tout ce qu'ils pouvaient réclamer sur les bois en litige en vertu de leur droit de fief. Il fut en outre approuvé par Alix, épouse de Poinçard, Clémence, mère de Guillaume et de Simon, et Sibille, épouse de Guillaume.

De son union avec Damette, Guillaume IV eut plusieurs enfants :

1° Guillaume, mort jeune, enterré à Acey (1).

2° Hugues, qui continua la postérité ;

3° et 4° Deux filles mariées l'une dans la maison d'Arc et l'autre dans la maison de Villefrancon.

---

(1) E. PERCHET. LE CULTE A PESMES, p. 365.

## VIII

### HUGUES (1275-1301)

Otton, comte palatin — Sa soumission au roi de France — Confédération des seigneurs — Guerre civile — Les seigneurs sont vaincus — Jeanne, fille d'Otton, épouse Philippe-le-Long — Confiance du souverain en son vassal Hugues de Pesmes — Mort de Hugues — Ses enfants.

Sous le seigneur Hugues de Pesmes, le comté de Bourgogne entra dans une phase nouvelle (1). Après la mort du duc de Méranie (1248), le comté de Bourgogne échut à sa sœur Alix, épouse de Hugues de Châlons, fils de Jean de Châlons. Hugues mourut en 1266 et Otton, son fils aîné, prit le titre de sire de Salins; sa mère conserva celui de comtesse palatine et gouverna le comté. Bien que mère de douze enfants, elle épousa en secondes noces Philippe de Savoie et mourut en 1279. Son fils Otton, prit alors le titre de comte palatin et reçut en foi et hommage ses vassaux de Bourgogne. Dès l'année 1279, Renaud de Dole, chevalier, déclara avoir repris pour lui et pour ses hoirs en foi et hommage « du noble prince et puisent Othe « conte palatin de Bourgoigne et seigneur de Salins » ce qu'il a en la « ville de Brohes selon Pesmes » avec ses appendices et ses appartenances, « cest a savoir en homes, « en tailles, en censes, en terres, en bois, en aigues (eaux) en justisse et en toutes autres chosses ». Pour obtenir cette déclaration de vassalité, le comte Otton paya à

---

(1) Nous écrivons l'histoire de Pesmes et non celle du comté de Bourgogne. Des grands événements concernant cette province, nous ne mentionnerons que ceux qui intéressent la ville de Pesmes ou ses seigneurs.

Renaud cinquante livres estevenantes, dont celui-ci lui donna quittance. La charte qui en fut rédigée à Dole, en 1279, *le mescredi devant la Sompcion nostre dame*, fut revêtue du sceau de Odes de Neuchatel. Un peu plus tard en 1281, Henri de Battrans, écuyer, déclara tenir quatre meignies d'hommes en la ville de Valay.

Otton fut toujours en guerre avec ses voisins. Ses sujets allaient jusqu'en Champagne piller les villages frontières; les hommes du comte de Champagne s'en vengeaient en venant à leur tour piller et saccager les villages du comté de Bourgogne. Pour mettre fin à ces déprédations, le comte de Champagne et le comte de Bourgogne désignèrent pour arbitre Thiébaut, seigneur de Broye, et Jacques, seigneur de Baon et de la Fesche, afin de régler les indemnités dues de part et d'autre pour violation de frontières et pillage de territoire. La sentence rendue par les arbitres porte la date de 1281.

Le comte Otton n'avait eu de son mariage avec Philippine de Bar qu'une fille Alix, qu'il avait fiancée au fils aîné de Robert, duc de Bourgogne, et qui mourut avant la célébration de son mariage. Mais sans attendre la réalisation de ce projet d'union, Otton donna au duc Robert, par contrat passé à Auxonne en l'an 1281, le mercredi avant la Saint Vincent, en présence de Eudes, archevêque de Besançon, les fiefs de Brandis, de Chaussin, de Longwy, de Rochefort, de Pontailler, de Vaux, de *Pesmes*, de Fraisans et tous les fiefs et domaines qu'il possédait entre le Doubs et l'Ognon. Cette donation devenue caduque par la naissance d'un enfant issu de son second mariage, ne reçut pas son exécution. Otton épousa en effet en secondes noces (1285) Mahaut, fille de Robert, comte d'Artois et petite nièce de Saint Louis et subit alors l'influence française. Le comté de Bourgogne avait des préférences non équivoques pour l'empire; deux partis se formèrent et préparèrent les éléments d'une discorde civile. Mais à partir de cette époque les seigneurs de Pesmes se rapprochèrent de la France où la plupart occupèrent les postes les plus élevés.

De la seconde union du comte Otton naquit une fille, Jeanne. Par contrat de 1294, son père la promit en mariage à l'un des fils de Philippe-le-Bel, roi de France, et lui constitua en dot le comté de Bourgogne. En exécution de ce contrat, Otton abandonna au roi de France, par un traité du 2 mars 1295 (n. s.), pour la dot de sa fille Jeanne, son comté, sa baronnie, sa terre, ses droits, ses hommages et ses fiefs. Il s'engagea même à livrer ses enfants nés et à naître en otage au roi. Le comté de Bourgogne fut dès lors en la possession du monarque français qui, pour payer cette abdication, donna à Otton une somme pour se libérer envers ses créanciers, et lui assura, à lui et à ses enfants, une pension sur le trésor de la France. Peu de jours après, ce traité fut connu dans le comté de Bourgogne, où il excita parmi les nobles une violente indignation. Ceux-ci se réunirent à Besançon et protestèrent contre la convention du 2 mars, jurant que jamais le roi de France ne règnerait sur le comté, puis ils signèrent l'acte de fédération. La guerre civile couvrit le comté de ruines et de deuil ; l'Angleterre, alors en guerre avec la France, vint au secours des barons comtois en leur fournissant des subsides. Les confédérés étaient nombreux et puissants, mais le seigneur de Pesmes ne fit point partie de la confédération qui, en 1298, dut mettre bas les armes et traiter de la paix avec Philippe-le-Bel. Par le traité de paix du 2 mai 1301, les seigneurs comtois se soumirent à faire hommage lige au roi de France. La jeune princesse Jeanne, cause involontaire de ces graves événements, épousa à Corbeil, en janvier 1307, Philippe-le-Long et devint plus tard reine de France. On la désigne sous le nom de *la reine Jeanne*.

La loyauté du sire de Pesmes envers son souverain lui valut l'estime et l'affection du comte Otton, qui, en

en diverses circonstances, lui en donna des preuves éclatantes. Un procès s'était engagé devant le comte palatin entre Humbert, seigneur de Rougemont, [comme mari d'Agnès de Durne, d'une part, et les trois oncles de sa femme, Miles, Poinçard et Jean de Durne, d'autre part, relativement à un partage de successions. Le comte Otton prononça une sentence fixant les droits respectifs des parties et il décida en outre : « que s'il arrivait débats à
« l'occasion desdites choses, il y serait pourvu par M.
« Guillaume, seigneur de Grancey, et M. Hugues, seigneur
« de Pesmes ; qu'enfin les parties sont tenues à l'exécution
« du présent arbitrage sous la peine de 1000 livres este-
« venantes. » Les trois frères de Durne donnèrent pour caution messire Poinçard, sire de Valay, Guillaume sire de Villefrancon, et Othe, sire de Ray. Cette sentence, datée de 1292, fut scellée du sceau du comte de Bourgogne (1).

Ce n'était pas seulement le comte de Bourgogne qui donnait ainsi des marques de sa confiance à Hugues de Pesmes, mais le duc de Bourgogne lui-même l'honorait de son estime. Lorsqu'en 1294, Philippe de Vienne, seigneur de Seurre et de Pagny, s'engagea envers le duc, afin de donner à celui-ci satisfaction pour le préjudice qu'il pouvait lui avoir causé par sa négligence à lui payer 12.000 marcs d'argent, il offrit au duc de Bourgogne qui accepta pour caution de son engagement, Jean, sire de Montfaucon, Gauthier, son père, Hugues de Vienne, sire de Longwy, et Hugues, sire de Pesmes, tous chevaliers (2).

Dans la querelle qui existait vers la même époque

---

(1) On lit dans l'Annuaire de la Haute-Saône, année 1842, que Hugues de Pesmes fit, en *1300* l'hommage de son fief de *Ternuay*, à Renaud de Bourg, comte de Montbéliard.
Rousset (Dictionnaire historique du Jura) écrit qu'en *1292* Hugues de Pesmes fit hommage de son fief de *Tervay* à Renaud de Bourg, comte de Montbéliard, sauf la fidélité qu'il avait jurée aux comtes de Bourgogne.
L'Annuaire de la Haute-Saône nous paraît avoir commis une erreur.
(2) Arch. de la Côte-d'Or.

entre le duc et le comte de Bourgogne, ce dernier donna au roi de France, conciliateur officieux, un état de ses fiefs ; ce document constate que le sire de Pesmes tenait du comte Otton : Pesmes, Montrambert, Valay et une partie de Montmirey, et que le prieuré de Pesmes était placé sous la garde du comte ainsi que l'hôpital de Montseugny (1).

Hugues de Pesmes mourut le 26 août 1301, et fut inhumé en l'église paroissiale de Pesmes (2). Il laissa pour recueillir sa succession deux enfants légitimes :

1° Guillaume, qui lui succéda ;

2° Jeanne, qui épousa Guillaume, sire d'Arguel. Le 12 des calendes de décembre, de l'an 1308, Jeanne de Pesmes et son mari reconnurent publiquement n'avoir aucun droit sur le patronage du couvent et de l'église de Cherlieu, et que le droit de présentation à l'église de Bougey et à celle d'Oigney appartenait à l'abbé et au couvent de Cherlieu. En 1321, Guillaume d'Arguel, Jeanne de Pesmes, sa femme, et Jacques, son fils, donnèrent à Dimanche, dit Asinier, lombard demeurant à Salins, 15 livres de rente, en accroissement du fief qu'il tenait dudit messire Guillaume.

Jeanne de Pesmes testa en 1323 et choisit sa sépulture en l'église Saint-Étienne de Besançon, à côté du seigneur Amédée d'Arguel, père de son mari, et y fut inhumée le jeudi « devant Passion Saint-Mathie « appostre » l'an M CCC XX et trois (15 septembre 1323). Écu : Parti Arguel et une bande accostée de six croisettes. Elle ordonna à Renaud de Bussy, chevalier, de reprendre de son époux le fief qu'il tenait d'elle, légua soixante soudées de terre

---

(1) Otton avait un frère, Étienne de Bourgogne, chanoine à **Besançon**, qui, par son testament, daté du 5 des ides de mai (10 mai) 1298, institua son frère, Othe, comte de Bourgogne, pour son héritier, légua 10 livres de terre au monastère de Baume, où il fonda un anniversaire, et 10 livres à Thomas de Pesmes, damoiseau, attaché à sa personne (domicello).

(2) E. Perchet. Le Culte a Pesmes, p. 156.

aux églises de Saint-Jean et de Saint-Étienne de Besançon, institua pour héritiers de la généralité de ses biens ses enfants qui ne seraient pas en religion, légua à ceux qui seraient en religion 10 livrées de terre de rente viagère, substitua, à défaut de postérité Guillaume, sire de Pesmes, son frère, et nomma exécuteur de ses volontés l'official de Besançon, Jean de Corcondray, son cousin, chanoine, et le prieur des Frères prècheurs de cette ville (1).

Hugues de Pesmes eut en outre deux enfants naturels : Emonin de Pesmes, auquel son frère Guillaume, seigneur de Pesmes, légua par testament 20 livrées de terre en accroissement de fief, et Jeannette de Pesmes, à laquelle le même seigneur Guillaume légua son droit sur les bans de la ville de Pesmes.

---

(1) Abbé Guillaume, HIST. DES SIRES DE SALINS.

## IX

### GUILLAUME V (1301-1327)

Son caractère — Les subsides — Nouvelle confédération des seigneurs — Condamnation des Templiers — Mort de Jacques de Molay — Philippe-le-Long roi de France — Le calme rétabli — Jeanne, comtesse de Bourgogne — Echange de la seigneurie de Valay contre certains droits à la forêt de la Rieppe — Guerre contre le sire de Joux — Déclaration de foi et hommage — Mariage de Jeanne de Pesmes avec Othe de Grandson — Testament de Guillaume V.

Hugues de Pesmes avait un caractère doux et conciliant ; il n'en fut pas ainsi de son successeur. L'histoire nous a conservé le souvenir d'un acte de violence qui prouve que Guillaume V avait le caractère irascible des seigneurs de son temps. En 1311, pour un motif que la chronique ne nous fait pas connaître, mais vraisemblablement pour un délit de chasse, Guillaume de Pesmes fit pendre à un arbre un nommé Vincent, de la communauté de Montmirey. Après s'être amusé à voir « gigotter » ce malheureux il le « despandit tout vyfs et coppa les oroilles ». Il fut condamné pour ce fait au profit de M$^{me}$ Mahaut, comtesse d'Artois, par le seigneur de Rougemont, à une amende de 500 livres. C'est à peu près la somme qu'un seigneur payait alors pour avoir tué un homme. Encore cette somme fut-elle payée par Perrin de Thervay, qui s'était porté caution pour le sire de Pesmes. Ces actes sauvages n'étaient pas rares dans ces temps encore à demi barbares. Ces seigneurs turbulents, toujours en guerre les uns contre les autres, vivant de rapines, ne respectaient guère plus la vie d'un homme que celle d'un pigeon ou d'un lapin. La religion seule alors mettait un frein à leur brutalité en leur montrant dans la vie future un Dieu vengeur. Aussi, à leur mort, pour le repos de leurs âmes, ils faisaient des libéralités en faveur des églises et des couvents ; pour apaiser la colère divine, ils allaient quelquefois jusqu'à la restitution quand elle était possible. C'est ainsi que par son testament Guillaume V ordonna de payer après sa mort à Perrin de Thervay la somme de 20 livres pour dédommager celui-ci des torts qu'il lui avait faits ; à Jean, maire de Pesmes, pour le même sujet, 60 livres; à Hugues d'Arc, son cousin, et aux frères dudit Hugues 100 livrées de terre de rente pour les dédommager de ce qu'ils n'avaient pas eu leur part dans la terre de Valay et dans les autres biens de Poinçard de Pesmes, son oncle.

Comme tous les membres de sa noble famille, Guillaume V allait de pair avec les plus grands seigneurs de son temps. Dans la querelle existant entre la commune de Besançon et Jean de Chalon-Arlay, gardien du comté, dont le frère Hugues V occupait le siège épiscopal de Besançon, une sentence prononcée par Giles d'Achey en 1307 « le mardi après les trois semaines de Penthecoste » condamna les citoyens de Besançon à payer 20.000 livres estevenantes et au bannissement des 28 notables de la ville. Cette sentence eut pour témoins *Guillaume, seigneur de Pesmes*, Raymon, abbé de Moustier-Saint-Jean ; Guillaume, abbé du Mont-Sainte-Marie ; Raoul, seigneur de Neuchatel ; Pierre, seigneur de Belmont; Pierre, seigneur d'Estavayer ; Jean, seigneur d'Estrabonne ; Jean, seigneur de Mons ; Henry, seigneur d'Alyes ; Vachier, seigneur de Châteauvillain, tous chevaliers, et plusieurs autres « dignes de foy ».

Nous allons retrouver le sire de Pesmes dans la grande fédération de 1314. Devenu le maître absolu du comté de Bourgogne en vertu de la convention du 2 mars

1295 et du traité de paix du 2 mai 1301. Philippe-le-Bel, dont la grande préoccupation était de se procurer de l'argent, voulut lever des subsides sur les seigneurs et les établissements religieux de cette province. Il rencontra parmi les premiers une vive résistance. Habitués à l'indépendance, ne relevant que de leur épée, les chevaliers comtois refusèrent de se soumettre à un impôt forcé envers le roi de France. Un traité de fédération fut conclu, en novembre 1314, entre les seigneurs de Bourgogne, de Champagne et du Forey, qui jurèrent de se défendre en commun contre les exigences du monarque. Ce traité fut signé par Guillaume, sire de Pesmes.

Un grave événement avait précédé cette levée de nouveaux impôts. Sur les instances de Philippe-le-Bel, les Templiers avaient été condamnés pour la plupart à un emprisonnement perpétuel et leurs richesses confisquées au profit du roi. Le grand maître de l'ordre, Jacques de Molay (1), originaire du comté de Bourgogne, condamné à mort, subit le supplice du feu le 11 mars 1314. Cette mort atroce d'un comtois, dont la culpabilité ne fut jamais bien établie, avait soulevé une profonde irritation parmi les seigneurs du pays, qui brûlaient du désir de venger la mort d'un des leurs. La demande de subsides mit le comble à la fureur des chevaliers du comté, qui prirent les armes pour défendre leur indépendance.

La guerre civile allait encore désoler cette belle province, lorsque Philippe-le-Bel mourut le 29 novembre 1314. Sa mort ramena un peu de calme dans les esprits. Son fils Louis dit le Hutin, lui succéda sur le trône de France, et son second fils, Philippe, qui n'avait jamais visité son comté, y parut après la mort de son père, accompagné de Jeanne de Bourgogne, sa femme. Les seigneurs allèrent à leur rencontre près d'Auxonne et les conduisirent à Dole, où ils leur prêtèrent foi et hommage.

(1) Molay, village de l'arrondissement de Dole, canton de Chemin (Jura).

Louis-le-Hutin ne régna que deux ans et la couronne échut à son frère Philippe, dit le Long. Devenu roi de France, Philippe consacra ses efforts à dissoudre la ligue des seigneurs mécontents. Il assigna à la reine pour douaire le comté de Bourgogne avec ses dépendances et lui assura cent mille livres de rente. Il mourut en 1322.

Après la mort de son mari, la reine Jeanne se retira dans son comté de Bourgogne et mérita l'amour de ses sujets par sa douceur et par l'impulsion qu'elle imprima au commerce et à l'industrie. Elle donna notamment au seigneur de Pesmes un grand témoignage d'intérêt et d'affection.

Le seigneur de Pesmes tenait Valay en fief de l'abbé de Corneux depuis le don qui en avait été fait à celui-ci en 1151 et 1153. En 1317, Guillaume V vendit à Hugues de Bourgogne, l'un des frères de Otton, comte palatin, sa seigneurie de Valay ; l'acquéreur reconnut, le 15 janvier 1317, que Guillaume, abbé de Corneux, tant en son nom qu'en celui du couvent et de l'église, avait consenti à la vente à lui faite par son cousin (amez cuisins) messire Guillaume, sire de Pesmes, mais pour la vie seulement de Hugues de Bourgogne après le décès duquel le fief de Valay devait retourner audit couvent (1).

Le sire de Pesmes devait foi et hommage à la reine Jeanne en sa qualité de comtesse de Bourgogne pour tout ce qu'il possédait dans le comté ; il devait en même temps hommage à l'abbé de Corneux pour la seigneurie de Valay. La reine le délivra de cette formalité humiliante. Par un traité à la date du 26 décembre 1324, elle donna au couvent et aux religieux de Corneux, en échange de la seigneurie de Valay, le « plein usage à tous bois et pour toutes leurs

---

(1) Hugues de Bourgogne, en guerre contre Raoul Hesse, marquis de Bade, fut fait prisonnier au mois de mars 1331 et enfermé au château de Rougemont en Haute-Alsace. Le duc de Bourgogne, Eudes IV, et son épouse Jeanne de France payèrent sa rançon fixée à 6.000 liv. petits-tournois. Peu après, ils recueillirent sa succession, Hugues étant mort du 15 août au 18 octobre suivant (Goll. col. 687, note 4).

« nécessités et aisances de leur abbaye de Corneux, de leur
« grange que l'on dit Corneux-le-Vieux et de leur bergerie
« que l'on dit Fontenette Estiennette et spécialement pour
« maisonner et paissonner leurs porcs » dans ses bois
appelés la Rieppe situés entre les prés de ladite abbaye et
le bois appelé la Vaivre de Rigny (1), plus dix livres estevenantes
de rente annuelle, payable a la fête de Saint
Michel, à la saunerie de Salins. En contre échange, l'abbé
et le couvent de Corneux cédèrent à très haute dame
Jeanne, par la grâce de Dieu, reine de France et de
Navarre, comtesse de Bourgogne et dame de Salins, la
suzeraineté sur le château et la place forte de Valay, et sur
les hommes, les vignes, les prés, les terres, les moulins
et autres choses quelles qu'elles soient que le noble Guillaume,
seigneur de Pesmes, possédait déjà. Cette convention
fut approuvée par Jean, abbé de l'ordre des Prémontrés,
l'an 1324, en présence du chapitre général (2).

L'échange de l'usage dans les bois de la Rieppe contre
la suzeraineté de la seigneurie de Valay si avantageux
pour le seigneur de Pesmes, était un acte de reconnaissance
de la part de la reine envers Guillaume V qui, l'année
précédente, était accouru à l'appel de sa Souveraine pour
combattre le seigneur de Joux.

En 1323, Henri, sire de Joux, avait retenu prisonnier
Arnoul de Noes, bailli de la reine. Pour venger cet affront,
la comtesse Mahaut et la reine Jeanne, sa fille, firent aussitôt
mandement dans toute leur terre de Bourgogne. Le
mardi, jour de la fête de Saint Luc, évangéliste (18 octobre
1323), se trouvèrent réunis à Salins pour aller à Pontarlier
Hugues de Bourgogne, Thomas de Savoie, le duc de
Bourgogne, le seigneur de Rougemont, le seigneur d'Estrabonne,
le *seigneur de Pesmes* et plusieurs autres, tous

---

(1) E. Perchet. Le Culte a Pesmes, p. 357, note 2.
(2) Pièces justificatives XXI.

— 198 —

à la charge de Madame Mahaut à partir du mercredi suivant. Les gages des gens d'armes étaient ainsi fixés : Pour les cinq premiers jours, chaque chevalier banneret recevrait 20 s. par jour, le simple chevalier 10 s. et l'homme d'armes 6 s. Pour les quatre derniers jours, aux gages de M. Hugues, 4 s. par jour pour le banneret, 2 s. par jour pour le chevalier et douze deniers pour l'homme d'armes. Pour ses gages de neuf jours, le sire de Pesmes, tant pour lui que pour ses hommes d'armes, reçut 83 liv. 8 s. L'année suivante il fut mandé à Salins pour assister au Conseil de la comtesse Mahaut, dont la résidence habituelle était au château de Bracon. Il s'y trouva le mardi après la Trinité, et le lendemain avec mess° Thomas de Savoie, mess° Thiébaut de Neuchatel, le sire de Montferrand et les gens de Hugues de Bourgogne.

Les possessions de Guillaume de Pesmes s'étendaient bien au-delà du comté ; il possédait dans le duché de Bourgogne plusieurs fiefs pour lesquels il devait hommage au duc. En 1315, le lundi après la Pentecôte, à « Citaulx » le duc de Bourgogne reçut l'hommage de mess° Guillaume, seigneur de Pesmes, mess° Jean, seigneur d'Oigney, Robert et Aymon d'Aubigney ; Jean de Pesmes jura comme sergent.

Guillaume V recevait lui-même l'hommage de ses vassaux. En 1316, « le jour de la seinz Mathey (Saint Mathieu) lapostre », Villemins dit Vernex de Pesmes déclara tenir en fief de Guillaume, seigneur de Pesmes, sa maison en pierre et le meix qui est à côté, le tout situé au château de Pesmes. Par le même acte le sire de Pesmes reconnut que ces choses étaient du fief de Madame d'Artois à cause du comté de Bourgogne (1).

Il existait alors à Pesmes un grand nombre de familles nobles qui avaient des possessions dans le voisinage.

---

(1) Pièces justificatives XXII.

Nous en avons déjà cité quelques unes. Dans le courant du mois de mai 1309, Hytace, fille de Guillaume de Champlitte, seigneur de Pontailler, vicomte de Dijon, épouse de Jean, sire de Tart, chevalier, vendit, pour le prix de 320 liv. viennois, à Simon dit de Pesmes, bourgeois d'Auxonne, tous les hommes dénommés dans la vente et tout ce qu'elle possédait à Flammerans, tant en terres, bois, justice grande et petite, cens, corvées, tailles et autres droits, en réservant toutefois le fief de la moitié des foires de ce lieu que Isabeau, veuve d'Huguenin de Flammerans, tient dudit sire de Tart. En 1343, il fut fait un *vidimus* de cette vente à la réquisition de Humbert, petit-fils de Jean de Pesmes.

De son mariage avec Gilles de Courcelles, Guillaume V n'eut qu'une fille, Jeanne, qui épousa Othe de Grandson. La promesse de mariage, qui porte la date de 1323, eut lieu en présence d'Étienne de Moissey et de Guillaume de Bard. Othe de Grandson déclare, conformément aux préceptes de la Sainte Église accepter pour épouse demoiselle Jeanne de Pesmes, qui l'accepte également pour époux.

Une lettre de Gilles de Courcelles à la comtesse Mahaut, du 8 septembre 1327 (1), a fait dire à M. Ed. Clerc (t. II, p. 28), que Guillaume V a laissé un fils, Ottenin, mort aux chevauchées d'Outre Joux avant le 11 novembre 1327. Par son testament, Guillaume nomme pour son *héritière universelle* Jeannette de Pesmes, sa fille, sans aucune allusion à l'existence d'un fils. Jeanne de Pesmes, fille unique, était la femme de Othe de Grandson, que dans son abandon, en but aux vexations de ses voisins et par une affection toute maternelle, la veuve de Guillaume appelait *mon fils*.

Guillaume V fit son testament le dimanche avant la fête de l'Ascension de l'an 1327, par le ministère de Jacques Bergeret de Salins, et mourut le 16 juin suivant. Cet acte

---

(1) Pièces justificatives XXIII.

fut lu et publié en l'officialité de Besançon au mois de juillet de la même année. Il choisit le lieu de sa sépulture dans l'église Saint-Hilaire de Pesmes ; institua pour son héritière universelle Jeannette de Pesmes, sa fille, mariée à Othe de Grandson, et les descendants d'elle procréés en légitime mariage, dans le cas où il n'aurait pas d'autres enfants ; ordonna à son héritière d'envoyer, lorsqu'il serait mort, un chevalier en la Terre-Sainte, en lui donnant 340 livres pour les frais de son voyage ; enjoignit à sa fille de rendre aux églises de Saint-Jean et de Saint-Étienne de Besançon le château de Montrambert, qui avait été construit des deniers de ces églises ; donna à Gilles de Courcelles, son épouse, ses équipages, ses chevaux, ses joyaux d'or et d'argent, ses meubles et la jouissance du château de Montrambert, fit des legs à tous les écuyers et demoiselles attachés à sa maison et à ses parents les plus proches ; affranchit quelques-uns de ses domestiques ; nomma comme exécuteurs testamentaires Gilles de Courcelles, son épouse ; Renaud de Confracourt, abbé d'Acey ; Jean de Neublans, seigneur de Rye ; Guy de Villefrancon, chevalier, son cousin, et Hugues d'Arc, chevalier, aussi son cousin. Il fut inhumé dans l'église de Pesmes et était représenté sur sa tombe armé de toutes pièces, avec cette épitaphe :

CY GIERT MESSIRES GUILLAMES, SIGNOUR DE PESMES,
QUI TRESPASSA LAN DE GRACE M. CCC. XXVII, LE XVI JOR DE JUHIN.

Avec lui s'éteignit l'antique dynastie des sires de Pesmes, qui avait brillé d'un si vif éclat ; leur valeur chevaleresque et leur fidélité à la foi jurée avaient placé les sires de Pesmes au rang des plus hauts et des plus illustres seigneurs de leur temps. La vaste baronnie de Pesmes passa en la possession d'une famille helvétienne.

## X

## BRANCHE DE RUPT

Branches de Bougey et de Résie — Dons aux abbayes — Généalogie de ces diverses branches — Jean IV dernier seigneur de la branche de Rupt-Pesmes — Affranchissement de ses sujets — Son testament.

Nous avons vu la maison de Pesmes se diviser en plusieurs branches, dont la principale fut celle de Rupt, qui fut elle-même la tige des seigneurs de Bougey et de Résie, et qui tous reconnaissaient le sire de Pesmes comme chef de la famille et en cette qualité lui rendaient foi et hommage. Nous les retrouverons en plusieurs circonstances dans le cours de cette histoire. De concert avec le sire de Pesmes, ils firent de nombreux dons aux abbayes, selon la tradition établie dans leur noble maison. Leur généalogie se trouve assez exactement contenue dans l'Histoire de Salins, par l'abbé Guillaume, ce qui nous dispense de la reproduire ici, cette réimpression ne nous paraissant pas avoir une utilité appréciable.

Le dernier seigneur de la branche de Rupt-Pesmes, Jean IV de Rupt, accorda des lettres de franchise à ses sujets le 20 juin 1443. Ces lettres furent confirmées la même année par Jean de Grandson, seigneur de Pesmes et de Valay, comme suzerain du seigneur de Rupt (1). Jean IV de Rupt testa l'an 1476.

---

(1) Arch. du Doubs.

XI

DEUXIÈME DYNASTIE

## LES SIRES DE GRANDSON

La ville de Grandson — La maison de Grandson — Sa généalogie

Grandson, qui donna son nom à ses seigneurs, est une charmante petite ville du canton de Vaud, chef-lieu de district, bâtie en amphithéâtre sur le bord occidental du lac de Neuchâtel et dominée par l'antique château de Grandson (1).

La maison de Grandson égalait comme illustration la noble maison de Pesmes. Pierre Ier de Grandson, mort en 1263, avait épousé Agnès, fille d'Ulrich III, comte de Neuchatel. Un de ses petits-fils, Otton Ier, sire de Grandson, chevalier, fonda dans la cathédrale de Lausanne, en 1317, l'autel de Saint-Georges, qu'il dota de vingt livres de rente, et donna, en 1320, plusieurs droits aux religieux de la Chartreuse de la Lance, fondée par son neveu Pierre (II) de Grandson (2). Il testa en 1328 et fut inhumé dans la cathédrale de Lausanne, dans le chœur de laquelle son tombeau se voit encore (3). Sa statue, en marbre blanc,

---

(1) V. Le Culte a Pesmes.
(2) Neuchatel (Suisse), R 119.
(3) Il était grand-oncle de Othe de Grandson-Pesmes.

de grandeur naturelle, est couchée sur le tombeau (1). Il est représenté en costume de chevalier; ses armes y sont sculptées : il portait sur son écu un pallé d'argent et d'azur, de six pièces, avec une bande de gueules brochant sur le tout et chargées de trois coquilles d'or.

Un autre de ses petits-fils, Guillaume, se fixa en Angleterre et accompagna le roi Édouard I$^{er}$ en 1330, dans sa guerre contre l'Ecosse. Il fut la tige des lords Grandisson d'Angleterre.

Un neveu du chevalier Otton I$^{er}$, Pierre (II) de Grandson, chevalier, seigneur de Cudrefin (2), Bellerive (3), Grandcour (4), Laupen (5), fondateur, en 1317, de la Chartreuse de la Lance (6), épousa, en 1303, Blanche, fille de Louis I$^{er}$ de Savoie, sire de Vaud, frère d'Amédée V dit le Grand, comte de Savoie, aïeul du comte Vert, et de Jeanne de Montfort-l'Amaury, dont il eut six enfants :

1° Othe (II), sire de Grandson et de Belmont, chevalier, qui devint sire de Pesmes par son mariage avec Jeanne de Pesmes et fut la tige de la branche Grandson-Pesmes.

2° Guillaume, dit le Grand, chevalier, sire de Sainte-Croix (7), Cudrefin, Grandcour et Aubonne (8) suivit, en 1371, le Comte Vert allant secourir Othon de Brunswich,

---

(1) Nous avons adopté l'opinion de M. L. de Charrière (LES DYNASTES DE GRANDSON-LAUSANNE, (1866), dont les minutieuses et savantes recherches sur la généalogie des sires de Grandson inspirent toute confiance. Nous devons dire cependant que d'autres savants, très érudits, prétendent que ce tombeau est celui de l'illustre chevalier Otton III de Grandson, qui succomba dans un combat judiciaire contre Gérard d'Estavayer, en 1397. Ils basent leur opinion sur cette circonstance que le chevalier vaincu dans un combat judiciaire avait le poignet coupé et que le chevalier de Grandson, représenté sur son tombeau dans le chœur de la cathédrale de Lausanne, a précisément les poignets enlevés. Est-ce un effet du temps ? Le résultat d'un accident ?
(2) Cudrefin, canton de Vaud, sur le bord oriental du lac de Neuchâtel, en face de cette ville.
(3) Bellerive, canton de Vaud, près du lac de Morat.
(4) Grandcour, canton de Vaud, district de Payerne.
(5) Laupen, canton de Berne, chef-lieu de district.
(6) Ce lieu avait déjà été donné à l'abbaye de Fontaine-André (1194), par Huon de Grandson.
(7) Sainte-Croix, canton de Vaud, district de Grandson.
(8) Aubonne, canton de Vaud, chef-lieu de district, à peu de distance du lac de Genève.

mari de la reine Jeanne de Naples, contre Galéas Visconti, prince de Milan; il était accompagné de Jean de Grandson-Pesmes (1), son petit-neveu. En 1381, il céda au comte Étienne de Montbéliard, moyennant 16.000 florins d'or, ses prétentions, comme héritier de sa sœur Jaquette, aux terres de la maison de Montfaucon dans l'Helvétie romande, comprenant Orbe (2), Montagny, Echallens et Bottens (3). Il fut chevalier de l'Annonciade (4), et alla au secours d'Eudes, duc et comte de Bourgogne, en 1338, 1339 et 1340 (5). Le 22 février 1379, le duc de Bourgogne octroya « de grace especiale a Guillaume de Grandcon son cousin « et echanson que par la main de mondit seigneur il puisse « jor en chastel, ville et appartenance » (6). Guillaume de Grandson mourut en 1389. Il avait épousé Jeanne de Vienne, dame de Vaugrenans, fille de Jean de Vienne, le héros de Calais, et de Catherine de Jonvelle. Il laissa quatre enfants: 1° Otton III, chevalier, sire de Sainte-Croix, Grandcour, Cudrefin, Aubonne et Coppet (7). Appelé illustre par les historiens, il faisait partie du conseil du comte Amédée VII de Savoie, auprès duquel il résidait. Accusé d'être l'auteur de la mort de ce prince, ses terres furent confisquées vers 1393 (8). Il succomba dans le combat judiciaire

---

(1) C'est Jacques et non Jean.
(2) Orbe, canton de Vaud, chef-lieu de district.
(3) Bottens, canton de Vaud, district d'Echallens.
(4) Ordre fondé par Amédée VI, comte de Savoie, dit le comte Vert, en 1362, sous le nom de *Collier*, qui prit plus tard celui de l'*Annonciade*. Guillaume de Grandson, cousin issu de germain du comte, fut un des quatorze chevaliers de l'Ordre nommés à sa fondation. (Coll. col. 907. L. DE CHARRIÈRE: LES DYNASTES DE COSSONAY. p. 152, note 6).
(5) NOBÉLIAIRE, DUNAND, T. II, f. 321.
(6) Arch. du Duché.
(7) Coppet, canton de Vaud, district de Nyon, sur le bord occidental du lac de Genève.
(8) Les soupçons qui pesèrent sur Otton de Grandson, ainsi que sur Louis, sire de Cossonay, d'avoir occasionné la mort d'Amédée VII, provenaient de ce qu'ils avaient protégé Jean de Granville, accusé de l'avoir empoisonné. Ce Jean de Granville était un empirique auquel le comte de Savoie avait eu le tort de confier sa santé : la violence des remèdes qu'il lui administra déterminèrent la mort. L'enquête juridique établit la bonne foi de l'accusé.

qu'il soutint, le 7 août 1397, à Bourg, contre Gérard d'Estavayer. Il avait épousé Jeanne, fille d'Humbert Alimandi, sire d'Aubonne et de Coppet, et d'Agnès de Joinville, dont il n'eut qu'un fils, mort avant sa mère, en faveur de laquelle il testa, le 5 mars 1398 ; 2. Guillaume, mort en 1381, avant son père. Il avait épousé Jeanne, fille d'Henri de Saint-Dizier, seigneur de la Roche. Elle se remaria avec Jacques de Vergy ; 3. Thomas, chevalier. Il se fixa en Angleterre; 4. Guillaume, bâtard de Grandson, chevalier, mort en 1381. Il épousa Louise, fille de Henrioud de Bercher, donzel ; elle se remaria avec François de Goumoëns (1), donzel, seigneur de Bioley-Magnoud (2). On croit que Marguerite, bâtarde de Grandson, épouse de Jordan de Montagny (3) était également sa fille (4).

3° Isabelle, qui épousa Louis I<sup>er</sup>, chevalier, sire de Cossonay (5), mort en 1333. Sa veuve, jeune encore, resta fidèle à sa mémoire et ne se remaria pas. Elle testa le 3 janvier 1366 (v. s.).

4° Jaquette, épouse de Girard de Montfaucon, sire d'Orbe, Montagny-les-Corboz, Echallens (6) et Bettens (7). Elle testa en 1378, en faveur de son frère Guillaume, sire de Sainte-Croix et d'Aubonne. Elle était morte en 1381.

5° Marguerite, qui épousa d'abord Hugues de Blonay (8), sire de Joux (9), puis Pierre de Billens (10), cheva-

---

(1) Goumoëns, canton de Vaud, district d'Echallens.
(2) Bioley-Magnoud, canton de Vaud, district d'Yverdun.
(3) Montagny, canton de Vaud, district d'Yverdun.
(4) L. DE CHARRIÈRE : LES DYNASTES DE GRANDSON. Vers la même époque vivait Jacques, bâtard de Grandson, qu'on suppose être le fils d'Otho de Grandson-Pesmes. Jacques de Grandson épousa Françoise, fille d'Otton, seigneur d'Esverdes. Leur fille Jeanne épousa Antoine de Daillens (canton de Vaud, district de Cossonay), donzel.
(5) Cossonay, canton de Vaud, chef-lieu de district.
(6) Echallens, canton de Vaud, chef-lieu de district.
(7) Bettens, canton de Vaud, district de Cossonay.
(8) Blonay, canton de Vaud, district de Vevey.
(9) Joux, arrondissement de Pontarlier (Doubs).
(10) Billens. Pierre de Billens était fils de Humbert de Billens, seigneur de Palézieux (canton de Vaud, district d'Oron-la-Ville) et de Jeannette de Cossonay. L. DE CHARRIÈRE).

lier, vidame de Romont (1), et enfin Rodolphe IV, comte de Gruyères (2). En 1377, elle était l'épouse de ce dernier et fonda un anniversaire pour son second époux et pour Jean et Pierre de Billens, leurs fils décédés. Elle rappelle dans ce titre le testament qu'elle avait fait en faveur de François de Gruyères et de Jeanne de Joux, ses chers enfants, qu'elle institue ses héritiers chacun pour un tiers, sans désigner la personne qui devait recueillir l'autre tiers. Jeanne de Joux était la seule enfant que Marguerite de Grandson eut eu de son mariage avec Hugues de Blonay. Celui-ci testa, dans la maison de son père, qui donna son consentement à ce testament, le 30 janvier 1348 (v. s.) Le 29 juin 1347, il s'était déclaré « homme et féal » du duc et de la duchesse de Bourgogne, promettant « de leur bailler les châteaux de Joux et de Miroual » moyennant 2.500 florins d'or dont il reçut la promesse (3).

6° Agnès, qui épousa en 1350, Pierre de la Tour, sire de Châtillon (en Valais).

---

(1) Romont, canton de Fribourg, chef-lieu de district.
(2) Gruyères, canton de Fribourg.
(3) Mémoire et documents inédits pour servir à l'histoire de la Franche-Comté.

## XII

### OTHE DE GRANDSON (1327-1349)

Guerre avec le seigneur de Neuchatel — Affranchissement de Jean Biarne, de Malans — Eudes duc et comte de Bourgogne — Guerre civile — Le seigneur de Pesmes suit le parti du Duc — Trêve — Reprise des hostilités — Médiation du roi de France — La paix — Intrigues de l'Angleterre — Ses offres sont repoussées par les seigneurs — Défense de Saint-Omer — Bataille de Crécy — Nouvelle confédération des seigneurs — Othe de Grandson lieutenant du duc — Campagne de 1346-1347 — Jean de Chalon — Ses succès — Médiation du roi de France — La confédération triomphante — Les finances d'Othe de Grandson — Vente de la seigneurie de Pesmes — La peste de 1349 — Mort de Jeanne de Pesmes — La veuve du duc Eudes épouse Jean de Normandie — Élévation de celui-ci au trône de France.

Né d'une famille de chevaliers, issu des comtes de Neuchatel et de l'illustre maison de Savoie, Othe de Grandson était digne de succéder aux sires de Pesmes. Il reprit de fief, le 11 novembre 1327, tant en son nom qu'en celui de Jeanne de Pesmes, sa femme, de Mahaut, comtesse d'Artois et de Bourgogne, les seigneuries de Pesmes, de Vadans, Bard, Malans et Montrambert en présence de Humbert, seigneur de Rougemont, du seigneur de Montferrand, de Guy de Villefrancon, d'Odon de Thoraise et de plusieurs autres (1).

A l'époque où Othe de Grandson prit possession de la seigneurie de Pesmes, il était en difficulté avec le seigneur de Neuchâtel (Suisse). Le comte Aymon de Savoie promit de le protéger ainsi que son père, Pierre de Grandson, contre tous leurs ennemis, et notamment contre le seigneur

---

(1) Pièces justificatives XXIV.

de Neuchatel, « attendu la fidélité qu'ils lui avaient jurée ». Ces difficultés prirent un caractère d'hostilité ouverte et la guerre éclata bientôt. Sous la bannière du comte Rodolphe de Neuchatel s'étaient rangés Louis, son fils, Girard d'Arbery, seigneur de Valangin, et autres ; dans le camp opposé étaient Pierre de Grandson, Othe, son fils, et plusieurs autres. Ce fut le comte Aymon de Savoie qui mit fin à cette guerre par sa sentence du 5 février 1337.

Nous avons vu Guillaume V affranchir par son testament quelques-uns de ses sujets ; cet exemple fut suivi par Othe de Grandson et Jeanne de Pesmes, sa femme. Par une charte datée du « mardi après la fête de Saint-Martin d'été », l'an 1333, ils affranchirent *Jean Biarne de Malans, Béatrice, sa femme et Isabeau, sa mère, leurs hoirs, leurs héritages et tous leurs tènements*, en considération des bons et agréables services qu'ils ont reçu dudit Jean Biarne, leur sergent de Malans, et qu'ils en recevront à l'avenir, le dispensant de toutes servitudes, « espéciaule-
« ment de tailles, de mainmorte, de novale chevalerie, de
« filles marier, de paissaige d'outremer, de terre acheter,
« de surprises, de courvés, de charroiz, de guaites,
« d'escharguaites, de subade, de exaction, de extorcions,
« de menaides, de toutes impositions, de servitude et de
« toutes autres serves condicions quelles que soient ». Cet affranchissement n'était pas précisément gratuit, mais on était très heureux alors de pouvoir acheter sa liberté à prix d'argent. Jean Biarne paya à cet effet au seigneur de Pesmes 60 livres de bons estevenants ; il s'engagea en outre à lui payer une rente perpétuelle de dix livres de cire, « trois sols d'amende » le jour de la fête de Saint-Martin d'hiver et « six quarris » de vin de la récolte du meix Robert, séant à Malans. Le seigneur se réserva de plus l'host et la chevauchée sur Jean Biarne et ses hoirs toutes les fois que sa bannière de Pesmes « istroit cors » et qu'il mènerait ses gens avec lui. Comme compensation,

le seigneur lui abandonnait pour lui et ses hoirs en héritage franc et perpétuel, l'office de la « sergenterie » de Malans et de tout le territoire. Cette charte eut pour témoins Guillaume de Bard, chevalier ; Jean, curé de Saint-Moris, au diocèse de Lausanne ; Mermot Quasse Lombard, demeurant à Pesmes ; Jacot de Salins, notaire public au comté de Bourgogne et juré de la cour de Besançon. Elle reçut, le 7 août 1336, l'approbation du duc et de la duchesse de Bourgogne, qui la revêtirent de leurs « granz scels » en leurs tentes devant Chaussin.

La même année (1336), Girard d'Aubigney affranchit Thibaut, fils de Thevenin Mutin de Talmay. Mais pour être valables, ces affranchissements devaient recevoir la consécration du seigneur suzerain ; aussi l'affranchissement de Thibaut, après avoir été approuvé par Poinsard de Chateaurenaud, fut ratifié par Othe de Grandson, seigneur de Pesmes, et par Jeanne de Pesmes, sa femme.

Une guerre sanglante désolait alors la Bourgogne. La reine Jeanne, morte en 1330, avait donné son comté de Bourgogne à sa fille Jeanne, épouse de Eudes, duc de Bourgogne, qui réunit ainsi en sa main le duché et le comté. Mécontents des choix faits par le duc pour peupler son parlement, où il appela la bourgeoisie, dont il se fit une nouvelle noblesse qu'on appela noblesse de robe, les Hauts-Barons levèrent contre lui l'étendard de la révolte. A l'appel de Jean de Chalon-Arlay II, le plus puissant seigneur du comté de Bourgogne, Henri, comte de Montbéliard ; Gérard de Montfaucon, seigneur d'Orbe, son frère ; Thiébaut de Neuchatel et son fils ; Thiébaut, comte de Blamont ; Henri de Remiremont ; Brocard de Fenestrange ; le sire de Joux ; le comte de Neuchatel (Suisse) ; Jean d'Oiselay ; le sire de Cusance et plusieurs autres seigneurs accoururent et jurèrent la guerre sur les Saints Évangiles. Les confédérés entrent en campagne au mois d'avril 1336, brûlent Salins et Pontarlier, s'emparent de

Choye, et près de Dole brûlent Peintre et Montmirey. L'incendie et la dévastation règnent dans tout le comté.

Cependant le duc rassemble ses troupes et les passe en revue près de Dole le 1ᵉʳ juillet 1336. Sous ses ordres se rangent les bannières de Flandre, de Savoie, de Genève, de Saint-Oyan de Joux, d'Henri de Bourgogne, des Vienne, des Vergy, des trois frères de Rougemont, du sire de Beaujeu en Beaujolais, tous les nobles du duché. A cette liste, ajoutons le seigneur de Pesmes.

Quelques auteurs prétendent que Othe de Grandson était avec les confédérés ; nous n'hésitons pas au contraire à le ranger parmi les alliés du prince. Lorsqu'en 1347 les seigneurs reprirent les armes contre le duc, celui-ci désigna Othe de Grandson comme son lieutenant en Bourgogne. C'était la plus grande marque de confiance qu'il pût lui donner, et on comprendrait difficilement que le duc eut confié le soin de sa défense à son ancien ennemi. Mais il y a en outre une raison qui nous paraît décisive. L'affranchissement de Jean Biarne par le seigneur de Pesmes fut approuvé *le 7 août 1336*, par le duc et la duchesse de Bourgogne *en leurs tentes devant Chaussin*. Or, Jean Biarne avait suivi Othe de Grandson son seigneur, qui se trouvait par conséquent à Chaussin avec le duc, dont il était l'allié. Eudes s'empara de Chaussin, de Marnay, et vint mettre le siège devant Besançon. Après un combat sanglant, où l'armée confédérée subit une grave défaite, le duc, sur la prière de Hugues de Vienne, archevêque de Besançon, consentit à une trève jusqu'à Noël et se retira avec ses troupes par la vallée de l'Ognon (1).

---

(1) En 1358, Jean de Bourgogne réclamait au duc le paiement du dommage qu'il avait souffert dans la guerre contre la noblesse comtoise révoltée. Il résulte de l'enquête faite à ce sujet que les troupes du duc se rendant devant Chaussin logèrent à Montagney « a plus de mil chevax » savoir : le sire de Beaujeu en Beaujolais, le sire d'Espoisse, Messᵉ Guillaume de Vienne, le sire de Verdun et plusieurs autres, qui contraignirent « la ville » à leur fournir des vivres. Que plus tard, en revenant de devant Besançon, les gens de Mons, le duc s'arrêtèrent de nouveau à Montagney et y demeurèrent deux jours et une nuit et la dommagèrent de 1200 livres Estevenantes et plus.

A l'expiration de la trêve, la guerre recommença avec la même violence, malgré la saison d'hiver. Cusance (1) fut brûlé. Mais les seigneurs confédérés n'avaient plus la même confiance dans le succès de cette guerre, dont les effets les plus certains étaient la ruine du pays. Ils acceptèrent la médiation du roi de France, beau-frère de leur puissant ennemi. Les conditions de la paix furent très dures pour eux ; ils s'y soumirent néanmoins. Cependant, bien des escarmouches eurent lieu après la conclusion de la paix. En 1337, le dimanche qui précéda la fête de Saint-Martin d'hiver, les troupes du duc étaient à Pesmes. Il avait alors de grandes difficultés avec l'archevêque de Besançon, qui reprochait au duc Eudes d'abuser de son droit de battre monnaie à Auxonne.

L'Angleterre se préparait à la guerre contre la France. Avant l'ouverture des hostilités elle chercha à rallumer dans le comté de Bourgogne la guerre qui venait de se terminer d'une manière si désastreuse pour la féodalité. Le roi d'Angleterre, Édouard, envoya secrètement des émissaires offrir son alliance aux seigneurs du comté : à Louis, fils du comte de Neuchatel, au comte d'Arberg, à Aymond de Montferrand, sire de la Sarraz, au comte de Genève, à Louis II de Savoie, seigneur de Vaud, au sire de Blonay, au sire de Villersexel, à Thiébaut de Neuchatel, sire de l'Isle, à Othe de Grandson, sire de Pesmes, à Hugues de Joinville, sire de Gex et de Marnay, à Gauthier de Vienne, seigneur de Mirebel, à Philippe de Vienne, sire de Pymont. Malgré ces excitations à une nouvelle révolte, aucun de ces seigneurs ne voulut en prendre l'initiative ni en relever l'étendard. Tous au contraire se rangèrent sous les ordres de leur souverain, le duc Eudes, lorsqu'il marcha au secours de son beau-frère, Philippe de Valois, roi de France.

---

(1) Cusance, près de Baume-les-Dames.

Lorsque Édouard se trouva en présence de l'armée française il put y voir flotter les bannières des plus illustres maisons du comté de Bourgogne : le sire de Montfaucon, comte de Montbéliard ; le sire de Vergy et Guillaume, son oncle ; Henri de Bourgogne, cousin du duc ; Othe de Grandson, sire de Pesmes, et son oncle ; le comte de Genève. Tous ces nobles chevaliers défendirent vaillamment Saint-Omer contre le comte d'Artois, qu'ils mirent en déroute en lui tuant 3.000 hommes, et qui laissa au pouvoir de ses vainqueurs ses tentes, son heaume, son écu et sa bannière (1340).

Après la funeste bataille de Crécy (25 août 1346), Jean de Chalon releva contre le duc l'ancienne confédération. Les seigneurs confédérés sollicitèrent l'alliance de l'Angleterre, qui s'empressa d'accepter leurs offres et les poussa à la guerre dans les deux Bourgognes et en France « à si grandes forces que possible, » et leur promit un subside de 45.000 florins à l'écu. Jean de Chalon entre rapidement en campagne, s'empare de l'aule de Pontarlier ; ses alliés se portent sur Gray et dévastent les pays environnants, brûlent Lieucourt, détruisent Velesmes.

Pour résister à ses ennemis, le duc nomma Othe de Grandson (1) son lieutenant en Bourgogne. Il ne pouvait faire un choix plus heureux. Ce valeureux chevalier fit immédiatement fermer les villes, qui se défendirent avec vigueur. Les bourgeois de Gray, sous la conduite des sires d'Achey, se distinguèrent par leur hardiesse et leur courage ; ils se jetèrent sur les terres du

---

(1) L'abbé Guillaume, dans son histoire des sires de Salins, écrit que Othe de Grandson, lieutenant du duc de Bourgogne en 1346, était fils de Guillaume de Grandson-Sainte-Croix. Le lieutenant du duc de Bourgogne était chevalier en 1346 ; or à cette époque Othe de Grandson-Sainte-Croix était un enfant et ne pouvait être chargé de défendre les Bourgognes et de commander aux valeureux chevaliers qui s'étaient ralliés au duc. Othe de Grandson-Sainte-Croix épousa Jeanne, fille d'Humbert Alamandi, sire d'Aubonne et de Coppet, et d'Agnès de Joinville, avec laquelle il était fiancé à la date du 24 avril 1365. On ne le trouve revêtu du titre de chevalier qu'en 1382. Nous avons précédemment expliqué sa fin tragique dans un combat judiciaire qu'il soutint contre Gérard d'Estavayer.

seigneur d'Oiselay, l'un des confédérés, et vinrent jusque devant Oiselay, où ils livrèrent un combat. Le château de Mantoche était occupé par un ennemi du duc, le sire d'Abbans, qui de là faisait une guerre d'extermination aux graylois. Ceux-ci accourent à Mantoche et démolissent le château et le moulin (pendant le carême de 1347).

Malgré la rigueur de la saison, Othe de Grandson vole avec son armée dans les terres de Neuchatel, ravage les environs de l'Isle-sur-le-Doubs, défendus par le sire de Neuchatel (janvier 1347) ; pénètre jusqu'au val de Damblin, dans la seigneurie même de Neuchatel. Ses comptes de dépense pendant cette campagne, nous font connaître l'activité prodigieuse déployée par ce seigneur. Le samedi et le dimanche avant la Saint-Clément 1346, il est à « Gy-l'arcevesque », lui LXX$^e$ de gens d'armes ; il y reçoit l'ordre de se transporter à Vesoul « a lincommencement de ceste guerre ». Le lendemain, 20 novembre 1346, il est à Vesoul avec d'autres gentilshommes et y reste plusieurs journées avec 80 chevaux.

Le mercredi, veille de Saint-André, 29 novembre, il partit de Vesoul après dîner et alla à Rouvres (1) parler à Madame la duchesse de plusieurs « besoignes touchanz lonour et estat de mons le Duc ». Son voyage dura cinq jours « allant et revenant ». Il était accompagné de messire Thiébaut de Bauffremont, de Bruneville, André Vis de Ville et autres.

Revenu à Vesoul, il en repartit le « jeudy après la Saint-Nicolas diver » pour se rendre à Auxonne, où il demeura deux jours. Les chemins étaient difficiles et peu sûrs, car il mit cinq jours « et une dînée » pour faire ce trajet de 80 kilomètres. D'Auxonne il se rendit de nouveau à Rouvres auprès de la duchesse, étant accompagné de Thiébaut de Bauffremont, Jacques de Baudoncourt et

(1) Rouvres, canton de Genlis (Côte-d'Or).

plusieurs autres seigneurs. C'est là que vinrent le trouver Guard de Bourgogne et Jean de Montaigu pour l'entretenir de différentes affaires secrètes. Partis de Vesoul le 21 décembre, ils arrivèrent à Rouvres le 24 du même mois. Le bailli de Vesoul s'y trouvait avec Othe de Grandson. C'est sans doute en cette circonstance que fut décidée la campagne menée si vigoureusement dans le mois de janvier 1347 (n. s.) dans les terres de Neuchatel. Sa comptabilité nous le montre partant de Vesoul le « diemoinge au soir après lapparicion notre Seigneur et continulment » pendant sept jours « lui LXX° de genz darmes », pour aller à Montjustin et à Baume, et de là il ala courre en la terre au seigneur de Neufchatel environ Lile laquelle fut destruicte et gastee » (7 janvier). Une partie de ses gens continuèrent à ravager le pays ; plusieurs y tombèrent malades. Son compte de dépens constate que XII personnes et XIV chevaux demeurèrent malades à Baume au « retour de la chevauchée de Lille » pendant vingt-quatre jours, « commençanz le diemoinge après la S$^t$-Hilaire jusqu'au jeudi avant Karementrant » (21 janvier - 15 février 1347) (n. s.).

Mais bientôt Othe de Grandson fut informé que l'ennemi réunissait son armée à Remiremont et se proposait de venir attaquer Montjustin. Aussitôt il donna l'ordre à Perrin de Maiseroy et autres gens d'armes de se transporter devant cette place forte, de la garder et défendre contre toute attaque (avril 1347). Malgré ces précautions, la terre de Montjustin fut dévastée par Jean de Chalon.

A peine était-il de retour à Vesoul « lui 45° de gens d'armes » qu'il fut mandé à Dijon par le duc; il partit le lundi après l'octave de « lapparicion Notre-Seigneur » (16 janvier). Il fit le trajet en deux jours, séjourna pendant quatre jours à Dijon avec ses gens et se rendit à Dole « vers ceulx qui devoient recevoir sa montre », puis revint à Vesoul, d'où il resta absent pendant quinze jours « et une dînée ». Pendant son absence quinze hommes armés de « fer alemanz » vinrent à Vesoul pour s'enrôler sous ses ordres au service du duc de Bourgogne. Aussitôt rentré dans cette ville, il envoya Jean de Montaigu, bailli en Bourgogne, vers le duc à Dijon (31 janvier) pour recevoir ses instructions.

Tous ces chevaliers et gens d'armes accourus au secours du duc étaient à la solde de ce prince. Les comptes du seigneur de Grandson nous font connaître les noms des principaux seigneurs qui prirent part à la campagne : Thiébaut de Bauffremont reçut à Auxonne, en présence de Regnaut de Gillans, une certaine somme à faire parvenir à Pierre d'Etobon et gens d'armes qui étaient à Etobon (1) ; Richard de Vesoul, trésorier de Bourgogne, avec l'argent que le sire de Grandson avait reçu du trésorier de Salins, paya à Roubt de Grancey, seigneur de Meursaut, « pour « cause de ses gages de quatre chevaliers avec lui et vingt « neuf escuiers qui valent 37 paies » pour quinze jours ; Hugues d'Arguel et Jean de Ville, chevaliers et « deux escuiers avec eux » reçurent leurs paies pour dix jours, du 16 au 25 décembre 1346 ; Jean de Chauffour et Louis, son frère, furent payés de leurs gages jusqu'au 23 décembre 1346 ; on paya également Jean de Montaigu, bailli en Bourgogne.

Une forte garnison avait été établie à Etobon : Huguenin Glannet de Pesmes, écuyer, y séjourna du 25 au 29 janvier, Othe de Villegondry et son écuyer, Guiet de Soussey, et Guillaume, son compagnon, y restèrent du 1ᵉʳ au 15 avril ; Thiébaut de « Frostés » écuyer, y tint garnison.

La guerre dura pendant toute l'année 1347. Le sire de Grandson, dont le quartier général était établi à Vesoul, était mandé fréquemment à Dijon. Il paie les dépens faits par Louis de Chauffour et X hommes d'armes dans un

---

(1) Etobon, village de la Haute-Saône, canton d'Héricourt.

hôtel à Gray en allant à Chatillon devant Besançon « au
« mandement de messire de Grandson, gardien « de la
« comté de Bourgogne » ; met des garnisons dans les
places fortes les plus menacées ; fait garder les châteaux
contre les attaques de Jean de Chalon, y place M$^e$ Richard
de Motey, Estienne de Motigniy (Montigny ?) son écuyer,
Jean de Choie (novembre et décembre 1347). Mais Jean de
Chalon ne restait pas inactif : il emporte la forteresse de
Château Lambert, celle de Mathay, dévaste les terres de
Montjustin, de Vesoul, de Baume et entre en vainqueur à
Lure (1347).

Cette guerre était ruineuse pour les deux parties ; la
paix fut conclue par la médiation du roi de France. La
confédération en sortit triomphante. Le duc Eudes survécut peu à cette paix humiliante ; il mourut au mois d'avril
1349, atteint de la peste ou fièvre noire qui infectait ses
états et dépeupla les villes et les campagnes.

Pendant la guerre civile les revenus des terres seigneuriales avaient sensiblement diminué. Les champs
demeuraient incultes ; les chemins, presque impraticables,
n'offraient aucune sécurité aux marchands ; tout commerce
était devenu impossible. Le trésor du duc était épuisé, et
Othe de Grandson, son lieutenant, était obligé de procéder
par voie de réquisition. Le samedi avant la Saint-Georges
1347 il déclara « que pour nécessitey et despens de lui et
« gens d'armes qui ont demorei avec lui à Vesoul en gar-
« nison a service a mons. le Duc et comte de Bourgogne
« pour cause des guerres qui au présent finit en la dicte
« comté... lon a pris et recehu de mons$^r$ Besançon de Com-
« berjon prestre tant en vin, froment, avoine et bestes »,
le tout évalué à « vint trois livres et trois sols estevenants ». Cette déclaration fut « souignée de son souignot. »

Othe de Grandson se couvrit de gloire dans la guerre
du duc de Bourgogne contre les hauts-barons du comté,
mais cette brillante conduite lui procura plus d'honneur

que de profit. Ses finances se trouvèrent fort obérées. Déjà, en 1340, il avait été obligé d'acheter des habits à crédit près d'un marchand drapier de Dijon. Pour se procurer de l'argent, il aliéna jusqu'à son indépendance en faveur de Henri, comte de Bar, qui lui fit don de quatre-vingts livres estevenantes de rente à prendre sur la saunerie du puits de Salins en accroissement de fief, à la condition que Othe de Grandson serait son homme-lige (1). Cette ressource fut insuffisante et Jeanne de Pesmes, pour venir en aide à son mari, se trouva dans la cruelle nécessité de vendre à son beau-frère Guillaume de Grandson, seigneur de Sainte-Croix, moyennant 20.000 livres estevenantes, tous ses droits sur ses villes, meix, bourgs, maisons et forteresses de *Pesmes, Montrambert, Malans, Marpain, Accebonin, Salenne, Sanceys, Saint-Julien, Chénebaco et Bretebaneyo*. Plus tard, longtemps après la mort de Jeanne de Pesmes, le 25 septembre 1368, en présence de Jean de Bar et du bâtard Jacques de Grandson, Othe de Grandson se reconnut débiteur de six vingts florins pour acquisition de drap.

Les exécuteurs du testament du duc Eudes eurent à payer diverses sommes importantes dues à l'occasion des guerres du comté. Parmi les seigneurs qui furent indemnisés de leurs pertes, on remarque : Jean de Rupt, écuyer, Jean de Charsanne (Charcenne), Othe de Grandson, Jean-Humbert de Grandson, Aymonnin d'Echevanne (dont la veuve livrera Apremont pendant la guerre des Compagnies), Thiébaut de Faucogney et Jean de Faucogney, son frère, pour dommages portés à leurs terres de Montigny (2).

Les nombreuses occupations du seigneur de Pesmes lui laissaient encore le loisir de créer des fondations

---

(1) Pièces justificatives XXV.

(2) Les reprises de fief étaient alors assez rares. Néanmoins, en avril 1339, Jean Pélerin reconnut tenir sa terre et les tailles de ses hommes de Saint-Julien en fief de Monseigneur de Pesmes. Il renouvela cette déclaration au mois d'août 1340.

pieuses, qui d'ailleurs étaient restées en usage dans la noblesse. Le 14 septembre 1342, les seigneur et dame de Pesmes établirent à perpétuité pour le remède de leurs âmes deux lampes « ardant » qui devaient constamment être allumées devant l'autel de l'église Notre-Dame de Mont-Roland, et ils donnèrent à cette église pour l'entretien des deux lampes par eux établies « sepsante soudées « de annuel et perpétuel rente a bons estevenans a pren- « dre et recevoir chascun an sur leurs censes de Cham- « blans (1) ».

La peste qui enleva le duc Eudes en 1349, fit à Pesmes de terribles ravages. Ce n'est pas seulement parmi les gens du peuple que la mort choisit ses victimes ; Jeanne de Pesmes, dame du lieu, n'en fut point préservée. L'immense douleur qu'elle dut éprouver en vendant les seigneuries qu'avaient illustrées ses ancêtres pour subvenir aux dépenses de son mari, la prédisposa sans doute à la fièvre noire. Quoi qu'il en soit, sentant sa fin approcher, elle fit ses dispositions testamentaires le lundi avant la fête de la Nativité de la Sainte-Vierge, l'an 1349. L'Official de Besançon, en présence de Jean Petitot de Pesmes, délégué à cet effet, reçut les dernières volontés de la dame de Pesmes *saine d'esprit, quoique infirme de corps*. Après avoir recommandé son âme à Dieu et à la glorieuse V. M. sa mère, elle rend aux vers de la terre son corps pour lequel elle choisit sa sépulture en l'église Saint-Hilaire de Pesmes. Elle institue pour son héritier universel, *unique et irrévocable* son très cher fils Jacques de Grandson, qu'elle a eu du seigneur Othe de Grandson, dès deux cents livres de terre qu'elle s'était retenues sur la vente faite par elle au seigneur Guillaume de Grandson. Comme exécuteur de ses dernières volontés elle institue son compagnon et mari le cher seigneur Othe de Grandson, dans les mains

---

(1) Chamblans, canton de Villers-Farlay (Jura). Pièces justificatives XXVI.

duquel elle dépose tous ses biens mobiliers et immobiliers, lui donnant plein pouvoir de faire des levées d'argent sur ses biens, mais à la charge de payer les dettes de la testatrice. Elle ordonne *à ses héritiers* de laisser son mari jouir paisiblement de tous ses biens jusqu'à ce que tous ses débiteurs soient désintéressés. Elle déclare que dans certaines lettres éditées auparavant et apostillées du sceau de la curie de « Besançon et de la curie de Montmirey, « comté de Bourgogne » il est fait mention plus au long de la vente faite à Guillaume de Grandson et de ses dernières volontés, confirmant et jurant pour elle et ses héritiers que rien n'y sera changé.

Le testament de Jeanne de Pesmes fut revêtu du sceau de la Cour de Besançon et fut donné et achevé en présence de Jean-Humbert de Grandson, fils de la testatrice, chanoine de Besançon et de Lausanne (1), de Jean de Montrambert, de Jean dit le bâtard, fils de Théobald de Grandson (2), de Jeannette, fille de Gui Guarinet de Pesmes, de Guillaume Bechet et de plusieurs autres témoins priés et convoqués spécialement à cette occasion (3).

A sa mort, le duc Eudes laissait pour lui succéder dans ses états de Bourgogne un enfant, Philippe de Rouvres, son petit-fils, âgé de cinq ans, fils de Philippe de Bourgogne, sous la tutelle de sa mère, Jeanne de Boulogne et d'Auvergne. La régente s'empressa de conclure un traité avec les hauts barons du comté (29 avril

---

(1) Celui-ci avait pour frère Jacques Humbert de Grandson, écuyer, seigneur de Flammerans. Ce dernier était un enfant naturel, et pour le distinguer de son frère le chanoine on l'appelait généralement Jacot tandis que l'on appelait simplement Jean, le chanoine de Besançon. Celui-ci testa en 1364, en présence de Guillaume d'Etrabonne et de son fils Jean IV.

(2) Il existait alors trois bâtards de Grandson : 1° *Guillaume*, fils de Guillaume de Grandson-Sainte-Croix, qui épousa Louise, fille de Henrioud de Bercher ; 2° Jacques, bâtard de Grandson, chevalier, qui épousa Françoise, fille d'Othon, seigneur d'Esverde. On croit que Jacques, bâtard de Grandson, était fils d'Othe de Grandson ; 3° Jean, bâtard de Grandson, fils de Théobald de Grandson, oncle d'Othe de Grandson. Jean, bâtard de Grandson, fut appelé comme témoin au testament de Jeanne de Pesmes, sa cousine.

(3) Pièces justificatives XXVII.

1349) et leur accorda tout ce qu'ils demandaient. La situation difficile que lui créait la confédération des seigneurs toujours menaçante, décida Jeanne de Boulogne à contracter promptement un nouveau mariage avec Jean de Normandie, fils et héritier présomptif de Philippe de Valois (19 février 1350) (1). Peu après son mariage, au printemps de l'année 1350, le duc de Normandie, accompagné d'un brillant cortège, vint visiter le comté de Bourgogne et en prendre possession. Avant son arrivée, les sergents et valets parcoururent les campagnes des environs de Gray, qu'ils rançonnèrent en levant arbitrairement et « saisissant des vivres (blés, vins, chars, bœufs et moutons) « pour la dicte venue de monseigneur de Normandie en « la terre de Pesmes, de Marnay, de Choies et de Cornuel ». Le duc de Normandie parla avec beaucoup de douceur aux seigneurs du comté et leur confirma tous leurs privilèges, puis il rentra en France par le duché de Bourgogne. Le 22 août suivant (1350) la mort de Philippe de Valois, son père, l'appela au trône de France : le 26 septembre il fut sacré à Reims avec Jeanne de Boulogne.

---

(1) Le contrat de mariage est du 26 septembre 1349. (Coll. col. 727 note 4).

# XIII

## JACQUES DE GRANDSON (1349-1381)

Guerre des seigneurs entre eux — Conclusion de la paix — Défaite de Poitiers — La reine et le jeune duc en Franche-Comté — Trêve entre la France et l'Angleterre — Otages — Othe de Grandson épouse Blanche de Châtillon — Hugues de Grandson — Sa condamnation — Confiscation de la terre de Grandson — Mort d'Othe de Grandson — Mariage de Jacques de Grandson — Décès de son beau-père — Jacques de Grandson enlève le trésor de celui-ci — Procès — Condamnation de Jacques de Grandson — Les Grandes Compagnies — Le seigneur de Pesmes prisonnier des Routiers — Jean de Bourgogne — Il s'empare de Gray et de Jussey — La comtesse Marguerite — Reprise de Gray et de Jussey — Arnaul de Cervolles dit l'Archiprêtre — Prise de Pesmes — Jacques de Vienne gouverneur du comté — Reprise de Pesmes — Frère Raoul de Penegiba — Richard-Tanton — Traité de paix avec les Routiers — Pesmes et Étrabonne donnés en gage à l'Archiprêtre — Mort de ce dernier — Traité entre Jacques de Vienne et Jacques de Grandson — Anarchie en Franche-Comté — Traité d'alliance entre les seigneurs — Confiscation de la terre et du château de Pesmes — Le château de Pesmes en la possession de la comtesse Marguerite — État de pauvreté du seigneur de Pesmes — Son haut rang à la Cour du Duc — Saisie des seigneuries de Saint-Julien et de Broignon — Difficultés entre la comtesse Marguerite et l'archevêque — Un congrès à Pesmes — Misère générale — Mort de Jacques de Grandson — Ses enfants.

A la mort de Jeanne de Pesmes, son fils Jacques prit le titre de seigneur de Pesmes, et c'est en cette qualité qu'il fut appelé par le duc de Normandie et signa les ordonnances rendues par ce prince en 1350. Elles portent en outre les signatures de Jean III de Chalon, comte d'Auxerre ; Thiébaut VI, sire de Neuchatel ; Guillaume d'Antigny, seigneur de Sainte-Croix et plusieurs autres. Jacques de Grandson était en même temps sire de Durne, Montrambert, Bard et autres lieux, et sans doute aussi de Belmont, puisqu'en 1362 il fit un accord avec le Chapitre de Lausanne au sujet de la juridiction d'Essertines (district d'Échallens, canton de Vaud)(1). En 1353 il donna pouvoir

---

(1) L. DE CHARRIÈRE. LES DYNASTES DE GRANDSON.

à Humbert (ou Étienne) de Vuillafans, Perrin de Vaîtes et Jean de Rougemont de prendre en son nom possession du château de Durne. En septembre 1354, étant écuyer, il donna une nouvelle procuration, qui eut pour témoin Jean de Grandson, son oncle, prêtre, chanoine de Besançon. Au mois d'octobre suivant, ce chanoine donna lui-même sa procuration à Jacques Humbert de Grandson, son frère, écuyer, demeurant à Flammerans.

La France étant en paix avec ses voisins, les turbulents seigneurs du comté de Bourgogne se firent la guerre entre eux et se ruinaient tout en ravageant la province. Le 16 août 1352, le sire de Grandson avec vingt hommes d'armes est mandé à Mâcon pour le lendemain de la mi-août, ainsi que le comte de Montbéliard avec quarante hommes d'armes, le sire de Ray avec vingt hommes d'armes et Thiébaut de Neuchatel aussi avec vingt hommes d'armes, mais nos archives ne nous donnent que peu de détails sur ces guerres civiles qui désolaient le pays. Il semble cependant résulter de certains documents que Henri de Montfaucon, comte de Montbéliard, paraissait vouloir se créer une principauté dans la montagne par des empiètements sur ses voisins, qui se liguèrent contre lui. A la tête de ceux-ci étaient Louis de Neuchatel, Hugues de Vienne, Othe et Guillaume de Grandson, Henri de Belvoir et autres. De sanglants combats eurent lieu. Le duc de Bourgogne intervint comme médiateur, et le roi de France lui-même chercha à apaiser les combattants. Des trèves furent jurées et observées, mais la paix définitive ne fut obtenue que sur la prière et les instances de l'archevêque de Besançon (1354).

Le roi de France s'était aliéné bien des esprits par ses levées de subsides dans la Bourgogne (1) et lorsqu'après

---

(1) A cette époque on ne connaissait dans le comté de Bourgogne ni impôts publics ni gabelle. Lors d'un évènement pressant, inattendu le prince envoyait dans les villes *prier gracieusement* les habitants de lui *faire don, aide ou prêt selon leur pouvoir.*

la défaite de Poitiers (19 septembre 1356) la reine effrayée se retira avec son fils en son comté de Bourgogne comme étant le lieu où elle serait le plus en sûreté, elle apprit que l'ancienne confédération était passée au service de l'Angleterre. Elle n'en fit pas moins un appel à sa fidélité et à son patriotisme, et malgré l'hiver elle voulut montrer son fils aux chevaliers comtois. Le 3 janvier 1357, le jeune duc était à Gray ; le lendemain il traversait Pesmes et le 5 janvier il se faisait voir au château de Montmirey.

La bataille de Poitiers fut suivie d'une trêve de deux années entre l'Angleterre et la France. La trêve expirée, le roi d'Angleterre après avoir vainement assiégé Rheims pénétra en Bourgogne accompagné de plusieurs seigneurs franc-comtois : Jean de Neuchatel, Guillaume de Grandson. Une nouvelle trêve de trois années fut conclue le 10 mars 1360. Le duc de Bourgogne s'engagea à payer au roi d'Angleterre 200.000 moutons d'or (1) en trois termes, dont le dernier serait échu le jour de Pâques 1361 et s'effectuerait à Calais. Édouard ne se contenta pas de la promesse qui lui était faite, il exigea qu'on lui livrât comme otages quinze seigneurs des plus nobles et des plus riches et sept bourgeois des plus riches de Bourgogne. Parmi les seigneurs livrés en otage nous voyons Othe de Grandson, lieutenant du duc au comté ; Jacques de Vienne, sire de Longwy et son neveu ; Hugues de Vienne, sire de Saint-Georges ; Henri de Vienne, seigneur de Mirebel ; Jean de Montmartin, bailli en Bourgogne. Le dernier paiement n'ayant pu avoir lieu à l'époque stipulée, les nobles et bourgeois garants du traité se rendirent en otage en Angleterre (septembre 1361) où ils restèrent pendant quelques mois.

---

Le roi Jean s'écarta de cet antique usage. Le 5 juillet 1353 il fit assembler à Dole tous les officiers du comté ; là ses commissaires proclamèrent solennellement que les officiers étaient *ordonnés* par le roi et que tous les revenus du duché et du comté seraient à l'avenir versés au trésor de Paris. Ces mesures eurent pour résultat le mécontentement des hauts barons (ESSAI. CLERC t. II p. 104-105).

(1) Le mouton d'or valait 11 francs de notre monnaie. (Goll. col. 758, note).

— 224 —

Othe de Grandson épousa en secondes noces Blanche de Chatillon, dame de Poix (1) et entra en la foi et hommage du duc à Dijon « le xxvi$^e$ jour de mai l'an m ccc lx ». Il lui fut enjoint de donner la déclaration de son fief tant pour ce qui le concernait que pour « madame de Chatoil-« lon sa femme, jadis femme « de messire de Chastelvil-« lain ». De ce second mariage naquit un fils, Hugues, sire de Grandson et de Lompnes en Bugey, donzel en 1363 et chevalier en 1381. Hugues de Grandson fut accusé du crime de félonie envers le comte de Savoie, son suzerain, et, convaincu d'avoir fait de faux titres, il fut condamné à mort en 1389 (2) par la Cour du bailli de Vaud. Il parvint à s'échapper de sa prison et se réfugia en Angleterre (3). Il était mort en 1397 et l'illustre chevalier Othon de Grandson fut accusé par ses ennemis de la mort d'Hugues de Grandson, son cousin. La terre de Grandson fut confisquée. Hugues de Grandson avait épousé Jeanne de Senecey, dame de Maîche ; elle était sa femme en 1382.

Par ses lettres données à Poix le 9 juillet 1371, Othe,

---

(1) Poix ou Puits, commune du canton de Laignes, arrondissement de Chatillon (Côte-d'Or), (Puy ou Poix, bailliage de Semur), Podium, Putens, d'un puits profond au milieu de l'endroit, qui abreuve tout le village, annexe d'Étais ; prieuré de l'ordre de Saint-Benoît dépendant de Saint-Michel de Tonnerre, diocèse de Langres ; seigneurie jadis aux Brulard, maintenant (1774) au marquis de Vichy-Chamrond ; ancien château fort où les habitants d'Étais et de Coulmier avaient droit de retrait ; 100 feux, 360 communiants ; seigle, beaucoup de bois ; un moulin à vent. La rivière de Vilaine passait autrefois à Puy, maintenant elle se perd au bas du premier village, à trois lieues de Montbard, six de Semur.
(Courtépée, t. iii, p. 578, publié en 1774).

Dans un compte d'Euvrard de Langres, on lit :
« A la fin est cousu un compte de revenus de la terre de Poix ou Puis (paroisse
« d'Atée en Auxois), mise sous la main du duc par le bailli d'Auxois pour certaines
« causes, ledit compte rendu par Evrard de Neele depuis le 27 septembre 1378 jus-
« qu'en février 1379 que la terre fut baillée à Guillaume de Grandson écuier, cousin
« et échanson du duc ». En marge de ce compte, il est dit : « que M. le duc par ses
« lettres du 6 avril 1380, dont copie collationnée est mise aux acquits de ce compte,
« donne perpétuellement audit Guillaume de Grandson tout le droit qu'il avait au
« château de Poix et dépendances, à cause de l'échange fait dudit château avec le
« château de Beaumont-en-Vaux et qui a été *confisqué pour cette raison* (et il paraît
« que la dite terre appartenait auparavant à M$^e$ Hugues de Grandson) ».
(2) 1388 selon M. Duvernoy (Goll., col. 1882).
(3) M. Duvernoy croit qu'il a été exécuté (Goll., col. 1882).

sire de Grandson (1) ratifia le consentement donné à Chalon-sur-Saône, le 9 février 1370, par le duc de Bourgogne à dame Blanche de Chatillon, dame de Grandson, de faire un don à Blanche, fille de feu Huguenin de Vaulx, sa filleule et « damoiselle », à raison de son mariage avec Étienne dit Griffaut de Salerot, écuyer, de trente livrées de terre à asseoir en sa terre de Saint-Beroin-sur-Deune et dépendances, au bailliage de Chalon, avec une motte close de fossés et une tour en icelle, ensemble l'affouage en ses bois de Saint-Beroin-sur-Deune, à charge de fief envers le duc.

L'année suivante (1372), Othe, sire de Grandson et de Poix, chevalier, donna tant en son nom qu'en celui de Blanche de Chatillon, sa femme, le dénombrement de ce qu'ils avaient en la ville de Colemeix-le-Sec, (Coulmier-le-Sec, canton de Chatillon, Côte-d'Or), finage et dépendances, assis au bailliage de la Montagne, tant en hommes, justice, cens à eux appartenant, à cause de leur forteresse de Poix, assise au bailliage de l'Auxois, savoir : 1° à Coulmier, six ménages entiers, taillables haut et bas une fois l'an, non-mainmortables, la justice haute, moyenne et basse sur lesdits hommes et leurs biens, et un grand nombre de cens y détaillés ; 2° le curé de Coulmier pour différents cens ; le fief d'Isabeau de Recey, fille de Jean de Recey, chevalier, pour certaine portion au four ; messire Étienne de Chanteloup, sire de Villeforgeal, à cause de Madame Marie de Neele (Nesles, canton de Laignes, arrondissement de Chatillon) pour une portion de four et plusieurs cens.

Othe de Grandson testa en 1375 ; de son mariage avec Jeanne de Pesmes naquirent deux enfants : Jacques de Grandson, sire de Pesmes, et Jean-Humbert de Grandson,

---

(1) Depuis la mort de Jeanne de Pesmes, Othe de Grandson, son mari, ne porta plus le titre de seigneur de Pesmes, passé à son fils Jacques comme héritier de sa mère. Cependant, Othe est encore désigné sous le titre de sire de Pesmes dans une revue d'armes qu'il passa le 7 juillet 1359 (ETRABONNE, ANNUAIRE DU DOUBS, p. 107).

chanoine de Besançon et de Lausanne, qui mourut en 1361 (1).

Revenons à l'histoire de Jacques de Grandson, un instant interrompue par le récit des événements auxquels prit une si large part Othe de Grandson, son père. Jacques assista (janvier et mars 1355-1356) avec Othe, seigneur de Grandson, aux États tenus à Chatillon, à Dijon, à Sens et à Beaune; et le dimanche 25 décembre 1356, jour de Noël, il reprit de fief du duc de Bourgogne, à cause de son comté.

Jacques de Grandson, dont la position de fortune était loin d'être brillante, épousa Marguerite de Vergy, fille de Guillaume de Vergy, seigneur de Mirebeau, de Fontaine-Française et de Bourbonne, lieutenant général et gouverneur du Dauphiné, et d'Agnès de Durne, sa seconde femme (2). Guillaume de Vergy contracta un troisième mariage avec Jeanne de Montbéliard et eut de cette union Henriette de Vergy. Après la mort de son beau-père, Jacques de Grandson, qui craignait sans doute des détournements de valeurs au préjudice de son épouse, se rendit avec ses gens d'armes à Fontaine-Française, où était la tour renfermant le trésor de Guillaume de Vergy, dans laquelle il pénétra. Jeanne de Montbéliard, tant en son nom qu'en celui d'Henriette de Vergy, sa fille, appela le seigneur de Pesmes devant le duc de Bourgogne et lui demanda la restitution du trésor et des objets mobiliers qu'il avait enlevés ou le paiement d'une somme de 40 à 50.000 florins de Florence à laquelle elle évaluait le montant de la soustraction. Par sa sentence rendue au château de Gray, le 27 octobre 1361, le duc Philippe condamna Jacques de Grandson à payer à son beau-frère Guillaume

---

(1) M. Duvernoy fait Jaquette de Grandson fille du chevalier Otton de Grandson et de Jeanne de Pesmes. M. de Charrière (DYNASTES DE GRANDSON) écrit que Jaquette de Grandson était la sœur d'Otton de Grandson et non sa fille. Il donne à cet égard des détails qui nous paraissent établir la vérité de son récit.

(2) Vergy portait : De gueules à trois quintefeuilles d'or (HIST<sup>re</sup> DE JONV., p. 487).

de Vergy et à ladite dame Jeanne 10.000 florins de Florence « de bon or et léal pois ».

La même année (1361) le seigneur de Pesmes eut avec Georges Aisemertoub de Seurre, un autre procès qui s'entendit les lundi, mardi, jeudi et vendredi devant le parlement réuni à Beaune pour le roi Jean, qui y assista en personne, le dimanche après le deuxième jour de Noël.

Dans ces temps où l'autorité était sans force, des aventuriers couraient le pays, faisant main basse sur tout ce qui était à leur convenance, volant, pillant et maltraitant les habitants, s'emparant quelquefois des villes et des châteaux qui se laissaient surprendre. En 1357, le duc Philippe de Rouvres ordonna à Guillaume d'Antigny de réunir des troupes et de reprendre le château de Grattedos, surpris par Thiébaud de Chauffour et « plusours autres malfacteurs ». Le seigneur de Pesmes fut représenté à cette expédition par Guillaume d'Estrabonne avec trois chevaux ; son fils aîné, Jean d'Estrabonne ; Jean, sire de Bard avec trois chevaux ; Guille de Savigney, 3 chevaux ; Jean de Rupt, 2 chevaux ; Guy du Trembloy, 4 chevaux ; Perrin du Trembloy, 2 chevaux ; Simon du Trembloy, 3 chevaux (1).

Ces bandes de pillards ne firent qu'augmenter. A peine la Bourgogne était-elle délivrée des Anglais qu'elle fut envahie par les *Grandes Compagnies*, réunions d'aventuriers, de nobles ruinés, de capitaines sans emploi, qu'on appela *Malandrins* ou *Tard-Venus*, et plus généralement les *Routiers*. En même temps, cette province fut infectée par une peste affreuse appelée *Murie de la Bosse*. Les Hauts-Barons faisaient bonne garde dans leurs forteresses, mais l'exemple des routiers devint contagieux ; le peuple les imita, et bientôt le pays fut infesté de brigands. Le jeune duc était à Arras. On l'envoya chercher, mais le

---

(1) Arch. du Doubs. B. 527.

messager fut lui-même *robé* en route. Toute la noblesse était sur pied. Les Routiers étaient poursuivis l'épée dans les reins par le maréchal de Turey et Jacques de Vienne qui, les rencontrant par bandes de dix ou vingt « tuoient « et découpoient ces méchantes gens et les pendoient aux « arbres qu'ils trouvoient » (1361).

Pendant plusieurs années les Grandes-Compagnies continuèrent à dévaster la Bourgogne. Dans le cours de l'été, le 27 juin 1361, le gouverneur du duché manda l'archevêque de Besançon, Henri de Vienne, son frère, gouverneur du comté, Jean et Louis de Chalon, père et fils, les seigneurs de Pesmes, de Grandson et leur donna rendez-vous à Semur pour le dimanche après la quinzaine de Saint-Jean-Baptiste, en armes et en chevaux, pour s'opposer aux ennemis qui se réunissaient en grand nombre pour entrer au duché de Bourgogne. L'année suivante (1362), le roi de France, qui se rendait à Avignon, près du pape, et qui parcourait lentement les villes du duché, fut obligé d'appeler à son secours les chevaliers du comté. Au mois de mai les Compagnies mirent le feu aux faubourgs d'Autun, et deux mois plus tard le comte de Tancarville convoqua pressamment Jacques de Vienne, sire de Longwy, gardien du comté au bailliage d'Aval ; Jean de Rye, sire de Balançon ; le seigneur de Pesmes ; Henri de Vienne, sire de Mirebel ; les sires de Fouvent et de Beaujeu. Ces braves chevaliers, sous le commandement du bailli de Montmerle rencontrèrent près de Chariez l'ennemi bien supérieur en nombre. Henri de Vienne, Jean de Rye, ancien maréchal de Bourgogne, et le seigneur de Pesmes furent faits prisonniers et leur armée mise en déroute (1362). Le 25 mars 1367, Jacques de Grandson était encore le prisonnier des Routiers. Il n'avait sans doute pû payer la rançon exigée par ses ennemis.

Pendant que le seigneur de Pesmes combattait contre les Routiers un événement d'une haute importance était le prétexte d'une nouvelle guerre civile en Bourgogne. Philippe de Rouvres mourut le 21 novembre 1361. Sa succession se partagea entre le roi de France, qui prit le duché de Bourgogne, le comte de Montfort, qui obtint l'Auvergne et Boulogne, et Marguerite, grand'-tante du jeune prince, qui reçut l'Artois, la seigneurie de Salins et le comté de Bourgogne (1).

A peine le duc Philippe était-il dans la tombe que Jean de Bourgogne, seigneur de Montaigu (près Vesoul), d'Amance, de Fontenoy, fils de Henri de Bourgogne et d'Isabelle de Dhare-Villars (2) arbora les couleurs de Bourgogne et se proclama comte palatin. Avec de faibles troupes, il s'empara du pont et du château d'Apremont et marcha sur Gray, qui lui ouvrit ses portes (3). Il avait épousé en premières noces Marie de Châteauvillain, fille de Jean III, seigneur de Châteauvillain et d'Arc-en-Barrois. Après son entrée triomphale à Gray, Jean de Bourgogne marcha sur Jussey qui, à l'exemple de Gray, lui ouvrit également ses portes.

La comtesse Marguerite était fille du roi Philippe-le-Long et de Jeanne II. Son mari, le comte de Flandres, avait été tué à Crécy. Marguerite avait alors 36 ans. La guerre civile qui venait d'éclater en Comté ne fit qu'augmenter l'énergie dont elle était douée. Loin de se laisser abattre et malgré la rigueur de la saison, elle prit possession de toutes les places demeurées fidèles et appela les chevaliers à se ranger sous son drapeau. Elle donna l'ordre à Jean de Cusance, bailli d'Amont, de réduire

---

(1) Jacquot de Grandson fut compris dans le testament de Philippe de Rouvres pour 80 florins (Bibl. de Dijon).
(2) Henri de Bourgogne avait épousé, en 1310, Mahaut, dame de Chaussin, veuve de Gauthier de Montfaucon. (CLERC. ESSAI, p. 125 et 175).
(3) M. Clerc (ESSAI SUR L'HISTOIRE DE FRANCHE-COMTÉ, t. II, p. 126) écrit qu'après la prise de Gray « Jean de Bourgogne manda ce premier succès à Madame de Châ-« teauvillain, sa belle-mère, qui dans ce quartier possédait la belle forteresse de « Pesmes ». Malheureusement M. Clerc n'indique pas où il a puisé ce renseignement que nous n'avons découvert nulle part. Si Madame de Châteauvillain a habité le château de Pesmes, ce ne peut être qu'après le traité de Corcondray, en 1365.

— 230 —

Gray à l'obéissance. La ville fut reprise en janvier 1361 (v. st) et les habitants firent serment de fidélité. Gray et Jussey furent condamnées à de fortes amendes. Les Grandes-Compagnies parcouraient le pays, la peste redoublait ses ravages, mais rien ne put abattre le courage de la comtesse Marguerite, valeureusement soutenue d'ailleurs par les Hauts-Barons du comté.

Le chef des Routiers qui inspirait le plus de terreur était Arnaud de Cervolles, surnommé l'Archiprêtre. Sa femme, Jeanne de Chateauvillain, sœur de Marie de Chateauvillain, femme de Jean de Bourgogne, qu'il avait épousée en 1362, lui avait apporté la terre de Chateauvillain, dont il prenait le titre (1).

Le 23 décembre 1362 les Routiers essayèrent de surprendre Besançon. Ayant échoué dans leur tentative, l'Archiprêtre les jette dans le comté où ils portent la dévastation, brûlent Estrabonne, Choye et autres villages; ils s'emparent de Pesmes (2) et tuent beaucoup de comtois. Jean de Vienne, sieur de Roulans, se mit à leur poursuite et les chassa du pays en en tuant un grand nombre.

Dans la guerre que le duc de Bourgogne, Philippe-le-Hardi, suscita à la comtesse Marguerite, à laquelle il voulait reprendre le comté de Bourgogne (1363) il prit à sa solde les Grandes-Compagnies et l'Archiprêtre qu'il lança sur le comté. De Gray on aperçoit de tous côtés la fumée des villages en feu : Pesmes et Saint-Aubin près de Dole

---

(1) Chateauvillain était en Bassigny, au royaume de France. C'est aujourd'hui un chef-lieu de canton du département de la Haute-Marne, arrondissement de Chaumont. Jeanne de Chateauvillain était veuve en premières noces de Jean, sire de Thil et de Marigny, dont elle eut un fils appelé aussi Jean, et en secondes noces de Hugues de Vienne, sire de Saint-Georges, dont elle eut également un fils appelé Guillaume. Philippe-le-Hardi, duc de Bourgogne, fut parrain du premier enfant de l'Archiprêtre et de Jeanne de Chateauvillain; il donna à cet enfant, un garçon, le prénom de Philippe Le baptême eut lieu en 1364. Le duc de Bourgogne appelait Jeanne de Chateauvillain « sa chière et amée comère ».

Chateauvillain portait : Au lion d'or armé et lampassé sur fond semé de billettes. (HIST. DE JONV. p. 486).

(2) Cette prise de Pesmes par l'Archiprêtre prouve que ce lieu n'était pas alors en la possession de Madame de Chateauvillain.

tombent au pouvoir des Routiers. « Pesmes ruiné par les
« grandes compagnies y estant... Le lieu de Velesmes ars
« environ Noël 1363 par ceux d'Apremont (1), savoir Jehan
« de Chauffour, Jean de Corgeniron, Bapterans destruit
« et ars par Jehan de Chauffour, Jehan de Sauvigney et
« leurs complices... Velers-lez-Gray n'a ni bordes ni
« maisons, et ny demoure personne du monde » (2). La
comtesse Marguerite était à Dole. Le gouverneur du
comté, Jacques de Vienne, sire de Longwy, convoqua les
chevaliers comtois pour la défense du territoire. A son
appel les seigneurs accourent à la frontière. Le 18 février
1363 (anc. st) la comtesse reçoit leur serment. Elle était
entourée de l'élite des chevaliers comtois : Jean de Vienne,
évêque de Metz ; Henry, comte de Montbéliard ; Jacques
de Vienne, sire de Longwy ; le sire de Saint-Georges et
Sainte-Croix ; Hugues de Vienne, sire de Pagny ; Jean de
Bourgogne ; Henri de Vienne, sire de Mirebeau ; Thibaud,
sire de Neuchatel ; Jacques de Grandson, sire de Pesmes ;
Jean de Neuchatel, sire de Vuillafans ; Jean, sire d'Oiselet ;
Henry, sire de Villersexel ; Henry de Beauvoir ; Jean, sire
de Ray ; Henry de Longwy, sire de Raon ; Jean de Rye,
sire de Balançon, et les gouverneurs de la cité de Besançon,
qui tous s'étaient engagés à marcher contre le château
d'Apremont resté aux mains des Grandes-Compagnies,
chacun à ses frais et avec un nombre d'arbalétriers et
d'hommes d'armes déterminés par la charte de prestation
de serment, et de le remettre à la comtesse de Bourgogne.
Une armée ainsi composée était de nature à inspirer à la
princesse la plus grande confiance. Jean de Neuchatel et
Hugues de Chalon portèrent audacieusement la guerre
dans le duché et forcèrent le duc à se défendre. Pendant

---

(1) Une femme, Jeanne de Ville, veuve d'Aymont d'Échevannes, avait par trahison livré la forteresse d'Apremont à Jean de Corgéniron et à Jean de Sauvigney.
(2) Arch. du Duché. CLERC. ESSAI t. II. p. 137 (note 1).

cette diversion hardie, Pesmes et Saint-Aubin furent repris sur les Routiers.

Le roi Jean, père du duc, étant mort, son successeur Charles V, dit le Sage, fit des propositions de paix qui furent acceptées. Par une des clauses du traité, le duc s'engagea à faire sortir les Grandes-Compagnies, mais l'Archiprêtre lui-même n'avait plus qu'une autorité très discutée. Sombernon, lieutenant général du duc de Bourgogne, rassemble ses troupes et franchit la Saône. Le 17 juillet, on lui expédie un messager à Auxonne, d'où il était déjà parti ; on le fait suivre à Broye, à Pesmes et jusque devant Gray, où il se trouvait avec l'Archiprêtre. Le 8 août 1364, Sombernon écrit au duc « que les Compagnies du « comté ont pris Pesmes et plusieurs autres lieux ». Longwy et Estrabonne étaient tombés en leur pouvoir. Le 27 septembre il mande à Jacques de Vienne, « à Jean de Vergy « et à Philippe de Jaucourt qu'ils ne courent plus sus aux « Compagnies du comté, dans la crainte qu'elles ne fissent « la guerre au duché ».

Pour se débarrasser des Grandes-Compagnies on essaya tous les moyens, tantôt la force et tantôt la ruse. Frère Raoul de Penegiba, commandeur de Saules et Montoigney (Montseugny), vint un jour offrir aux « gens et « conseillers de Madame » la Comtesse « de boter le feu à « Pesmes, afin que les Compaignes qui au dit lieu estoient « loigiées s'an departissent et vuidissient le paüs ». Cette singulière proposition fut acceptée ; le Commandeur de Montseugny tint parole « et fust le dit fait ». Il reçut XXX florins pour récompense, mais les Compagnies ne quittèrent pas le pays et se maintinrent dans leurs positions.

Cet état de brigandage à main armée avait corrompu bien des esprits. Des hommes aventureux se transformant en chefs de brigands avaient en divers endroits formé des Compagnies qui, sous leurs ordres, parcouraient le pays, saccageant les villes et les campagnes. Pesmes n'avait pas échappé à ces idées de meurtre et de pillage, et Richard-Tanton, capitaine de Pesmes, se distingua par ses sinistres exploits. Cet aventurier était anglais, originaire du Devonshire, où sa famille occupait un rang honorable.

Les Routiers avaient de nouveau pris Pesmes et « jour « et nuit se travailloient de panre et ambler Dôle ». Le bailli accourut à Dole le 7$^e$ jour d'août 1365 et avec lui Jean de Verchamps, Pierre de Montmartin, chevaliers, Thiébaud de Bathenans, Perrin d'Avilley et autres « qu'estoient XVIII chevalx et estoient armés de tout leur « harnois » (1). Malgré les secours amenés par la comtesse Marguerite, Pesmes resta au pouvoir des malandrins ainsi qu'Estrabonne, Corcondray et Longwy. Ces bandes étaient commandées par Lamy, Richard-Tanton, Nadon de Bagerans, le Bourg-Camus et autres « compagnons apperts a « bien adviser bataille, assoillir et escheller villes et châ- « teaux, puis à les vendre au premier venu qui pouvoit les « payer ».

Pour délivrer la province des Grandes-Compagnies, la comtesse Marguerite se décida à traiter avec elles et à les renvoyer à prix d'argent. Ce contrat fut passé au château de Corcondray le 2 décembre 1365 ; le départ de toutes les bandes fut décidé moyennant le paiement de 21.000 florins et trois coursiers.

Les chevaliers comtois se sentirent humiliés par ce traité. Ils se jetèrent sur les pillards, les vainquirent en différentes rencontres et en tuèrent un grand nombre. Les paysans poursuivaient les fuyards jusque dans les bois et les tuaient comme des bêtes fauves. Enfin, la somme de 21.000 florins leur fut payée au château de Corcondray le 9 janvier 1366 (n. st.) et ils s'engagèrent à quitter le comté dans les trois jours.

Ce ne fut qu'avec de grandes difficultés qu'on parvint

---

(1) Arch. du Doubs. Trésor des chartes B. 93.

à réunir la somme destinée à payer le départ des Grandes-Compagnies. Le numéraire était devenu fort rare, et la comtesse Marguerite avait été obligée de donner ses châteaux en gage. L'Archiprêtre lui-même, qui désirait se débarrasser de tous ses Malandrins, se porta pleige (caution) pour 6.000 florins. Pour sûreté de sa créance, on lui donna Pesmes et Etrabonne. Mais comme il était à craindre qu'il ne les gardât longtemps et qu'il ne finît par s'en emparer, les seigneurs et nobles du pays députèrent à Besançon (février et mars 1366) « pour regarder comme « ces deux seigneuries ne chussent ès mains de l'archiprê- « tre, et pour mettre remède es ostaiges qui se tenoient à « Besançon pour le fait de Madame ». Afin de hâter la délivrance de Pesmes « Jehan de Ray donna 600 florins. Au mois de mai 1366, l'Archiprêtre n'était pas encore payé et on cherchait les moyens de le désintéresser (1).

Sur la fin de janvier 1366 (n. st.) les Compagnies qui étaient à Longwy, à Pesmes et à Estrabonne passèrent au duché « dès le mercredi après la Saint-Hilaire jusque le « dymanche suiyant ». Mais l'Archiprêtre ne jouissait plus de la même autorité sur ces bandes indisciplinées. Quelques murmures s'étant fait entendre, il voulut les réprimer ; ses troupes se révoltèrent contre lui et l'assassinèrent (25 mai 1366), non loin de Mâcon, à Glaisé, près de Villefranche (Rhône) ; il laissa de son mariage avec Jeanne de Chateauvillain deux enfants en bas âge, un fils et une fille. Sa veuve se remaria pour la quatrième fois avec Enguerrand d'Eudin.

Dans la somme versée aux Routiers le sire de Pesmes avait été taxé à 3.000 florins. Trop pauvre pour payer cette somme, elle lui fut avancée par Jacques de Vienne, sire de Longwy, à qui la comtesse Marguerite s'était engagée à payer 6.000 florins pour le dédommager des pertes qu'il

---

(1) Arch. du Duché.

avait éprouvées devant Charriez, où lui et ses gens avaient été pris. Jacques de Vienne déduisit du compte de la princesse les 3.000 florins dus par Jacques de Grandson ; pour lui assurer le recouvrement de sa créance, il fut convenu qu'il percevrait à son profit les recettes de la seigneurie de Pesmes jusqu'à concurrence de la somme par lui avancée. En outre, le 17 février 1368, il conclut le mariage de sa fille Jeanne avec Antoine de Grandson, fils de Jacques de Grandson, seigneur de Pesmes, et de Marguerite de Vergy. Une des conditions du mariage projeté était qu'une somme de 7.000 florins de Florence serait donnée à la future épouse par son père pour tout ce qui pourrait revenir à sa fille dans la succession de ses parents, même collatéraux et que cette somme serait assignée sur les château, ville et appartenances de Pesmes, la seigneurie de Pesmes restant acquise au futur époux à la mort de ses père et mère. Ce projet ne reçut pas son exécution.

Pour dégager ses châteaux et ses domaines, Marguerite emprunta de l'argent de ses vassaux. En 1369, elle institua sur les revenus de la prévôté de Baume une rente de 100 livres pour un prêt de 1.000 francs qu'Estienne de Montbéliard lui avait fait pour le départ des Compagnies de Pesmes et de Longwy (1). Mais le produit de ses emprunts étant insuffisant, elle frappa d'une contribution les seigneurs de son comté, aussi pauvres que leur souveraine : Guillaume de Grandson (2) fut taxé à 70 florins ; le sire de Grandson (3) à 110 florins ; le sire d'Andelot, pour lui, sa mère et son frère, à 100 florins. Leurs terres n'étaient pas cultivées ; le commerce avait cessé ; les chemins étaient devenus impraticables et les animaux sauvages peuplaient les forêts. Cet état de misère donna nais-

---

(1) Arch. du Doubs B. 327.
(2) Guillaume de Grandson, sire de Sainte-Croix, ou son fils Guillaume qui avait épousé Jeanne, fille d'Henri de Saint-Dizier, seigneur de la Roche.
(3) Le sire de Grandson était alors Othe de Grandson, autrefois mari de Jeanne de Pesmes.

sance au brigandage. Les plus hauts seigneurs volèrent sur les chemins et se firent entre eux des guerres continuelles. C'était un mauvais moyen pour ramener la prospérité dans le pays. Thiébaut VII de Neuchatel devait « bien 1.000 liv. pour bestes prises sur madame la comtesse sans raison » (1367). Le 15 août de la même année (1367) ordre fut donné de faire bonne garde aux forteresses « pour grant mandement de gens d'armes Lorrains et « Allemands que Jean de Bourgogne avait mis sur le plain « pays ».

La société ne pouvait se maintenir dans cet état d'anarchie. Pour le prévenir autant qu'il était en leur pouvoir, les principaux seigneurs du comté et la comtesse Marguerite avaient fait entre eux (octobre 1366) un traité d'alliance contre les brigands. Ce traité fut signé par l'archevêque de Besancon, Tristan de Chalons-Auxerre; Louis de Châlons; le comte de Montbéliard et son fils; Jacques de Vienne; Thiébaut de Neuchatel; Jean de Bourgogne; Jean de Rye, sire de Balançon; Jacques, sire de Pesmes; Jean de Vergy; le sire d'Oiselay; le sire de Montmartin; Hues de Bauffremont et autres. Tous jurèrent de l'exécuter et maintenir pour eux, pour leurs sujets et pour tous ceux qui s'y « conjoindront afin d'obvier aux « mauvaises volontés de ceux qui voudront faire et donner « dommaige ». Ils s'engagèrent à se faire restituer mutuellement ce qui leur aura été *robé*, sans recevoir dans leurs terres aucun malfaiteur (1).

Le traité d'octobre 1366, sans mettre définitivement un terme aux déprédations et au pillage assura cependant une paix et une tranquillité relatives dans le comté. Il permit à Marguerite d'affermir son pouvoir par une bonne administration et de soumettre à son autorité ceux de ses vassaux qui s'étaient mis en état de révolte contre elle.

---

(1) CLERC. ESSAI T. II, p. 162 (Note 2).

Par décret du 12 juin 1367, donné à Saint-Omer, elle confisqua à son profit la *terre, ville, forteresse* et *chatellenie de Pesmes*, sur la dame de Chateauvillain, belle-sœur de Jean de Bourgogne (1) qui, pour *plusieurs causes* avait été « arrestée et mise es prisons de monsieur le Roy et toute « la terre estant au Royaume mise en sa main » ; et le même jour elle donna l'ordre à son bailli, Huart de Rainceval, de se saisir de la terre et forteresse de Pesmes et de tout ce que madame de Chateauvillain tenait d'elle, à cause de « aucuns malefices et deliz » ainsi que pour l'argent que Marguerite avait prêté pour le rachat de Pesmes, et de *n'en faire aucune* délivrance que par elle ou son mandement ; elle ordonna à tous ses *justiciers, officiers* et *subjets* d'obéir au bailli « diligemment » pour l'exécution de ce décret (2).

En exécution de ces ordres, Huart de Rainceval se rendit à Pesmes le xxv<sup>e</sup> jour de juillet suivant, accompagné du seigneur de Paigney, son lieutenant, Jean Deschamps, Jean de Champvans, Philibert le Vurpillet, Hugues de Groson, Tassin, son écuyer et autres, et mit Pesmes en la main de la comtesse. Il institua comme gardien du château et de la ville Jean Deschamps, Hugues de Groson et quatre sergents (3), qui y demeurèrent depuis le dimanche après la *Magdelaine* jusqu'au vendredi après la mi-août (20 août 1367), jour où Jean Deschamps fut chargé de la garde dudit château moyennant 100 florins par an (4).

Dans cet intervalle, des difficultés étant survenues obligèrent le bailli à se rendre à Pesmes le 31 juillet et à y

---

(1) La dame de Chateauvillain était la veuve de l'Archiprêtre, qui avait reçu la place de Pesmes comme garantie des 6.000 florins dont il s'était porté caution pour le départ des Compagnies. Cette somme ne lui avait pas été remboursée puisque sa veuve était toujours en possession de la ville et de la forteresse de Pesmes.
(2) Arch. du Doubs. Ch. des C<sup>ies</sup> P

26

(3) Les dépenses de cette journée, déduction faite des gages du bailli, s'élevèrent à 7 fl. 6 gr. 112 s. 6 d.
(4) Les dépenses du 25 juillet au 20 août pour pain, vin, chac (viande) et avoine pour les chevaux, s'élevèrent à 32 florins 23 liv.

séjourner le lendemain, afin de pourvoir d'une manière efficace à la garde du château. De Pesmes il se rendit à Gray, où l'appelait le siége du château d'Igny, et revint à Pesmes le 3 août. Il y institua la prévôté, y mit pour madame la comtesse des officiers publics tels que tabellions et autres dont il reçut le serment (1).

Jacques de Grandson, toujours prisonnier des Routiers (2), ne pouvait prendre aucune part aux graves évènements qui se déroulaient à Pesmes, où il ne possédait d'ailleurs que ses 200 livrées de terre, le château et le donjon étant passés en d'autres mains. Ses finances étaient dans un état désastreux, et son fondé de pouvoirs, Perrenin le Matoul de Saint-Julien, reconnut, le 9 février 1367, que le seigneur de Pesmes devait à Jean Portenet, de Dijon, XLVII francs d'or pour dépens faits par lui, sa femme et ses familiers en l'hôtel dudit Portenet. Ce grand seigneur ne pouvant payer sa nourriture à l'hôtel nous montre dans quel état de détresse était alors réduite la noblesse du

---

(1) Bibl. de Besançon, mss Droz. Comptes du Domaine.

(2) L'an mil cccIx et six le xxv° jour du mois de mars (v. st.) environ hore de Vespres, a fontaine-fransoizes, en la basse court et devant la porte dou belle dou chastel de fontaine-fransoizes, en la présence de moy Richar poissenot tabellion dauxonne pour moss. le duc et des tesmoings si dessous escripts. Enquin personalement estans Jaques Chissey chastellain et garde doudit chastel et Humbert li chasseur dauxonne serjent mons. le duc et de mos. le bailly de Dijon liquel Humbert dit audit chastellain sire je vous signifie que messire Jacques de Grandson et madame Marguerite de Vergy sa femme et tous leurs biens maignies et familiers, hommes et femmes de corps se point en sont et leurs biens sont soubs la tuition protection saulve et espéciale garde de mons. le duc et de mos. le bailli et vous deffanz et à tous autres ou seigneur et dame de ce chastau et a leurs complices que sur toutes peines que pourrez encourre vers mons. le duc es dessus nommez ne meffacent ou souffrient meffaire ne a tempter en aucune maniere. Et enfin lour dictes et faites savoir. Et li diz chastellain respondit Je ne me melle masques de la porte de cianz. Et li dit sergent dit. Je ne trouve personne de plus notable de vous cianz et comme chastelain que vous estes de cianz je le vous diz et signifie et par vertuz de ces lettres dont la teneur sensuit : Jehan de Montaigu sire de Sombernon gouverneur et capitaine du duché de Bourgogne au bailly de Dijon et a tous les autres justiciers de mons le duc de Bourgogne ou a lours lieutenanz salut. A la supplique *du seigneur de Pesmes estant prisonnier des gens de compaignies qui ont esté au comté de Bourgogne* et de madame Marguerite de Vergy sa femme affirmant eulx doubtes de plusieurs personnes leurs malveillans pour certaines presumptions et vraies conjectures nom pour considérant de ce que ledit seigneur de Pesmes a esté pour longtemps prisonnier des dictes gens de compaignies et *encore est*, vous mandons et à chascun de vous...».

Une nouvelle signification fut faite devant le même château le 4 décembre 1367 par le sergent Humbert Chassignet d'Auxonne.

(Arch. de la Côte-d'Or).

comté. On ne sera plus surpris lorsque, le 1ᵉʳ juillet 1368, on verra le sire de Pesmes constituer pour son procureur Mᵉ Druhe Félix de Crevans, « saige en droit », et mons. Estienne de Vaites, chevalier, et « lour donner puissance « de traitier et accorder à madame de Flandres ou à ses « gens de tout ce que en quoy li diz sire de Pesmes peut « estre tenuz à elle tant de la *somme de trois mille florins* « esquels il est tenuz à icelle a *cause de la reanson de* « *Pesmes* pour tous les despens quelle az fait pour cause « de la dite reanson et autrement tuichant cest fait ». Ainsi, en juillet 1368 les trois mille florins dus à la Comtesse par le seigneur de Pesmes pour l'évacuation de cette ville par les Routiers n'étaient pas encore payés. Jacques de Vienne, que nous avons vu se charger de cette dette, ne l'avait pas acquittée. Cependant il était venu en aide à Jacques de Grandson, car le 5 mai 1373 il lui réclamait une somme de 450 florins.

Pendant la captivité de son mari, Marguerite de Vergy, dame de Lamarche, donna en fief, le 2 février 1367 un « chasement » à Perrenot de Mailley, bourgeois d'Auxonne, ses deux fours de la ville de Lamarche-sur-Saône avec l'affouage en ses bois. Plus tard, lorsque leurs finances se rétablirent, le seigneur et la dame de Pesmes rachetèrent dudit Perrenot de Mailley tous ses droits sur les fours de Lamarche pour « sex vins florins d'or appelez franz dou coing dou roy de france ».

Jacques de Grandson et Marguerite de Vergy tenaient un rang distingué à la cour du duc Philippe, qui, à l'occasion de leur déclaration de foi et hommage pour la ville (1) de Lamarche, celle de Flacey (2) et du Val-Saint-Julien traitait Jacques de Grandson « d'amé et féal chevalier et cousin » et Marguerite de Vergy de « cousine ». Mais leur

---

(1) Le mot *ville* s'appliquait alors plus particulièrement au village, dont l'étymologie se trouve dans la *villa* romaine et qui donna son nom au vilain. (ALBERT BABEAU. LE VILLAGE SOUS L'ANCIEN RÉGIME, 3ᵉ éd. p. 17).

(2) Flacey, canton d'Is-sur-Tille (Côte-d'Or).

assiduité à la Cour causait l'abandon de leur part de la ville de Pesmes, qui eut plus d'une fois à souffrir de l'absence de son seigneur, son défenseur naturel, et tomba souvent aux mains des Routiers auxquels il fallut payer de fortes rançons. La guerre qui se ralluma en 1369 entre la France et l'Angleterre délivra le comté des Grandes-Compagnies.

Marguerite de Vergy était de la Cour du duc de Bourgogne où elle brillait d'un grand éclat. En qualité de dame d'honneur de la duchesse, elle assista, le 22 mai 1371, à Dijon, à la cérémonie des relevailles de cette princesse avec les autres dames de la Cour. Six ans plus tard, le 5 août 1377, elle était au baptême, à Dijon, d'un troisième prince dont la duchesse était accouchée au mois de mai précédent. L'évêque de Beauvais avait lui-même administré le sacrement à cet enfant, qui mourut dans la même année (1).

Au milieu des fêtes qui se succédaient à la cour du duc la dame de Pesmes abandonnait momentanément les jeux et les plaisirs pour s'occuper de l'administration de sa fortune ; elle y veillait surtout d'une manière plus attentive pendant que son mari était retenu prisonnier par les Compagnies (2). Rentré dans ses domaines, Jacques de Grandson y reçut l'hommage de plusieurs de ses vassaux. Esthener de Musigney déclara tenir en fief et hommage de noble homme et puissant seigneur messire Jacques de Grandson, seigneur de Pesmes, chevalier, sa forteresse de Barjon (3), ensemble toute la terre et appartenance de

---

(1) Parmi les invités se trouvaient : Jacques de Vergy, Hugues de Vienne, seigneur de Sainte-Croix, avec sa femme ; le sire de Sombernon ; la comtesse de Montbéliard ; les dames de Saint-Aubin, d'Arlay, de Villey, de Pesmes et plusieurs autres.

(2) Une contestation s'était élevée entre elle en qualité de dame de Lamarche et frère Besançon, commandeur de la maison de Saint-Antoine de Lamarche, au sujet de l'amodiation d'un étang pour lequel ladite dame réclamait « huit vingts florins » restant dus sur le prix de l'amodiation, qui était de deux cents florins. Frère Besançon prétendait ne rien devoir, l'étang, par suite des guerres des Grandes Compagnies, étant tombé en ruines et « li poisceons s'en estoit allez ». Une transaction intervint entre les parties le 21 juin 1367 : le Commandeur paya pour solde 80 florins.

(3) Canton de Grancey (Côte-d'Or).

Barjon, avec haute, moyenne et basse justice. En conséquence, il jura foi et hommage et « l'éauté » *de main et de bouche* à son suzerain (1).

En même temps (1369) le seigneur et la dame de Pesmes adressèrent une supplique au comte Louis de Neuchâtel et à la comtesse Isabelle, sa fille, pour en obtenir la cession de la seigneurie de Durnay dont ils avaient hérité ; leur demande fut favorablement accueillie.

Possesseur de fiefs considérables et d'une immense étendue, le seigneur de Pesmes avait à se défendre contre l'envahissement de ses voisins, aussi puissants que lui. Un nouveau différend s'éleva entre lui et Henry de Longwy, sire de Raon. Par un compromis en date du 13 mai 1369, les parties nommèrent pour arbitres, savoir : le sire de Pesmes désigna Étienne de Vaîtes, chevalier, et maître Dreux, Philippe, sage en droit ; le sire de Raon nomma Guy de Cincens, chevalier, et Jean de Rochefort, clerc. En cas de désaccord entre les arbitres, elles firent choix d'un cinquième arbitre, Henry de Vienne, sire de Mirebel.

A la suite de cette contestation, Jacques de Grandson et Marguerite de Vergy furent accusés d'avoir vendu au seigneur de Raon et à la dame de Fontaine-Française, sa femme, leurs terres et seigneuries de Saint-Julien et de Broignon, sur lesquelles le duc de Bourgogne pratiqua immédiatement une saisie, dont il donna main levée sous caution le 9 janvier 1370. Cette saisie avait été opérée par le duc parce que l'aliénation avait eu lieu sans son autorisation. Du reste, cette accusation n'était pas fondée, car le

---

(1) Le 12 janvier 1368, le seigneur de Pesmes reçut la reprise de fief de Rémond Barbier et de Jean de Broignon, écuyer, et le 6 juillet 1370, Jacques de Grandson étant à Dijon, « en l'hôtel du duc de Bourgogne », en la grande salle dudit hôtel, reçut la déclaration de foi et hommage de Jean de Pontailler, seigneur de Magny, chevalier, pour 40 livres de terre environ sises au Val-Saint-Julien. En 1374, le vendredi après la Saint-Valentin, Jean de Veniens (?) de Saint-Julien, reprit de fief de noble seigneur Jacques de Grandson, seigneur de Pesmes et de Saint-Julien, ce qu'il tenait à Saint-Julien et à Norges. Il s'agit ici de Saint-Julien de la banlieue de Dijon.

26 janvier 1371 Jacques de Grandson donna son approbation à une vente de propriété à Saint-Julien.

Le comté étant en paix, les nobles du pays, dont le sang bouillant ne respirait que batailles, suivirent Jean de Montfaucon allant au secours du jeune marquis de Montferrat, contre Galéas, seigneur de Milan. Jean de Montfaucon fut tué devant Asti (1372 ou 1373). Il était accompagné dans cette expédition de Hugues, sire de Rigney ; Jean de Grandson (1) sire de Pesmes ; Vaucher, sire de Mirebel ; les comtes de Savoie, de Gruyère et de Genève (2).

Quelques années plus tard surgit une grave difficulté entre la comtesse Marguerite et l'archevêque de Besançon au sujet de la publication des testaments. Prétendant que tous les testaments et codicilles reçus dans le diocèse de Besançon devaient être publiés en la cour de Besançon, l'archevêque avait lancé des lettres monitoires suivies de lettres d'excommunication et les avait fait publier dans plusieurs villes du comté de Bourgogne. Le procureur de la Comtesse s'était pourvu en appel au Saint-Siège de Rome pour le préjudice qu'en ressentait la comtesse suzeraine ainsi que ses sujets. Mais avant de plaider cette affaire on résolut d'essayer une conciliation. La comtesse Marguerite était restée en possession de la ville et du château de Pesmes. Ce lieu fut choisi par les parties pour la réunion de leurs délégués. Le congrès s'ouvrit en conséquence à Pesmes le jeudi après la résurrection de N. S. l'an 1379 (17 avril). Il y fut arrêté que la cause resterait en l'état jusqu'à la fête de Pentecôte de l'an 1380 et qu'il serait nommé par chacune des parties trois commissaires pour procéder à des enquêtes et à une instruction

---

(1) Il y a erreur de prénom. Jean de Grandson était encore mineur en 1386, quatorze ans après la bataille d'Asti. Il s'agit évidemment de Jacques de Grandson, alors sire de Pesmes.
(2) CLERC. ESSAI t. II p. 190 note 4 — Goll. col. 1882,

préalable. On désigna pour la comtesse Thiébaud, sire de Rye, messire Jean de Salins, sire de Poupet et maître Gilles de Montaigu ; les commissaires désignés pour l'archevêque furent : le sire de Rupt, messire Jacques de Vellefaux et maître Pierre Paris, vicaire et official de l'archevêque.

Les membres du congrès arrivèrent à Pesmes un mercredi (1380), y siégèrent pendant la journée du jeudi et se séparèrent le vendredi. Ils étaient au nombre de dix-sept à cinquante-sept chevaux : l'abbé de Baume à douze chevaux ; le sire de Rye, Eudes de Quingey, chevalier, le sire de Poupet, Gille de Montaigu, maître Jean Longin, le trésorier, le prévost et deux sergents de Dole, le prévost de Gendrey et Humbert Huat, Guillaume, sire de Belmont, bailli du comté de Bourgogne, à treize chevaux, messire Guy de Cicon, Guy, sire d'Amange, Guiot de Rochefort, gruhier en Bourgogne, et le fauconnier du bailli. Leurs dépenses, tant pour leur nourriture que pour les chevaux, forge et bourrelerie s'élevèrent à 27 florins 3 gros et 8 engrognes.

L'importante question de la publicité des testaments ne fut pas aussi facile à régler qu'on l'avait espéré ; elle traîna en longueur, et le jour de la Saint-Michel (29 septembre 1380) Eudes de Quingey se rendit à Besançon, où il resta jusqu'au lendemain *après dîner* pour (continuer et « accroistre le compromis et traities qui estoit entre les « genz de notre dicte dame et ceulx de monsg$^r$ de Besancon « sur le fait de la monicion par icelui monsg$^r$ de Besancon « avoit fait publier es villes de notre dicte dame sur toutes « personnes qui recoynent et font publier testament en « autre court que en celle de Besancon ». Une nouvelle réunion avait été fixée à Pesmes « à la xv$^e$ de la décade Saint Michel » ; elle fut ajournée, les choses restant en état jusque « à la xv$^e$ de Paques charnelx prouchain ».

La haute et brillante situation de Jacques de Grandson

à la cour du duc de Bourgogne ne remédiait que d'une manière insensible au mauvais état de ses finances. Le 12 mars 1367 (v. s.) il reconnut devoir à Jean Donay, de Chanceaux, receveur général du bailliage de Dijon, 80 francs sur le prix de deux chevaux qu'il en avait achetés, s'engageant à payer cette somme pour le jour de la Pentecôte prochaine, obligeant à cet effet tous ses biens. En cas de non paiement au terme fixé, il promit de venir, dans les trois jours suivants, tenir otage à Dijon et de n'en partir qu'avec l'autorisation du créancier jusqu'à ce que satisfaction entière soit donnée à celui-ci. Les témoins de cette reconnaissance furent maître Dereuze Félix, Lambelin dit Thannay, clerc, Humbert de Bar, écuyer, et Jean de Buxère (1).

Ce seigneur de Pesmes achetait tout à crédit : ses chevaux et ses habits. Il acheta même, de Perron, maire et bourgeois d'Auxonne, « un roncin rouge bai » pour quarante francs d'or, qu'il s'engagea, le 20 juillet 1372, à payer avant la Saint-Michel Archange prochaine. Il était sans doute connu pour être très obéré, car ce marchand de roncin exigea le cautionnement de Humbert de Bar, écuyer, et la promesse par son débiteur de se rendre en otage à Auxonne à ses propres frais en cas de non paiement à l'échéance (2).

--------

(1) Le 29 mai 1372, Jacques de Grandson, seigneur de Pesmes et de Lamarche, reconnut devoir à Othenin de Certigny, bourgeois de Dijon, 23 francs « pour vandue de drap a li baillé a payer a la St-Michel prochain venant et les assigner en espécial sur ses tailles de St Julien ».

(2) Le 16 février 1372 (v s.) il se reconnut débiteur de Garnier dit de Bèze, de Dijon, de 43 francs d'or, payables à la fête de Saint-Michel suivant. Près d'un an plus tard, le 16 janvier 1373, Garnier n'est pas entièrement soldé et Jacques de Grandson reconnaît alors être son débiteur de 50 francs d'or « pour residut de plusieurs grant sommes a laquelle il estoit tenuz pour vendue de drap », s'engageant à se libérer pour la Saint-Barthélemy prochaine.

Le 2 juin 1373, le seigneur de Pesmes déclare devoir à Jean le Joliot, drapier, de Dijon, 44 francs d'or pour vente de drap, payables à la Nativité de N. D. prochaine. Il donne pour caution Estevenin Prevost de la Marche, son receveur, et Jean le le Ferneret, de Dijon.

Le 30 septembre suivant, il reconnaît devoir à Drehue, Félice, docteur en droit, et à Jeannote, sa femme, 24 francs d'or, pour prix de quatre muids de vin rouge, payables à la Nativité de N. S. prochain venant.

Jacques de Grandson, seigneur de Pesmes et de beaucoup d'autres lieux, était dans un tel état de pauvreté qu'il ne vivait plus que d'emprunts. Dans sa fierté de grand seigneur il payait encore sa nourriture, mais tous ses habits étaient achetés à crédit. Les reconnaissances qu'à cet égard il souscrivait à ses vendeurs, toujours les mêmes, stipulaient des conditions blessantes, auxquelles il était obligé de se soumettre. Le 17 juin 1374 il reconnut devoir à Gelet de Saint-Lienard, mercier, demeurant à Dijon, douze francs d'or pour acquisition d'une « sateins roige » payables à la « fête de l'Assomption de N. D. prochain venant », promettant « li terme passé au deffaut de paie-
« ment envoier tenir ostaige ung homme et II chevaul a
« Dijon en la maison ronde a ses despens sans partir
« jusques a fin de paiement : tesmoings Jehan d'Andelot
« et Jehan de Marnelle ». Un de ses principaux fournisseurs était Garnier de Bèze, dont il se reconnut de nouveau débiteur de LXXVII francs d'or et « ung gros » pour vente de drap à payer à la Résurrection de N. S. en présence de Jean de Bèze, écuyer, et de Jean de Beaune (1).

Parmi les actes rédigés par Pierre de Layer, prêtre et notaire à Dijon, se trouve une reconnaissance faite par messire Jacques de Grandson, sire de Pesmes au profit de mons. Guy de la Tremoille, chevalier, de 360 francs d'or, que ce dernier lui a avancés pour rembourser de pareille somme Aymenon de Pommais, chevalier, qui l'avait prêtée à Jacques de Grandson. Il est à remarquer que le chevalier de la Tremoille ne remit pas l'argent au sire de Pesmes, mais qu'il désintéressa lui-même le chevalier de Pommais, auquel il demanda une quittance pour Jacques de Grandson. Celui-ci s'engagea à payer mons. de la Tremoille par à-comptes de 50 francs par an,

---

(1) Le 17 mai 1377, le seigneur de Pesmes déclare devoir à Jean le Joliot, de Dijon, drapier, LII francs d'or, pour acquisition de drap.

payables à la Saint-Remy. Cet engagement porte la date du XV⁰ jour de février de l'an mil trois cent LXXIX (v. s.)

Madame de Grandson née de Vergy, était elle-même dans la nécessité de s'habiller à crédit et de se faire cautionner par un de ses officiers. On croira difficilement à un tel état de misère, qui nous est révélé par les actes des notaires de l'époque. Le 15 janvier 1375 (n. s.) Marguerite de Vergy, dame de Pesmes et Esthevenon le Faivre, prevost de la Marche, reconnaissent devoir solidairement à Garnier (dit de Bèze, marchand de drap), XX francs d'or et XI gros tournois d'argent, tant pour vente de drap que pour vente de « fustenne », payables « la mitié a la mica-« royme prochain venant et laultre mitié a la Saint Jehan baptiste suiguant ». Les témoins de cette reconnaissance sont : Richard de Fontaine, écuyer, et Jean de Beaune. Cette dame de si haute lignée, qui ne possédait pas de quoi s'acheter une robe, assistait le 5 août 1377, à Dijon, au baptême de Louis de Bourgogne.

La misère était générale; elle régnait partout, chez les puissants comme chez les faibles. Les habitants des campagnes ruinés par les guerres et le pillage, ne payaient plus les cens et les tailles auxquels ils étaient assujettis. Esthevenon le Faivre, prevost de la Marche et de Pesmes, que nous avons vu cautionner Madame de Grandson auprès de Garnier, marchand drapier, fut obligé d'appeler au château de Pesmes, le dimanche 24 février 1375, Jean Badeler, de Nores, Vaulon Morel et Guilles de Penecières, tous de Nores (1), pour rendre compte au seigneur de Pesmes de ce qu'ils avaient reçu en la ville de Nores en cens et en tailles. Jean Badeler seul se présenta et sollicita un délai pour se mettre avec les deux autres receveurs à la disposition du seigneur de Pesmes.

Bientôt les emprunts contractés par le seigneur de Pesmes ne lui suffirent plus; peut-être rencontra-t-il

---
(1) Noir ou Petit-Noir.

quelques difficultés à en contracter de nouveaux. Il se décida alors à aliéner quelques parcelles de ses nombreuses seigneuries. Le 30 mai 1380, il vendit à messire Guy de Pontailler, chevalier et maréchal de Bourgogne, un étang appelé l'étang de Flacey, avec le moulin en dépendant, le tout assis en ladite ville de Flacey, et quatre maignies (1) d'hommes à prendre en la terre de Saint-Julien, moyennant la somme de 500 fr. d'or « de bon et juste pois » (2). Le 16 janvier 1372, il avait amodié cet étang et le moulin « sur icelui » à partir du 1er juin 1373, pour cinq années, à Guiénot et à Regnaut les Geliniers, frères, pour 50 francs, avec l'autorisation du duc de Bourgogne.

Jacques de Grandson mourut peu de temps après la vente de l'étang de Flacey. Le dernier acte dans lequel il figure est une charte datée de « Die martis in festo S<sup>ti</sup> Bar-« nabeyi apostoli anno domini mill ccc octogenta prime « (juin 1381) ». Le 19 décembre 1381, sa veuve reçut l'hommage de Jean de Rupt pour tout ce qu'il tenait de sa mouvance, tant au duché qu'au comté de Bourgogne. Jacques de Grandson est donc mort en 1381 entre juin et

---

(1) Maignies: domestiques attachés à la personne du seigneur.
(2) « Noble et puissant seigneur Monseigneur Jacques de Grandson seigneur de « Pesmes chevalier vend etc... perpétuellement pour lui et pour ses hoirs à noble et « puissant seigneur messire Guy de Pontailler, mareschal de Bourgogne chevalier « present et acceptant pour li et pour ses hoirs cest assavoir un estan appelé lestan « de Flassé (Flacey entre Spoix et Saint-Julien) assi entre la dite ville de Flassé ainsi « comme il se comporte et S<sup>t</sup> Julien. Ensemble le molin deppendant dicellui estan. « Item quatre moingnees dommes a prenre en sa terre de S<sup>t</sup> Julien cest assavoir « Parisot Jehan diz blanche frère, Parisot le cranenet. Jehan Bertaut taillables a « volonté et de main morte, excepté toutevois lediz Jehan Bertaut *qui nest taillable* « *que deux ans en deux ans*. Ensemble toute justice, seigneurie haute moyenne « et basse et tous autres droiz seigneuriaux noblesces. Appartenans quelconque appar-« tenans aux étan, molin maignies et justice devant ditz, sans y retenir pour li ne « pour aultre aucun droit raiserves ou action de saisine ou de propriété ou aultre « Et ce pour le pris et la somme de cinq cens franz dor de bon et juste pois du « coing du Roy notre sire paiez par le diz achetour audit vendeur et desquels mes-« sire Jacques vendeur se tient pour bien contens et paies et en quitte lediz messire « Guy et les siens. Devesti etc... investit etc... promettant garantie franchement « envers tous et contre tous, et ce present vendaige le diz vendeur fait sil plait a « tres excellent prince mons lo duc de Bourgogne duquel fie lesdites choses meuvent « et sont tenues noblement, le consentement duquel ledit messire Guy achepteur doit « procurer a ses despens etc... testes Richart seigneur de Fontaine, Henry de No-« vaulx (Nouvelle, canton de Granccy-le-Château, Côte-d'Or) geoffroy du meix escuier « Lan mil et ccc<sup>e</sup> IIII<sup>xx</sup> le xxx jour de may ».

(Arch. de la Côte-d'Or B 11238).

— 248 —

le 19 décembre. Il fut inhumé en la chapelle de Saint-Jean-Baptiste dans l'église Saint-Hilaire de Pesmes (1).

De son union avec Marguerite de Vergy naquirent six enfants :

I. Jean, qui continua la postérité.

II. Antoine, qui fut fiancé à Jeanne de Vienne, fille de Jacques de Vienne, seigneur de Longwy (2).

III. Guillaume, mort jeune. C'est sans doute à lui que, le 22 février 1380, le duc de Bourgogne fit remettre la seigneurie de Poix, gouvernée alors pour le compte du duc (3).

IV Simon, qui épousa Jeanne de Vienne, fille d'Henri de Vienne, seigneur de Mirebel, et de Jeanne de Sainte-Croix.

---

(1) Il pourrait s'établir dans l'esprit du lecteur une certaine confusion entre Jacques de Grandson, seigneur de Pesmes, et Jacques ou Jacquot de Grandson, son frère naturel, seigneur de Flammerans. Très dévoués au duc de Bourgogne l'un et l'autre, on les voit, en même temps au service de ce prince qui avait pour eux une vive affection.

Le seigneur de Flammerans avait reçu du duc le titre « d'escuier de cuisine ». C'est en cette qualité qu'il l'accompagna à Avignon (1365). Fidèle vassal du duc, auquel il était très attaché, il remit entre ses mains Henry Chambard, chevalier, qu'il avait fait prisonnier, sans exiger aucune rançon ; il fit périr son coursier en allant à Argilly prévenir le duc de Bourgogne de la prise de Pontailler. Le prince le récompensa de son zèle en lui faisant, le 10 décembre 1370, un don de 200 francs.

Philippe-le-Hardi traitait familièrement Jacquot de Grandson. En 1373, la duchesse étant accouchée, à Montbard, vers le mois d'octobre, d'une fille qui y fut baptisée et nommée Marguerite, le duc manda la dame de Mondoucet, qui était à Paris pour être la gouvernante de la jeune princesse, et il donna ordre à *Jacot* de Grandson, *écuyer de son écurie*, d'accompagner Madame de Mondoucet et de la conduire à la duchesse à Montbard. (Hist<sup>re</sup> de Bon<sup>ne</sup>, t. III).

En 1372 et 1373, le sel qui fut transporté de Montbard à Dijon fut confié à Jaquot de Grandson, écuyer de cuisine du duc de Bourgogne, sur l'ordre d'Olivier de Jussey, chevalier et maître d'hôtel du duc.

Enfin, le 9 septembre 1377, Jaquot de Grandson fut appelé comme témoin à la ratification par l'évêque de Châlon et la duchesse, en l'absence du duc, sur certains droits qui faisaient entre eux l'objet d'une contestation. Et l'année suivante (1378), il fut envoyé à Remiremont pour le traité de mariage de Mademoiselle Marguerite, fille du duc, avec les gens du duc d'Autriche. En reconnaissance de ses services, il reçut du duc une gratification en 1384.

Jacquot de Flammerans paraît être arrivé à un âge très avancé, car en 1454, pour obtenir le paiement d'une somme de 1560 francs qui lui était due par Jean (II) de Grandson, il fit saisir les revenus du seigneur de Pesmes. Peut-être le créancier de Jean de Grandson était-il un descendant de Jacquot de Grandson, seigneur de Flammerans.

(2) V. p. 235.
(3) V. p. 224.

V. Alix, femme de Jacques de Pontailler, dame de Talmay.

VI. Hugonète ou Huguette, femme d'Henri de Salins, chevalier, seigneur de Poupet, Flacey, Ivrey, Combelle et Saizenay (3). Elle testa le 4 mai 1396, avant sa mère (4).

---

(3) L. DE CHARRIÈRE. DYNASTES DE GRANDSON.

(4) Antoinette, fille d'Henri de Salins et d'Huguette de Grandson, dame de Saubertier, fut la première femme de Jean de Rye, dit de Neublans. Elle testa le samedi avant la Saint-Michel, l'an 1439, et mourut la même année. Son mari épousa en secondes noces Henriette de Vienne et ne mourut que le 16 septembre 1462. (ROUSSET. DICT. HIST. DU JURA, IVREY).

En décembre 1368, Perrenote de Grandson, veuve de Jean Buchot de Pesmes, déclare avoir reçu par l'intermédiaire de Mᵉ Richard Bouhot, de Dijon, lieutenant de messire Olivier de Jussey, chevalier, sire de Rochefort, gouverneur du bailliage de Dijon, de Jeannin Sairain, d'Auxonne, douze florins et demi de Florence, de bon or et de juste poids, dus aux enfants dudit feu Jean Buchot et de la dite Perrenotte pour intérêts d'une somme prêtée.

Cette Perrenote de Grandson était sans doute une bâtarde, car on ne la trouve dans aucune généalogie des seigneurs de Grandson.

## XIV

### JEAN (I) DE GRANDSON (1381-1396)

Haut rang de Marguerite de Vergy à la cour du duc de Bourgogne — Le pont de Lamarche-sur-Saône — Mort de Guillaume de Grandson — Seigneurie de Villafans-le-Neuf — Procès — Mort de Marguerite de Vergy — Bataille de Nicopolis — Mort de Jean de Grandson — Sa veuve — Ses enfants.

Après la mort de son mari, Marguerite de Vergy administra la seigneurie de Pesmes au nom de ses enfants, encore en état de minorité. Elle assista, le 6 mai 1382, à une transaction entre Jean de Vergy, chevalier, seigneur de Fouvent, sénéchal, et Philibert de Beauffremont, chevalier, veuf d'Agnès de Jonvelle, autrefois femme de Guillaume de Vergy. Et le 12 du même mois elle reconnut devoir à Jean-le-Joliot le jeune, drapier à Dijon, 48 francs d'or, tant du « residu » de plusieurs sommes d'argent dues par elle et son défunt mari, que pour diverses acquisitions de drap.

Pendant son veuvage, la dame de Pesmes continua à jouir de l'affection de la duchesse de Bourgogne, qui, étant à Troyes, manda par lettre du mois d'avril 1383, de venir auprès d'elle les femmes des fils de Jean de Vergy, la dame d'Arlay, la dame de Pesmes et autres. Lorsqu'au mois de février 1390 la duchesse alla à la rencontre de son mari, qui revenait d'Avignon, elle avait à sa suite un grand nombre de dames de la haute noblesse, parmi lesquelles se trouvait la dame de Pesmes, qui avait conservé son rang élevé à la Cour de Bourgogne. En diverses circonstances le duc lui-même lui donna des preuves de son estime et de son affection. C'est ainsi que le 19 août 1395 il lui confirma un privilège accordé par les ducs ses prédécesseurs. Elle en obtint une nouvelle preuve dans les circonstances suivantes :

Marguerite de Vergy était dame de Lamarche-sur-Saône, dont les habitants avaient été autorisés par les ducs de Bourgogne à faire construire à leurs frais, pour leur usage et commodité, un pont sur la Saône. Ce pont fut construit puis détruit par les guerres et les inondations. La paix ayant ramené l'aisance dans la province, les habitants de Lamarche reconstruisirent leur pont et le remirent en état. Il n'y demeura pas longtemps. Jean-le-Nain lieutenant du bailli de Dijon, et le prevost d'Auxonne, animés d'un zèle exagéré pour les intérêts du duc, à qui ils prétendaient que ce pont portait préjudice, y vinrent pendant la nuit, avec un grand nombre d'ouvriers et le firent démolir. Marguerite de Vergy en ayant été informée, se plaignit au duc de ce procédé sommaire et lui représenta que la destruction du pont qu'elle possédait sur la Saône lui portait un dommage notable ainsi qu'aux habitants de Lamarche. Le duc s'empressa de faire examiner la requête par son conseil, et la plainte de la dame de Pesmes ayant été reconnue fondée, il confirma de nouveau aux habitants de Lamarche le droit d'établir un pont sur la Saône.

Le 2 mai 1386, Marguerite de Vergy, tutrice de Jean et Alix de Grandson, ses enfants mineurs, reçut de Marie de Rougemont, tutrice de Jean de Rupt, son fils mineur, issu de son mariage avec Gauthier de Rupt, le dénombrement du château et de la terre de Rupt tenus en fief du seigneur de Pesmes ; d'Oigney et ses dépendances ; du fief de Guy de Demangevelle ; de celui de Jeanne de Gouhenans ; du fief de Guy du Tremblois pour la maison forte de Résie et ses dépendances ; de quatre fiefs tenus à Chevigney par les héritiers de Poinçard Muydevin, les hoirs de Henri de Charcenne, les héritiers de Jean de Chauccy et les héritiers de Oudin de Terquans ; du fief tenu par Étienne de Flavigny, à cause de Béatrix de Rupt, sa femme, fille de la déclarante et de feu Gauthier de Rupt, savoir : tous ses hommes et ce qu'il a à Bussières (1) avec 16 émines de froment de rente que le seigneur de Grancey doit sur ses dîmes de Boussenois (2) et ce qu'il tient à Bretigny (3) près du pont de Norges (4) en hommes, cens et mainmorte. Et le 9 décembre de la même année (1386), elle procéda avec ses deux sœurs, Jeanne, dame d'Anthon, et Henriette, dame de Fontaine, en présence d'Humbert, seigneur de Bard et autres, au partage des terres et seigneuries provenant de la succession de Pierre de Bar, leur neveu. Dans ce partage la forteresse de Septfonds, avec la ville et ses dépendances, échut à la dame de Pesmes.

L'année suivante, le 24 juin 1387, Parisot Lovaton de Nores reconnut et confessa être homme de noble dame Marguerite de Vergy, dame de Pesmes, lui et tous ses biens en quelques lieux qu'ils fussent situés, et promit de demeurer en la juridiction de ladite dame à Nores ; déclarant en outre que ses père et mère « estoient hommes » de feu mons. Jacques de Grandson, jadis seigneur de Pesmes et de Nores. Les témoins de cet acte étaient : Humbert, sire de Bard, près de Pesmes, Jean d'Yvoire, escuyers, messire Pierre Peletier, prêtre, et plusieurs autres. Il est daté de Nores le dimanche de la Nativité de Saint-Jean-Baptiste, l'an 1387 (5).

C'est dans l'année 1387 que mourut Guillaume de Grandson, fils de Jacques de Grandson et de Marguerite

---

(1) Canton de Grancey-le-Château (Côte-d'Or).
(2) Canton de Selongey.
(3) Canton de Dijon-Est.
(4) Canton de Dijon-Nord.
(5) Le 3 août 1385, à une revue de Jean de Vienne, sire de Pagny, chevalier banneret, on voit figurer comme écuyers : Garnier de Pesmes, Guyot d'Aubigney, Girard de Bard, Jean d'Andelot, Jean de Valay, Jean de Dammartin.
¹* Le 7 février 1386, messire Guy Morel avait donné le dénombrement du fief que tenait de lui André de Tarlat (de Tarlato) comme héritier de feu Guillaume de Pesmes au lieu de la Buxière.

de Vergy. Il avait épousé Jeanne de Saint-Dizier, qui convola en secondes noces avec Jacob de Vergy ; celui-ci réclama aux héritiers de Guillaume de Grandson le douaire de sa femme. Le 14 mars 1388, il intervint une transaction entre noble damoisel Jacob de Vergy et demoiselle Jeanne de Saint-Dizier, sa femme, d'une part, et noble dame Marguerite de Vergy, dame de Pesmes, tant en son nom que comme ayant le bail de Jean de Grandson, son fils « du corps de M. Jacques de Grandson, seigneur de Pesmes » et Perrin de Malans, nommé curateur aux biens de Guillaume de Grandson (1), d'autre part, au sujet de 400 livres de terre réclamées par les époux Jacob de Vergy. Pour terminer cette difficulté, le curateur abandonna aux réclamants le château et la ville de Pouys (Puits) ainsi que le château et la ville de Montrambert et leurs dépendances en déduction desdites 400 livres de terre.

Alix de Grandson avait épousé Richard d'Ancelle. Devenue veuve, elle se remaria avec Jacques de Pontailler, fils de Guy de Pontailler, seigneur de Talmay, et de Marguerite d'Anglure. Le contrat, qui est à la date du 23 juillet 1391, offre un curieux spécimen des actes de cette nature au xiv° siècle (2).

Les dernières années de Marguerite de Vergy furent troublées par un procès très important qu'elle soutint avec sa sœur Jeanne de Vergy, dame d'Anthon, contre le comte Conrad de Neuchatel et de Fribourg, relativement à la seigneurie de Villafans-le-Neuf.

La comtesse Isabelle de Neuchatel avait par testament

---

(1) Le 16 mars 1387 (v. s.) Perrin de Malans, agissant en qualité de curateur aux biens de Guillaume de Grandson, constitua pour ses procureurs M° Pierre de Tourneurre, Aymé de Vesoul, Pierre Mainsire et Raoul Drobille, procureurs au parlement du Roy à Paris, pour le représenter dans toutes les causes qui pourraient intéresser la succession de Guillaume de Grandson, « damisel » portées au parlement du Roy à Paris. Cette institution eut lieu en présence de Guist d'Aubigney et Jean de Quingey, clercs.

(2) Pièces justificatives xxviii.

institué pour son héritier le comte Conrad de Fribourg et de Neuchatel. Dans les biens qu'il recueillit en cette qualité se trouvait la seigneurie de Villafans-le-Neuf, dont il fut mis en possession par le bailli d'Aval (1395). Les dames d'Anthon et de Pesmes, prétendant que cette seigneurie leur appartenait présentèrent une requète au duc de Bourgogne pour le supplier de retenir en sa possession la seigneurie litigieuse, que le comte Conrad détenait injustement, afin d'éviter « de grands débats et une grosse guerre ». Le duc fit saisir la seigneurie et donna l'ordre à son Conseil de juger le procès (1396). Conrad se pourvut par requète présentée au duc pour être remis en possession de la seigneurie de Villafans, contrairement aux prétentions des dames de Pesmes et d'Anthon (1396). Le Conseil du duc ajourna le comte Conrad à comparaître à Besançon ainsi que les dames demanderesses. Philippe-le-Hardi fit mettre la seigneurie en séquestre jusqu'au jugement du procès (1396). Marguerite de Vergy ne vit pas la fin de ce procès ; des arrêts du Conseil du duc et du parlement de Dole, rendus en 1397, paraissent avoir donné raison aux deux sœurs Marguerite et Jeanne de Vergy, car en 1401, celle-ci fit cession au comte Conrad de la moitié de la seigneurie de Villafans-le-Neuf, *pour la tranquillité de sa conscience*, n'étant pas, sans doute, parfaitement sûre de son droit sur cette seigneurie.

Marguerite de Vergy testa le 10 juin 1396 et mourut le jour de la Toussaint de la même année (1).

Malgré son jeune âge, Jean de Grandson brûlait du désir de se distinguer sur les champs de bataille à l'imitation de ses ancêtres. Déjà, en 1392, il s'engagea avec les principaux seigneurs du pays pour obtenir l'élargissement de Jean de Chalon, seigneur de Chatelguyon, détenu dans

---

(1) E. PERCHET. LE CULTE A PESMES, p. 158 et suiv.

les prisons de Ventoux (1) par le duc de Bourgogne pour crime d'assassinat d'un officier du duc (2).

Bientôt une occasion nouvelle lui permit de prendre part à une expédition lointaine, qui eut un résultat tragique. Menacé dans ses états par les Turcs, le roi de Hongrie avait sollicité le secours des chrétiens et notamment des Français. Le duc de Bourgogne obtint du roi le commandement de cette armée pour son fils, le comte de Nevers. Les plus grands seigneurs se firent un devoir d'accompagner le jeune comte ; Jean de Grandson se joignit à cette noble escorte. Cette expédition ne fut pas heureuse. La témérité avec laquelle le jeune prince engagea la bataille avant que toutes les troupes ne fussent rangées, amena une déroute complète. L'armée, enveloppée par les Turcs, fut massacrée ; on fit des chrétiens un affreux carnage. Cette sanglante défaite eut lieu devant Nicopolis le 28 septembre 1396 (3). Le seigneur de Pesmes y perdit la vie (4). Nous avons vu que sa mère ne survécut que quelques jours à ce fatal événement (5).

Jean (I) de Grandson avait épousé Catherine de Neuchatel, fille de Thiébaud VI de Neuchatel et de Marguerite de Bourgogne. Il en eut trois enfants :

---

(1) ABBÉ GUILLAUME. Hist<sup>re</sup> DES SIRES DE SALINS.
(2) CLERC. T. II, p. 228 et suiv.
(3) COLL. Coll 881.
(4) ROUSSET. Dict<sup>re</sup> HISTORIQUE DU JURA. Nancuise. C'est par erreur que dans l'Histoire du culte a Pesmes par l'auteur, (p. 164) il a été dit que Jacques de Grandson fut tué à Nicopolis. Jacques de Grandson était mort en 1381.
(5) Dans un ancien inventaire des archives communales de Pesmes on trouve la mention suivante : « Deux quittances chacune de 50 écus données par Jean de « Grandson pour le paiement des quatre chevaux dus pour le service du prince. « Signé Huguenin de Sornay ». La date de ces quittances n'est pas mentionnée dans l'inventaire, mais Hugues de Sornay figure comme notaire dans le testament de Marguerite de Vergy. Les quittances dont il s'agit sont par conséquent de la même époque ou d'une époque rapprochée ; elles émanent donc de Jean (I) de Grandson. L'auteur n'a pu en vérifier le libellé, le maire de Pesmes, peu ami sans doute de la lumière, lui ayant refusé la communication *sur place* des archives communales. Au point de vue historique ce refus est regrettable parce que ces quittances font probablement connaître les causes de ce double paiement de 50 écus par les habitants.

I. Guillaume de Grandson, sire de Pesmes, qui continua la postérité ;

II. Antoine de Grandson, qui en qualité d'écuyer banneret, sous la bannière de Jean de Neuchatel, accompagna le duc de Bourgogne dans le voyage qu'il fit d'Arras à Saint-Denis en France, sur la fin du mois de janvier 1413. Il l'accompagna également, en février 1415, dans la ville de Merly, en Hollande, où il alla visiter le dauphin. Il reçut, l'an 1418, une lettre de la duchesse de Bourgogne qui lui mandait de s'opposer aux ennemis assemblés dans le Lyonnais et le Beaujolais pour entrer dans ses états (1). Déjà, l'année précédente, elle l'avait établi, dans le même but, gouverneur de Mâcon. Il était mort, en 1430, sans postérité (2).

III. Henriette de Grandson, mariée le 23 mai 1405, au château de Lamarche à Jean de Vienne, chevalier, seigneur de Neublans et de Saillenay. Elle transigea, l'an 1430, avec sa mère, au sujet des successions de Jean de Grandson, son père, et d'Antoine de Grandson, son frère. Elle soutint, en 1435, une instance au parlement de Dijon contre Pierre de Goux pour faire régler leurs droits.

Henriette de Grandson eut deux enfants; sa fille, Jeanne de Vienne, épousa Jean de Longwy, seigneur de Gevry, et eut pour fils Philippe de Longwy, père de l'illustre cardinal de Gevry (Claude de Longwy), l'autre enfant d'Henriette de Grandson, Gérard de Vienne, mourut jeune et laissa sa fortune à sa sœur (3).

---

(1) Abbé Guillaume. Histoire des sires de Salins.
(2) L. de Charrière. Dynastes de Grandson.
(3) Le culte a Pesmes, p. 203.

## XV

### GUILLAUME DE GRANDSON (1396-1429)

Minorité du seigneur de Pesmes — Catherine de Neuchatel — Elle habite le château de Nancuise — Sa vie princière — Mort de Guillaume de Pesmes — Il avait assisté au contrat de mariage du fils du comte de Wurtemberg avec Henriette de Montbéliard — Prit part au siège de Vellexon et autres expéditions de son temps — Pesmes en partie détruit — Charte des franchises — Siège de Rouen — Assassinat du duc de Bourgogne — Secours au Charolais — Actes divers — Affranchissement de Poix — Dénombrement du fief de Pesmes — Enfants de Guillaume de Grandson.

Les trois enfants de Jean de Grandson étant mineurs à la mort de leur père, Catherine de Neuchatel, leur mère, administra leur fortune en qualité de tutrice. C'est à ce titre que en 1398, (v. s.) elle reçut l'hommage de Jean (II) seigneur de Rupt, pour ses châteaux de Rupt et de Bougey.

Quatre ans plus tard, le 12 novembre 1412, elle reçut également l'hommage de Jean (III) de Rupt pour le château et la ville de Rupt, et de tout ce qu'il tient en fief, *à cause de la forteresse de Pesmes.*

En 1412, Catherine de Neuchatel n'agit plus en qualité de tutrice de ses enfants, mais en son nom personnel, *à cause de la forteresse de Pesmes.* Dans la liquidation intervenue entre elle et ses enfants, la maison forte de Pesmes lui fut-elle attribuée pour la couvrir de ses apports matrimoniaux ? Nous admettons volontiers cette hypothèse, car à partir de ce moment la famille de Neuchatel paraît posséder la ville de Pesmes et son château fort. Nous verrons que Catherine de Neuchatel testa en faveur de Thiébaud VII de Neuchatel. Une autre circonstance vient à l'appui de cette opinion. A une date qu'on ne peut préciser, Catherine de Neuchatel donna aux habitants de Pesmes, en son nom personnel, une quittance de 50 écus, « qu'ils avaient coutume de payer aux seigneurs et dames dudit Pesmes à leur entrée dans la seigneurie (1). »

Après la mort de son mari, Catherine de Neuchatel résida habituellement au château de Nancuise, où elle était entourée d'une cour nombreuse. C'est là qu'elle reçut l'hommage de ses vassaux. En juillet 1405 elle y reçut la déclaration de foi et hommage de Jean-Gibot de Matafelon, écuyer, pour ses biens de Savigna ; deux ans plus tard, celle de Jean Musy, écuyer, pour une maison et des cens à Echailla ; le 6 novembre 1423, celle d'Humbert de Balmay, écuyer, sire de Montjouvent, pour différents meix situés aussi à Echailla, et trois jours après Beraud de la Tournelle, sire de Pellapucin, se reconnut son vassal pour plusieurs meix situés à Nancuise. Elle paraît avoir cessé d'habiter le château de Nancuise en 1429, époque à laquelle mourut son fils Guillaume, seigneur de Pesmes (2).

La vie princière de Catherine de Neuchâtel au château de Nancuise l'entraînait dans des dépenses auxquelles ne suffisaient pas les revenus de ses seigneuries. Et tel était le peu de confiance que les grands seigneurs de l'époque inspiraient à leurs créanciers que pour obtenir d'un prêteur, Perrenot Berbize, de Dijon, une somme de 30 francs d'or, elle fut obligée de lui remettre en gage ses plus beaux joyaux, « cest assavoir une croy sote d'or sur laquelle sont « assises seze pelles (perles) un saffyr et quatre balais

(1) Archives communales de Pesmes.
(2) Rousset, dans le DICTIONNAIRE HISTORIQUE DU JURA, écrit que Catherine de Neuchatel avait institué pour héritier Thiebaut VII de Neuchatel qui, en 1420, vendit Nancuise à Nicolas Rollin, seigneur d'Authume et chancelier de Philippe-le-Bon, duc de Bourgogne. A cette date Catherine de Neuchatel vivait encore, ainsi que nous le verrons plus tard. Si la vente de Nancuise à Nicolas Rollin eut lieu en ce moment par Thiébaud de Neuchatel, ce ne pouvait être en qualité d'héritier de la veuve de Jean de Grandson, puisqu'elle n'était pas encore décédée. Du reste, sa succession n'échut pas à ses enfants ou descendants, tout au moins pour une partie sinon pour le tout, car le sire de Villersexel, héritier de Catherine de Neuchatel, en eut la seigneurie de Chatelneuf (bâti en 1027) au-dessus de la source du Dessoubre. (ABBÉ NOILEY. LES HAUTES MONTAGNES DU DOUBS).

« (rubis) Item ung chappel de pelles, Item une frontière de
« pelles Item une courroye dargent pesant ung marc une
« once et un car de once », sur lesquels il prêta à Jean
d'Yvoire, écuyer, pour et au nom de Madame de Pesmes,
la somme demandée. Le créancier rendit les joyaux à
messire Jean Coignet, prêtre et receveur au Val-Saint-
Julien pour Catherine de Neuchatel contre la remise de
30 francs d'or. Ce paiement eut lieu le 4 novembre 1398.

La veuve de Jean de Grandson ne parvenait pas toujours à payer ses dettes à leur échéance. Au mois de septembre 1414, Jean Coignet, receveur pour la dame de
Pesmes, agissant au nom de cette dernière, reconnut
devoir à Jean Chambella, drapier et bourgeois de Dijon, la
somme de 17 francs d'or pour reste de la somme de cent
francs d'or dont ledit Coignet s'était porté garant pour la
dame de Pesmes sur une assignation à elle notifiée par le
créancier, l'an 1410 ; il s'engagea à payer cette somme de
17 francs d'or à la fête de la Toussaint prochaine (1).

Guillaume de Grandson, chevalier, était sire de
Pesmes, de Durne, de Vuillafans, de Lamarche, du Val
Saint-Julien, de Poix, de Bard, de Montrambert, de Nancuise, de Villey, etc (2). Il se trouvait au château de Montbéliard, le 13 novembre 1397, au contrat de mariage
d'Eberard, alors âgé de neuf ans, fils du comte de Wurtemberg, avec Henriette de Montbéliard, fille d'Henri de
Montfaucon-Montbéliard, tué à Nicopolis. On sait que ce

---

(1) Plusieurs fois déjà nous avons vu diverses familles de Pesmes mêler leurs noms
à celui de la noblesse dans des actes de la vie privée. Le 10 août 1398 Marguerite de
Fougerolles, veuve de noble homme Jean de Pontailler, écuyer, donne à bail pour
six années, à Jean du Pont de Pesmes et à Jeannote, sa femme, une maison assise en
la ville de « Maigny-sur-Tille, devers le moustier », moyennant dix francs payables
moitié le dimanche des bordes et l'autre moitié à la fête de l'Assomption. Un peu
plus tard, ce Jean du Pont achetait du vin « vermeille » à douze francs les deux
queues de sept setiers (136 lit.), soit en tout 952 litres.

(2) Son premier acte comme seigneur de Pesmes dont l'histoire ait conservé le
souvenir, est une donation faite en 1400, au profit de Claude d'Andelot, relative à
la collation de la chapelle Notre-Dame dans l'église Saint-Hilaire de Pesmes. Cet acte
est signé de G. de Granson et scellé de son sceel. (MÉMOIRE SUR LA CHAPELLE DE
RÉSIE, par MARNOTTE).

mariage fit passer le comté de Montbéliard dans la maison de Wurtemberg, qui le posséda jusqu'à la Révolution.

Le seigneur de Pesmes était un vaillant capitaine, que le duc de Bourgogne savait apprécier. Lorsque ce prince envoya le jeune comte de Charolais, son fils, prendre possession de la régalie de Besançon, celui-ci partit de Dijon le 29 septembre 1407, dîna à Pontailler et vint le soir « souper et gister » à Pesmes. Il était accompagné d'un grand nombre de hauts seigneurs parmi lesquels se trouvaient les seigneurs de Rochefort, de Lamarche (le seigneur de Pesmes était aussi seigneur de Lamarche), de Rye, de Champdivers, Hugues de Lantenne, Jean de Montaigu, Jean de Palonsot, Guichard de Saint-Seine, Jean de Saint-Aubin et plusieurs autres chevaliers et écuyers. Le 30 septembre ils se rendirent à Marnay et le lendemain à Châtillon-le-Duc, d'où ils partirent le 2 octobre pour Besançon (1).

Guillaume de Grandson prit une part glorieuse au siège du château de Vellexon. Attaché au parti bourguignon dans la lutte sanglante que le duc de Bourgogne soutenait contre le comte d'Armagnac, il suivit les bannières de Bourgogne et se distingua en diverses circonstances par son esprit chevaleresque et son ardeur dans les combats. Lorsque, en 1413, la duchesse de Bourgogne, à la demande du duc, fit un appel à ses vassaux de Bourgogne pour aller au secours de son mari aux prises avec les Armagnacs et les Anglais et se trouver en armes à Montereau, on vit accourir le sire de Pesmes, les sires d'Arlay, de Montaigu, de Neuchâtel, de Vienne, de Rye, de Salins, de Chauvirey, de Ray, Didier de Cicon et autres. Parmi eux se trouvait aussi Antoine de Grandson, écuyer, qui, le 8 mai 1413, reçut de Jean de Noidans, trésorier général, 150 francs monnaie royale, pour avoir été au service du

---

(1) Hist<sup>re</sup> de B<sup>gne</sup>, t. III, p. 243). Selon M. Clerc (t. II, p. 305) c'était le 2 octobre 1408. Le comte de Charolais avait alors 12 ans.

duc avec ses compagnons, d'après le mandement dudit seigneur du 6ᵉ jour du mois.

L'année suivante (1414) prévoyant que l'armée du roi ferait le siège d'Arras, le duc de Bourgogne plaça dans cette ville une forte garnison à la tête de laquelle était Jean de Luxembourg. Guillaume de Grandson s'y trouvait, ayant sous sa bannière deux chevaliers et soixante-six écuyers. Le roi de France assiégea en effet la ville avec une armée formidable à laquelle les Bourguignons opposèrent une audacieuse résistance et se couvrirent de gloire. Il s'en suivit un traité de paix entre le roi et le duc de Bourgogne, à la suite duquel eut lieu à Châtillon, le 30 mai 1414, une montre d'armes où le noble et brillant seigneur de Pesmes figurait avec tous les hommes d'armes qui s'étaient rangés sous sa bannière.

Les finances du duc de Bourgogne n'étaient pas dans un état florissant et ses troupes n'étaient pas toujours payées avec exactitude. Guillaume de Grandson avait déjà reçu de Jean Piot en à-compte pour ses frais du siège « devant le chastel de Vellexon la somme de 36 liv. pour douze paies tant de moy comme de messire Jéhan d'Estrabonne chevalier et neuf escuiers estans en ma compaignie ». Le 30 mai 1414 il reçut de nouveau de Regnault de Thoisy, receveur général du duc, 577 liv. 1/2. Le seigneur de Pesmes déclara dans la quittance que cette somme devait servir au paiement des « gages de lui chevalier banneret et de un autre banneret et un chevalier bachelier, 66 écuiers deux trompettes de sa compaignie en la présente guerre de mondit seigneur » (1).

---

(1) L'autre chevalier banneret était Jean de Rye ; le chevalier bachelier était Hugues de Brancion. Voici en outre les noms des 66 écuyers : Philibert de Riez (Rye), Jacques de Montmartin, Jean Darboz, Amey de Bart, Guillaume de Maxilley, Jean Dabigney ou Davigney, Jaquemin Dabonne, Étienne de Domprez, Regnaut de Dammartin, Estevenin de Leglise, Estevenin de Pontallier, Jean de Renédalle, Claude d'Andelot, Jean de Savigney, Jacot de Fontelle. Ory de Saint-Benoît, Le Peulenot, Guiot Douges. Jean de la Fertez, Perrin de la Fertez, le bâtard de Blondefontaine, le bâtard de Mont-Saint-Ligier, le bâtard de Grandson, Rolin de Butes, Garnier Damondans, Ferry

A cette époque, Guillaume de Grandson n'était pas encore remboursé de ses dépenses faites en 1409 au siège du château de Vellexon. Un réglement de compte, à la date du 8 janvier 1414 (v. s.) intervint entre lui et le duc de Bourgogne. Ne pouvant alors s'acquitter envers « son amé et féal cousin messire Guillaume de Grandson, seigneur de Pesmes », le duc reconnaît lui devoir une somme de 15.000 à 16.000 francs, et il lui cède comme à compte de 1.500 francs avec faculté de rachat, « la tour fossez et villaige de Fouchange » au duché de Bourgogne avec « leurs appendices » produisant « chascun an quatre vins livres ou environ ».

Ce traité jette une lumineuse clarté sur les guerres auxquelles prit part alors le duc de Bourgogne. « Ledit
« seigneur de Pesmes nous servy, dit-il, au siege qui de
« par nous fut mis devant Valecon a tout LX hommes
« darmes lespace de quatre mois dont il n'a este pour lui
« et ses dictes gens paie que pour ung mois... Item nous
« servit depuis deux mois a Paris lui uy$^e$ (400) de gentilz
« hommes a ses missions et despens En la compaignie de
« notre ame et feal cousin le seigneur de Montagu dont
« il ne receut aucun paiement .. Item tant est apres envoia
« messire Anthoine de Grandcon son frere a ses despens
« a tout XX hommes darmes a Saint-Laurens ou lon tint
« lors de par nous garnisz a lencontre et pour obvier à la
« venue du comte de Tonnerre qui s'efforcoit dentrer en
« notre pais de Bourgogne pour y gouverner comme notre
« adversaire et y vacquerent six sepmaines... Item quant

---

Laulemant, Guichard Marmet, Jean Prélard, Narde de Florence, Jeannin Boussart (ou Voussart), Oudot Challegrez, Guillemin Paconaulx, Robert Dyvoire, Jean de Ternant, Vanthier de Nance, le bâtard de Terrant, Aubert de Forges, Pierre de Coiffey, Jean de Tentey (ou Tencey), Jean de Sainte-Croix, Renaut de Ternay (ou Cernay). Hug. de Mugnans, Guill. de Roches, Genin de Romans, Nicolin de Chays, Jean de Miennay, Petitjean de Prenay, Jean Girart, Humbert de Lanoral, Renaut Vital (ou Vical), Jean de Bechemin, Oudart de Belchemin, Guill. de Plemnoisel, Lorent Rose, Guill. de Sasoy, Huguenin Sarrazin, Jaquet de Maxilley, Nicolas Crot (ou Trot), Guiot le Maire (marre), Alexandre Chacin, Étienne Vuillamien, Jaquemin Journal, Phelepon de St-Loup, Guil. le Roy. Et les hommes de trait.

« ceulx de la partie d'Orléans adonc nos adversaires
« vindrent logier à Vitry et *fbitestie* les Paris a puissance
« de gens darmes nous servyt ledit seigneur de Pesmes
« à tout XL hommes d'armes a ses despens lespace de trois
« mois desquels il n'a eu aucun paiement de nous.... Item
« lannée ensuigvant environ la Saint Jehan le dit seigneur
« de Pesmes nous servit a notre mandement a tout LX
« hommes d'armes a ses despens devant Rougemont et
« dillec avec ses dictes gens darmes vint devers nous à
« Paris et lors les envoiasmes garder le pont de saint
« clou ou il perdy ung charg (ou chay) un chariot et plu-
« sieurs meubles a certaine chace que firent sur eux nos
« ennemis Et si lui convint restituer la perte des dictes
« gens darmes et compaignons. Et dillec ainsi accompagne
« nous servit devant Estampes ou le siege fut mis et en
« tout vacquement lui et ses dictes gens a ses despens
« quatre mois dont pour lui et eulz il ne fut paie que pour
« ung mois... Item nous servit au voyage de Bourges
« a tout cent hommes darmes a ses despens lespace
« de quatre mois dont il ne fut paie que pour ung mois...
« Item lannée ensuigvant nous servy jusque a Cambray
« (août 1414) avec ledit seigneur de Montagu par notre
« mandement a cent hommes darmes a ses despens
« un mois... Item en la Karesmes de l'an mil quatre cent
« et douze nous vint servir par notre mandement à Paris
« a tout uy (4) gentilz hommes a ses despens sens en avoir
« eu aucun paiement... Item darrenierement et jusques a
« Saint-Denis envoia ledit messire Anthoine son frere nous
« servir a ses despens a tout XL hommes d'armes dont
« lui est deu pour deux mois et demy pour lui et ses dictes
« gens environ cinq mille frans. Toutes lesquelles parties
« montent ensemble à la somme de XV a XVI$^m$ frans ou
« environ ».

Dans son zèle pour son suzerain et son ardent patriotisme, Guillaume de Grandson non-seulement exposait sa vie sur les champs de bataille, mais il sacrifiait sa fortune personnelle et payait de ses deniers les hommes d'armes qui étaient sous ses ordres. C'était bien le noble et grand seigneur. Jean-Sans-Peur sentait tout le prix de ce preux chevalier, et il le traitait avec les plus grands égards, lui prodiguant le titre de cousin, désirant le récompenser dignement de ses services afin, disait-il, « qu'il ait mieulx la cause de contenuer a notre service le puist mieux et plus grandement faire et y soit plus tenu et abstreint » (1).

La popularité du duc Jean baissait visiblement. Il avait avoué être l'assassin du duc d'Orléans (24 novembre 1408). Son crime avait été glorifié par Jean Petit dans un livre que l'archevêque de Paris fit brûler devant le parvis de Notre-Dame (1414). On le qualifiait publiquement d'assassin et de traître. Il voulut se défendre contre ses ennemis, protesta, en août 1414, étant à Cambrai, en présence de Jean de Neuchatel, seigneur de Montaigu, de « Guillaume de Grandson, seigneur de Peysmes », de Gaucher de Ruppes, seigneur de Soye et de Trichatel, de Guillaume de Coolscamp, de Pierre de la Viesville, de Hugues de Lannoy, gouverneur de Lille, de Guillaume Bonnier, gouverneur d'Arras, de Bacquet du Bois, écuyer, d'Eustache de Latre, auparavant chancelier de France, de Jean Raulin et de quelques chanoines et chapelains de Cambrai, contre ce qu'ont pu dire et écrire à son égard, relativement à sa religion et à ses sentiments particuliers, l'archevêque de Paris et l'inquisiteur de la foi, Jean Gerson, lesquels lui auraient ôté les moyens de s'expliquer sur ses vrais sentiments dans les assemblées tenues à cet effet à Paris. Le duc déclara s'en référer sur ces matières à la décision du pape, Jean XXIII, et à celle du futur concile. Le concile se réunit à Constance (1415) et le livre de Jean Petit fut soumis à sa censure ; il se tira d'embarras en

(1) Arch. du Duché.

cassant la sentence de l'archevêque de Paris pour défaut de forme.

Après le traité de paix qui suivit le siège d'Arras, une ordonnance du roi défendit à tous les princes du sang de se rendre à Paris sans son ordre. Le duc se retira alors à Lagny et négocia par ambassadeurs son entrée à Paris ; mais le Conseil du roi ne voulut pas consentir à ce qu'il y vînt avec ses gens d'armes. De son côté, ce prince, privé de son escorte, avait tout à craindre pour sa personne. Les négociations échouèrent. Après un séjour de deux mois, le duc de Bourgogne dut quitter Lagny et se retirer en Flandres avec ses Bourguignons et ses Flamands. Il congédia les 600 hommes que son beau-frère, le duc de Savoye, avait envoyés à son secours ; mais la duchesse, sachant que ces Savoyards devaient passer par la Bourgogne pour gagner leur pays, envoya à leur rencontre Guy de Salins, sire de Nevy, pour les guider et les conduire hors du duché. Cette troupe indisciplinée se répandit de tous côtés et ravagea le pays. La duchesse donna alors à Jean de Neuchatel, qui était à Pesmes, l'ordre d'aller avec des forces suffisantes l'expulser de la Bourgogne.

Le traité de paix fut publié à Paris le 24 février 1415. Les ambassadeurs du roi, après avoir reçu le serment du comte de Charolais et des villes de Flandres, se rendirent en Bourgogne auprès du duc, qui assembla son grand Conseil au château de Rouvres le 30 juillet 1415. Parmi les hauts personnages qui y assistèrent se trouvaient l'archevêque de Besançon, les seigneurs de Saint-Georges, de Neuchatel de Montaigu, d'Autrey, de Pesmes, de la Roche, de Soye, de Talmay et autres. L'acte de ratification du duc fut aussitôt remis aux ambassadeurs du roi.

Pendant que le sire de Pesmes accourait au secours du duc de Bourgogne et faisait admirer sa vaillance sur tous les points de la France, les ennemis de Jean-Sans-Peur dévastaient ses états de Bourgogne. Guillaume de

Grandson faisait des prodiges de valeur à Arras et sur maints champs de bataille, mais la ville de Pesmes était prise, pillée, brûlée et presque détruite, ses fortifications démolies, ses habitants massacrés ou en fuite. En 1416 Pesmes n'était plus qu'un désert. Cet état était fort préjudiciable aux intérêts du seigneur. Pour y remédier et ramener dans la ville quelques habitants, il leur accorda une charte de franchises, sorte de constitution qui régla d'une manière fixe les rapports du seigneur et des habitants de la ville, à la condition que ceux-ci paieraient une somme de 500 francs destinée à la réparation des fortifications de la ville ; le seigneur n'en faisait pas son bénéfice personnel. Jusqu'alors les habitants de Pesmes étaient *mainmortables* et *taillables* deux fois l'année à la volonté du seigneur ; ils allaient enfin devenir libres et s'administrer eux-mêmes (1).

En dévastant les campagnes, la guerre avait en outre pour conséquence la ruine des seigneurs eux-mêmes ; ils avaient toujours le droit d'imposer des tailles, mais personne ne pouvait plus les payer. Guillaume de Grandson, dont les finances étaient épuisées, vendit quelques-uns de ses domaines pour se procurer de l'argent. Le 4 novembre 1415 il céda à messire Jean Bertot de Dijon, prêtre, la moitié d'une maison et la moitié des fonds, meix et dépendances de la dite maison située à Dijon, rue de la Porte-Neuve. Cette maison, indivise avec Odot-Gillot, de Bretigney, propriétaire de l'autre moitié, appartenait précédemment à feu maître Eude de Bretigney, prêtre, « jadis maistre de l'escole de Dijon et advenue à m° Guillaume par son trespas comme son hoir a cause de la mainmorte dudit lieu de Bretigney » (2).

Le 24 septembre 1419, Guillaume de Grandson

---

(1) V. 1<sup>re</sup> partie p. 15 et suiv.
(2) Guillaume de Grandson était donc seigneur de Bretigney. V. 1<sup>re</sup> partie p. 10 note 4.

consentit au profit de Jean Ponsot, de Chaumercenne, l'acensement d'un terrain entouré d'eau, situé au territoire de Pesmes, appelé la Petite-Résie, lequel était alors en bois, sous la condition que le censitaire mettrait ce terrain en nature de pré (1). Cinq ans plus tard, en 1424, le « jeudi apres la feste de la paricion de nostre seigneur », il donna à Jean et Étienne Ponsot, de Chaumercenne, la permission d'avoir un four en leur maison et d'y cuire leur pain sans lui en rien payer (2).

La haine entre les Bourguignons et les Armagnacs n'était pas éteinte, malgré le traité de paix de 1415 ; elle était au contraire plus vive que jamais. Dans chaque parti on fourbissait ses armes, on se préparait à la lutte ; tout le monde sentait qu'elle allait être terrible. Le 31 août 1417, à Beauvais, on passa la revue des troupes placées sous le commandement de M. de Montaigu. On y comptait cinq chevaliers bannerets: Mess° Guillaume de Grandson, seigneur de Pesmes, M° Jean de Rougemont, le sire de Rupt, Jean de Rye et M° Barat de Lor ; quatre chevaliers bacheliers, cent-quarante-huit écuyers et vingt-cinq hommes de trait.

Dans la nuit du vingt-huit au vingt-neuf mai 1418, le parti d'Armagnac fut renversé à Paris, ses principaux chefs massacrés ou jetés en prison. Les Bourguignons occupèrent les plus hauts emplois, furent revêtus des dignités les plus élevées. Le duc de Bourgogne uni à la reine était triomphant. Il profita de ce pouvoir et du calme qu'il espérait rétablir dans ses états pour racheter les domaines qu'il avait aliénés. Il commit à cet effet, par acte du 26 septembre 1418, Jean de Noidans, receveur général de ses finances, et le chargea d'employer les revenus de ses monnaies et ses autres recettes, à retirer tous les fonds et toutes les rentes qu'il avait cédés à rachat

---
(1) Invent. d'Accy.
(2) Archives de la Haute-Saône. Chaumercenne.

aux sires de Chateauvillain, de Montaigu, de Pesmes (1), d'Autrey, de Raigny, de Ruppes et autres.

Mais les chefs du parti d'Armagnac qui avaient échappé au massacre, s'étaient emparé de la personne du Dauphin, au nom duquel ils continuèrent la guerre. Le roi d'Angleterre profita de ces divisions pour étendre ses conquêtes sur la France et vint assiéger Rouen. Guillaume de Grandson, Antoine de Toulongeon, Thibaut, bâtard de Neuchatel et d'autres seigneurs bourguignons se jetèrent dans la place et la défendirent vaillamment. La famine força les assiégés à ouvrir les portes. Ayant appris que le duc de Bourgogne était à Provins, nos braves seigneurs bourguignons s'y rendirent. Il les accueillit très gracieusement, se montra sensible au récit de leurs souffrances et les récompensa en leur donnant de fortes sommes d'argent. Le sire de Pesmes reçut 800 livres le 3 février 1418 (v. s.).

Fatigué des exigences du roi d'Angleterre, qui négociait alternativement avec lui et le Dauphin, le duc Jean songea à une réconciliation avec ce dernier. Un rendez-vous fut fixé à cet effet sur le pont de Montereau. Mais à peine le duc avait-il donné l'accolade au Dauphin qu'il tombait sous les coups des assassins (10 septembre 1419).

Ce nouveau crime ne mit pas fin à la guerre. Philippe-le-Bon, fils et successeur de Jean-Sans-Peur, brûlait du désir de venger son père. S'étant allié au roi d'Angleterre, déjà maître de Rouen et de la Normandie, ils firent au Dauphin une guerre acharnée dont la Bourgogne ressentit les douloureuses conséquences. Cette province était dévastée, les champs incultes, les maisons détruites et les

---

(1) Cet ordre ne fut pas exécuté en ce qui concerne la terre de Fouchanges cédée à Guillaume de Grandson ; elle ne rentra entre les mains du duc de Bourgogne que le 17 octobre 1420, en rendant au seigneur de Pesmes les 1500 francs pour lesquels elle lui avait été cédée.

En 1470, le doyen et le chapitre de la chapelle du duc de Bourgogne à Dijon tenaient la terre de Fouchanges avec 110 francs estevenants de rente sur la saulnerie du Bourg-Dessous de Salins pour la fondation de la messe à la dévotion de N.D. qui se disait chaque samedi.

habitants dispersés. La plus profonde misère régnait partout. Nous savons ce qu'était Pesmes en 1416 ; toutes les campagnes voisines étaient dans le même état. Le 3 août 1418, Girard Berley, de Champagney, reprit de fief du duc le meix Saint-Vincent « qui est en désert », situé au dessous « de la ville de Dammartin au lieu ou souloit estre la ville de Champagnolot qui aussi est a present en desert et sans habitacion de nulles personnes ».

Le gouverneur du Charolais, Huguenin Dubois, ayant informé la duchesse que le Dauphin était dans le voisinage avec une forte armée et se disposait à se rendre maître du Charolais et de là passer au duché de Bourgogne, cette princesse s'empressa de réunir son Conseil : le prince d'Orange, le sire de Pesmes, le maréchal de Bourgogne, le s$^r$ de Commarin et quelques autres de ses plus considérables officiers. Un mandement du 10 janvier 1419 (v. s.) fit partir des secours dans le Charolais sous la conduite du prince d'Orange et du maréchal de Bourgogne.

Guillaume de Grandson était ennemi du repos ; la vie des camps, les aventures guerrières étaient plus en rapport avec son caractère chevaleresque. Aussi le voyons-nous toujours en armes, à la tête de ses vaillants écuyers. Le 30 octobre 1421 il passa une revue à Troyes avec dix écuyers de sa compagnie (1). La même année, il fit partie des états du duché et du comté, réunis à Auxonne pour s'occuper des monnaies. Conseiller de Jean, duc de Bedfort, régent du royaume de France, et d'Anne de Bourgogne, son épouse, il fut présent à la ratification de leur mariage, qui se fit en la ville de Troyes le 15 mai 1423. Toujours le pied à l'étrier, il assiste, au mois d'octobre 1424, à une montre d'armes à Troyes. Il veille en même temps à la défense de la ville de Pesmes et à la reconstruction de ses fortifications

---

(1) C'étaient : le bâtard de Grandson, Ambrelin, Jean Bernon, Simon Favelle (ou Cavelle), Pierre Moignes, Philibert Moreaulx, Regnault de Courlon, Jean de Maceley, Henry Archambois, Perrin d'Orgeley.

à laquelle il emploie les 500 francs que les habitants lui ont versés pour obtenir leurs franchises. Le jeudi avant Pâques de l'an 1425, il déclare que tout habitant de sa seigneurie « est libre d'aller, tenir, contribuer aux réparations et emparements de la ville de Pesmes » (1).

La guerre ayant été portée dans le Charolais, la Bourgogne jouissait d'un peu de repos et de calme, dont elle avait le plus grand besoin. On vit alors se produire quelques reprises de fiefs et quelques transactions particulières. Le jeudi après la Saint-Martin d'hiver de l'an 1421, Fromond de Charmoille reprit de fief du seigneur de Pesmes les terres et les héritages qu'il possédait dans les villages de Sauvagney, Mutigney et Aubigney comme relevant du château de Pesmes. Le 21 janvier suivant, Gille de la Tour, de Quingey, prêtre curé dudit lieu, au nom et comme tuteur de Jeanne de la Tour, déclara tenir en fief et hommage de Guillaume de Grandson des fonds et héritages situés à Pesmes. Le 13 juin 1423, reprise de fief consistant en meix, maisons et jardins par Mᵉ Elion de Grandson, qualifié de seigneur de Pesmes. Enfin, une autre reprise de fief faite par Henry de Cicon au profit de M. le Baron de Pesmes des fonds et héritages qu'il possédait *rière* les terres tant de Pesmes que de la Résie-Saint-Martin, eut lieu à la date du lundi avant la fête de Saint-Laurent, l'an 1424.

Les archives nous ont conservé plusieurs actes de cette époque intervenus entre particuliers. En juin 1423, Jean d'Yvoire, écuyer, demeurant à Clénay, donna à cens quelques héritages situés à Oigney et mouvant du fief de Guillaume de Grandson, seigneur de Pesmes. Le 11 novembre de la même année Huguenin le Mugnier (meunier) de St-Julien, retient de mons. de Pesmes et des enfants de maître Adrien le moulin de Comblanchien (2)

---

(1) Arch. communales de Pesmes.
(2) Canton de Nuits (Côte-d'Or).

pour neuf années moyennant un rendage annuel de trois émines de blé, chacun pour moitié, payable à la Saint-Martin d'hiver.

Vers le même temps, Jean d'Aubigney, écuyer, seigneur dudit lieu, fit une donation à d<sup>lle</sup> Marie, femme de Jean de Bran et fille d'Antoine de Philiain et de Guye de la Chapelle, des droits et seigneurie lui appartenant à Bran, finage et territoire de ce lieu, mouvant du fief de monseigneur de Pesmes. Cette donation fut signée par J. Vauley ainsi que par M<sup>re</sup> Guillaume de Grandson « et scellée de de son scel en cire vermeil ».

Nous avons vu les premiers sires de Pesmes faire de fréquentes et riches aumônes au couvent d'Acey, qui possédait de ce chef des fiefs importants tant dans la ville de Pesmes que sur son territoire. Ces nombreux domaines donnèrent également lieu à divers actes qu'il est intéressant de connaître. Une famille Bridet de Pesmes (Jean Girard et Estevenin, frères, enfants de feu Estevenin le Bridet), possesseur d'un fief qui porte encore son nom (1), ne pouvant payer à l'abbaye d'Acey les cens qui lui étaient dus, lui céda, en 1414, pour s'acquitter, une maison, meix et dépendances situés au château de Pesmes « sur la charrière et chemin commun et touchant par derrière le fourg du prieuré ». Trois ans plus tard, en 1417, le « mercredy après la nativité N. S. » Lamblin, cordelier, Richard et Estevenot Maignin, de Chaumercenne, se reconnaissent hommes justiciables en moyenne et basse justice de l'abbaye d'Acey, sauf la haute justice au seigneur de Pesmes (2). Et en 1418, un vendredi, jour de Saint Mathieu, apôtre, Estevenin dit Brasilley, demeurant à Pesmes, vend au R. P. Jean de Rouvre, abbé d'Acey, un pré à Pesmes, dit au Champ-du-Moulin, joignant la rivière d'un côté, chargé de ses charges envers le seigneur de Pesmes, pour

---

(1) La Combe Bridet.
(2) Invent. d'Acey p. 328.

la somme de cinq francs d'or. L'acte, rédigé par Perrenot Grassard, notaire de la Cour de Besançon et coadjuteur du tabellionnage de Pesmes, fut revêtu du sceau de la Cour de Pesmes (1). Puis, le 12 novembre 1419, par une transaction passée entre l'abbé et les religieux d'Acey et Huguenot Monier, de Pesmes, il fut reconnu entre les parties que les meix Viennot, Courtot, Chevril, Lambert, Mol, Damey et Guillemin le Roy, avec les terres et héritages en dépendants, situés sur le territoire de Pesmes, sont de la seigneurie du couvent d'Acey, chargés de vingt sols estevenants de cens, payables chaque année à Pesmes le jour de la Saint Martin (2). Enfin, le 10 avril 1425, Laurent Poinsard de Pesmes reçut en acensement de l'abbaye d'Acey, un meix, maison et héritage au territoire de Pesmes (3).

Mais l'acte le plus important et le plus libéral de cette époque est la charte d'affranchissement accordée, sur leur prière, le 31 mars 1424, aux habitants de Poix par Guillaume de Grandson.

« Nous avons reçu, y est-il dit, humble supplication
« de nos hommes, femmes et enffans et habitans de notre
« ville dudit Poix.

« Pour les mortalités qui naguere y ont eu cours est
« tres grandement despeuplée et diminuée et tellement
« quelle est en aventure de demeurer brievement comme
« inhabitable, se puisse repeupler et augmenter (admen-
« ter) nous aient tres humblement fait supplier que attendu
« que les habitans des villes voisines qui sont franches
« gens et autres redoutent et delaissent de aller habiter en
« icelle ville et il marier leurs enffans pour cause de la dite
« vile condition d'icelle main morte ».

Cet affranchissement ne contient que deux articles :

---

(1) Bibl. nat<sup>le</sup>.
(2) Invent. d'Acey, Boette 37.
(3) Invent. d'Acey.

I. Affranchissement de la main-morte ;

II. Permission d'aller « querir eschoite à dix lieues a « la ronde, ainsi que succession paternelle et maternelle « et collectoraulx ».

Cet acte eut lieu au château de Lamarche le samedi dernier jour du mois de mars l'an de grâce courant « mil quatre cens vingt et quatre devant Pasques charnel », en présence de nobles hommes Jaquot de Flammerans et Regnault de Coulons, écuyer, messire Eudes Tapicier, curé de Lamarche, Jaquot Nordaille, Jean de Mionnay et Vincent Cordier, de Lamarche.

L'affranchissement de Poix fut approuvé par le duc de Bourgogne « a la ley de en ollande » au mois de juillet 1428, et scelle le 19ᵉ jour d'avril 1429.

Philippe-le-Bon, qui tenait à établir son pouvoir sur des bases durables et à amener une certaine unité dans ses états, demanda à ses vassaux le dénombrement de leurs seigneuries. Le seigneur de Pesmes se conforma à cet ordre et produisit le dénombrement de son fief de Pesmes. Voici la copie de cet intéressant document :

### Dénombrement de Guillaume de Grandson, chevalier seigneur de Pesmes, du 20 may 1424.

« Premièrement le chatel de Pesmes et le Donjon ensemble
« le circuit et fermeté d'iceux
« Le Bourg dud Pesmes le Circuit et fermeté d'i celuy bourg,
« ensemble la rue appellée la Rue de la Vannoise, et les faux
« bourgs dud Pesmes que l'on dit a Glannot, ensemble toutes
« les terres appartenantes aud Chatel de Pesmes de la seigneu-
« rie d'iceluy, cest a savoir le jardin dud chatel seant dehors
« les murs dud Pesmes devant la porte appellée la porte Morel,
« auquel jardin il y a plusieurs arbres portans fruits, et contient
« environ cinq journaux de terre.
« La hale de Pesmes, ensemble tous et singuliers les profits
« et emolumens appartenant d'icelle a savoir les menues ventes
« des Estaux de la ditte hale, pour lesquels Estaux tous mar-
« chands drapiers et autres vendans denrées esd Estaux doivent a
« chacun Marchez qui aud Pesmes se tiennent tous les jeudis
« de l'an, un denier Tournois, et es quatre foires qui se tien-

« nent aud lieu, cest a savoir a chacun quart d'an douze deniers
« Tournois pour lestau des Merciers et autres Estaux des Mar-
« chands exceptés les Drapiers et avoigniers doivent pour chacun
« Estau trois sols qui font deux gros vieux

« Item l'Éminage de tous grains qui se vendent en lad hale
« esd jours de Marchez cest a savoir tant en blez, avoine, pois,
« feves, Millot, lentilles comme autres grains quelconques, et
« l'on doit de deux Éminottes une couppe dont les vingt quatre
« font leminotte a la Mesure de Pesmes.

« Item les ventes de pommes, poires et autres fruits qui se
« vendent esd hales esd jours de foires et marchez desquelles
« ventes on se payé agenoiller, selon la quantité et abondance
« desd jours

« Item que tous les habitans dud Pesmes qui tiennent meix,
« Maisons, terres, vignes, prez, doivent aud seigneur de Pesmes
« chacun an pour chacune toise de meix et maison etant aud
« Pesmes un sol Etevenant lequel sol vaut huit engrognes ;
« pour chacun journal de vigne trois sols Etevenans, pour cha-
« cune faulx de prés deux sols Etevenans, et pour chacun jour-
« nal de terre un sol Estevenant et contient lad toise neuf pied
« et led journal tant vigne, terre que prez contient dix huit
« vingt verges, et chacune verge contient neuf pieds

« Excepté toutes fois qu'il y a plusieurs gentils hommes
« qui sont feaux dud seigneur de Pesmes qui ont en lad ville et
« territoire dud Pesmes plusieurs meix, Maisons, vignes, terres
« et prés, dequoy ils font a leur volonté, et exceptés aussy plu-
« sieurs autres hommes et femmes que les predecesseurs dud
« seigneur de Pesmes ont affranchis par le consentement des
« predecesseurs de Mgr de Bourgogne (1) ; et se payent icelles
« censes chacun an le landemain de noel a peine de 3 s. Est.
« d'amende pour la premiere fois, pour la seconde année a
« peine de 7 s. Est., pour la tierce année a peine de 60 s. Est.
« et pour la quarte année l'heritage pourquoy on defaut de
« payer lesd quatre ans suivans est acquis au seigneur de
« Pesmes

« Item plusieurs cens de cire dus à plusieurs termes (2) ».

---

(1) Etat des fiefs existant à Pesmes à cette époque : Guillaume de la Tournelle, seig$^r$ de la Tournelle ; M$^e$ Jean de Rye, seig$^r$ de Balançon ; Henry, sire de Montrichier, écuyer ; Fromont de Chermailles, écuyer ; Jean Debard, écuyer ; Jean-Claude d'Andelot, écuyer ; Pierre de Vinan, écuyer, seig$^r$ d'Aubigney ; Jean Dyvoire, écuyer ; M$^{re}$ Richard de Chancey, licencié es loix ; Jean de Sauvigney, écuyer ; Jean le Poullenot, écuyer, seig$^r$ de Chaumerceune en partie ; Guillaume de Vauldaon, écuyer, à cause de Marguerite de Montrambert, sa femme ; Jean Dessus les autres, écuyer, à cause de Jeanne, sa femme ; Perrin et Thiébaut de Remange, écuyers.

(2) V. LE CULTE A PESMES, p. 369 note 2. Archives communales de Pesmes.

Guillaume de Grandson avait épousé Jeanne de Vienne, fille de Henry de Vienne, chevalier, seigneur de Néublans et de Gouhenans, et de Jeanne de Gouhenans. A sa mort, il laissa six enfants : I. Jean, qui lui succéda ; II. Élyon ; III. Simon ; IV. Jeanne ; V. Marguerite ; VI. Louise (1).

Hélyon de Grandson, chevalier, seigneur de Lamarche, Broichon, Mirebeau, Durne, Villafans, Gouhenans, le Val de Saint-Julien, Poix, Nancuise, Montrambert, etc... sénéchal de Bourgogne, assista à la prise de possession de Quentin Ménard, archevêque de Besancon en 1440. Il épousa en premières noces Jeanne du Châtelet, fille d'Erard, par traité du 13 mai 1467, passé en présence de Mille de Grancey, sieur de Vellexon, de Philibert du Châtelet, sieur dudit lieu et de Vauvillers, de Jean de Choisey, d'Antoine d'Yvoire, de Guillaume d'Andelot et de Jean de Mont-Saint-Ligier, écuyers. Il en eut trois enfants : Antoine et Guillaume de Grandson, mort jeunes, et Louise de Grandson, femme de Louis Allemand, chevalier, seigneur d'Abbans. Après la mort de Jeanne du Châtelet, Hélyon de Grandson épousa en seconde noces Avoye de Neuchatel, fille de Jean de Neuchatel, seigneur de Montaigu et de Fontenoy, conseiller et chambellan du roi de France et des ducs de Bourgogne, lieutenant général aux duché et comté de Bourgogne, et de Marguerite de Castro. Avoye de Neuchatel le rendit père de Bénigne de Grandson, mariée en 1513, à François de Vienne, chevalier, seigneur de Listenois, sénéchal et maréchal du Bourbonnais. Il contracta un troisième mariage avec Jeanne de Beauffremont, veuve en premières noces de Jacques Rollin, seigneur de Présilly, et en secondes noces (1481), de Philippe de Longwy, seigneur de Longepierre, père du

---

(1) On trouve dans la collection Mulinen un septième enfant, Didier, chevalier en 1462, qui épousa Marguerite de Thuilières. L'existence de cet enfant nous parait douteuse ; son nom ne figure sur aucun des titres que nous avons consultés.

cardinal de Givry. Il n'eut pas d'enfant de cette troisième union. Jeanne de Beauffremont était fille de Pierre de Beauffremont, comte de Charny, sénéchal de Bourgogne, chevalier de la Toison d'Or, premier chambellan du duc Philippe-le-Bon et son lieutenant général en tous ses pays, et de Marie de Bourgogne, sa troisième femme. De si hautes alliances font assez connaître de quel estime et de quelle considération jouissaient les seigneurs de Pesmes.

Hélyon de Grandson fit hommage au duc, l'an 1501, de la sénéchaussée de Bourgogne, dont il jouissait à cause de Jeanne de Beauffremont, sa femme (1).

Simon de Grandson, seigneur de Poix (en partie) et du Val Saint-Julien (aussi en partie) épousa, le 17 avril 1458, Catherine du Châtelet, dont la sœur Jeanne épousa plus tard Hélyon de Grandson. Catherine était fille d'Erard du Châtelet, III<sup>e</sup> du nom, surnommé le Grand, baron de Deuilly, chambellan du roi de Sicile, maréchal et gouverneur général de Lorraine, et de Marguerite de Grancey, sa seconde femme. Simon de Grandson qui, en 1460, prenait le titre de seigneur de Pesmes (2), testa le 14 novembre 1471, et Catherine, son épouse, l'an 1492 (3). Mais Simon de Grandson vécut longtemps encore. Le 18 janvier 1470, il acquit cinquante florins de rente sur la terre de Lamarche ; le 22 mars 1482, Louise de Grandson confessa devoir à Simon de Grandson, *son aïeul*, la somme de 80 florins d'or ; enfin, le 24 novembre 1486, Simon de Grandson acheta 20 florins d'or de rente sur la terre de Lamarche, de Louis Allemand, mari de Louise de Grandson (4).

---

(1) Abbé Guillaume. Hist<sup>re</sup> des sires de Salins, t. i. p. 41 et suivantes. Rousset, Montrambert.
(2) L. de Charrière. Dynastes de Grandson.
(3) Abbé Guillaume. Hist<sup>re</sup> des sires de Salins.
(4) Bibl. de Dijon. Inventaire des pièces d'un procès de Bénigne de Grandson, dame de Listenois et de Lamarche, veuve de François de Vienne. L'inventaire dont il s'agit porte : Louis Allemand, seigneur d'Abban, mari de *Jeanne* de Grandson. On y lit également : que Jeanne du Châtelet, veuve d'Hélyon de Grandson, et mère de ladite dame « Jeanne » se mit en arbitrage et que la sentence qui intervint lui donna sur la terre de Lamarche les deniers dus par les habitants et divers autres avantages.

Hélyon et Simon de Grandson, de concert avec leur mère, firent donation à Guillaume d'Andelot d'une tour carrée à Montrambert. appelée la « tour au chastelain », avec une pièce de pré de dix-huit journaux située à Mirpain (Marpain).

Jeanne de Grandson épousa Claude, seigneur de Blaisy et de Brognon. Nous ignorons si elle eut de la descendance.

Marguerite de Grandson mariée vers 1460, à Guyon d'Estavayer, donzel (1).

Louise de Grandson, épouse de Philibert du Châtelet, chevalier, seigneur de Sorcy et de Bulgnéville, souverain de Vauvillers, baron et bailli de Chaumont, conseiller et chambellan du duc de Lorraine. Elle en eut deux fils, Antoine et Nicolas du Châtelet, qui, en 1527, intentèrent une action possessoire contre Bénigne de Grandson, leur cousine-germaine, dame de Listenois et de Lamarche, veuve de François de Vienne. L'arrêt définitif fut rendu en faveur de Hélyon de Grandson, père de la défenderesse, le maintenant en possession de la totalité de la terre de Lamarche comme héritier universel de dame Jeanne de Grandson, *sa cousine germaine en double ligne*, et comme en étant déjà possesseur au trépas de ladite dame, dont le testament est du 16 mars 1492. Louise de Grandson, mère des demandeurs avait renoncé à tous ses droits au profit d'Hélyon et de Simon de Grandson, ses frères, par son contrat de mariage (1).

---

Cet inventaire renferme quelques erreurs. Il constate qu'en 1527 Hélyon de Grandson « père de Bénigne de Grandson » fut maintenu en possession de la terre de Lamarche comme héritier universel de Jeanne de Grandson. Cette sentence rendue en 1527 au profit d'Hélyon de Grandson, né avant le 9 septembre 1420, est bien surprenante. Nous serions disposé à voir dans cette dame Jeanne-Louise de Grandson, femme de Louis Allemand, *cousine germaine en double ligne* d'Antoine et Nicolas du Châtelet.

(1) Bibl. de Dijon.

## XVI

### JEAN (II) DE GRANDSON (1429-1455)

Transaction avec Jeanne de Vienne — Testament d'Henriette de Vienne — Procès entre Jeanne de Vienne et la dame de Gevry, sa nièce — Vente du château de Nancuise — Guerre en Dauphiné — Siège de Grancey — Traité d'Arras — Les Écorcheurs — Défense de Pesmes — Procès entre Jean de Grandson et Jacques de Chabannes — Jean de Grandson aux fêtes de Besançon — Campagne contre l'archevêque de Cologne — Tournoi du *Pas de la Fontaine des Pleurs* — Campagne dans le Milanais — Le Champ Fort — Vente de fiefs à Thiébaut de Neuchatel — Jean de Grandson criblé de dettes — Il s'associe avec des faux monnayeurs — Il est poursuivi pour ce crime — Demandes de subsides par Philippe-le-Bon — Révolte de Jean de Grandson — Il est condamné à mort — Son exécution — Division de la seigneurie de Pesmes — Elle passe à un créancier.

Nous ne connaissons pas la date précise de la mort de Guillaume de Grandson, mais le 9 septembre 1429, une liquidation transactionnelle intervint entre sa veuve, d'une part, et ses six enfants, encore en état de minorité, sous la tutelle de Catherine de Neuchatel, dame de Pesmes, leur aïeule. Jean de Grandson, qualifié de seigneur de Pesmes, était assisté de noble et puissant seigneur messire Jean de Neuchatel, chevalier, seigneur de Montaigu et d'Amance, son curateur. Par cet acte, Catherine de Neuchatel, en sa qualité de tutrice, et Jean de Grandson, son petit-fils, abandonnent à Jeanne de Vienne pour son douaire tout le droit qu'ils avaient « en la forteresse, ville « et terre de Vuillafans-le-Neuf, au château, bourg et ville « de Durne, au chateau ville et terre de Montrambert, au « Mont-de-Villers ». Comme conséquence de cet abandonnement, Jeanne de Vienne donna quittance à ses enfants d'une rente de 700 livres qui lui était due tant

pour ses apports matrimoniaux que pour son douaire.
Cette transaction eut lieu en présence de Aymon Baugard,
demeurant à Pontailler, (coadjuteur dudit lieu pour M. le
duc de Bourgogne); de nobles hommes Jean de Savigny,
Claude d'Andelot, Jacot de Flammerans, écuyers ; Jean
Boussard, m{re} Jean d'Amandel, prêtre, Guillaume de Buffignécourt, Jean de Bard et Jean de Pomeres.

Jeanne de Vienne, dame de Pesmes, avait pour frère
Jean de Vienne, époux d'Henriette de Grandson ; elle
avait pour sœur Henriette de Vienne, qui épousa en premières noces Humbert de Rougemont, seigneur dudit lieu
et d'Usie, et en secondes noces Jean de Rye, chevalier,
seigneur de Balançon et de Corcondray. De son premier
mariage elle eut un fils qui mourut avant sa mère. Celle-ci
testa le premier mai 1450 et ajouta un codicille à son testament le pénultième de septembre 1452. Elle mourut
quelques mois après, choisissant sa sépulture en l'église
du Cratot de Rougemont, en la chapelle de Saint Jean
l'évangéliste, fondée par son premier mari, où il fut enterré
ainsi que le fils issu de leur union. Par son testament, elle
légua une somme de 100 livres à Jeanne de Vienne, sa
nièce, fille de Jean de Vienne, son frère et alors femme
de Jean de Longwy, dame de Gevry et de Pagny ; même
somme à Jeanne de Vienne, sa sœur, dame de Pesmes et
de Durnes; 500 livres à Marguerite du Châtelet, sa nièce,
mineure, demeurant avec elle ; à Me Jean de Rye, son
mari, 100 livres de rente et l'usufruit sa vie durant de
toutes ses terres et seigneuries ; à sa filleule Claude de
Thoraise, fille de Me Jean de Thoraise, seigneur de Torpes
et de Lou, tout ce qu'elle possédait ès finages de Villers
et de Septfontaines ; à Jean de Saulsoy, écuyer, 100 livres
de rente sa vie durant en récompense de ses services ; à
ses nièces Jeanne de Grandson, dame de Blaisy, et Louise
de Grandson, dame du Châtelet, chacune 10 livres ; à ses
neveux Jean de Grandson, seigneur de Pesmes, et à

Simon de Grandson, seigneur de Poix, chacun 50 livres. Elle institua pour son héritier universel son neveu Élyon de Grandson, seigneur de Lamarche, et substitua Jeanne de Vienne, sa sœur, dame de Pesmes et de Durnes, « au cas que ledit Élyon vînt à mourir sans hoirs de son corps ». Elle nomma pour ses exécuteurs testamentaires Jean de Rye, son mari, M° Jean de Thoraise, seigneur de Torpes et de Lou, son oncle, Henri de Saint-Aubin, seigneur de Conflandey, et Regnault de Cheneveuille de Vesoul, écuyer. Puis elle fit plusieurs autres legs pieux.

Mais bientôt, en 1454, une difficulté surgit entre Jeanne de Vienne, dame de Gevry, veuve de Jean de Longwy, et Jeanne de Vienne, sa tante. Henriette de Vienne, dont nous venons d'analyser le testament, avait reçu la Grange de Clux pour 100 livres de rente, qui lui étaient dues en vertu de son contrat de mariage, avec faculté de rachat. La dame de Gevry voulant racheter cette terre, obtint du bailli de Châlon un mandement constatant qu'elle avait le droit d'exercer le rachat contre Jeanne de Vienne, dame de Pesmes et de Durnes, qui possédait cette propriété comme héritière d'Henriette de Vienne, sa sœur. La veuve de Guillaume de Grandson se refusait à livrer la Grange de Clux à sa nièce, qui lui en offrait cependant le prix de 400 veaux d'or, pour lequel elle avait été donnée à la dame de Balançon. Tel était le motif du procès qui fut porté devant le parlement de Bourgogne, dont l'arrêt fut favorable à la dame de Gevry, qui vit ses prétentions admises.

Après la mort de son fils Guillaume, Catherine de Neuchatel avait cessé sa vie fastueuse au château de Nancuise pour s'occuper exclusivement des intérêts de ses petits-enfants. Elle suppléait leur mère, qui les laissait à la charge de leur aïeule. Celle-ci réalisa quelques ventes d'immeubles et se procura les fonds nécessaires à l'entretien et à l'éducation des enfants de son fils. C'est à cette époque qu'elle aliéna le château de Nancuise. Cette vente fut accompagnée ou

suivie de plusieurs autres. Le mercredi après le dimanche
de « jubilate », (3ᵉ dimanche après Pâques) 1429, Jean
Chardon, de Saint-Julien, reconnut devoir « de bon et
« loyal debt a madame Katherine de Neuchastel XIII car-
« teronets de bled parmi bled et orge » ensuite de compte
arrêté entre eux, à payer à la fête de la Nativité N. D.
« sur le fait d'une piesse de terre assise au lieu que lon dit
« en foullieres du côté les hoirs Jacot Loichot dune part et
« maistre Audrien Pater dautre part ». Le même Jean
Chardon confessa devoir à Jehannin Robert, de Clénay,
« receveur de Mons de Pesmes » au Val de Saint-Julien la
somme de neuf francs pour vente d'une « quehue » de vin,
ensuite d'accord fait entre eux le jour de Saint Remy,
« comme de deniers dus aux foires de Brie et de Champagne ». Les témoins de cette reconnaissance de dette
furent Mᵣₑ Pierre de Messeigney, prêtre et Jean Eslourbet,
de Vesoul, clerc.

La même année, le mardi avant la Saint Jean-Baptiste, par un acte passé à Saint-Julien au logis de la dame
dudit lieu, Catherine de Neuchatel, « dame de Pesmes et
de Vallay », comme ayant le bail de Jean, Élyon, Simon,
Jeanne, Marguerite et Louise de Grandson, enfants de feu
son fils messire Guillaume de Grandson, chevalier, seigneur de Pesmes et de Saint-Julien, donna certains meix
situés à Bretigny et « echus faute de desservant ». Et le
vendredi après la Saint Denis, « madame Katherine de
Neuchastel, dame de Valay », vendit un meix appelé le
meix au Breullesson de Saint-Julien, que tenait Monin
Sergent, autrement dit Grossetête, en la ville de Saint-
Julien, au lieu dit au Pasquier de Raveal, du côté du meix
à la *Malarde*, pour le prix de VI gros et un bichot
d'avoine, à payer à la Saint Barthélemy.

En 1430, le mardi après le dimanche de « judica »
Parisot d'Amondeau, et Villemot, son frère, prirent la
charge de « sergenterie » de Saint-Julien, s'engageant à

la bien et loyalement exercer, gouverner, garder « honeur et proffit de Messieurs de Pesmes », en bois, prés, rivière et champs appartenant auxdits messieurs de Pesmes. Cette institution leur fut délivrée par M^re Jean de Chamblin, chevalier, seigneur de Vonges, et Jacquot Daviot, « maistre dhostel de Madame Katherine de Neuchatel, « celle-ci comme ayant le bail, gouvernement et adminis-« tration des corps et biens de nos seigneurs et damoi-« selles enffans de feu monseigneur messire Guillaume de « Grandson, seigneur de Pesmes », en présence de Perrenin Lambelin de Pesmes. Le dernier acte qui constate la présence de Catherine de Neuchatel est une location de maison datée du vendredi après la Fête-Dieu de l'an 1431.

Nous avons suivi Catherine de Neuchatel pendant sa carrière si agitée et quelquefois si éprouvée. Restée veuve avec trois enfants en état de minorité, elle vit mourir ses deux fils et dut prendre soin des six enfants délaissés par son fils aîné. Si elle connut les grandeurs, Dieu ne lui épargna ni les tribulations ni les adversités.

La guerre qui ravageait le Charolais, laissait à la Bourgogne un repos dont elle jouissait rarement ; mais les hostilités se continuaient toujours entre le parti des Bourguignons et le parti d'Armagnac avec des chances diverses. C'est en ce moment qu'apparut Jeanne d'Arc, cette vierge inspirée qui sauva la France de sa ruine, en combattant victorieusement les Anglais unis aux Bourguignons. Le seigneur de Pesmes ne prit aucune part à cette lutte. Rappelons pour mémoire que Jeanne la Pucelle fut prise devant Compiègne par les Anglais qui la transférèrent à la tour du château de Rouen, où elle resta prisonnière en butte aux mauvais traitements de ses geoliers. Condamnée à mort comme hérétique, cette sainte fille fut brûlée vive sur une place publique de Rouen le 30 mai 1431. Elle n'avait pas vingt et un ans. Pendant ces guerres meurtrières, le prince d'Orange, Louis de Châlon, ayant

appris que sa seigneurie d'Anthon, en Dauphiné, était
envahie par les troupes du roi Charles VII, fit un appel
aux hommes d'armes de bonne volonté. Le jeune seigneur
de Pesmes, Jean (II) de Grandson, se rangea avec sept
cents autres chevaliers ou écuyers sous sa bannière de
soie rouge et noire, sur laquelle il avait fait peindre un
soleil levant en signe de triomphe. Ce prétentieux emblème
ne lui porta pas bonheur ; cette expédition ne fut pas
heureuse. L'armée bourguignonne surprise, le 11 juin
1430, par Robert de Gaucourt, gouverneur du Dauphiné,
au sortir d'une forêt, au moment où les rangs étaient en
désordre, ne put se mettre en bataille et éprouva une
déroute complète. Plusieurs chevaliers : Louis de Didier
la Chapelle, Jean de Beauffremont, seigneur de Mirebel,
Antoine de Vergy, bailli de Troyes, périrent dans cette
horrible mêlée, et Louis de Châlon lui-même ne dut son
salut qu'à la vigueur de son cheval, qui traversa le Rhône
à la nage. Jean de Grandson échappa à la mort dans cette
sanglante journée avec le comte de Fribourg et Jean de
Viry (1).

Malgré cette terrible défaite le duc de Bourgogne
continua la guerre. Pour ravitailler Auxerre, menacé par
les Français, il fit assembler, au mois d'octobre 1432, ses
chevaliers avec leurs gens d'armes et de trait : dans cette
réunion de guerriers étaient messire Antoine de Toulongeon, seigneur de Traves, chevalier banneret, chambellan
du duc de Bourgogne, gouverneur de Champagne et de
Brie, mort à Dijon en cette année 1432 (2) ; deux chevaliers
bacheliers, vingt-quatre hommes d'armes et cinq hommes
de trait ; Jean de Grandson, seigneur de Pesmes, chevalier
banneret, avec dix hommes d'armes et sept de trait ; Jean
de la Baume, Jean de Pontailler, Jean de Senailly, che-

---

(1) Ed. Clerc. Essai, t. II, p. 416. Ch. Suchet : Jean de Grandson, p. 3.
(2) Coll. Col. 1087, notes.

valier (1). Une montre d'armes avait eu lieu précédemment par le maréchal de Bourgogne depuis le 17 septembre 1432 jusqu'au 21 dudit mois, où figurait « monsieur de Pesmes » chevalier banneret (2).

Deux ans après, en 1434, le duc de Bourgogne voulant châtier le sire de Châteauvillain, qui s'était déclaré pour la cause du roi et portait la dévastation dans les terres du comté, envoya contre lui une armée commandée par Jean de Vergy. On mit le siège devant Grancey, dont la garnison ne capitula qu'au bout de trois mois, Jean de Grandson s'y distingua par ses faits d'armes (3). Cette guerre funeste ne prit fin que par le traité d'Arras, en 1435.

Si le traité de Bretigny produisit les Routiers, le traité d'Arras engendra les écorcheurs, autres brigands qui se répandirent d'abord dans le duché, puis sur les bords de la Saône. Jean, comte de Fribourg et de Neuchatel, seigneur de Champlitte, était alors gouverneur de Bourgogne. Au mois de septembre 1437, il réunit la noblesse du comté et la lança contre ces bandes de *Larrons et murdriers*. Les écorcheurs prirent la fuite et cherchèrent à se cacher, mais un grand nombre d'entre eux tombèrent entre les mains des Bourguignons. Voici comment Olivier de la Marche peint le sort qui attendait ces bandits, « des-
« quels si autant on en prenoit on en faisoit justice publi-
« que et de main de bourreau comme de larrons, pillards
« et gens abandonnés ; et certifie que la rivière de Saône
« et le Doubs étoient si pleins de corps d'iceulx écorcheurs,
« que maintes fois les pescheurs les tiroient au lieu de
« poissons, deux a deux, trois a trois liés et accouplés de
« cordes ensemble. Et dura cette pestilence depuis l'an 35
« jusqu'à l'an 38 ».

Plus tard, en 1438, les Bourguignons pillèrent à leur

---

(1-2) Arch. de la Côte-d'Or.
(3) Ch. Suchet: Jean de Grandson, p. 3.

tour pour être payés de leurs services : on les appela *Retondeurs*, « car ils retondaient ce que les premiers avoient failli de happer et de prendre ». Il n'y avait plus ni lois ni justice ; le crime régnait en maître.

« La cause, dit Monstrelet, pourquoi les Écorcheurs
« avoient ce nom, si estoient pourtant que toutes gens
« estoient rencontrés d'eux tant de leur part comme
« d'autre, estoient devestus de leurs habillements tout au
« net jusqu'à la chemise. Et pour ce quand iceux retour-
« noient ainsi nus et devestus en leurs lieux, on leur disoit
« qu'ils avoient esté entre les mains des écorcheurs, en
« les gabant (raillant) de leur mal aventure ».

La fureur de ces brigands s'exerçait même contre les animaux ; ils coupaient les pieds à ceux qu'on ne pouvait racheter.

Parmi les chefs des écorcheurs on distinguait : Antoine de Chabannes, Rodrigues de Villandras, Gauthier de Brussac, Geoffroi de Saint-Blin, le bâtard d'Armagnac, le bâtard de Bourbon, Guillaume de Flavy, Jacques de Vailli dit Fortes-Épices, et autres (1).

Dès les premiers mois de 1438, les écorcheurs, après avoir pris Bèze et s'y être logés de force, s'emparèrent d'Is-sur-Tille et de Tilchatel. Au mois de janvier ils avaient passé la Saône, couraient les campagnes près de Gray et vinrent assaillir Pesmes, qui se défendit vaillamment et repoussa les efforts des brigands (2).

Mais si les écorcheurs, commandés par Antoine de Chabannes, ne prirent pas Pesmes, ils pillèrent les terres du seigneur et leur capitaine emmena son butin chez son frère, Jacques de Chabannes jusqu'au château de Montaigu-le-Blanc, en Bourbonnais. Jean de Grandson, un des plus vaillants chevaliers de son temps, n'était pas homme à se laisser ainsi dépouiller sans se venger. A la tête de ses

---
(1) Besson. Hist. de Gray, p. 86 et 87.
(2) Ed. Clerc. Essai. t. II, p. 436.

hommes il attaqua Jacques de Chabannes, l'un des plus terribles capitaines des Écorcheurs, jusque dans ses terres ; surprit son château de Montaigu, qu'il « échella » et dont il s'empara, le pilla et emmena le fils aîné de son ennemi prisonnier dans son château de Pesmes, ainsi que les jeunes seigneurs qui l'accompagnaient (1).

Cet acte de vengeance paraissait légitime au seigneur de Pesmes ; cependant une plainte fut portée contre lui par Jacques de Chabannes par devant le duc de Bourgogne (1438). Philippe-le-Bon appela son beau-frère le duc de Bourbon pour juger la cause entre les deux chevaliers. Une audience fut publiquement consacrée à ce procès, à Châlon-sur-Saône, en la salle du palais de l'évêque. Laissons la parole à Olivier de la Marche, témoin oculaire de ces débats :

« Une journée fut publiquement tenue sur cette matière en
« la salle du palais de l'évêque. Les deux ducs de Bourgogne et
« de Bourbon s'assirent comme frères et bons amis sur le
« même banc ; l'un auprès de l'autre. A cette journée fut le
« seigneur de Pesmes, grandement accompagné des seigneurs
« de Bourgogne, ses parents, comme ceux de Châlons, de
« Vienne, de Neuchâtel et de Vergy (2). Messire Thibaut,
« bâtard de Neuchatel, portait la parole pour le seigneur de
« Pesmes ; c'était un moult sage chevalier. Mais cette querelle
« tendait plus à jeter un gage de bataille qu'à former un plaid
« ou procès

« Or il advint qu'au commencement du procès on demanda
« au sire de Chabannes s'il voulait tenir les deux ducs pour ses
« juges en cette partie. Il répondit qu'il avait choisi pour son
« juge le duc de Bourbon, son seigneur, et non un autre. Aus-
« sitôt que le duc de Bourgogne entendit qu'il ne devait pas
« être juge en cette matière, il se leva et dit au duc de Bourbon :
« Mon frère, puisque je ne suis pas accepté pour juge par
« messire Jacques de Chabannes, je ne puis m'empêcher d'être
« sa partie avec le seigneur de Pesmes. Car il est mon parent.
« Lui et ses prédécesseurs ont si bien servi moi et la maison de
« Bourgogne, que je lui dois et lui veux faire honneur et
« secours au besoin

---

(1) ED. CLERC. ESSAI. T. II. p. 435. CH. SUCHET, JEAN DE GRANDSON, p. 4.
(2) Jean de Vergy, seigneur de Fouvent.

« Aussitôt le bon Duc se tira vers le seigneur de Pesmes et
« se joignit à lui, comme parent et non comme seigneur, prince
« ou souverain qu'il était. Et ledit seigneur de Pesmes, et les
« seigneurs qui l'accompagnaient, le reçurent humblement et
« de grand courage. Et quand Chabannes vit le Duc qui s'était
« adjoint avec son contraire, il dit tout haut, de très bonne
« façon ; « Ah ! pour cette fois j'ai affaire à partie trop forte et
« trop pesante ».

« Cependant il fit sa plainte contre le seigneur de Pesmes,
« et dit qu'après le traité de la paix de France, faite entre le
« roi et le Duc, le sire de Pesmes avait pris et dérobé d'échelle
« et par nuit sa maison de Montaigu le Blanc, située au pays de
« Bourbonnais, et avoit pillé ses meubles, emmené son fils aîné
« prisonnier et plusieurs autres jeunes hommes nobles qui
« accompagnaient sondit fils. Il demandait sur ce, réparation
« d'honneur, de sa maison, de son fils et de son avoir.

« Thibaut, bâtard de Neuchatel, répondit pour le sire de
« Pesmes. Il rappela les pilleries faites sur ce seigneur par
« Antoine de Chabannes, et soutint que Jean de Grandson
« avait pris les biens et le fils de Jacques de Chabannes par
« représailles légitimes. Il demanda enfin qu'en présence de
« son prince, du duc de Bourbon et de toute la noblesse qui
« était présente, Jacques de Chabannes déclarât le sire de
« Pesmes quitte de son honneur et sans nul reproche. Sinon, il
« faisait offre de son corps pour le défendre.

« Il y eut encore, de chaque partie, plusieurs réponses et
« répliques, si bien que la décision fut renvoyée à un autre
« jour. Le duc de Bourbon se partit sans avoir rien prononcé,
« et ce fut Isabeau, duchesse de Bourgogne qui, peu après
« apaisa le débat et réconcilia les deux chevaliers en rendant
« le fils de Chabannes à son père et en faisant mettre en
« liberté les jeunes gentilshommes que le sire de Pesmes
« retenait prisonniers » (1).

On voit par ce procès célèbre quelle haute situation
Jean de Grandson, jeune encore, occupait dans la noblesse
de Bourgogne et l'affection que lui portait le duc de Bourgogne, son suzerain et son parent. Les sinistres exploits
des Écorcheurs et des Retondeurs étaient dans les mœurs
du temps ; chaque seigneur qui faisait partie de ces bandes
sanguinaires aurait pu être considéré comme un chef de

---

(1) Ch. Suchet : Jean de Grandson, p. 4 et suiv.

brigands ; à cette époque, il passait pour un vaillant capitaine.

Le duc de Bourgogne continua à donner à Jean de Grandson des marques de sa haute estime. L'empereur d'Autriche, Frédéric III, après s'être fait couronner, le 17 juin 1442, à Aix-la-Chapelle, devait traverser la Bourgogne et s'arrêter à Besançon. Le duc Philippe y arriva huit jours avant l'empereur; il était accompagné de la plus haute noblesse de Bourgogne, au milieu de laquelle se distinguait le seigneur de Pesmes. Des fêtes splendides, royales, qui durèrent dix jours, furent données à cette occasion, et les seigneurs y rivalisèrent de magnificence (1).

Jean de Grandson, entièrement dévoué à Philippe-le-Bon, profitait de toutes les circonstances pour lui donner des preuves de son attachement. En 1447, un allié du roi Charles VII, l'archevêque de Cologne, avait mis le siège devant la ville de Zonsbech, appartenant au duc de Clèves, beau-frère du duc de Bourgogne. Celui-ci donna l'ordre au comte de Saint-Pol de rassembler ses meilleurs chevaliers de Bourgogne, au nombre desquels était Jean de Grandson, sire de Pesmes, avec les sires de Rupt, de Soye et de Cicon, et d'aller délivrer la ville. A leur approche, les troupes de l'archevêque se hâtèrent de lever le siége.

Les écorcheurs, souvent battus, n'avaient pas disparu de la Bourgogne et se trouvaient en grande puissance près de Marcigny-les-Nonains. Sur l'avis de son Conseil, le duc ordonna une levée de boucliers dans ses états et confia le commandement de ces hommes d'armes à Thiébaut de Neuchatel, maréchal de Bourgogne. Cette compagnie, dont faisait partie le sire de Pesmes, en qualité de chevalier banneret, fut passée en revue le 10 mai 1444, par messire Aymé Despiry. Jean de Grandson se trouvait, en la même qualité, à une nouvelle revue passée le 3 août suivant (2).

---

(1) Ed. Clerc : Essai t. II, p. 459. Ch. Suchet : Jean de Grandson, p. 6.
(2) Arch. de la Côte-d'Or. Inv. de la Ch. des Comptes de Dijon, vol. 26, p. 448.

Sous le prétexte de se défendre contre les attaques des écorcheurs, le sire de Pesmes manifesta l'intention de faire construire des bastions sur les portes de la ville. Les habitants s'y opposèrent. Jaloux de leur cité, ils entendaient en rester les maîtres et la défendre eux-mêmes. Le 8 mai 1444, un « mandement de nouvelleté fut impétré au bail-
« liage d'Amont a la requete des habitans de Pesmes
« touchant le droit qu'il n'est loisible aux seigneurs et
« dames dudit Pesmes, leurs gens, procureurs et officiers
« d'avoir ny faire construire bastion sur les portes » (1).

Si les écorcheurs n'avaient pas complètement abandonné la Bourgogne, ils étaient cependant assez affaiblis pour ne plus inspirer que peu d'inquiétude aux seigneurs de la province, qui profitèrent de ce calme pour se livrer à des jeux et à des tournois, leurs amusements favoris. Un des plus fameux tournois de cette époque fut le *Pas de la Fontaine des Pleurs* ouvert à Châlon-sur-Saône par Jacques de Lalaing, en septembre 1449 (2). Guillaume, sire d'Arguel, et sa femme, le duc et la duchesse d'Orléans assistèrent à ce pas d'armes, qui fut ouvert pendant une année entière. Les plus vaillants chevaliers comtois y prirent part. Jean de Grandson fut au nombre de ceux qui luttèrent avec le plus de distinction. Il était accompagné d'un poursuivant d'armes, le sire de Valay, village dépendant de la baronie de Pesmes. Cet honneur n'était accordé qu'à la plus haute noblesse, mais le sire de Pesmes en était digne, car il était allié aux familles princières et était traité de parent par le duc de Bourgogne lui-même.

Charles, duc d'Orléans et de Valois, fils aîné de Louis, duc d'Orléans, et de Valentine Visconti, de Milan, père du bon roi Louis XII (3) prétendait à la possession du

---

(1) Arch. communales de Pesmes.
(2) Coll. col 1160, note 1.
(3) id. col 1091 note 3.

Milanais après la mort de Philippe-Marie Visconti, dernier duc. Le duc Charles sollicita du duc de Bourgogne une levée de gens d'armes dans ses états, sous le commandement de Guillaume de Châlon, seigneur d'Arguel, ce qui lui fut accordé (1). Cette expédition eut lieu dans les années 1451 et 1452 ; elle échoua faute d'argent. Sous les ordres du sire d'Arguel s'étaient rangés Jean de Fallerans, Pierre de Montcley, Guillaume Mouchet, Jean d'Andelot, Jean de Grandson-Pesmes, Philibert de Vaudrey, Henri d'Orsans de Lomont, Jean d'Achey et beaucoup d'autres chevaliers (2).

C'est ainsi que la vie de Jean de Grandson se passait dans les aventures, les jeux, les fêtes, les tournois. A quelques pas de son château de Pesmes il avait son champ clos, où il s'exerçait à la lutte avec les autres seigneurs Bourguignons. C'est là que sous la direction de leur seigneur suzerain et sous les yeux des nobles dames de Pesmes, les futurs chevaliers ses vassaux venaient faire leur apprentissage dans le maniement des armes. Placé près de l'ancien chemin de Valay, sur un plateau d'où la vue s'étend d'un côté sur le duché de Bourgogne et de l'autre sur les montagnes du Jura, ce lieu a conservé son ancienne dénomination et s'appelle encore le Champ Fort (3).

Mais cette vie fastueuse conduisait Jean de Grandson à sa ruine. Il emprunta de tous côtés, vendit ou donna en gage ses diverses seigneuries et même son donjon de Pesmes. Débiteur de Thiébaut VIII de Neuchatel et de Guillemette de Vienne, sa femme, veuve en premières noces d'Antoine de Vergy, seigneur de Champlitte, et petite-fille de l'amiral de Vienne, d'une rente annuelle de 115 florins d'or, en principal de 1250 forts florins d'or,

---

(1) id. col 1159.
(2) id, col 1883.
(3) Vieux mot qui signifie champ clos abandonné, hors d'usage

assignée sur les terres et seigneuries, fiefs et arrière-fiefs de Pesmes, Jean de Grandson, pour se libérer de cette rente « vendit audit Thiébaut de Neuchatel tous les fiefs
« et arrières fiefs dépendants de sa dite seigneurie de
« Pesmes, scavoir celui de Balançon, celui de Rupt, celui
« de Bar les Pesmes et une rue a Talmet dite la rue
« daubigney, moyennant laquelle cession et transport ledit
« Grandson demeure quitte envers ledit sieur de Neu-
« chatel ». Ce traité, qui est à la date du 21 juin 1449, porte rétrocession par Thiébaut de Neuchatel et dame Guillemette de Vienne, en toute propriété, à noble Huguenin de Vuillafans, seigneur de Scey, des fiefs et rières fiefs qu'ils avaient dans les lieux et seigneuries de Bard, Rupt, Balançon et dans une rue de Talmay en extinction d'une rente annuelle de 115 florins, en principal de 1250, par eux due au sieur de Vuillafans. A la suite de cet acte est insérée « la lettre d'une constitution de rente annuelle
« et perpétuelle de cent francs en principal de mil (sic)
« francs au profit dudit sieur de Neuchâtel par ledit sieur
« de Grandson assignée sur le donjon de son château de
« Pesmes en date du 24ᵉ aoust 1450 », et la reprise de fief
« faite audit sieur de Neuchatel par noble Guillaume de
« Pontalier, seigneur de Talmet de ce qu'il tenait et possé-
« dait es lieux de Talmet, Champagney et Valay mouvant
« du fief dudit sieur de Neuchatel a cause de son château
« de Pesmes, en date du 15 mars 1456 » (1).

La reprise de fief qui précède établit d'une manière certaine que le sire de Pesmes n'a pas acquitté sa dette envers Thiébaut de Neuchatel et que celui-ci a eu en paiement le château et le donjon de Pesmes après la mort de Jean de Grandson. Ce dernier devait en outre à Thiébaut VIII une rente annuelle de 800 francs, au capital de 10.308 francs 4 gros, vieille monnaie du comté de Bour-

---

(1) Arch. du Doubs r

gogne, en paiement de laquelle rente il vendit audit Thiébaut et à Guillemette de Vienne, avec faculté de rachat pendant vingt ans, plusieurs rentes et revenus de sa seigneurie de Pesmes.

Treize ans plus tard, Jean de Grandson étant mort, ses frères Hélyon et Simon empruntèrent de Thiébaut de Neuchatel, fils du maréchal et petit-fils de Thiébaut VIII, la prédite somme de 10.308 francs 4 gros pour racheter la seigneurie de Pesmes, qu'ils engagèrent alors au nouveau créancier, dans les mêmes conditions, sauf que la liberté de rachat fut reportée à trente ans. Dans cet acte, le maréchal s'était porté caution pour son fils, qui s'intitulait seigneur d'Héricourt, capitaine général de Bourgogne.

La date de 1410 donnée à ce dernier acte, consenti après la mort de Jean de Grandson et de Thiébaud VIII, est évidemment erronée (1).

Jean de Grandson devait en outre une somme de 1560 francs à Jacquot de Flammerans qui, pour avoir paiement de sa créance, fit procéder à une saisie sur les revenus de son débiteur. Afin d'arrêter les poursuites, le seigneur de Pesmes autorisa son créancier à amodier au profit de ce dernier tous les droits, revenus et cens dépendant de la seigneurie de Pesmes, « et même les revenus du moulin Boussard et ceux de Mutigney », en acquit de sa dette. Cet acte est à la date du 13 août 1454. Peu de temps après, le 14 février 1454 (v. s.) Richard Deschamps, écuyer, vendit à Thiébaut de Neuchatel et à Guillemette de Vienne, tous les droits, prétentions et actions qu'il avait sur la terre de Broye, ainsi qu'une rente annuelle de cent francs hypothéquée sur certains prés et héritages au territoire de Pesmes, ayant appartenu à M. de Grandson, et adjugés au vendeur ensuite de décret ou de saisie, pour le

---

(1) Bibl. nat<sup>le</sup> mss fr. 4605 f° 109. Pièces justificatives XXIX. La date exacte de ce acte doit être 1470.

prix de 550 francs comtois. Déjà, le 7 novembre 1452, Jacques de Chassey et ses neveux, enfants de Philippe de Chassey, consentirent à ce que Thiébaut de Neuchatel et Guillemette de Vienne se rendissent acquéreurs pour 300 francs d'une rente de 30 francs assignée sur les revenus de Pesmes.

Cet état de gêne du seigneur de Pesmes n'était pas dû seulement à ses prodigalités et à ses fêtes. Les écorcheurs ou les retondeurs avaient tout pillé, tout détruit; les terres demeurées en friche ne produisaient plus rien. Dans cette situation précaire Jean de Grandson ne sut pas résister à une suggestion criminelle. Oudet de Doubs, écuyer, vint le trouver à Valay, avec un nommé Pierre, et ils lui proposèrent *de faire vaisselle d'or et d'argent* pour l'enrichir.

Il consentit à cette fabrication de fausse monnaie. Mais comme ledit Pierre n'exécutait pas sa promesse, Jean de Grandson lui en demanda la raison. Il répondit qu'il y avait là *trop de gens*, que le lieu n'était pas assez sûr. Oudet de Doubs, qui avait acheté du sire de Pesmes le fief de Rupt (1) était alors près du seigneur de ce lieu, Jean de Rupt. A son retour à Valay, il vit maître Pierre partant avec Jean de Silley pour Montrichard (près de Salins) où Jean de Grandson les avait envoyés, et là *ils firent ce que bon leur sembla*. Dénoncés et poursuivis comme faux-monnayeurs, Pierre fut pris, condamné à mort et exécuté ; Jean de Silley s'enfuit. Oudet de Doubs et le sire de Pesmes furent ajournés sur *grosses peines*, mais ils ne se présentèrent pas. Ils furent, par contumace, bannis du pays de Bourgogne. Après la mort de Jean de Grandson, Oudet de Doubs sollicita sa grâce, que Philippe-le-Bon lui accorda par lettres de rémission du 21 septembre 1458 (2).

---

(1) Nous avons vu précédemment une vente du fief de Rupt, du 21 juin 1449, au profit de Thiébaut de Neuchatel, qui le rétrocéda au seigneur de Vuillafans.
(2) Ch. Suchet. Jean de Grandson, pièce justificative.

Bientôt Jean de Grandson eut d'autres démêlés avec la justice. Philippe-le-Bon, qui avait acheté le château de Joux, voulait en faire payer une partie par la Bourgogne, en imposant à la noblesse de ce pays des contributions auxquelles elle n'avait jamais été soumise. Les États réunis à Dole le 20 septembre 1454 refusèrent d'abord les subsides, mais convoqués de nouveau ils les votèrent à contre-cœur. Ce n'était de la part du duc qu'un essai, une tentative, qui lui réussit. L'année suivante il fit une proposition plus hardie. La noblesse fut convoquée à Dole le 3 juillet 1455. Thiébaut de Neuchatel, maréchal de Bourgogne, et le président du parlement, Gérard de Plaine, demandèrent au nom du duc une levée d'hommes considérable et une contribution de deux francs par ménage. Jusqu'alors la noblesse ne connaissait d'autres contributions que le service du prince, qu'elle suivait à la guerre. Pour lui, elle prodiguait son sang. Cette nouvelle demande fut accueillie par un morne silence, bientôt suivi de violents murmures et de tumulte. Jean de Grandson assistait à cette séance. Rendu furieux par une première sentence qui l'avait frappé de bannissement et par le déplorable état de ses finances, il s'écria : « Il nous fera mainmortables ! « N'avons-nous pas nos bonnes épées ! » Ne pouvant rétablir le calme, le maréchal ajourna l'assemblée à un mois, dans le couvent des frères mineurs de Salins.

La noblesse était alors très affaiblie. Aussi à la nouvelle réunion qui eut lieu à Salins le 3 août suivant, diverses opinions furent émises, mais ce fut l'opinion modérée qui prévalut : tout en réservant tous ses droits, la noblesse vota l'impôt. Le seigneur de Pesmes, d'un caractère bouillant, sortit de l'assemblée en frémissant de colère. « C'était, dit M. Ed. Clerc, un homme d'une haute stature, « à cheveux grisonnants, très estimé des nobles, hardi « dans l'exécution de ses desseins, ami du prince, dont il « était le parent » (1). L'âge ne lui avait encore rien enlevé

---

(1) ED. CLERC. ESSAI, T. II, p. 502.

de son courage et de son énergie. Ses aïeux avaient succédé aux sires de Pesmes et depuis près de 130 ans sa famille possédait cette importante seigneurie. Il était en outre allié aux plus puissantes familles du pays. Le 27 février 1433, (n. s.) il avait épousé Jeanne de Toulongeon, à laquelle Jean de Toulongeon, son frère, avait donné en dot 400 livres de rente à prendre sur la salinerie de Salins ; elle était fille d'Antoine de Toulongeon, baron de Traves, maréchal et gouverneur de Bourgogne, chevalier de la Toison d'Or, et de Béatrix de Saint-Chéron, sa première femme. De ce mariage naquit une fille, Jeanne de Grandson, morte sans alliance. Après la mort de Jeanne de Toulongeon, Jean de Grandson s'allia à Jeanne ou Louise de Vienne, petite-fille du fameux amiral, sœur de Guillemette de Vienne, femme de Thiébaut VIII de Neuchatel, père du maréchal.

Dans son indignation, Jean de Grandson appelait toute la noblesse aux armes, mais les nobles ne répondirent pas à son appel. Accusé d'être le chef d'un complot contre le prince, celui-ci confia à son prévost de Gray, Nardin, la mission d'arrêter le sire de Pesmes. Nardin, homme dévoué au duc, partit de Gray à la tête de ses sergents, s'empara du château de Pesmes et se saisit de la personne de Jean de Grandson, qu'il conduisit dans la forteresse de Grimont près de Poligny. Le duc n'osa pas le faire juger par le parlement et retint la cause dans son Conseil. L'instruction en fut confiée au président de Plaine, sous la surveillance du chancelier Rolin.

D'origine bourgeoise, Rolin, qui voulait accroître l'autorité du duc au détriment de la féodalité, était trop habile pour ne pas profiter de cette circonstance, qui favorisait ses desseins. Il plaça sous les yeux de Philippe-le-Bon tous les détails du complot. Jean de Grandson se présenta fièrement devant ses juges, ne fit aucun aveu, n'implora personne. Convaincu du crime de trahison envers le prince, il fut condamné à mort. Le duc inclinait à la clémence ; il se rappelait les services qu'il avait reçus de son noble vassal, l'allié des plus hautes familles du comté de Bourgogne, le parent du prince lui-même. Mais le chancelier resta inflexible et insista pour l'exécution de la terrible sentence. Les supplications des Vienne, des Vergy, des Toulongeon, des Neuchatel ne purent contrebalancer la volonté de fer de Rolin. On croit généralement que c'est celui-ci qui dicta la lettre suivante écrite par le duc de Bourgogne au président de Plaine, le 28 novembre 1455.

« De par le Duc de Bourgogne, de Brabant et de Limbourg,
« comte de Flandres, d'Artois, de Bourgogne, de Haynault, de
« Hollande, de Zélande et de Namur

« Tres chier et bien amé, nous avons dite et déclaré notre
« sentence sur le proces fait à l'encontre de messire Jehan de
« Gransson jadis sieur de Pesmes et lavons condamné a morir
« et a estre executé corporellement ainsi quil vous apperra plus
« a plain par nos lettres de la dite sentence que nous envoyons
« avec ceste, et lesquelles s'adressent a vous et a notre baillif
« d'Aval ou son lieutenant Et pour ce que en conclusions nos
« dites lettres de sentence contiennent que procedez et faites
« proceder a lexecution dicelles, selon le contenu de nos lettres
« closes signées de notre main ; nous voulons et vous mandons
« que tantost apres la reception de ceste vous vous transporticz
« au lieu de Poligny ou est detenu prisounier ledit messire
« Jehan et parlez a lui appellé avec vous nostre amé et feal
« secretaire, maistre Guillaume de Bercy, et le interrogez pour
« scavoir s'il voudra dire autre chose plus avant que son proces
« et sa confession contient, et lui dites que considerés les cas
« contenus en son dit proces il a desservi mort et lavons con-
« damné à morir et ce fait lui administrez un chapelain notable
« homme et le faites confesser et mettre en état. Et apres vous
« ou notre dit baillif ou son lieutenant (auquel en ecrivons
« presentement) faites incontinent procéder a son execution,
« laquelle execution pour l'honneur de ses parents voulons etre
« faite secrettement ; et au regard de la maniere, voulons que
« apres que il sera confessé, comme dit est, on le descende en
« la fosse et prison basse dessous celle ou il est de present et
« que illecques on lui lye les mains derriere le dos et aussi les
« pieds et soit mis ainsi lyé que dit est, entre deux coietes de
« list pour le estoffer et faire morir. Et en apres voulons que

« son proces soit montré a ses parens et amis qui voir le vou-
« dront en leur disant comme la verite sera quil est mort en
« ladite fosse et que pour honneur de ses dits parens, nous
« sommes contents que son corps soit inhumé et enterré aux
« Jacobins de nostre dite ville de Poligny, ou en autre église
« que ses dits parents adviseront ; et voulons quainsi soit fait.
« Et en tant quil touche ses deux serviteurs detenus prison-
« niers comme scavez, nous voulons aussi qu'ils soient par vous
« interroges et sils ne confessent autre chose quils ont confesse
« ou que par ledit messire Jehan ils se soient charges plus
« avant, en ce cas voulons que procedez au regard deux selon
« le contenu en lavis et deliberation de ceux de nostre conseil
« qui furent assembles a Dole le dixième jour d'octobre passé
« ou vous mesme estiez. Et tout ce que dit est mettez a effect a
« toute diligence tres cher et bien amé, le Saint-Esprit soit
« garde de vous. Escrit en nostre hostel a la Haye en Hollande
« le xxviii jour de novembre mil cccc lv. Signe Philippe, et
« plus bas, de Molesmes » (1).

Cet ordre fut immédiatement exécuté. Jean de Grandson fut étouffé entre deux matelas dans son cachot. On procéda pendant la nuit, dans le plus grand silence, à son inhumation aux Jacobins de Poligny (décembre 1455) et aucune inscription n'indiqua la place où fut déposé son corps.

L'histoire ne nous a pas transmis les pièces du procès du seigneur de Pesmes, ni les détails du complot dont il était accusé. Philippe-le-Bon avait ordonné que la procédure fut communiquée aux membres de la famille du supplicié qui désireraient en prendre connaissance ; c'est, sans nul doute, la famille de Jean de Grandson qui fit disparaître les documents établissant sa culpabilité.

Le plus grand secret avait été tenu sur la mort du seigneur de Pesmes. La noblesse, convoquée à Gray le 15 février 1456 (n. s.) fut informée que le prince agréait ses réserves ; elle vota les subsides demandés. Ce ne fut que plus tard que le secret éclata. Le maréchal ne pardonna

---

(1) ABBÉ GUILLAUME. SIRES DE SALINS, T. I, p. 144, note. — CH. SUCHET, JEAN DE GRANDSON, p. 10 et 11.

pas au chancelier Rolin la mort de Grandson ; le supplice de son parent était une atteinte grave et directe au crédit de sa famille. On fut obligé de donner au président de Plaine des brigandines pour sa sûreté et des gardes à Nardin.

Cette mort cruelle semblait un démenti au surnom de *Bon* donné au duc Philippe. Mais si la noblesse eut à se plaindre de ce prince, que la mort de Grandson lui rendit odieux et qui abattit son pouvoir, le peuple au contraire, s'était attaché à lui parce qu'il l'avait délivré du joug féodal, et dans sa reconnaissance lui donna ce surnom consacré par l'histoire. Dans cette œuvre de concentration du pouvoir absolu entre ses mains entreprise par Philippe-le-Bon, il fut secondé par le peuple et les bourgeois. C'était parmi ceux-ci que le duc recrutait ses juges : Grandson fut condamné à mort par les plébéiens et la sentence fut exécutée. La féodalité ne se souleva pas ; elle se courba sous le niveau de la loi. Ce fut toute une révolution. Mais le duc n'osa plus se présenter devant la noblesse de Bourgogne, il ne revint jamais dans cette province et mourut à Bruges le 15 juin 1467.

Ainsi finit la seconde dynastie des seigneurs de Pesmes, qui, pendant 128 ans, avait brillé d'un si vif éclat dans les deux Bourgognes. Un luxe effréné et l'amour immodéré des plaisirs poussèrent le noble chevalier Jean de Grandson dans des voies criminelles et le conduisirent au supplice et au déshonneur.

Après sa mort, la seigneurie de Pesmes fut mise en décret et passa entre les mains d'un de ses créanciers. Une troisième dynastie, aussi illustre que les deux premières, allait occuper pendant plus de trois siècles cette grande baronnie et porter haut et ferme la glorieuse bannière des sires de Pesmes.

Avant la mort de Jean de Grandson, dont nous venons de raconter la triste fin, la seigneurie de Pesmes avait été divisée entre plusieurs seigneurs soit par suite d'hérédité, soit par suite d'aliénation. L'acte de 1430, daté du mardi après le dimanche de *Judica* indique que plusieurs des enfants de Guillaume de Grandson étaient coseigneurs de Pesmes ; d'autre part, l'ancien inventaire des archives de Pesmes mentionne une quittance de cinquante écus délivrée par Guillaume de la Baume, *seigneur de Pesmes*, aux habitants de ce lieu, relativement au paiement des quatre chevaux dus pour le service du prince. Une autre portion de cette seigneurie avait passé à la maison de Neuchatel ensuite du testament de Catherine de Neuchatel, veuve de Jean (I) de Grandson. Jean (II) de Grandson n'était donc seigneur de Pesmes que pour partie. Nous avons vu précédemment qu'en 1460, Simon de Grandson, son frère, prenait le titre de seigneur de Pesmes, plusieurs années après la mise en décret des biens de son frère aîné. La part de Simon de Grandson lui provenait sans aucun doute de la succession de son père. Une certaine confusion règne sur les droits des enfants de Guillaume de Grandson dans l'hoirie paternelle.

Pour ne pas scinder le récit des graves événements que nous venons de raconter, nous avons passé sous silence des actes intéressants pour l'histoire de Pesmes. En remontant à quelques années, nous trouvons dans nos archives plusieurs transactions particulières, que ni les exploits des écorcheurs, ni les guerres entre les Bourguignons et les Armagnacs n'avaient interrompues.

Le 8 avril 1434, Guillaume de « Savigney » écuyer, demeurant audit Savigney vers Pesmes, dont il était seigneur en partie, vendit à noble homme Jean d'Yvoire, écuyer, demeurant à Clénay, une pièce de pré de huit soitures située en la prairie de Pesmes, au lieu dit Estarpoux, du côté du « pré au curé dudit Pesmes, entre « les molins Bossart et le molin de Chassel », du fief du seigneur de Pesmes, dont le vendeur devra se procurer le consentement. Il lui vendit en outre 20 sols tournois de rente. Le tout pour la somme de 70 livres tournois, qu'il devait à l'acquéreur. Pour sûreté de la rente cédée, Guillaume de Sauvigney affecte ses rentes « censes et revenus « qui lui sont dus en la ville de Broye et aussi sur ses « hommes, femmes, corvées et autres droits qu'il possède « audit lieu de Broye »"(1).

Le jour précédent, 7 avril 1434, Guillaume d'Estrabonne, écuyer, seigneur de Trochères (en partie) avait aussi acquis de Guillaume de Sauvigney, écuyer, une pièce de pré contenant environ neuf soitures, « assise en la pra- « herie de Pesmes et de Savigney, au lieu dit Lestarpeux, « estant par indivis entre lui et Jehanne de Savigney, sa « sœur, et est icelle pièce de prey entre la rivière de loui- « gnon et le prey Jehanne de Sauvigney et Hugote, sa « sœur ». Plus dix francs estevenants « de ceux que doit « chascun an Perrin Brullart de Broie le jour de la feste « Saint-Michel », et plusieurs autres cens dus audit Guillaume de Savigney, le tout pour le prix de soixante-quinze francs. L'acquéreur « baille et transporte iceulx héritaiges « perpetuellement a Martin de la Tour, et ce il fait tant « pour aggreables services en realite et bien fait quil a « fais icellui Martin, qui lui sont eu moult profitable comme « pour ce que *led Guill destrabonne demeure* quicte parmy « ce envers ledit Martin de la somme de soixante et quinze « livres qui lui devoit pour prest, et aussi en consideration « des bonnes alliances qui se feront entre ledit Martin et « damoiselle Guillemote, fille dudit Guille » (2).

---

(1-2) Archives de la Côte-d'Or.

TROISIÈME DYNASTIE

## MAISON DE LA BAUME MONTREVEL

Héritière de celle de Neuchatel

## XVII

### THIÉBAUT VIII DE NEUCHATEL (1455-1458)

Grandeur de sa maison — Mariage de Thiébaut de Neuchatel avec Guillemette de Vienne — Leurs enfants — Douaire — Bonne de Neuchatel épouse d'Antoine de Vergy — Dénombrements — Mort de Thiébaut VIII.

La famille de Neuchatel, qui succédait aux sires de Grandson à la seigneurie de Pesmes, était alors une des plus puissantes de la Bourgogne, par la faveur dont elle jouissait auprès du Duc et du roi de France. Thiébaut IX, maréchal de Bourgogne, reçut du Duc, en 1445, dix mille francs sur la somme votée par les États, et le 14 février 1448 (n. s.) le roi de France le nomma conseiller en son Grand Conseil. Jean de Neuchatel-Montaigu, son frère, fut en 1451, élevé à la dignité de Chevalier de la Toison d'Or. Mais ces deux frères vivaient en mésintelligence parce que

Thiébaut VIII, leur père, avait donné une très large part de ses biens au maréchal, son fils préféré.

Thiébaut VIII de Neuchatel était fils de Thiébaut VII, tué à Nicopolis (1). Il épousa, le 14 mai 1398, Agnès de Montbéliard, dont il eut deux enfants : I. Thiébaut IX, qui, par son testament à la date du 28 octobre 1463, institua pour « ses héritiers universaux, seuls et pour le tout, ses très chiers et bien amés fils Henry et Claude de Neuchatel, frères en la forme et manière que s'ensuit cest a savoir Henri de Neuchatel en ses terres et seigneuries de Neuchatel... en la restitution de l'Isle quand le temps adviendra selon le traité fait à Gray et aussi en 10.000 florins d'or de sa sœur, Bonne de Neuchatel quand restitution aura lieu selon le traitté de mariage d'elle et d'Antoine de Vergy, sʳ de Montferrand, jadis son mari ». A défaut de tous ses légataires, il institua son frère, Jean de Neuchatel, seigneur de Montaigu, « bien qu'il lui ait tenu plusieurs rigueurs sans cause raisonnable ». Il mourut le 4 décembre 1469, laissant onze enfants. II. Jean II de Montaigu, chevalier de la Toison d'Or. Après la mort de Thiébaut IX trois de ses filles soutinrent un procès contre leur oncle Jean de Montaigu, relativement à la propriété des seigneuries de la maison de Neuchatel. Ce procès se continua entre le duc de Wurtemberg et les maisons de Rye et de Poitiers (2).

Devenu veuf d'Agnès de Montbéliard, Thiébaut VIII épousa en secondes noces, le 8 novembre 1440, Guillemette de Vienne, fille de Philippe de Vienne, chevalier, seigneur de Persan, Chevigney, Bettoncourt et Bonencontre, et de Philiberte de Maubec en Dauphiné. Elle était elle-même veuve d'Antoine de Vergy, comte de Dammartin,

---

(1) Rousset (Dictʳᵉ Hist. du Jura. Nancuise) écrit que Catherine de Neuchatel, veuve de Jean (I) de Grandson, institua pour son héritier Thiébaut VII de Neuchatel qui, *en 1429*, vendit Nancuise à Nicolas Rollin. Il y a là une erreur, la bataille de Nicopolis ayant eu lieu le 28 septembre 1396.
(2) Abbé Richard : Hist. de Neuchatel.

sieur de Champlitte, de Rigney, et de Frolois, gouverneur de Bourgogne et de Champagne et maréchal de France (1). Il était l'un des fils de Jean III de Vergy, dit la Laffre, seigneur de Champlitte et de Fouvent, sénéchal et maréchal de Bourgogne, et de Jeanne de Chalon-Arlay. Il mourut en 1439 (2).

De ce second mariage naquirent trois enfants : I. Antoine, seigneur de Clémont et de l'Isle-sur-le-Doubs ; II. Henri, qui fut curé de Gy, chanoine et chambrier à Besançon. Il fut le chef de la députation qui porta, en 1479, à Louis XI la soumission de Besançon ; III. Bonne, dont nous parlerons ci-après (3).

Guillemette de Vienne avait reçu de son premier mari des legs très importants. Par son testament il lui donna pour droit de douaire les châteaux de Port-sur-Saône et de Chariez, les villes de Pusey, Pusy, Chevannes sous Vergy et « toutes leurs appartenances, ainsi que desja il les lui a baillées et assignées par lettres sur ce faites ». Il lui donna en outre tous ses biens meubles qu'il laissera au jour de son décès. Il ordonna que toutes les donations qu'il lui a faites précédemment en dehors de ses acquêts « cest assavoir de Buxières, Orières, de Precey (Percey ?) et leurs appartenances quelconques, soient bonnes et valables pour elle et ses hoirs procréés de son corps seulement ». Enfin, il lui donna l'usufruit « a sa vie durant » des châteaux et villes de Mont, Franois et Margilley « qu'il a racheptées » (4).

Bonne de Neuchatel fut fiancée à Antoine de Vergy au château de Gray le 12 mars 1451 (5) mais à raison de son jeune âge, le mariage ne s'effectua qu'en 1454. Le duc de Bourgogne honora cette union de sa présence ; la

---

(1) Antoine de Vergy portait : de gueules à trois quinte feuilles d'or, timbré d'or à l'aigle d'or, pennaché d'or et de gueules.
(2) Nouv. Goll. col. 1086.
(3) ABBÉ RICHARD : HIST. DE NEUCHATEL, p. 196 et suiv.
(4) Preuves de Vergy.
(5) Nobiliaire Dunand T. II f° 52.

cérémonie eut lieu au château d'Autrey. « De cette alliance de Vergy et de Neuchatel fut faite grande estime en Bourgogne, dit Olivier de la Marche, parce que ce sont deux grandes maisons. Le sieur d'Autrey (Charles de Vergy) fit diligence d'arrester le duc son seigneur a icelles nopces, lesquelles furent moult plantureusement servies, et y furent toutes les dames du pays... Elles durèrent quatre jours et y estoit tout homme defroyé, et mesme par les villages aux frais et a la despense dud seigneur d'Aultrey. Et a la verité iceluy seigneur fut un des larges depensiers et des libéraux de son temps » (1).

Antoine de Vergy mourut avant 1461. Il laissa une fille, Marguerite de Vergy, qui ne vécut que peu d'années.

Le premier soin de Thiébaut VIII de Neuchatel en prenant possession de la seigneurie de Pesmes fut de se faire payer par les habitants « pour sa bienvenue cinquante escus d'or pour prix de la aquenée qui lui était due » (2).

Tous les nobles dont les fiefs relevaient du château de Pesmes furent appelés à en donner le dénombrement et à promettre foi et hommage à leur nouveau suzerain. Nous avons dit précédemment que le 15 mars 1456 Guillaume de Pontailler reprit de fief de Thiébaut de Neuchatel ce qu'il possédait à Talmay, Champagney et Valay. Le 27 juin suivant, Girard de Maisières reprit de fief les fonds et héritages qu'il possédait sur les finages de Pesmes, Broye, Sauvigney et autres lieux, relevant du seigneur de Neuchatel à cause de la baronnie de Pesmes. Le même jour hommage fut prêté à Thiébaut de Neuchatel par Pierre de Binan, tant en son nom qu'en celui de Marguerite d'Aubigney, sa femme, et il reprit de fief tout ce qu'il possédait sur Aubigney. Les reprises de fiefs se succédaient à des intervalles très rapprochés. Le 13 juillet 1456 Oudet et Catherin de Cul, écuyers, reprirent de fief du seigneur de

---
(1) CLERC, ESSAI, T. II p. 498.
(2) Arch. communales de Pesmes.

Neuchatel, Chatel-sur-Moselle, Marnay, Pesmes et Valay, ce qu'ils tenaient de lui au village et territoire de Valay, en hommes, prels, terre et seigneurie. L'année suivante, 12 décembre 1457, dame Antoine de Pesmes, tant en son nom qu'en celui de Guillaume, son fils, reprit de fief de Thiébaut de Neuchatel et de Pesmes les meix, maisons et autres droits qu'elle pouvait avoir à Pesmes et relevant dudit Thiébaut à cause du château de Pesmes. Pierre de Binan, écuyer, sieur d'Aubigney, que nous avons vu reprendre de fief du seigneur de Pesmes en 1456, reprit de nouveau du même seigneur le 27 septembre 1458 (1). Thiébaut VIII mourut peu après laissant à sa veuve la seigneurie de Pesmes et celle de Valay.

---

(1) Un des nombreux créanciers de Jean de Grandson, Jean de Tolette, fit cession, le vendredi 2 septembre 1457, à Thiébaut de Neuchatel, seigneur de Pesmes, de « plusieurs censes dues en ce dernier lieu, provenantes de M$^{re}$ Jean de Grandson, pour la somme de 95 florins d'or ».

## XVIII

## GUILLEMETTE DE VIENNE (1458-1472)

*Elle fait don des seigneuries de Pesmes et de Valay à Antoine de Neuchatel — Mort de celui-ci — Procès — Testament de Guillemette de Vienne — Sa mort.*

Afin d'assurer la transmission de la seigneurie de Pesmes dans la maison de Neuchatel, Guillemette de Vienne en fit don à son fils Antoine de Neuchatel, en 1459, ainsi que de la terre de Valay. Mais Antoine de Neuchatel mourut sans postérité, et par son testament fait au château de Port-sur-Saône le 19 mai 1465, en présence de noble chevalier Jean de Scey, sire de Ronchamp, de Guillaume de Boigne-le-Vieux et autres, il institua pour son héritière universelle Bonne de Neuchatel sa sœur, veuve d'Antoine de Vergy, sieur de Montferrand, lui substituant sa nièce, Marguerite de Vergy, leur fille, et à défaut d'enfants il lui substitua ses frères Jean de Neuchatel, seigneur de Montaigu et de Rigney, et pour ses biens maternels Antoine, seigneur de Ray et de Seveux (1). Il fixa le lieu de sa sépulture en l'église de l'Isle, dans la chapelle fondée en l'honneur de Sainte-Croix, où était inhumé « son redouté père Thiébaut de Neuchatel ».

De nombreuses difficultés s'élevèrent entre la veuve et les enfants nés du premier mariage de Thiébaut VIII : des

---

(1) Ensuite de ces transmissions de seigneuries, les titres concernant la terre de Pesmes se trouvaient dans les archives de la maison de Neuchatel. Le 26 mars 1467, dame Philiberte-Albertine de Neuchatel remit à noble Pierre de Longchamp, écuyer, châtelain de Pesmes, des titres et papiers concernant la terre et la seigneurie dudit Pesmes.

transactions intervinrent entre les parties, mais le texte n'en est pas parvenu jusqu'à nous. Vers 1465, à l'époque où venait d'éclater la guerre dite de la ligue du bien public, entre le comte de Charolais (Charles le Téméraire) fils du duc de Bourgogne, et Louis XI, roi de France, Thiébaut IX était en procès avec Guillemette de Vienne, sa belle-mère, sur la mouvance de la seigneurie de Montmartin, qui fut reconnue dépendre de Neuchatel. Thiébaut contestait aussi à la même dame la possession du Châtelot, que son mari lui avait donné pour douaire, mais Philippe-le-Bon débouta Thiébaut de ses prétentions (1).

A ces divers procès avec les enfants de son second mari ne se bornaient pas les difficultés qui venaient troubler le repos de Guillemette de Vienne. Elle avait une affaire pendante au parlement de Dole avec Charles de Vergy, seigneur d'Autrey, et autres au sujet de certains droits qu'elle prétendait avoir sur les saulneries de Salins. Ce procès traînant en longueur la veuve de Thiébaut VIII adressa une requête au duc de Bourgogne qui, par son ordonnance en date à Bruxelles du 16 janvier 1463, enjoignit à M$^{re}$ Guillaume de Rochefort et à M$^{re}$ Guy de Houx d'instruire incessamment cette affaire et de mettre la procédure en état.

Le voisinage de la riche abbaye d'Acey était aussi la cause de bien des différends et de bien des procès avec les puissants seigneurs de Pesmes. Plusieurs fois déjà nous avons eu l'occasion d'en faire l'observation. En 1468, une nouvelle difficulté existait entre Jean de Bresilley, religieux de cette abbaye, tant en son nom qu'en celui des autres religieux, contre noble et puissante dame Guillemette de Vienne, dame de Neuchatel et de Pesmes, relativement à la succession échue du sieur Ponsot, curé de Chaumercenne, prétendue respectivement par les deux parties (2).

(1) Abbé Richard. Recherches sur Neuchatel, p. 196 et suiv.
(2) Arch. de la Haute-Saône, II. 11.

L'abbaye obtint gain de cause, mais la dame de Pesmes se pourvut en appel au parlement de Dole. L'arrêt ne fut rendu que le sept mai 1474, après la mort de Guillemette de Vienne : la sentence des premiers juges fut confirmée et l'abbaye d'Acey maintenue dans la jouissance et possession des biens dépendant « de la dite échute et dans « tous droits de justice et mainmorte sur les hommes et « sujets et sur les biens a eux appartenans au village et « sur le territoire de Chaumercenne ». Cet arrêt fut rendu au nom de Charles, par la grâce de Dieu, duc de « Bourgoigne », de Lorraine, de Brabant, de Luxeuil, etc. « Jean de Montoiche », demeurant à Pesmes, secrétaire du duc d'Autriche et de Bourgogne, étant procureur de Bonne de Neuchatel, dame de Bonrepos et de Pesmes « la bien amée cousine du Duc » héritière seule et pour le tout de Guillemette de Vienne, sa mère (1).

La vieillesse de Guillemette de Vienne se passa au milieu des procès. Celui qui avait eu lieu en 1425 entre Guillaume de Grandson et les habitants de Pesmes relativement au droit de pêche dans l'Ognon se renouvela en 1472, devant la Cour de Pesmes, entre lesdits habitants, représentés par Pierre Renaud, Jean Bombard, Guillemin Baroillot et Claude Guichot, échevins et prudhommes de la ville, et dame Guillemette de Vienne, agissant par le fait de Thiébaut Noirot, lieutenant en décret et conseiller de monseigneur le duc et comte de Bourgogne, et lieutenant général d'honorable homme Jean Carondelet, lieutenant en Cour et en Droit, Conseiller Maître des Requêtes de l'hotel de monseigneur le Duc et bailli de Pesmes. La Cour faisant droit aux conclusions des habitants de Pesmes les maintint dans la possession du droit de pêche (2).

(1) Arch. de la Haute-Saône, H. 11.
(2) Arch. communales de Pesmes, AA. 1.
Le 10 novembre 1468, un jugement fut rendu par le bailli d'Amont dans la cause de Jean d'Arguel, seigneur de Bard, relativement au droit qu'il prétendait avoir au bois mort dans les bois de Pesmes, même dans celui appelé le Gros-Bois, appartenant au seigneur.

Sentant sa fin approcher, Guillemette de Vienne, malade et infirme, fit son testament au château de Pesmes le 15 août 1472. Aux termes de cet acte, elle lègue aux prevost et chanoines de l'église collégiale de Champlitte, érigée par son premier mari, une somme de 200 francs et y fonde deux anniversaires ; à ses serviteurs qui l'avaient aidée pendant sa viduité, elle donne 400 francs ; à sa bien-aimée fille, Bonne de Neuchatel, femme de Jean de la Baume, seigneur de Bonrepos, 10 fr. de rente (1) qui lui sont dus par feu Jean de Vaudrey, chevalier, et Marguerite de la Roche, sa femme, assignés sur leurs seigneuries de Chastenoy et Colombot. Ce legs est fait en dehors et en sus de ce qui a été donné à Bonne de Neuchatel par son père, Thiébaut de Neuchatel, par son contrat de mariage. Elle institue pour son héritier universel Antoine de Neuchatel, seigneur de Clémont et de l'Isle-sur-le-Doubs, à charge de payer ses dettes avec défense de vendre ni hypothéquer ses terres et seigneuries de Pesmes et de Valay, afin qu'elles passent à ses successeurs. Elle nomme comme exécuteurs testamentaires M$^{res}$ de Neuchatel, archevêque de Besançon, Jean de Neuchatel, seigneur de Montaigu, M$^{re}$ Philibert-Philippe de la Palu, seigneur de Varembon, M$^{re}$ Henry de Neuchatel. Étaient témoins de cet acte : Hugues Guel, curé de Pesmes, maître Simon Agnus, Jean Fournaigeot, prêtre, Thiébaut Nogeot, licencié en droit, Jean Bongarçon, docteur en médecine, Pierre de Ronchamp, Jean de Beaujeu (Beljeu) et Thiébaut de Cessey (2).

Le testament de Guillemette de Vienne nous fait connaître qu'en 1472 Antoine de Neuchatel, son fils, n'était pas mort, bien qu'ayant testé depuis 1465, mais il mourut peu après le testament de sa mère, avant le 8 novembre

---

(1) Le franc avait cours pour 18 sols estevenants, le florin pour 15 sols, le gros tournois d'argent vieux pour 18 deniers, il valait 4 blancs (JONV., p. 134).

(2) E. PERCHET. LE CULTE A PESMES, p. 176.

1472, puisqu'à cette date une transaction eut lieu à Gray entre Henry, seigneur de Neuchatel, d'Épinal et de Chatel-sur-Moselle, et Mre Jean de la Baume et Bonne de Neuchatel, sa femme, relativement à la succession d'Antoine de Neuchatel, frère de ladite dame. Comme héritière de son frère, Bonne de Neuchatel eut la seigneurie de Pesmes.

## XIX

### JEAN (I) DE LA BAUME MONTREVEL [1] (1472-1504)

Comté de Montrevel — Puissance de la maison de la Baume — Généalogie — Guillaume de la Baume, seigneur de Pesmes — Mariage de Jean de la Baume avec Bonne de Neuchatel — Jean de la Baume élevé au grade de chevalier — Procès avec les habitants de Pesmes — Marguerite de Vergy — Sa succession — Transaction entre ses héritiers — Mort de Bonne de Neuchatel — Sa fille unique — Le mariage de celle-ci — Le Dauphin à la cour de Bourgogne — Marie de Bourgogne — Guerre désastreuse contre Louis XI — Marie de Bourgogne épouse Maximilien d'Autriche — La Franche-Comté vaincue — Traité d'Arras — Traité de Senlis — La Franche-Comté rendue à son légitime propriétaire — Reprises de fiefs — Transactions particulières — Montre d'armes à Gray — Nouvelles reprises de fiefs — La Franche-Comté sous la domination espagnole — Philippe-le-Beau à Pesmes — Mort de Jean de la Baume.

Le mariage de Bonne de Neuchatel avec Jean de la Baume fit passer la seigneurie de Pesmes dans une nouvelle maison. La famille de la Baume Montrevel était une des plus anciennes de la Bresse. Le comté de Montrevel, qui était d'abord dans la maison de Châtillon, passa dans celle de la Baume par le mariage d'Alix de Châtillon avec Étienne de la Baume, II° du nom, dit le Galois, mort vers l'an 1362, laissant plusieurs enfants. Son fils Guillaume épousa : I. l'an 1348, Clémence de la Palu, fille de Pierre, seigneur de Varembon ; II. le 1er juin 1357, Constance Alleman, dame d'Aubonne.

Guillaume de la Baume eut deux fils : Philibert et Jean,

---

[1] Montrevel, ville de la Bresse, sur la rivière de Reyssouze, possédait autrefois un couvent d'Augustins Noirs. Le comté de Montrevel ressortissait au bailliage de Bourg ainsi que le duché de Pont-de-Vaux. La ville de Montrevel est actuellement un chef-lieu de canton du département de l'Ain.
La Baume Montrevel portait : D'or à la bande vivrée d'azur. Timb. un cygne volant d'or becqué de gueules. Sup. deux griffons d'or cri La Baume, (Annuaire du Doubs 1877).

frères consanguins. Philibert fut d'abord comte de Montrevel ; après sa mort le comté de Montrevel passa à son frère Jean, seigneur de Valfin, de Montfort et de Montagni. Il fut revêtu du commandement de l'armée que Louis de France, duc d'Anjou, leva en 1383 pour la conquête des états de Jeanne, reine de Naples, sa mère adoptive. Le duc d'Anjou le fit de plus comte de Cinople en Calabre. En 1404 le duc d'Orléans le décora du collier de son ordre du Porc-Épic ; Amé VIII, premier duc de Savoye, le fit chevalier de l'ordre de l'Annonciade en 1409 et lieutenant général en Bresse. Il était à Dijon avec le comte de Charolais et mesdemoiselles ses sœurs, ainsi que plusieurs autres chevaliers et écuyers, en septembre 1408, lorsque le duc envoya son fils prendre possession de Besançon. Par sa lettre du 12 août 1410 le roi Charles VI le pria de venir le joindre avec le plus grand nombre de gens d'armes possible, lui donna des marques de sa bienveillance, le fit son conseiller et chambellan, et sur la prière de Henri V, roi d'Angleterre, le nomma maréchal de France le 22 janvier 1421. Il fut en outre gouverneur de Paris. En 1427, la seigneurie de Montrevel fut érigée en comté par le duc de Savoye en faveur de Jean de la Baume, maréchal de France, avec faculté d'avoir un juge d'appel dont les sentences ressortiraient directement au parlement.

Les membres de cette famille se qualifiaient de comtes de Montrevel et de Chateauvillain, marquis de St-Martin, vicomtes de Ligny-le-Chatel, barons de Mont-Saint-Sorlin, de Grancey et de Pesmes. Jean de la Baume fit son testament le 25 janvier 1435. Il avait épousé par contrat du 5 novembre 1384, Jeanne de la Tour, fille unique d'Antoine de la Tour d'Irlens, et de Jeanne de Villars, dont il eut cinq enfants :

I. Jean, dont nous parlerons ci-après.

II. Jacques, seigneur de l'Abbergement, qui s'attacha au service de Jean, duc de Bourgogne, à la recommandation duquel le roi lui donna, le 26 janvier 1418, la charge de maître des arbalétriers de France. Le duc de Savoye le nomma son lieutenant général et bailli de Bresse. Il vivait encore en 1466. Il épousa : I. Catherine de Thurei, fille et héritière de Gérard, seigneur de Noyers, Morillon, etc. et de Gillette de Coligni ; et II. Jacqueline de Seyssel, dame de Sandrans, veuve de Guillaume, seigneur de Saint-Trivier et de Branges, et eut pour fille unique du premier lit Françoise de la Baume, dame de Noyers, mariée par contrat du 10 juin 1439, à Jean de Seyssel, seigneur de Barjat et de la Rochette, maréchal de Savoye, morte sans enfants en novembre 1459.

III. Pierre de la Baume, qui fit la première branche des seigneurs du Mont-Saint-Sorlin puis comtes de Montrevel.

IV. Antoinette, dame d'Attalens, mariée, le 24 octobre 1403, à Antoine, seigneur de Saint-Trivier.

V. Jeanne de la Baume, alliée à Claude, seigneur de Saint-Amour et de Châteauneuf.

Pierre de la Baume, troisième fils de Jean de la Baume, était en 1418 écuyer tranchant du duc de Bourgogne. Il épousa, le 2 mars 1424, Alix de Luyrieux, fille de Humbert, seigneur de la Ceuille et de Savigni-en-Revermont, et de Jeanne de Sassenaye, dont il eut : I. Jean, religieux de Cluny, prieur et seigneur de Conzieu ; II. Quentin, seigneur de Mont-Saint-Sorlin, chambellan du duc de Bourgogne, mort à la bataille de Grandson (1) sans laisser de postérité de Claude de Thoraise, sa femme, fille de Jean, seigneur de Torpes, et d'Agnès de Varax ; III. Guillaume, seigneur d'Irleins et de Mont-Saint-Sorlin, chevalier de la Toison d'Or, chambellan du duc de Bourgogne et du roi Charles VIII, gouverneur de Bresse pour le duc de Savoye. Il suivit le parti de Charles, duc de Bourgogne, de Marie, sa

---

(1) Livrée le 2 mars 1476. Sur l'initiative de M. G. de Blonay, propriétaire du château de Grandson, le quatrième centenaire de cette bataille fut célébré le 2 mars 1876 avec un enthousiasme patriotique auquel s'associa la Suisse entière.

fille, et de l'empereur Maximilien et mourut en août 1495 sans postérité (1). Par son testament du 10 juillet 1495, il substitua Guy de la Baume, son frère (2). Il n'eut pas d'enfants d'Henriette de Longwy, dame de Choye, fille de Jean, seigneur de Rahon et de Jeanne de Vienne, dame de Pagny. Il portait d'azur à la bande vivrée d'or, timbré d'argent, surmonté d'un aigle d'or, pennaché d'or et azur. Son attachement pour le duc Charles-le-Téméraire, au nom duquel il prit possession de la Haute-Alsace et du Brisgau, acquis à rachat sur l'archiduc Sigismond, lui fit perdre, en 1475, ses seigneuries d'Arconciel et d'Illeins, situées aujourd'hui dans le canton de Fribourg. En 1476 il devint gouverneur des deux Bourgognes après la mort du comte de Charny (3). Guillaume de la Baume était seigneur de Pesmes en partie et en cette qualité donna quittance aux habitants de Pesmes de 50 écus pour le paiement des quatre chevaux dûs pour le service du prince (4) ; IV. Guy, qui fut héritier de son frère Guillaume ; V. Alix, mariée : I. le 12 avril 1442 à Guillaume de Saint-Trivier, seigneur de Branges, II. à Claude de Lugni, seigneur de Ruffei ; VI. Jeanne, alliée à Claude de Dinteville, seigneur d'Eschenets et de Commorin, morte l'an 1510 ; VII. Françoise de la Baume, qui épousa Antoine du Saix, seigneur de Resseins, en Beaujolais.

Jean de la Baume, fils aîné de Jean, I$^{er}$ du nom, fut seigneur de Bonrepos, Valfin et Pesmes et vicomte de Ligny. Il épousa, le 10 août 1400 (à l'âge de 15 ans), à Cuiseaux, Jeanne de Châlons, comtesse de Tonnerre et d'Auxerre en partie, fille de Louis, comte d'Auxerre, et de Marie de Parthenai, morte le 16 mai 1451. En 1404 il était

---

(1) ROUSSET. DICTIONNAIRE DU JURA. (Charézier).
(2) Gollut. Col. 1107.
(3) Gollut. Col. 1100, note 1.
(4) Cette quittance, sans date, se rapporte sans doute à l'expédition d'Alsace. (Archives communales de Pesmes).

échanson du duc de Bourgogne et prevost de Paris en 1420. Il fut en outre conseiller et chambellan du roi et mourut avant son père, qu'il accompagna à la guerre de Liége en 1408. Il portait les armes brisées d'un lambel de trois pendans de gueules. Il eut de son mariage un fils, Claude de la Baume, qui succéda à son père dans la partie de la seigneurie de Pesmes possédée par celui-ci (1). Il était conseiller et chambellan du roi et des ducs de Bourgogne et de Savoye. Le 9 septembre 1427, il épousa Gasparde de Lévis, fille de Philippe de Lévis, baron de Roche d'Annonay, comte de Villars en Bresse, et d'Antoinette d'Anduse, dame de la Voûte, qui lui porta en dot 1800 moutons à la grande laine, dont les deux valent trois écus. De ce mariage naquirent quatre enfants :

I. Jean de la Baume qui succéda à son père ;

II. Louise, mariée le 11 mars 1454 à Ferry, seigneur de Cusance, Belvoir, etc. ;

III. Claudine, alliée le 14 juillet 1455 à Claude de la Guiche, seigneur de Chaffaut et de Martigny-le-Comte ;

IV. Claude de la Baume, seigneur de l'Abbergement, vicomte de Ligny-le-Chatel, chambellan du duc de Bourgogne en 1473 et des rois Charles VIII et Louis XII en 1483 et 1501, mort sans enfants de Marie d'Oiselay, sa femme, mais laissant une fille naturelle, Claudine de la Baume, mariée le 14 janvier 1501 à Pierre d'Estrées, seigneur de Lespinai.

Vers 1440, Claude de la Baume, père du précédent, eut par devant le Conseil du duc de Savoye un procès avec Jeanne de Chalons, comtesse de Tonnerre, sa mère, veuve

---

(1) Quelques historiens le font succéder à Jean de Grandson et disent que Philippe-le-Bon après l'exécution du chevalier de Grandson aurait confisqué la seigneurie de Pesmes et en aurait fait don à Claude de la Baume. C'est là une erreur que nous avons suffisamment démontrée, mais, comme nous l'avons précédemment expliqué, avant la mort de Jean de Grandson, la famille de la Baume possédait déjà une partie de la seigneurie de Pesmes

avant 1435, au sujet de la terre de Bonrepos, en Savoye. Il vivait encore en 1481.

A sa mort il laissa à son fils aîné, Jean de la Baume, la part qu'il possédait dans la seigneurie de Pesmes, mais ce dernier, avant la mort de son père, le 5 mai 1467, avait épousé au château de Pesmes Bonne de Neuchatel, veuve d'Antoine de Vergy, en présence de Philibert de la Palu, comte de la Roche, seigneur de Varembon, de Guillaume de Pontailler, chevalier, seigneur de Talmay, de Guillaume de la Baume, chevalier, seigneur d'Irleins, de Quentin de la Baume, seigneur de Mont-Saint-Sorlin, de Charles de Neuchatel, seigneur de Chemilly, de Jean, bâtard de la Baume, de Claude de Satonay, seigneur de Biolières, et de Jean de Feurs, seigneur d'Anières (1).

Bonne apporta en dot à son mari la seigneurie de Montferrand, qu'elle avait eue en compensation des avantages par elle faits à Antoine de Vergy, son premier époux. Après la mort de Guillemette de Vienne, sa mère, bientôt suivie de celle de son frère Antoine de Neuchatel, Bonne de Neuchatel et Jean de la Baume son mari, firent procéder à la liquidation de ces deux successions, et en sa qualité de légataire universelle de son frère, Bonne recueillit dans sa part les seigneuries de Pesmes et de Valay ainsi que celle de l'Isle-sur-le-Doubs (2). Jean de la Baume se trouva alors comte de Montrevel, vicomte de Ligny, seigneur de Valfin en partie, Foissiat, Montferrand, Bonrepos, Saint-Sorlin, Saint-Étienne-du-Bois, Valay, Présilly

---

(1) De très vieux peintres flamands avaient dessiné sur vélin les fêtes du mariage entre Jean de la Baume et Bonne de Neuchatel. En ce temps-là, Pesmes avait sa cour et son grand château (LA FRANCHE-COMTÉ, par Bouchot).

(2) Lettres patentes du roi Louis XV données à Versailles en 1754. (E. PERCHET. LE CULTE A PESMES, p. 343). A l'occasion de cette liquidation Bonne de Neuchatel donna en 1472, une procuration relative à la publication des testaments de Guillemette de Vienne et de son fils Antoine dans laquelle on lit : « Guillemette de Vienne, dame de « Neuchatel, de Chastel-sur-Moselle et de Pesmes, jadis mère de lad. demoiselle « Bonne de Neuchatel et de puissant seigneur Antoine de Neuchatel, seigneur de Clé- « mont, l'Isle-sur-le-Doubs et Pesmes, frère Germain de ladite Bonne. »

et Pesmes. Il fut pourvu par lettres datées de Bruxelles du 2 mai 1460, conseiller et chambellan ordinaire de Philippe-le-Bon, duc de Bourgogne. Le roi Louis XI, en 1467, le fit capitaine de la ville de Paris et plus tard, par lettres datées du Pont de l'Atche le pénultième du mois de juin 1481, il lui donna l'office de son conseiller et chambellan ordinaire et le fit en outre chevalier de l'Ordre de Saint-Michel que ce roi avait institué en 1469 en son château d'Amboise. Charles VIII le maintint dans cette charge par lettres datées de Beaugency le 13 novembre 1483. Sa nomination au grade de chevalier fut le motif d'un procès contre les habitants de Pesmes, qui se refusaient à lui payer « l'aide pour nouvelle chevalerie » spécifiée par l'acte des franchises. Mais une sentence du bailli d'Amont les condamna à payer au comte de Montrevel une somme de 500 livres tournois (1).

De son mariage avec Antoine de Vergy, Bonne de Neuchatel avait eu une fille, Marguerite de Vergy. Des difficultés s'élevèrent pour le règlement de sa succession. Le 16 octobre 1474, il intervint à cet égard une transaction passée devant le notaire Comte entre Bonne de Neuchatel et Guillemette de Vergy, dame de Champlitte et d'Autrey, baronne de Bourbon-Lancey, femme de Claude de Toulongeon, chevalier, seigneur de la Bastie. Cette transaction porte en substance : Bonne de Neuchatel, dame de Bonrepos, demandait une somme de « 436 frans et demi » de rente à la dame de la Bastie, comme fille et héritière universelle de feu messire Charles de Vergy, seigneur d'Autrey, et comme « héritière universelle de Marguerite de Vergy, fille de noble et puissant seigneur Antoine de Vergy, seigneur de Montferrand, et de ladite dame Bonne de Neuchatel », somme due à cette dernière pour reste « de l'assignat de 16.365 frans de son mariage avec ledit

---

(1) Arch. communales de Pesmes.

« seigneur de Montferrand, fils du seigneur d'Autrey, par
« lui reçue et aussi pour les arrérages de ladite rente
« échus depuis le décès d'iceluy seigneur ». La dame de
la Bastie assigna à la dame de Bonrepos la rente de 436
francs et demi à prendre sur les revenus et rentes de
Salins « pour en jouir et user perpétuellement comme de
« son propre domaine, ladite dame la quittant de tous inté-
« rêts en échus a condition que ladite dame de la Bastie
« racheteroit a ses frais dans deux ans au proffit de la dite
« dame de Bon Repos et de ses hoirs et ayant cause des
« veuve et héritiers de Paris Jouffroy le village de Mar-
« chaud sous Chatillon Guiote qu'ils tenoient à titre d'en-
« gager des seigneur d'Autrey, pour le réunir et joindre a
« la chatellenie et seigneurie dud. Montferrand possédé
« par ladite dame de Bon Repos, ainsi qu'il étoit aupara-
« vant lad vente et en jouir en conformité de son contrat
« de mariage et a titre de douaire, et que ses héritiers en
« jouiroient apres son décès jusqu'à ce que ladite dame de
« la Bastie ait remboursé auxd. héritiers la somme de 450
« frans d'un côté et 400 florins d'or d'autre qu'elle auroit
« fourni pour retirer les terres et seigneuries de Rancenay,
« Grandfontaine et Chevanney ». Cette transaction fut ratifiée par Jean de la Baume suivant acte signé du notaire de
Cramant le 24 novembre suivant. Des lettres-patentes du
duc et comte de Bourgogne autorisèrent Bonne de Neuchatel à prendre hypothèque de 436 livres 10 s. de rente
sur les biens dud sieur de Vergy.

Bonne de Neuchatel fit son testament le 27 septembre
1490 et mourut peu de temps après. Par cet acte, publié
au bailliage d'Aval, siège de Salins, le 10 novembre 1490,
elle lègue à sa fille, Bonne de la Baume, femme de Marc
de la Baume, différentes sommes à titre d'institution et de
légitime, institue son mari son légataire universel avec
substitution en faveur de ladite Bonne de la Baume dans
le cas où il viendrait à décéder sans enfants de plusieurs

mariages. Dès le 4 dudit mois de novembre, il était intervenu entre Jean de la Baume et les époux Marc de la Baume une transaction qui, vraisemblablement, avait trait à la succession de Bonne de Neuchatel.

De son mariage avec Jean de la Baume, Bonne de Neuchatel n'eut qu'une fille, Bonne de la Baume qui s'allia, le 6 juillet 1488, au château de Montferrand, à Marc de la Baume, son cousin.

A cette époque, de graves événements s'accomplissaient tant en France qu'en Bourgogne. En 1456 le Dauphin, qui avait encouru la colère du roi Charles VIII, son père, avait quitté la France et s'était réfugié à la cour du duc de Bourgogne. Le fils du duc, Charles, comte de Charolais, avait épousé sa cousine-germaine, Isabelle de Bourbon, fille de Charles, duc de Bourbon, et d'Agnès de Bourgogne, sœur de Philippe-le-Bon. Le 13 février 1457, à Bruxelles, la comtesse de Charolais accoucha d'une fille qui fut nommée Marie et à laquelle le dauphin servit de parrain. Celui-ci recueillit la couronne de France à la mort de son père (juillet 1461) et se fit couronner à Rheims le 15 août suivant sous le nom de Louis XI. Philippe-le-Bon étant mort à Bruges le 15 juin 1467 laissa ses riches possessions à son fils Charles, surnommé le Téméraire, comte de Charolais, qui devint alors duc de Bourgogne.

Il ne rentre pas dans notre cadre de retracer la lutte terrible qui eut lieu entre le rusé roi de France et le téméraire duc de Bourgogne, depuis la formation de la *ligue du bien public* (1465) jusqu'au 5 janvier 1477, jour de la mort du duc Charles, nous n'en retiendrons que les faits qui intéressent la ville de Pesmes ou ses seigneurs. Nous avons vu déjà que la sanglante bataille de Grandson (1) coûta la vie à Quentin de la Baume et que l'attachement

---

(1) La défaite de Grandson fut bientôt suivie de l'horrible massacre de Morat, où 10.000 Bourguignons furent égorgés (22 juin 1476).

de Guillaume de la Baume pour le duc Charles lui fit perdre ses seigneuries d'Arconciel et d'Illens. Le duc de Bourgogne ne laissait pour lui succéder que sa fille Marie, âgée de 20 ans. L'occasion parut favorable à l'astucieux Louis XI pour s'emparer des états de la jeune princesse, qu'il convoitait ardemment. Il se présenta dans le duché de Bourgogne comme protecteur de la fille du duc Charles, sa filleule, dont il voulait, disait-il, conserver les grands biens pour les lui remettre à sa majorité, et c'est sous cette condition que sa proposition fut accueillie. Sous le même prétexte il fut admis dans la Franche-Comté, où ses troupes s'établirent en garnison. Le pacte qui l'autorisait à en prendre possession fut signé à Dole le 18 février 1477. En vertu de cet acte Gray, Dole, Marnay, Pesmes, Salins et quelques autres places reçurent des garnisons françaises.

Les Bourguignons ne tardèrent pas à s'apercevoir qu'ils avaient été trompés par Louis XI et résolurent de reprendre leur liberté et de défendre les intérêts de leur Souveraine, que le roi de France voulait dépouiller. Dès la fin de février, Dole donna l'exemple et chassa les Français de ses murs ; les autres villes suivirent le mouvement et l'ennemi ne posséda bientôt plus que la ville de Gray où s'était retiré Georges de la Trémoille, sire de Craon, gouverneur de la Bourgogne pour le roi. Trompé lui-même par Louis XI, qui lui avait promis le gouvernement de Bourgogne, le prince d'Orange, Jean de Chalon-Arlay, commandant les troupes franc-comtoises essaya de l'en déloger, mais il fut obligé de se replier sur Gy pour y attendre des renforts que devait lui amener son oncle, Hugues de Chalon-Chatelguyon. Le sire de Craon voulant empêcher la jonction des troupes comtoises prit la route de Besançon et arriva au pont d'Émagny, défendu par l'oncle du prince d'Orange et Claude de Vaudrey. Une sanglante bataille se livra en cet endroit et les Français, vainqueurs, se dirigèrent sur Besançon qu'ils n'osèrent assiéger. Ils se répandirent alors dans la campagne, brulèrent Pesmes, Marnay, Montmirey, Rochefort, en passèrent les habitants au fil de l'épée, saccagèrent tout le pays jusqu'à Vesoul, où ils furent repoussés par Guillaume de Vaudrey (17 mars 1477). Ils rentrèrent à Gray et se livrèrent dans les environs à des déprédations et à des massacres. Le 13 avril suivant ils surprirent les troupes de la prévosté de Gendrey et en tuèrent trois cents aux portes de Marnay, dont ils s'emparèrent le lendemain ; ils reprirent ensuite Corcondray, Balançon, Ougney et Pesmes. La prise de Pesmes eut lieu par une ruse renouvelée du fameux cheval de Troie, « haïans faict entrer dedans bon « nombre de soldats, cachés dedans de la paille, fein et ton- « neaux, qu'ilz feirent conduire a force par quelques villa- « geois de Chassey et autres lieux » (1). Chassey et Mutigney furent réduits en cendres ainsi que le moulin de Mutigney appartenant au seigneur de Pesmes. Les habitants de ces villages furent massacrés ; quelques-uns parvinrent à se cacher, mais ils périrent de la peste qui suivit cet égorgement général : il ne resta pas un seul habitant à Mutigney, dont le territoire, en vertu du droit d'échute, devint en entier la propriété du seigneur. Une chronique du temps parle des Français en ces termes : « Dois Grai ils firent moult domaige en la Comté, car le « jour de Quasimodo, ils tuèrent devant les portes de « Marnay pour le moins trois cents hommes de la ban- « nière de Gendrey, et le lendemain entrèrent à Marnay et « s'y tinrent. De là vinrent à gagner Corcondray, Pesmes, « Ougney et Balançon, et tuèrent bien trois cents hommes « au pont de Fraisans et bien d'aultres, tant devers Gy et « Buccy, coururent, pillèrent, bruslèrent et prindrent pri- « sonniers jusques auprès de Besançon » (2).

(1) GOLL. col. 1370.
(2) GATIN ET BESSON. HIST$^{re}$ DE GRAY.

Enivré par ses succès Craon fut convaincu que plus rien ne lui résisterait et qu'il aurait facilement raison des Dolois. Dans le courant de septembre il alla assiéger Dole, en laissant à Gray un de ses lieutenants, Sallazar. Profitant de cette circonstance les Graylois firent prévenir Claude de Vaudrey qui, à la tête d'un millier de soldats, et à la faveur d'une nuit d'orage, escalada en silence les murailles de la ville et en chassa la garnison, mais en se retirant Sallazar réduisit la ville en cendres. Deux jours après, le premier dimanche d'octobre 1477, le sire de Craon éprouvait lui-même un grave échec et fut obligé d'évacuer son camp de Dole abandonnant toute son artillerie, et reprit la route de Gray en passant par Pesmes, où il laissa une garnison. C'est seulement alors qu'il apprit l'évacuation de Gray par ses troupes. Rendu furieux par ces deux échecs successifs le roi de France lui retira le gouvernement de Bourgogne, qu'il confia à Charles d'Amboise et conclut une trêve avec Maximilien d'Autriche, fils de l'empereur Frédéric III, qui avait, le 19 août 1477, épousé à Gand Marie de Bourgogne, fille de Charles le Téméraire.

La guerre se ralluma en 1479. D'Amboise marcha sur Dole, qu'une trahison lui livra ; il prit Lons-le-Saulnier, Poligny, Arbois, s'avança jusque sous Besançon et ravagea le bailliage d'Amont. Il reprit Gray malgré l'héroïque défense des habitants, et brûla ce qui restait de la ville. Tout le voisinage subit le même sort : d'Amboise envoya une troupe reprendre Pesmes ; une autre reprit Rochefort, défendu par Claude de Vaudrey (1). La Franche-Comté fut définitivement conquise et passa pour quelques années sous la domination française. Cette belle province n'était plus qu'une vaste ruine ; des villages entiers avaient disparu ; les terres jusqu'alors cultivées se transformèrent en

---

(1) PIÉPAPE, T. I, p. 148.

friches et en forêts peuplées d'animaux sauvages. On se fait difficilement aujourd'hui une idée de cette désolation générale. Si le château de Pesmes ne fut pas détruit comme ceux d'Apremont, d'Oiselay et autres lieux, c'est sans doute par égard pour Jean de la Baume, seigneur de ce lieu, que Louis XI avait fait capitaine de Paris et qui plus tard fut pourvu de l'office de conseiller et chambellan ordinaire du roi, comme nous l'avons précédemment expliqué.

Le traité d'Arras (22 décembre 1482) et le traité de Senlis (23 mai 1493) rendirent la Franche-Comté à son légitime possesseur.

La conquête de la Franche-Comté par Louis XI et son incorporation à la France nécessitèrent de la part des seigneurs de cette province, des actes de soumission au roi et des reprises de fiefs avec déclaration de foi et hommage au nouveau souverain. Jean de la Baume, déjà pourvu de hautes dignités à la Cour de France n'eut pas à souffrir dans son amour-propre et dans son patriotisme de ce changement de suzerain. Le 12 décembre 1480, il se présenta devant la Chambre des Comptes de Dijon, tant en son nom personnel qu'au nom de Bonne de Neuchatel, sa femme, et fit hommage lige au roi de France « des « places fortes et seigneuries de Pesmes, Valay, Montfer- « rand, Lisle sur le Doubs, le Chastelet de Ligny le Chas - « tel, et autres rentes quils tiengnent et pevent tenir en fief « noble tant a cause des duché et conté de Bourgogne, « contez de Charollois, Aucerrois et autres pays estans « soulz lobeissance d'icelluy seigneur ». Il promit en outre d'apporter ou d'envoyer son dénombrement « deans le « temps et en la maniere accoutumée ».

Fidèle à sa promesse, Jean de la Baume se présenta de nouveau devant la Chambre des Comptes de Dijon le pénultième jour de février 1480 (v. s.), (27 février 1481, n. s.) et y laissa tant pour lui que pour sa femme, le dénombrement de ce qu'il tenait en hommage lige du roi. Dans cet acte Jean de la Baume mentionne outre Pesmes « le « chastel de Balançon, village de Thervay, seigneurie et « appartenance de Balançon sur l'Oignon, comme mou- « vant du fief immédiat de Pesmes, le chastel et village de « Rupt et les appartenances de Bougey et arrière-fiefs, « une rue de Talmay dite la rue d'Aubigney » (1).

En même temps que Jean de la Baume rendait foi et hommage au roi de France, il recevait lui-même l'hommage de ses vassaux. Guillaume d'Andelot reprenait de fief envers Mgr de Pesmes ; Étienne Boussard, Élion Mathieu et Pierre Guyard, écuyers, reprenaient également de fief de Jean de la Baume, seigneur de « Vellefin » et de Pesmes, avec un dénombrement des meix, maisons, terres et héritages qu'ils possédaient au lieu et village de Champagney, comme de tenir moyenne et basse justice et « relever les amendes seulement y échues ».

Le 5 septembre 1485, au château de Pesmes, devant Jean Bar, clerc procureur et fondé de pouvoir de haut et puissant seigneur Jean de la Baume comte de Montrevel, se sont présentés nobles hommes Claude de Foulchier, seigneur de Baissey et Guillaume d'Épenoy, écuyer, seide Maillot, qui ont sollicité du seigneur de Pesmes l'autorisation, « congé et licence de prendre et appréhender la réelle possession de la seigneurie de Champagney par eux naguère acquise comme le droit de M. de Thelenier et m'ont prié et requis que en absence d'iceluy mondit seigneur on leur voulusse donner terme compétent de la devers luy pour obtenir lad licence et que neantmoins pendant icelluy terme ils puissent quant bon leur semblera prandre ladite possession ce que je leur ay accordé et accorde audit nom jusques a la Puriffication Notre-Dame prochainement venant sans préjudice des droits de mondit

---

(1) Archives du duché.

seigneur Presens Jehan Lombard. François Vichet et Jehan Poussot dud Pesmes » (1).

La paix qui régnait alors en Franche-Comté favorisait les transactions et y produisait une régularité qui se manifeste par des actes sur des objets divers. Le 4 février 1485 Jean de la Baume, comte de Montrevel, et Bonne de Neuchatel firent donation à Jacques du Treuil, écuyer, leur serviteur, « de certains meix, maison, terres, prés, vignes qui étaient en ruine et de mainmorte situés tant au village et territoire de Montferrand qu'ailleurs et qui leur étaient arrivés par défaut de desservans desdits héritages a charge par luy de les tenir en fief, luy en faire hommage de service accoutumé ». Cette donation, confirmée le 10 du même mois par Guillaume de Vergy, seigneur de Champlitte et de Montferrand, nous montre ce dernier village dépeuplé, les terres incultes, les vignes en ruine par suite de la guerre qui, quelques années auparavant avait dévasté la province.

A une époque plus ancienne, Thiébaut de Rougemont avait vendu à Guillemette de Vienne la rente annuelle de cent francs moyennant le prix de mille francs, qui lui fut payé ; il assigna cette rente sur sa part de seigneurie de Rougemont, ainsi que sur la terre et seigneurie de Ruffey (sur l'Ognon). Elle ne fut pas payée exactement, des arrérages étaient dus. Aussi après la mort de Thiébaut, le seigneur de Pesmes et sa femme, héritière de Guillemette de Vienne, firent vendre, le 20 octobre 1486, par l'autorité du bailli d'Amont la portion de seigneurie de Rougemont affectée à la garantie de la dite rente à Jacques Dutreuil, écuyer, pour la somme de mille francs, montant des arrérages échus, en conservant toutefois l'hypothèque sur cette portion de seigneurie afin d'assurer le paiement de

---

(1) Bibl. de Besançon. Fonds Boisot. La famille Poussot possédait à Pesmes un fief important qui a conservé son nom.

la rente de 100 francs. Les filles de Thiébaud de Rougemont, Catherine et Marie, rachetèrent de Jacques du Treuil cette part de seigneurie pour une somme de 2.000 francs, avec toutes les actions et prétentions qui pouvaient y être attachées. Catherine et Marie de Rougemont, dames de Grignon, furent accusées de ne s'être pas libérées du prix de leur acquisition dans les délais convenus, et en l'année 1487 le seigneur de Pesmes ouvrit contre elle une instance devant la régalie de Besançon, en exécution de lettres obligatoires du 8 octobre 1487. Après plusieurs contestations et production de pièces et de quittances « tant en français qu'en latin, les parties furent mises hors de cour ».

Peu de temps après, le 10 mars 1488, Jean de la Baume eut une autre difficulté pour laquelle il présenta une requête au Conseil Souverain résidant à Chambéry contre les officiers de Saint-Trivier, qui voulaient entreprendre juridiction dans les limites de la baronnie de Foissiat, au moulin dit la Verna (1).

A la même époque, le « sabmedi avant Pasques flories mil iiii$^e$ iiii$^{xx}$ et sept (29 mars 1488 n. s.) » la noblesse du bailliage d'Amont fut convoquée à Gray à une montre d'armes devant Jean d'Achey, commissaire délégué par Philippe de Hochberg, maréchal de Bourgogne (2). A cette revue parurent :

« Jaque de Marnay, pour ly et Jaque son frère

---

(1) Arch. du Doubs.
(2) On connaît la légende qui s'établit autour du nom d'Hochberg il y a environ soixante ans et qui vient d'être rajeunie par une brochure publiée dans les premiers jours de l'année 1892, par l'éditeur Schmidt, de Zurich.
Le grand-duc Charles-Frédéric de Bade, mort en 1811, après un règne de 73 ans, a laissé des enfants de deux mariages : ceux de la branche aînée, issus d'une princesse de Hesse-Darmstadt, ceux de la branche cadette, nés du mariage morganatique du duc avec la comtesse de Hochberg. Toute la descendance masculine du grand-duc dans la branche aînée, fils et petits-fils, au nombre de cinq, sont morts en dix-sept années d'une façon plus ou moins mystérieuse et dans des accidents de voiture et de chasse.
Le 25 mai 1828, un ouvrier de Nuremberg rencontra dans la rue un jeune homme à demi idiot et dont le développement physique paraissait avoir été compromis par quelque cause violente. On lui donna le nom de *Gaspard Hauser*. Les médecins physiologistes constatèrent qu'il était né de bonne famille, qu'il avait dû passer de

« Jehan de Scheth demorant à Pin

« Guillaume d'Andelo, comparissant pour Jehan de la Bame conte de Montrivot ayant mandement espécial de lui.

« Philippe de Cul
« Pierre de Cul
« Claude de la Bame
« Jehan de Montaigney demorant à Aveunes
« Nicolas de Bay (1).

Charles VIII avait succédé à son père, mort le 30 août 1483, sur le trône de France ; il reçut en cette qualité l'hommage des seigneurs du comté de Bourgogne. Jean de la Baume fit cet acte de soumission au roi pour tout ce qu'il possédait au comté, savoir : Valfin, Montgiffot, Pesmes, Valay, Orières et autres (2). Ce fut l'occasion d'une reprise de fiefs de la part des vassaux envers leurs seigneurs suzerains. En 1496, Pierre de Matafelon reprit de fief pour Guillemette Bourgeois, sa femme, de Jean de la Baume, à cause de sa baronnie de Foissiat pour ce qu'il possédait en ce lieu (2).

Le 7 janvier 1499, Georges de Fontêtes, écuyer, seigneur de Vadans en partie reprit de Jean de la Baume à qui il donna le dénombrement de sa seigneurie. Le même jour Mᵉ Georges de Fontelles, écuyer, seigneur de Ligny et Davodans-lez-Pesmes reprit de fief du seigneur de Pesmes à cause de son château et de sa seigneurie dudit Pesmes (2). Peu de temps après, le 27 février suivant,

---

longues années assis ou couché dans les ténèbres, et que pour toute nourriture il n'avait dû recevoir que du pain et de l'eau. Toute l'Europe s'intéressa bientôt à cet enfant trouvé, qui, en 1829, avait été victime d'une tentative d'assassinat. Deux ans plus tard, il fut assassiné sur une promenade publique, par un inconnu, d'un coup de poignard au cœur. Il fut en outre constaté que la naissance de Gaspard Hauser correspondait à quelques jours près à celle de l'aîné des deux fils du grand-duc Charles de Bade, tous deux morts au berceau.

La brochure à laquelle nous faisons allusion attribue la mort de la descendance masculine du grand-duc Charles-Frédéric de Bade à la comtesse de Hochberg et entre à ce sujet dans de grands détails. Quoi qu'il en soit, la branche cadette prit la place de la branche aînée dans le grand-duché et l'occupe depuis cette époque.

(1) Mémoires de l'Académie de Besançon 1879.
(2) Arch. du Doubs E 5061.

Claude et Blaise Reynard, écuyers, frères, enfants et héritiers universels de Louis Reynard reprirent de fief de Jean de la Baume et lui donnèrent le dénombrement de ce qu'ils possédaient en meix, maisons, prels, vignes et champs au village de Moissey. Un mois plus tard, le 27 mars 1499, Jean d'Aumont, seigneur d'Estrabonne et de Bresilley, reprit du seigneur de Pesmes pour les fonds et héritages qu'il possédait à Pressilly.

Le 4 mai de l'an 1500 Guillaume et Philippe de Courlaou, écuyers, frères, seigneurs de « Savigney » en partie, reprirent de fief de Jean de la Baume, à cause de son château de Pesmes, plusieurs meix, terres et possessions, taillables et mainmortables tenus et mouvans des dits Courlaou, assis en la seigneurie de Pesmes, avec un dénombrement très circonstancié, signé de Jean Barbe le jeune, notaire coadjuteur du tabellion de Pesmes.

Le 8 août suivant (1500) Claude d'Angoulevans, tant en son nom qu'en celui de ses enfants, reprit de fief de « haut et puissant seigneur » Jean de la Baume, comte de Montrevel, à cause du château de Pesmes, ce qu'il possédait en la ville, finage et territoire de Broye, ainsi que les hommes mainmortables et les héritages taillables, dont il donna un dénombrement complet.

Le 10 du même mois, pardevant *de la Croix*, tabellion à Pesmes, Charles Foiand, écuyer, agissant pour lui et comme ayant charge d'Antoinette de Flammerans, sa mère, reprit de fief du seigneur de Pesmes pour les meix, maisons, terres, prels, vignes, héritages, rentes, cens, revenus et autres droits à lui appartenant tant en la ville de Pesmes qu'au village de la Résie-Saint-Martin, finages et territoires desdits lieux.

Une autre reprise de fief eut lieu le 26 dudit mois d'août par Catherine de Gevigney, femme de Pierre de Beaujeux *(Beljeu)* au comte de Montrevel au sujet des héritages et dépendances qu'elle possédait au village de

Résie-Saint-Martin, comme dépendant en toute mainmorte du château de Pesmes, avec droits de cens et autres.

Le 27 septembre 1500 un dénombrement fut donné à Mᵉ Jean de la Baume par Jean Lombard de Pesmes, seigneur de Champaignolot, de ses maisons et héritages situés audit lieu.

Deux jours plus tard, le 29 septembre 1500, Martin de Saint-Andosce (*Saint-Andoche*), écuyer, tant en son nom qu'en celui de Elisabeth Despotot, sa femme, reprit de fief du seigneur de Pesmes et donna le dénombrement des terres et héritages qui lui appartenaient situés dans les terres de Pesmes et de Valfin, à cause de la baronnie dudit Pesmes.

L'année suivante (1501), Jean de la Baume reçut le dénombrement donné par Antoine, Jean et Huguenin de Charmoille, écuyers, seigneurs de Sauvigney, de ce qu'ils tenaient en fief à Pesmes et à Sauvigney.

Mentionnons également une reprise de fief du seigneur de Pesmes par Odo de Rigney, écuyer, des meix, maisons, prels, terres et autres dépendances qu'il possédait dans les territoires et finages de Valfin et de Pesmes (1).

Après le traité de Senlis et en exécution du traité d'Arras plus haut rappelés, la Franche-Comté avait passé à l'archiduc Philippe-le-Beau, qui, en 1496, avait épousé l'infante Jeanne, fille de Ferdinand-le-Catholique, roi d'Espagne) et de sa femme Isabelle, reine de Castille. Le comté de Bourgogne se trouva alors sous la domination de la branche d'Espagne, et le 11 septembre 1499 Jean de la Baume fit acte de foi et hommage à S. M. Catholique.

A raison du jeune âge de l'archiduc le comté de

---

(1) On voit en l'année 1504 un dénombrement donné par Georges de Genève, tant en son nom que comme mère tutrice de Claude de Vaultravers, seigneur de « Barre » à Mᵉ Antoine de la Baume, seigneur de Pesmes et autres lieux, à cause de son château ou maison forte de Barre et dépendances, relevant du fief dudit Pesmes.

On ne trouve à cette époque aucun seigneur de Pesmes de la noble maison de la Baume portant le prénom d'Antoine. Une erreur de prénom a dû être commise.

Bourgogne fut gouverné par son père. Mais en 1503 Philippe-le-Beau voulut visiter ses états de Bourgogne où il fut accueilli avec de grandes démonstrations. La ville de Dole surtout déploya en cette circonstance toute la munificence qui pouvait attirer sur elle la bienveillance du souverain. Pendant son séjour en cette ville, il y reçut « le
« merquedi 9 aout, une ambassade de Suisses environ a
« xv chevaulx, lesquelz Monsieur festoia et deffroia cinq
« ou six jours quilz furent en la ville de Dole. Et firent
« leur harangue en français et pour les Monsieur leur fist
« dire quils envoieroit ses ambassadeurs dans les ligues
« Berne Fribourg et Lucerne desquels ilz estoient envoiez
« pour respondre a leur demande. Et il envoia Jehan de
« Chilly son premier pannetier et Monsieur Odes des
« Molins lung de ses maîtres des requestes, Monsieur de
« Vergy, mareschal de la conté de Bourgougne accompai-
« gnie de la plus part de ces amis comme du *conte de*
« *Montrevel* » (1).

Philippe, qui se dirigeait sur Gray, partit de Rochefort le samedi 12 août et vint dîner à Pesmes « et y demoura tout le jour. La ville est de la grandeur de *Brayne*, assise en beau pays et fertile et de chasses bonnes a lentour, mais elle est gastée et démolie par les Franchois comme les predictes et appartient au conte de Montrevel qui y fist tres bonne chiere a la compaignie. Le dimence print Monsieur giste a Gray quatre lieues de la » (1). De Gray l'archiduc continua son voyage par Villersexel et Héricourt.

Jean de la Baume, gouverneur en Savoie, Bresse, Bugey et Valromey, vendit, en 1504, la seigneurie de Vosbles (2) à Philibert de Bussy (3) et mourut peu de temps après.

---

(1) Bibl. Nat<sup>le</sup>, fonds français, 5626. Voyages du S<sup>r</sup> de Lalaing.
(2) Canton d'Arinthod (Jura).
(3) ROUSSET. DICT<sup>re</sup> DU JURA.

## XX

## MARC DE LA BAUME (1504-1527)

Discussion de famille — Mariage de Marc de la Baume avec Bonne de la Baume — Procès évité — Difficultés avec les habitants de Pesmes ; prise de possession de sa seigneurie — Mort de Bonne de la Baume — Leurs enfants — Marc de la Baume épouse la dame de Châteauvillain — Procès entre les enfants de Marc de la Baume et les seigneurs de Vergy — Sentence arbitrale — Affranchissement de Foissiat — Mort de Marc de la Baume — Les enfants de son second mariage.

Le mariage de Bonne de la Baume avec Marc de la Baume, seigneur de Bussy, fils de Guy de la Baume et de Jeanne de Longwy, outre l'inclination que les époux pouvaient avoir l'un pour l'autre avait pour but d'éviter un grave procès entre les membres de cette illustre famille. A cause de leur parenté à un degré rapproché, une dispense leur fut accordée par le pape Innocent VI (1).

Jean de la Baume, troisième comte de Montrevel, ne laissant pour lui succéder qu'une fille, Guy de la Baume prétendait que le comté de Montrevel devait lui échoir comme étant l'aîné de la maison ensuite de la substitution faite par Claude de la Baume, deuxième comte de Montrevel, son cousin-germain. Le mariage de Marc de la

---

(1) Jean (I) de la Baume, qui avait épousé Jeanne de la Tour, eut, entre autres enfants, Jean (II) de la Baume et Pierre de la Baume. Jean (II) eut pour fils Claude de la Baume, deuxième comte de Montrevel, et Pierre eut Guy de la Baume.
Claude de la Baume épousa Gasparde de Lévis et en eut quatre enfants : Jean (III) de la Baume, troisième comte de Montrevel, Louise, Claudine et Claude de la Baume ; Guy de la Baume épousa Jeanne de Longwy et en eut cinq enfants : I. Marc de la Baume, II. Claude de la Baume, maréchal de Bourgogne, III. Pierre de la Baume, archevêque de Besançon, IV. Louise et V. Jeanne de la Baume, cette dernière épouse de Simon de Rye, seigneur de Balançon, chevalier de la Toison d'Or. Il résulte de cette généalogie que Jean (III) père de Bonne de la Baume, et Marc de la Baume étaient cousins issus de germain.

Baume avec sa cousine rendait une transaction facile. En effet, après la mort de Jean de la Baume un traité amiable intervint entre Guy de la Baume et son fils : le titre de comte de Montrevel resta au père pendant sa vie et à sa mort (11 août 1516) il passa au fils.

Marc de la Baume, seigneur de Bussy, dont il prenait le titre, plus tard comte de Montrevel, chevalier de l'Ordre de France sous Louis XI, conseiller et chambellan du roi et capitaine de 100 lances des ordonnances, prit possession de la seigneurie de Pesmes après la mort de son beau-père. De grandes difficultés s'étaient élevées entre celui-ci et les habitants de Pesmes, qui prétendaient avoir le droit de faire pâturer par leur bétail le pré de la Colombière appartenant au seigneur ; on leur reprochait en outre de s'être assemblés plusieurs fois au son de la cloche sans l'autorisation du comte de Montrevel ou de sa fille, et d'avoir gravement insulté les gens et serviteurs du seigneur. Enfin lesdits habitants soutenaient avoir le droit de *messerie* sur les terres de *Chanoy* et de *Bois Boulier* (1) que le seigneur revendiquait comme étant sa propriété avec tous ses droits de haute, moyenne et basse justice. Trois autres procès étaient en perspective entre les parties : le premier était relatif à un pont en bois que les habitants avaient construit sur l'Ognon auprès du moulin Boussard pour le défruitement de la prairie ; le deuxième relativement à la chasse des animaux sauvages par lesdits habitants sur les terres du seigneur sans son autorisation ; le troisième pour prétendue contravention aux bans de parcours et de pâturage dans les prés du comte de Montrevel.

Le nouveau seigneur de Pesmes et son épouse désirant établir de bonnes et cordiales relations avec les habitants de la ville transigèrent avec ceux-ci, le 30 mars 1505,

---

(1) **Deux cantons ou lieux dits du territoire de Pesmes.** Le bois Boulier porte actuellement le nom de Bouloye.

sur toutes les difficultés pendantes entre eux. Par cet acte (1) les habitants de Pesmes reconnurent n'avoir aucun droit de pâturage dans le pré de la Colombière ; ils reconnurent également que le droit de messerie sur les terres du Chanoy et du bois Boulier appartenait au seigneur. Comme compensation Marc de la Baume agissant tant en son nom personnel qu'au nom de Bonne de la Baume, sa femme, donna aux habitants de Pesmes le droit de mener au pâturage « toutes leurs bêtes grosses et menues, tant « bœufs, vaches, veaux, chevaux, pourceaux et autres « bêtes quelconques » dans la forêt du Gros-Bois appartenant aux seigneur et dame de Pesmes, sous cette réserve cependant que lesdits habitants ne pourront « emboucher « leurs porcs audit Gros Bois du long et large qui s'étend « et comporte, soit seulement dès le jour et fête du purifi- « cation Notre Dame que l'on dit la Chandeleur iceluy jour « inclus, jusqu'au jour et fête de décollation monseigneur « saint Jean Baptiste ledit jour exclus », moyennant une redevance annuelle de « deux Bichets » d'avoine (2). Il leur accorda de plus le droit de chasser dans toute sa seigneurie « a force de chiens que l'on dit a la dent (3) aux liè-

---

(1) Pièces justificatives xxx.
(2) 6 avril 1725. Délibération du Conseil de la ville décidant « qu'il sera presenté « requête à M. le Lieutenant Guelle pour reconnaître que la plus grande partie des « couppes du Grosbois ou la ville a droit de parcourir pour le Bétail sont en deffences « et a l'abry du Brout afin que la proye des Vaches et autre Bétail non prohibé par « l'ordonnance y puisse champoyer ».
(3) 18 février 1689. Arrêt du parlement de Besançon qui reconnaît aux habitants de Pesmes le droit à la dent du chien (E. PERCHET. LE CULTE A PESMES, p. 287 et suivantes).
20 octobre 1730. Délibération du Conseil de la ville: « Comme un des gardes de « M. le Marquis de Montrevel auroit en pleine rue tiré sur un chien appartenant a un « particulier de cette ville et que les habitants et bourgeois d'icelle sont munis d'un « titre qui leur donne droit à la dent du chien, il sera parlé à M. le Marquis a qui « l'on exposera le droit que donne le titre, et s'il convient de faire des frais ils seront « passés en taxe ».
19 juillet 1775. Arrêt du parlement qui fait défense à tous laboureurs, vignerons, fermiers, pâtres et autres habitants du ressort, excepté les gens nobles, roturiers ayant droit de chasse, ou voyageurs, de mener avec eux aucuns chiens qui n'aient au col un *Billot* de la longueur de dix poulces sur cinq pouces de circonférence et ce à peine de 10 liv. d'amende et de 20 liv. en cas de récidive. (Arch. de la H<sup>te</sup>-Saône B<sup>T</sup> III, B 8713).

« vres, Renards, Taissons, Chats et autres menues betes
« sauvages seulement », leur faisant remise de l'amende
par eux encourue pour avoir chassé les porcs sauvages,
pour avoir contrevenu aux bans de pâturage et pour toutes les injures dites à Jean de la Baume et à ses serviteurs.

Immédiatement après cette transaction, qui eut lieu
en la chapelle du seigneur à l'église paroissiale de Pesmes,
les parties se transportèrent au chœur de ladite église,
devant le grand autel « et elles illec étant de la part des
« dits Echevins et habitans a en grand honneur et reve-
« rence ete requis audit seigneur de es noms et qualités
« que dessus faire et prêter le serment envers eux tel qu'il
« le devoit et etoit tenu faire a haute voix selon qu'il est
« declaré et ecrit es chartres et lettres des franchises dudit
« Pesme. Bourgeois et habitans d'ilec offrant de leur part
« faire a leur dit Seigneur le serment tel qu'ils doivent et
« sont tenus faire selon leurs dittes lettres de franchises
« lequel seigneur esdits noms accompagné de plusieurs
« seigneurs et gentils hommes tant ses serviteurs que
« autres de Benignement et de franc vouloir mis sa main
« droite sur ledit Autel Saint Hilaire et a juré d'etre
« bon et loyal seigneur esdits habitans et qu'il leur tiendra
« et maintiendra leurs dittes lettres de franchises. Et ce
« fait lesdits quatre Echevins d'icelui Pesme ont juré sur
« Saints Evangiles de Dieu par eux corporellement touché
« et aussi tout l'universal et la plupart d'iceux habitans la
« assemblés audit Cœur d'icelle Eglise en levant leurs
« mains destres en haut En presence de leur dit seigneur
« d'etre ses vrais iceux sujets et obeissants ». Ils lui
payèrent ensuite pour son entrée en la seigneurie, conformément aux franchises, la somme de 50 écus, mais ils
refusaient le paiement du subside pour sa nomination
comme chevalier malgré la condamnation prononcée contre
eux dans les mêmes circonstances au profit de Jean de la
Baume. Ils se décidèrent sans doute à verser la somme

réclamée, car les archives ne renferment aucune pièce indiquant qu'un procès ait eu lieu à cette occasion (1).

Marc de la Baume reprit de fief du roi de France, le 5 février 1507, la seigneurie d'Antilly, dans le duché de Bourgogne, et vendit la seigneurie d'Ernes et Asnières à noble Gilbert de Coursant pour 5000 écus d'or, dont il donna quittance bien qu'il ne les eut pas reçus, ce que l'acquéreur reconnut exact par un acte du 22 octobre 1510.

C'est vers cette époque que mourut Bonne de la Baume, sa femme, après l'avoir rendu père de cinq enfants : I. François, seigneur de Mont-Saint-Sorlin, mort sans enfants, avant son père ; II. Jean (II$^e$ du nom), qui lui succéda ; III. Étiennette, morte sans lignée de son mariage contracté en 1514 avec Ferdinand de Neuchatel, seigneur de Montaigu, d'Amance, de Rigney, etc., dernier mâle de cette noble et ancienne maison (2) ; IV. Gerarde, morte jeune ; V. et Claudine de la Baume, qui épousa Aymar de Prie, baron de Montpoupon, grand maître des arbalétriers.

Marc de la Baume épousa en secondes noces, l'an 1508, Anne, dame de Chateauvillain, Grancey, Thil, Pierrepont, etc., veuve de Jacques Dinteville, grand veneur de France. Ils achetèrent, le 19 avril 1518, la seigneurie de Fayl-Billot d'Élisabeth de Neuchatel, fille de Claude, épouse de Félix, comte de Verdemberg (3).

Pourvu en France des plus hautes dignités, le seigneur de Pesmes était en outre Grand Chatelain du Pont de Veyle pour « tres illustre Dame Marguerite d'Autriche, duchesse de Bourgogne, de Savoye et de Bresse » à qui il rendit compte de son administration pour les années 1522 à 1526. Le roi de France, François I$^{er}$ le traitait de cousin et après

---

(1) Archives communales de Pesmes.
(2) Coll. col. 1863, notes.
(3) Abbé Briffaut. Hist. de Fayl-Billot.

la mort de Marc de la Baume traitait sa veuve de « chere et amée cousine ».

Comme héritiers de Bonne de la Baume, leur mère, François et Jean de la Baume possédaient les châteaux de Port-sur-Saône et de Chariez qu'elle avait reçus d'Antoine de Vergy, son premier mari. Cette possession fut troublée par les difficultés qui s'élevèrent entre les seigneurs de Vergy d'une part, et les seigneurs de Flagy et de Talmay d'autre part, héritiers de Charles de Vergy, seigneur d'Autrey. Ne pouvant s'entendre entre elles les parties intéressées recoururent à l'arbitrage de l'empereur et de l'archiduchesse Marguerite. La sentence arbitrale, en date du 18 octobre 1520, rendue par « Charles par la divine Clémence, roy des Romains... et Marguerite par la mesme grace archiducesse d'Autrice... » décide : « Que les seigneurs de Thalemey et de Flagy auront des dits biens contencieux en tous droit possessoires et petitoires les seigneuries de Rigney, Montferrand, Vaulgrenans, moictier du sixte de la saunerie de Salins, Montenot, Charriez, Port-sur-Saône et les appartenances. Et que les seigneuries de Champlitte et Aultrey et membres en dépendants demeureront aussi en tous droits possessoirs et pétitoires auxdits seigneurs de Vergy. A charge toutes fois d'appaiser la querelle prétendue par François et Jehan de la Baume, frères, enfants de messire Marc de la Baume, comte de Montrevel sur les dictes seigneuries de Chariez et Port-sur-Saône et dont procès est pendant en la Cour du parlement de Dole » (1).

L'année suivante une transaction eut lieu entre Claude de Vergy et les seigneurs et dame de Pesmes relativement aux terres et seigneuries de Chariez, Port-sur-Saône, Pusey et Pusy, et mit fin au procès dont il vient d'être parlé.

---

(1) Du Bois de Jancigny.

Le passage de Marc de la Baume à la seigneurie de Pesmes ne fut guère marqué que par des actes d'intérêts particuliers. Il convient cependant de rappeler que le 29 octobre 1510 il affranchit les habitants de Foissiat des subsides et des corvées dont ils étaient tenus, à la condition de le servir en cas de guerre (1).

Le 4 juin 1519 Marc de la Baume obtint la main levée de la confiscation prononcée par Philippe-le-Bon de la seigneurie de Chenault en Auxois sur le sire de Chateauvillain. Le 7 mai précédent il avait reçu en foi et hommage Jacques Bonvalot, seigneur de Champagney-les-Pesmes. En 1524 il reçut de Daniel Verne un *rentier* renfermant au profit du seigneur de Pesmes la reconnaissance des manans et habitants de Broye, et le 10 janvier 1525 il donna à Charles de la Borderie une institution de l'office de chatelain en la justice et baronnie d'Apremont.

Marc de la Baume fit son testament le 19 novembre 1526 et y ajouta un codicile le 12 juillet 1527. Il fut inhumé à Chateauvillain dans la chapelle de Sainte-Anne, que sa femme avait fait construire et où elle fut elle-même inhumée près de son mari.

De son second mariage sont issus quatre enfants :
I. Joachim de la Baume, comte de Chateauvillain, baron de Grancey, qui, sur la permission du roi prit le nom de Chateauvillain sans quitter celui de la Baume. Le roi Henri II érigea en sa faveur la seigneurie de Chateauvillain en comté et le fit son gouverneur et son lieutenant général au comté de Bourgogne. Son père donna pour lui en 1515 un dénombrement de la seigneurie de Grancey. Joachim de la Baume épousa en 1534 Jeanne de Moï, fille de Nicolas, seigneur de Moï, et de Françoise de Tardes, dont il eut pour fille unique Antoinette de la Baume, comtesse

---

(1) Le 18 janvier 1515 Marc de la Baume vendit à Jacques Villarot 200 liv. de rente à Vignory.

de Chateauvillain, mariée à Jean d'Annebaut, baron de la Hunauday, morte sans postérité le 4 septembre 1572; II. Jean, qui devint baron du Fayl et qui mourut jeune; III. Marie, qui également mourut jeune, et IV. Catherine, qui épousa Jacques d'Avaugour, seigneur de Courtalain (1).

(3) ABBÉ DIDIER. HIST. DE CHATEAUVILLAIN.

## XXI

## JEAN (II) DE LA BAUME (1527-1552)

Grand dignitaire français — Vente de la seigneurie de Gastey — Reprise de fiefs —
Difficultés avec les habitants de Pesmes — Les trois mariages de Jean de la Baume
— Ses enfants.

Jean (II) de la Baume succéda à Marc de la Baume, son père, et prit le titre de comte de Montrevel comme étant l'aîné de sa maison. A son avènement à la seigneurie de Pesmes la communauté s'empressa de lui payer les cinquante écus dus en vertu de la charte des franchises. Il était comte de Montrevel, seigneur de Pesmes, de Marboz, de Foissiat, de Bonrepos, de Saint-Étienne, de Labergement, de Erns, d'Asnières, de Valfin, de Montjustin, de la Presle, de Bussy, de Lefay, de Saint-Martin-le-Château, etc. Il ne prit aucune part à la lutte existant entre l'empereur Charles-Quint, dont il était le vassal à cause de son fief de Pesmes, et le roi de France, dont il était un des hauts dignitaires ; François Ier l'honora des plus anciennes dignités de son royaume. Le 16 mai 1536, il l'institua conseiller et chambellan de l'office de bailli en Bresse ; le 25 du même mois il lui confia la conduite de cent hommes d'armes à cheval, avec les droits, honneurs et privilèges énoncés dans la commission ; le 28 juin suivant, il le chargea de la conduite de cinquante lances à la « considération « des bons et agréables services qu'il avait reçus et espé- « rait recevoir en fait de guerre du comte de Montrevel » ; le 19 janvier 1538, il lui donna la charge de lieutenant général gouverneur es pays de Bresse, Bugey et Valromey, et le 1er décembre 1546 il l'institua dans la même charge au duché de Savoie ; enfin le 22 juillet 1542, il lui confirma un don de 3.000 liv. qu'il lui avait fait « pour ses agréables services ».

Ce n'était pas seulement le roi de France qui traitait ainsi Jean de la Baume avec munificence. L'archiduchesse Marguerite étant morte en 1530, dans un âge peu avancé, son neveu Charles-Quint lui succéda dans le gouvernement du comté de Bourgogne et donna au seigneur de Pesmes des preuves de son attachement. Après que celui-ci eut, le 1er mars 1532, repris de fief au château d'Igny, devant Claude de la Baume, chevalier de la Toison d'Or, maréchal de Bourgogne, commis à cet effet par l'empereur, les seigneuries de Pesmes, Valfin et autres situées dans le comté (1), Charles-Quint l'éleva à la dignité de maréchal de Bourgogne et peu après, le 17 septembre 1541, institua son fils, François de la Baume, capitaine de Besançon.

Malgré ses nombreuses seigneuries et les hautes dignités dont il était revêtu Jean de la Baume ne pouvait suffire à ses dépenses et était obligé de contracter des emprunts. Il est vrai qu'il acheta, en 1545, la forteresse de Villetan, mais le 8 mars 1551 il constitua au profit de Mess<sup>e</sup> Hugues Marmier une rente annuelle de cent francs en principal de 1.500 francs assignée spécialement sur la terre et la seigneurie de Pesmes. Un mois plus tard, le 8 avril 1551, voulant se libérer envers M. Marmier il lui céda en paiement de cette rente la terre et la seigneurie de Gastey.

A sa prise de possession de la seigneurie de Pesmes Jean de la Baume reçut l'hommage de ses vassaux, qui reprirent de fief pour les terres et seigneuries relevant du château de Pesmes. Le 28 janvier 1529 Jacques Bonvalot, seigneur de Champagney, donna le dénombrement du meix de Chaleguez situé à Champagney, ainsi que de la justice moyenne et basse, la haute justice appartenant au seigneur de Pesmes. Le 18 octobre 1530, Pierre Mouchet, seigneur de Châteaurouillaud, tant en son nom qu'en celui de Jeanne de Rigney, sa femme (2) donna le

---

(1) Pièces justificatives XXXI.
(2) Le Culte a Pesmes, p. 171.

dénombrement de ce qu'ils possédaient à Pesmes (1).

Jean (II) de la Baume eut d'assez nombreuses difficultés avec les habitants de Pesmes : ceux-ci refusèrent le paiement du droit d'aide stipulé par l'acte des franchises pour le mariage de l'aînée des filles du seigneur, qui dut à cet égard recourir à la justice. La ville revendiqua alors le droit de chasse sur les propriétés seigneuriales, mais une sentence rendue au bailliage de Gray le 4 juin 1546 les déclara non recevables dans leur prétention. L'année suivante, le 16 novembre 1547, Jean de la Baume fut obligé de leur signifier une sommation d'avoir à lui fournir un messager pour porter ses lettres, conformément à la charte du 15 novembre 1416. On voit que la bonne harmonie ne régnait pas toujours entre la communauté de Pesmes et son seigneur. Celui-ci fit son testament au château de Marboz le 20 avril 1552 et mourut peu de temps après.

Jean (II) de la Baume se maria trois fois : 1° le 4 août 1527 avec Françoise de Vienne, dame de Bussy, veuve de Jacques d'Amboise, seigneur de Bussy, et fille de François de Vienne, seigneur de Listenois, et de Bénigne de Grandson. De ce mariage naquirent deux enfants : I. Aimée de la Baume, dame de la Ferté Chaudron, mariée le 16 décembre 1546 à Jean IV, premier marquis de la Chambre, et II. Françoise, épouse de Gaspard de Saulx, sieur de Tavannes, maréchal de France (2).

---

(1) Inventaire d'Acey.
(2) Le 26 décembre 1529 eut lieu le traité de mariage entre Claude de Beaujeu, écuyer, s$^r$ de Montot, et Geneviève de la Baume, fille de Georges de la Baume, s$^r$ de Chaumercenne, entre lesquels il intervint, en 1549, une transaction pour règlement de leurs droits.

Le 10 novembre 1530 Antoine Barangier, s$^r$ d'Aubigney en partie, reprit de fief de Jean de la Baume pour sa part de cette seigneurie. Le 10 mai 1532 Jean Dabouton reprit de fief dud. s$^{gr}$ baron de Pesmes ce qu'il possédait à Pesmes et à Mutigney, et le 15 septembre suivant dame Françoise de Mailley, baronne de Conches, Estrabonne, Montagney, Chantroux et Bresilley, reprit de fief de Jean de la Baume, comte de Montrevel, dont relevait la terre de Bresilley.

Françoise de la Baume Montrevel, femme du maréchal de Tavannes, était très avare. Son mari ayant pillé la maison du prince de Condé en emporta des meubles

2° Le 8 août 1531 avec Avoye d'Allègre, fille de François, seigneur de Précy, et de Charlotte de Châlons, comtesse de Joigny. Il n'eut pas d'enfant de ce second mariage.

3° Le 28 juillet 1536 il épousa Hélène de Tournon, dame de Vassalieu, fille de Just, seigneur de Tournay, et de Jeanne de Vissac. De cette dernière union naquit Françoise de la Baume, mariée en premières noces, le 17 décembre 1548, à François de la Baume, son parent, baron du Mont-St-Sorlin, et en secondes noces, le 20 novembre 1566, à François de Kaernevenoi ou Carnavalet, aussi veuf d'un premier mariage, seigneur de Noyen, grand écuyer de Henri II, roi de France, et gouverneur du duc d'Anjou (Henri III), mort en 1571 (1).

---

et objets mobiliers d'une grande valeur, entre autres de très belles et riches robes de la princesse dont la maréchale ne craignit pas de se vêtir à une fête de la Cour. De Thou raconte qu'au pillage de Mâcon, en 1562, Madame de Tavannes *eut la meilleure part du butin*.

(1) Brantôme nous apprend qu'à la bataille de Moncontour (1569) Carnavalet avec 50 cavaliers choisis, montés de coursiers bardés se tenaient devant la personne de *Monsieur* pour rompre le choc de l'ennemi.

Il ajoute que parmi les belles dames qui décoraient la cour de la reine à cette époque il citera mesdames de Carnavalet, l'une de la maison de Vueil et l'autre de la maison de la Baume ; que cette dernière, Françoise de la Baume, « vefve deux fois reffusa pour le troisième M. d'Espernon, dit lors M. de la Valette le jeune, comme certes elle estoit une tres belle vefve et bien aymable ». Le roi lui-même lui parla plusieurs fois en faveur de la Valette, son favori, lui énumérant tous les avantages d'une pareille union, mais elle répondait : que tout son contentement ne gissoit pas en tous ces poincts, mais en sa résolution et pleine liberté et satisffaction de soy mesme et en la mémoire de ses marys dont le nombre l'en avait saoullée ».

On lit dans la *Franche-Comté* par H. Bouchot : « Depuis 200 ans, les la Baume tenaient le fief de Pesmes ; ils y venaient quérir le soulagement aux anémies des palais royaux. Toute petite, Madame de Carnavalet avait fait le voyage ; elle gardait à Paris un tendre souvenir du merveilleux coin de terre où ses parents lui avaient choisi une nourrice ; elle en parlait comme on fait des pays visités à la première heure de la vie, et qui paraissent toujours plus grands et plus admirables que les autres. Son père y avait passé de longues vacances, en la compagnie de la distinguée femme qu'il s'était choisie, Hélène de Tournon, dont *Clouet* nous a laissé la physionomie inoubliable dans ses crayons ».

Le bel hôtel de Carnavalet, à Paris, où est installé le musée Carnavalet, fut construit par Françoise de la Baume, qui le conserva pendant 24 ans et lui laissa son nom. Elle le vendit en 1602 au trésorier général de la reine Marie de Médicis.

Outre l'hôtel de Carnavalet, Françoise de la Baume possédait encore une maison appelée le Petit Bourbon, située à Paris, près de la rue Saint-Antoine, qui lui avait été donnée, le 8 octobre 1573, par le roi de Pologne, grand duc de Lithuanie, duc d'Anjou et du Bourbonnais, en considération des bons et agréables services qu'il avait reçus du s$^r$ de Carnavalet dès les premiers temps de sa jeunesse et d'une certaine somme « de laquelle ny lad vefve ny son fils n'avoit encore été payée ».

## XXII

## FRANÇOIS DE LA BAUME (1552-1553)

Comte de Montrevel par sa femme — Son attachement au roi d'Espagne — Il est fait prisonnier — Paiement de sa rançon — Vente de la seigneurie de Pesmes.

François de la Baume, époux de Françoise de la Baume, sa cousine, était fils de Claude de la Baume, maréchal de Bourgogne, et de Guillemette d'Igny. Jean (II) de la Baume ratifia leur traité de mariage le 30 avril 1549 et leur donna tous ses biens avec de notables substitutions.

L'empereur avait déjà donné à François de la Baume une preuve de sa bienveillance en l'instituant, bien jeune encore, capitaine de Besançon. Plus tard, en 1552, il accompagna Charles Quint allant à la tête d'une armée formidable assiéger la ville de Metz occupée par une armée française commandée par le duc de Guise.

François de la Baume fut fait lieutenant général de la compagnie d'ordonnance du duc de Savoie le 1$^{er}$ juillet 1560, gouverneur de Savoie et de Bresse le 20 janvier 1561 ; il assista aux états généraux de Franche-Comté réunis à Dole au mois de juillet 1561, auxquels assistait également, dans la chambre du clergé, son frère, Claude de la Baume, archevêque de Besançon ; il fut en outre bailli d'Amont et conducteur d'une compagnie de 100 hommes d'armes que Philippe (II) fils et successeur de Charles Quint avait donnée au duc de Savoie ; enfin il était gentilhomme de la bouche du roi très chrétien et chevalier de la Toison d'Or.

La lutte qui existait entre François I$^{er}$ et Charles

Quint se continua sous Henri (II) roi de France et Philippe (II) roi d'Espagne ; le sire de Pesmes suivit les armées de celui-ci en Italie. Étant à Nice, il fut fait prisonnier par les Turcs, alliés des Français ; une forte rançon fut exigée et payée par les sujets de François de la Baume suivant la coutume de la province et les clauses ou conditions des franchises de 1416 pour ce qui concernait la ville de Pesmes (1).

Avant la mort de Jean de la Baume et ensuite de la donation par lui faite à François de la Baume et à Françoise de la Baume, époux, celle-ci, de concert avec sa mère, acheta, le 1$^{er}$ avril 1552, les droits d'Aimée de la Baume, sa sœur consanguine, femme du marquis de la Chambre, dans la seigneurie de Pesmes, moyennant une somme de 36.000 liv. qu'elle emprunta à un banquier du nom de Dupré. Mais Françoise de la Baume avait trop présumé de ses forces ; elle ne put payer une somme aussi considérable et suivant le conseil de son oncle, le cardinal de Tournon, archevêque de Lyon, d'Hélène de Tournon, sa mère, et du consentement de son mari, elle vendit par acte passé à Lyon le 18 mai 1553 la seigneurie de Pesmes à dame Claude de Semur, comtesse de Pont de Vaux, veuve de Jean de Gorrevod.

---

(1) Esgale faite sur les habitants de Bonrepos pour raison de la rançon de messire François de la Baume de dix florins sur chaque feu payés aux termes portés par ladite esgale en l'année 1560. (LE CULTE A PESMES, p. 199, note).

## XXIII

## CLAUDE DE SEMUR, C<sup>tesse</sup> DE PONT DE VAUX [1]
### (1553-1557)

Difficultés avec les habitants de Pesmes — Refus par ceux-ci de payer le droit de nouvelle seigneurie — Rétrocession de la seigneurie de Pesmes à Hélène de Tournon — Échange de cette seigneurie à François et à Claude de la Baume, frères.

Le 3 juin 1553, Claude de Semur, par le fait de Claude Bouttechoux, bailli de Marnay, son procureur spécial, reprit de fief sa nouvelle seigneurie avec les formalités habituelles, devant Claude de Vergy, comte de Champlitte, gouverneur du comté, en présence de Hugues de la Baume, écuyer, seigneur de Chaumercenne.

La comtesse de Pont de Vaux voulut alors faire payer à la communauté de Pesmes le droit de nouvelle seigneurie, mais les habitants s'y refusèrent et une grave difficulté surgit à cette occasion entre les parties intéressées. Pour comprendre le refus opposé par la communauté de Pesmes à la demande de la comtesse, il convient d'expliquer que dans l'acte de vente il était expressément stipulé que l'acquéreur ne pourrait destituer les officiers de la seigneurie de Pesmes ni en instituer d'autres si ce n'est pour cause de mort et de forfaiture. De plus Françoise de la Baume devait procurer la ratification de son mari dans un délai de six mois. La ville de Pesmes concluait de ces conditions que la comtesse de Pont de Vaux n'était pas

---

[1] Pont de Vaux, dans le département de l'Ain.

définitivement propriétaire et n'avait sur la seigneurie de Pesmes qu'un droit limité et précaire, ce que l'événement d'ailleurs devait bientôt justifier.

En 1557 Hélène de Tournon racheta la seigneurie de Pesmes en remboursant à la comtesse de Pont de Vaux le prix de son acquisition, et le 21 mars de la même année, par acte passé au château de Présilly, elle échangea, du consentement de Françoise de la Baume, sa fille, cette seigneurie contre celle de Montrublot en Bresse, appartenant à François et à Claude de la Baume frères, qui devinrent ainsi seigneurs de Pesmes en leurs noms personnels.

## XXIV

## FRANÇOIS ET CLAUDE DE LA BAUME (1557-1565)

Prise de possession — Claude de la Baume archevêque de Besançon — Ses
préoccupations — Mort de François de la Baume — Ses enfants.

Les nouveaux seigneurs de Pesmes s'empressèrent de reprendre de fief leur seigneurie. Le 27 mars 1557, ils instituèrent à cet effet pour leur mandataire Jean de Grachaux, qui reprit en leurs noms la terre et seigneurie de Pesmes devant Claude de Vergy, à qui il était chargé de « présenter le titre d'acquisition de cette seigneurie naguère « fait et passé par eschange entre lesdits constituants et « d$^{lle}$ Françoise de la Baume, comtesse de Montrevel, et « haute et puissante dame Hélène de Tournon, sa mère « par contre eschange de la seigneurie de Montrublot en « Bresse jadis appartenant auxdits s$^{rs}$ constituants ». Cette formalité fut remplie par le mandataire le « penultième jour du mois de mars 1557 » (1). La prise de possession par François de la Baume, tant en son nom qu'en celui de Claude de la Baume, son frère, eut lieu dans les conditions ordinaires le 2 mai 1558.

Claude de la Baume avait alors de graves préoccupations (2) ; sa position comme archevêque courait les plus

---

(1) Arch. du Doubs. Nouvelle Chambre des Comptes r 36

(2) V. LE CULTE A PESMES, p. 298 et suiv.
Lettre de Claude de la Baume demandant deux charges de sel « pour faire saller des lards au château d'Igny » (Arch. du Doubs).
Autre lettre du même aux échevins de Pesmes à qui il envoya un billet d'indemnité pour la construction de la levée du pont de Pesmes (Arch. de Pesmes).

grands périls. De plus, les réformateurs calvinistes faisaient de grands efforts pour faire pénétrer l'hérésie en Franche-Comté. L'archevêque de Besançon les combattit énergiquement et dès les premiers jours du printemps de 1568, les troupes du bailliage d'Aval se réunissaient à Pesmes pour repousser la tentative des huguenots. Mais à cette époque François de la Baume n'était plus coseigneur de Pesmes ; il était mort en 1565 laissant cinq enfants :

I. Antoine, né au château de Marboz le 26 juin 1557, qui succéda à son père ;

II. Marguerite, née au même lieu le 1er novembre 1559, qui se maria deux fois, d'abord le 11 décembre 1572 à Aimé de la Baume, seigneur de Crèvecœur, et le 14 décembre 1578 à Africain d'Anglure, prince d'Amblise, baron de Bourglemont, etc. A l'occasion de son premier mariage et comme étant la fille aînée de François de la Baume un impôt fut réparti sur les habitants de Pesmes, de Bonrepos et de Saint-Étienne-le-Bouchoux en 1573, et le 28 octobre de la même année une nouvelle répartition eut lieu « pour les espingles dudit mariage » ;

III. Emmanuel-Philibert, né le 30 décembre 1561, qui fut page du duc de Savoie, gentilhomme ordinaire de la chambre du roi et des ducs d'Anjou et d'Alençon. Il fut tué en Flandre d'un coup de mousquet, sans avoir été marié. Il fit son testament le 25 septembre 1579 et mourut sans doute vers cette époque ;

IV. Prosper, né le 20 mars 1563, mort le 7 janvier 1599 ;

V. Anne, née le 13 juin 1565, mariée à Charles Maximilien de Grillet, comte de Saint-Trivier, premier chambellan du duc de Savoie.

## XXV

## CLAUDE et ANTOINE DE LA BAUME (1565-1584)

Françoise de la Baume épouse M. de Carnavalet — Hélène de Tournon, tutrice de ses petits-enfants — Antoine de la Baume épouse Nicole de Montmartin — Claude de la Baume, vice-roi de Naples — Sa mort.

A la mort de François de la Baume son fils Antoine, âgé de huit ans, lui succéda sous la tutelle de sa mère à la seigneurie de Pesmes, qu'il posséda indivisément avec son oncle le cardinal. Il était comte de Montrevel et marquis de Saint-Martin-le-Château. Il fut fait gentilhomme ordinaire de la chambre du roi Charles IX le 6 août 1567, en considération des services de son père, et le roi Henri III le fit capitaine de trente lances des ordonnances l'an 1579.

Françoise de la Baume ayant convolé à un second mariage la tutelle de ses enfants passa à Hélène de Tournon, leur aïeule, à qui elle rendit compte de sa gestion le 7 août 1566. Hélène de Tournon fit son testament le 27 mars 1567, mais elle ne mourut que quelques années plus tard, car le 23 avril 1568, par le fait de Jean-Jacques de Bryot, son procureur spécial, elle vendit à Antoine, Emmanuel-Philibert et Prosper de la Baume, ses trois petits-fils, la terre et seigneurie de Broye pour 3.000 francs comtois, et en 1571, agissant tant en son nom personnel comme veuve et usufruitière des biens de Jean de la Baume que comme tutrice de ses trois petits-fils mineurs, avec l'approbation de Claude de la Baume, elle fit un compromis avec Nicolas de Beauffremont au sujet d'un différend existant entre eux relativement aux terres et seigneuries de Chatenois et Creveney et Molans cédées à M. de Beauffremont.

Après la mort de M. de Carnavalet, Françoise de la Baume reprit l'administration de ses biens de Pesmes, et l'année même où elle devenait veuve pour la seconde fois elle vendit pour le prix de 4.275 francs les moulins Grassot à Antoine Deverton, sieur de Marnay. Des difficultés s'élevèrent alors entre elle et son fils Antoine au sujet de la seigneurie de Pesmes, mais une transaction intervenue entre eux en 1583 en attribua la propriété à Antoine de la Baume.

Celui-ci épousa, le 20 janvier 1583, Nicole de Montmartin, fille et unique héritière de Philibert de Montmartin, baron dudit lieu, seigneur de Loulans, Bourguignon, Conflans, Cicon, etc., grand gruyer en Bourgogne et colonel général de l'infanterie, et de Louise du Fay, fille de Claude du Fay, chevalier, et d'Anne de Vaudrey. La même année il prit possession au nom de sa femme de la terre de Bersaillin, qu'il vendit en 1585 à Philippe Froissard. Nicole lui avait en outre apporté en dot les terres de Courlaoux et de Saint-Julien, et à la mort de Philibert de Montmartin, son beau-père, Antoine de la Baume fut institué grand gruyer et colonel général de l'infanterie au comté de Bourgogne. Créé chevalier par le roi, il fit, en 1592, divers mandements sur les habitants de Pesmes pour les sommes qui lui étaient dues en vertu de la charte des franchises.

Les plus hautes dignités étaient comme un apanage de la famille de la Baume Montrevel et notamment des seigneurs de Pesmes. En même temps qu'Antoine de la Baume était pourvu des titres les plus élevés, son oncle, le cardinal Claude de la Baume, était nommé vice-roi de Naples en 1584 et partit pour prendre possession de sa vice-royauté. Étant tombé malade à Arbois, il y mourut le 14 juin 1584, à l'âge de 53 ans. Ses deux neveux, Antoine et Prosper de la Baume, renoncèrent à sa succession, d'ailleurs fort obérée.

## XXVI

### ANTOINE DE LA BAUME (1584-1595)

Guerre entre l'Espagne et la France — L'armée Française envahit la Franche-Comté — Le comte de Montrevel lieutenant général — Il défend son pays — Sa mort — Combat de Fontaine-Française — Les enfants d'Antoine de la Baume sous la tutelle de Prosper de la Baume, leur oncle — Les scellés au château de Pesmes.

La mort de Claude de la Baume laissa Antoine de la Baume seul possesseur de la seigneurie de Pesmes, qu'il reprit de fief du roi d'Espagne le 10 novembre 1584, et reçut lui-même l'hommage et les dénombrements de ses nombreux vassaux et notamment, le 1$^{er}$ août 1584, du cardinal de Grandvelle pour la terre de Vadans dite d'Aligny et de Vautravers. Il habitait fréquemment le château de Présilly. Premier gentilhomme de la cour du duc de Savoie, il se trouva à la guerre que celui-ci fit aux Genevois et commandait un régiment de 1500 hommes au siège de Genève l'an 1593. En 1583 il avait repris Nancuise à Hélène de la Villette et revendit cette terre à Claude de Vautravers le 29 octobre 1584. Il assista aux états de Franche Comté en 1579 et en 1585.

De grands événements survenus en France allaient avoir une fatale conséquence pour la Franche-Comté. Henri IV venait d'entrer à Paris après avoir abjuré le protestantisme (1594). Mais le duc de Mayenne loin de se soumettre s'était joint aux Espagnols et continuait la guerre. Dans les premiers jours de 1595 une armée française envahit la Franche-Comté sous la conduite de Tremblecourt et de Loupy ; elle s'empara de Luxeuil, de

Faverney, d'Amance, de Port-sur-Saône, de Gy et de Marnay. Tremblecourt vint mettre le siège devant Besançon.

Claude de Vergy, comte de Champlitte, avait succédé à son père comme gouverneur de la province et était lui-même gouverné par M. de Crescia et par le comte de Montrevel, seigneur de Pesmes. Le gouverneur avait épousé une française, Catherine Chabot ; sa mère, Claudine de Pontailler, était à la cour de France, et il entretenait des relations d'amitié avec le chancelier de Chiverny et d'autres français. La mère du comte de Montrevel, Madame de Carnavalet, était à Dijon avec Gabrielle d'Estrées, la maîtresse d'Henri IV. Toutes ces circonstances rendaient suspects le comte de Champlitte et son ami Antoine de la Baume. On reprochait en outre au gouverneur des distractions de deniers ; on l'accusait d'avoir pourvu les places de Champlitte et de Pesmes de trop abondantes provisions au détriment des autres.

Néanmoins lorsque la Franche-Comté fut envahie par Tremblecourt et que ce dernier eut transporté son camp devant Besançon, le comte de Champlitte partit de Gray le 17 février 1595, avec toutes les forces dont il disposait et prit la route de Pesmes, après avoir mis, au château de Chantonnay, une garnison commandée par M. de Filain, et alla former son camp à Marnay. Il avait alors environ 5.000 hommes d'infanterie, tous du pays et payés par les communautés, et environ 800 à 900 chevaux. Cette armée était composée des vassaux et arrière-vassaux du pays. Il nomma le baron de Scey général de l'infanterie et le sieur de Broissia général de la cavalerie, puis il fit lieutenant général Antoine de la Baume, seigneur de Pesmes. C'est en ce moment que M. de Champagney, gouverneur de la ville et du marquisat d'Amiens, chef des finances de Sa Majesté et premier chevalier de sa cour du parlement, écrivait à Madrid : « Le comte de Montrevel s'est rendu en son Pesmes et s'y tient disant qu'on menace de l'assiéger dont toutefois nous n'avons encore rien apperçu quoique l'ennemy ayt passé les rivières sans résistance ».

L'ennemi, qui avait pris Gy et l'avait en partie brûlé, vint à Marnay le 24 février et s'en empara ainsi que du château. Le comte de Montrevel avec 15 ou 16 chevaux était allé ce même jour faire une reconnaissance et rencontra une compagnie de cavalerie à laquelle il n'échappa qu'avec difficulté.

Les français continuèrent leurs opérations dans le bailliage d'Aval et vinrent mettre le siège devant Salins où ils furent battus le 6 mars 1595 (1) et se retirèrent à Marnay et à Gy. Une partie de leur armée était restée sur la rive gauche du Doubs, à Fraisans, dont les habitants avaient détruit le pont. Dans ces conditions, sous un chef habile, l'armée commandée par le comte de Champlitte pouvait battre les Français et les rejeter hors du pays, mais le gouverneur ne sut pas ou ne voulut pas tirer parti de cette situation. Aucun ordre ne fut donné et l'ennemi ne fut pas inquiété. Seul le lieutenant général, comte de Montrevel, fit quelques efforts pour dégager son pays : étant sorti de son château de Pesmes à la tête de 40 chevaux de ses gens, il tomba sur les derrières des Français, qui se retiraient à Marnay et défit une compagnie de cavalerie. Dans ce combat l'ennemi laissa 30 morts sur la place et le comte de Montrevel ramena à Pesmes trois prisonniers et 30 chevaux, sans avoir perdu un seul de ses hommes, dont deux seulement furent blessés. L'un des deux mourut plus tard à Pesmes des suites de ses blessures, se consolant en mourant « de ce qu'il en avait tué dix de sa part, à ce qu'il disait ».

L'armée française s'était divisée par petits groupes et éparpillée, une partie s'était jetée dans le château d'Estra-

---

(1) BÉCHET, T. II, p. 302, fixe le combat de Salins dans la nuit du 3 au 4 mars.

bonne, le surplus s'était enfermé dans Gy et dans Marnay et n'osait tenir la campagne. Le seigneur de Pesmes, qui semblait seul déployer quelque activité en cette circonstance, prit avec lui environ 100 soldats de la garnison de Dole, 100 autres de la garnison de Rochefort et 100 ou 120 chevaux et vint, le 12 mars, avec sa petite troupe devant le château d'Estrabonne et somma la garnison composée de lorrains de se rendre, ce qu'elle refusa de faire d'abord, mais elle y fut contrainte et se rendit ensuite sans condition. Antoine de la Baume en fit pendre la majeure partie et n'accorda la vie sauve qu'à quelques chefs qui se disaient gentilshommes et qu'il fit conduire prisonniers à la conciergerie de Dole.

Cependant le roi d'Espagne, Philippe II, avait envoyé au secours de la Franche-Comté Dom Jean Ferdinand Vélasco, gouverneur de Milan et connétable de Castille, avec 20.000 hommes espagnols et italiens. Le connétable arriva à Dole le 26 mars et les plus grands seigneurs allèrent à sa rencontre. Parmi eux on voyait : le duc de Nemours, le marquis de Saint-Sorlin, le comte de Champlitte, le comte de Montrevel. Louis Gollut était alors maïeur de Dole ; l'un de ses échevins était Mairot. Tous deux étaient de Pesmes.

Les Franc-Comtois reprirent courage et leur troupe s'étant jointe à celle du connétable ils eurent bientôt délivré Gy et Marnay des Lorrains, qui occupaient ces deux places. Les soldats de Tremblecourt furent entièrement défaits ; les capitaines eurent la vie sauve en payant chacun deux mille écus de rançon, tous leurs soldats furent pendus aux fenêtres et aux créneaux. Cette terrible exécution dura deux jours entiers. Tremblecourt reprit la route de la Lorraine et s'arrêta à Vesoul, que le connétable reprit le 2 mai, mais Tremblecourt, qui s'était retiré au château de la Motte, s'y maintint jusqu'au 24 et en sortit avec armes et bagages.

Après avoir chassé l'ennemi de Vesoul D. Vélasco se remit en marche le 28 mai pour Gray, où il trouva le duc de Mayenne, chef de la Ligue. Ayant réuni ses troupes à celles des Ligueurs le connétable se dirigea sur le duché de Bourgogne et passa la Saône à Apremont le 30 mai, laissant l'armée franc-comtoise sous la conduite du comte de Champlitte et du comte de Montrevel, tous deux malades. Ce dernier fit, le 28 mai, son testament qui fut publié au bailliage le 21 juin suivant (1). Henri IV rencontra à Fontaine-Française les armées combinées des Espagnols et des Ligueurs le 5 juin 1595, et avec une poignée de soldats les mit complètement en déroute.

Le comte de Montrevel s'était retiré en son château de Pesmes, atteint d'une fièvre pestilentielle. Sa maladie n'avait pas tout d'abord paru avoir cette gravité ; une lettre de M. Froissard à M. de Champagney reçue par celui-ci le 4 juin 1595 lui annonce en effet que « M. le comte de Mon-
« trevel est sans fièvre l'en assurent la garison les méde-
« cins (Dieu grace) ». Mais bientôt les symptômes s'aggra-

---

(1) Nous avons dit que l'armée franc-comtoise, composée des habitants du pays, était payée par les communautés. Il nous paraît intéressant de connaître le compte des recettes et des dépenses opérées dans la circonscription de Pesmes, en 1595, par les trois commissaires délégués à cet effet, Claude-Thiébaut Durand, Jean Rousselet et Estienne Guyotte, tous de Pesmes (ces deux derniers morts pendant l'année) et dont ils ont rendu compte en 1596, (Rousselet étant représenté par Estiennette Florimond, sa veuve, et Guyotte par Perronette Vurriot, également sa veuve) aux échevins de Pesmes, Claude de Landriano, Claude Poinssard et Nicolas Sanche, suivant le rôle arrêté par le gouverneur de la Franche-Comté, comte de Champlitte, le 24 mai 1595.

**Recettes**

Les habitants de Pesmes empruntent de François Belleney, de Bresilley 500 fr.
Et de Gaspard Aulbert, de Pesmes. . . . . . . . . . . 100 fr.
Les habitants de Broye sont *cothisés* pour 16 mesures de froment (mesure de 30 livres) 24 francs espèces et 4 vaches ; ceux d'Aubigney pour une émine de froment et 18 fr. ; ceux de la Grange Darceans (Arsans), 14 mesures de froment et 25 francs ; ceux de Chancey pour deux émines et 18 mesures de froment, 18 francs et deux queues de vin (la queue contenait 365 pintes) ; ceux de Motey pour 9 mesures de froment, 13 fr., un petit bœuf et une queue de vin ; ceux de Chauxmarceine 21 mesures de froment, plus trois émines de froment, 120 fr., un bœuf et deux queues de vin ; ceux de la Petite-Resie pour 10 1/2 mesures de froment et 15 fr. 9 gros ; ceux de Valay, 18 mesures de froment et 27 fr. ; ceux de Chevigney, 15 mesures de froment et 22 fr. 1/2 ; ceux de Sauvigney, pour 12 mesures de froment, 36 mesures de farine et 50 fr. ; ceux de Malans pour 18 mesures de froment, 27 francs, un petit bœuf, un petit bouvasson et une queue 1/2 de vin ; ceux de Bard, pour 9 mesures de

vèrent et il mourut le 4 juin (1) après une affreuse agonie. On crut même à un empoisonnement. C'est ce qui résulte d'une lettre de M. de Champagney à M. de Broissia datée du 6 juin 1595. « On me renfreschit aussi par les mesmes
« la mort de M. le comte de Montrevel advenue avant hier
« depuis le disner quat esté accompagné de tant d'agonies
« et accidents facheux qu'elle tient beaucoup de celle du feu
« duc de Parme. S. E. le mandat visiter pour scavoir ce
« questoit car on me permettoit de le voir Lon a dit hier
« icy mais cest rumeur de ville que le baron de Scey etoit
« aussi advenu malade subitement voire disoit-on seroit
« mort ce seroit trop pertes de gens valeureux ce semble.
« Dieu donne sa gloire aux trépassés..... »

A sa mort Antoine de la Baume laissait cinq enfants en état de minorité :

I. Claude-François, né le 18 mars 1584, épousa le 5 juin 1602, Jeanne d'Agoult de Montauban de Vesc-de-Montlaur, fille de François-Louis d'Agoult de Montauban,

---

froment, 13 fr. et une queue de vin; ceux de Bresilley, pour 9 mesures de froment, 18 mesures de farine, 260 livres de pois et 18 fr.; ceux de Gendrey, pour 30 francs; ceux d'Offlange, pour une queue de vin; ceux de Montmirey-le-Château, pour 22 fr.; ceux de Montmirey-la-Ville, pour 12 mesures de froment et une queue de vin; ceux de Champagney, pour 12 mesures de froment; ceux de Mutigney, pour une 1/2 queue de vin; ceux de Marpain, pour 10 1/2 mesures de froment et 30 fr.; ceux de Champagnolot, pour 2 queues de vin; ceux de Pointre, pour 2 queues de vin.

Ce rôle d'impôts jette un certain jour sur l'importance de ces villages et sur leurs ressources à cette époque.

**Dépenses**

Les déboursés faits par les trois commissaires ne sont pas moins intéressants; c'est d'abord 600 francs dépensés pendant que la compagnie du s$^r$ de Cressy a été logée à Pesmes; 17.312 livres de pain aux « capitaines, soldartz, enseignes, sergens, corpo- « ralz et aultres gens de guerre, dois le 30$^e$ de mars 1595 jusques au 20$^e$ de may de « lad année et dois le 5$^e$ juillet jusques au 25$^e$ »; 2.002 pintes 1/4 de vin (la pinte valait un peu plus d'un litre) du 7 au 27 mars 1595; 963 pintes 3/4 de vin du 21 mars au 21 may; 366 livres de « chair de bœufs et vaches », du 7 au 27 mars; 7.663 livres de pain du 21 mai au 24 juin et 122 francs; 1.428 livres de pain et 811 francs 8 sols dès le pénultième juin au 21 juillet; 4.632 livres de pain, 448 pintes de vin et 78 francs aux gens du feu comte de « Montrevers » dès le pénultième mai jusque fin juin; 1.246 livres de pain, une queue de vin, 12 harengs et 272 livres 1/2 de chair en mars 1595; 210 francs pour les rations des hommes du s$^r$ de Cressy pendant qu'il était en quartier à Pesmes à partir du 22 juillet 1595; 75 francs pour rations des hommes sous la conduite de l'Enseigne du s$^r$ de Cressy; 600 fr. dépensés pour la compagnie du s$^r$ de Cressy, etc. (Archives communales de Pesmes).

(1) D'après le journal de Jean Grivel, Antoine de la Baume serait mort le 2 juin.

comte de Saulx, chevalier des Ordres du Roi, et de Chrétienne d'Aguerre, dame de Vienne. Il se signala au combat du Pont-de-Cé, l'an 1620, se trouva au siège de Saint-Jean-d'Angely, fut fait chevalier au camp devant Ostende en 1602, conseiller d'État en 1619, maréchal de camp en 1621 et maréchal de France le 30 mai 1621. Il mourut peu de temps après, blessé mortellement d'une mousquetade qu'il reçut en forçant les barricades du faubourg de Taillebourg. Il laissa six enfants : Ferdinand de la Baume, comte de Montrevel ; Charles-François, qui fit la branche des marquis de Saint-Martin, et quatre filles. Après sa mort les terres de Saint-Julien, Présilly, Courlaoux furent mises en séquestre judiciaire jusqu'en 1733, époque à laquelle elles furent vendues par Esprit-Melchior de la Baume son héritier bénéficiaire (1).

II. Philibert, né à Courlaoux le 26 mars 1586, dont nous parlerons ci-après ;

III. Marguerite, née le 20 août 1590, abbesse de Saint-Andoche d'Autun ;

IV. Jean-Baptiste, sr de Saint-Romain, baron de Montmartin, marquis de Saint-Martin-le-Château, né en 1593, qui était destiné à l'église et qui, ayant embrassé la profession des armes, acquit une grande célébrité sous le nom de marquis de Saint-Martin ;

V. Claude-Prospère de la Baume, mariée en 1618 à Claude de Rye, baron et seigneur de Balançon, Fondremand, Port-sur-Saône, etc., chevalier de l'ordre de Saint-Jacques, du Conseil d'État et de guerre de S. M., colonel des Bourguignons aux Pays-Bas, général de l'artillerie, gouverneur et capitaine général pour S. M. dans ses pays et comté de Namur, laissa à Ostende sa jambe gauche emportée par un boulet, et n'eut de son mariage que deux filles.

---

(1) ROUSSET. DICTre DU JURA. Courlaoux.

Pour la conservation des droits des mineurs, les scellés devaient être apposés au château de Pesmes, mais cette opération rencontra quelques difficultés. Une lettre du 13 juin 1595 nous apprend que : « sur l'advertissement
« du décès de feu M. le comte de Montrivel M. le procu-
« reur général passa hier à Pesmes où il trouva le capi-
« taine Pierre commandant au château. Le s$^r$ de Crysy
« avait une compagnie des leur deans la ville et les habi-
« tans en dispute sur la garde des clefs, que fut la conten-
« tion telle que nonobstant l'accord que ledit s$^r$ procureur
« pensa les portes demeuroient ouvertes la nuit a
« la gardes des soldats et habitans. M. le comte de
« Champlitte en a esté adverti comme de ce que le capi-
« taine Pierre avoit refusé et refusoit audit procureur
« général l'entrée au chateau pour seler et mettre soubs
« la main de S. M. les biens pupillaires et pourveoir a la
« conservation. La court a depesché ce vespre lhuissier
« Greusset aud Pesmes et escrit aux susdits capitaines et
« habitants... » Cette difficulté devint assez sérieuse pour obliger le connétable à se rendre à Pesmes en personne afin de la terminer soit par ses conseils, soit par un acte d'autorité. On donna pour tuteur aux enfants d'Antoine de la Baume leur oncle, Prosper de la Baume, chanoine et haut doyen de l'église métropolitaine, abbé du Miroir, de Faverney, de Montbenoit, de Saint-Paul de Besançon et de Cherlieu. A sa mort, il fut inhumé à Saint-Étienne de Besançon.

## XXVII

### PHILIBERT DE LA BAUME (1595-1613)

Prise de possession de sa seigneurie — Il épouse Lamberte de Ligne — Le pays ruiné — Henri IV vient assiéger Pesmes — Prosper de la Baume rend la place sans combattre — Conditions de la reddition de Pesmes — La ville est livrée au pillage — Madame de Carnavalet et Gabrielle d'Estrées — Reprise de Pesmes par D. Vélasco — L'armée française évacue le pays — Traité de Vervins — L'archiduc Albert épouse l'infante Isabelle Claire Eugénie — Mort de Philibert de la Baume — Il ne laisse qu'une fille.

Philibert de la Baume succéda à son père à l'âge de neuf ans, sous la tutelle de son oncle ; ce n'est que le 10 août 1608 qu'il prit en son nom possession de sa seigneurie de Pesmes. Il portait comme son frère Jean-Baptiste le titre de Marquis de Saint-Martin. Il épousa Lambertine, princesse de Ligne, fille de Lamoral, prince de Ligne, gouverneur d'Artois, Grand d'Espagne, et de Marie de Melun.

La guerre avec la France, dont nous avons commencé le récit sous le précédent seigneur de Pesmes, se continua sous son successeur. Après le combat de Fontaine-Française Henri IV resta maître du duché de Bourgogne et s'occupa alors de replacer cette province sous son autorité. L'armée franc-comtoise, comme nous l'avons dit, n'avait pris aucune part à cette expédition et était restée sur son territoire. Cependant sous le prétexte de punir les Espagnols d'avoir prêté main-forte aux Ligueurs, le roi de France fit envahir la Franche-Comté par une armée composée de 8.000 hommes de pied et 1.300 chevaux, commandée par le maréchal de Biron. Cette nouvelle invasion ne surprit personne, quelque injuste qu'elle parût.

On était si assuré qu'elle aurait lieu que le 6 juin, c'est-à-dire le lendemain du combat de Fontaine-Française, M. de Champagney écrivait à M. de Broissia : « On attend M. de Charlieu. Voire me disent aucuns que le capitaine de Pesmes auroit dit que lors on parleroit de rendre (*vendre ?*) (1) la place au roi pour payer les debtes du défunct si le connestable le voulloit furnir devers... »

Ruiné par les guerres et la famine, le pays était alors dans un triste état. Dans la lettre que nous venons de citer on trouve ce passage qui dépeint bien la désolation de la province : « ...Enfin je nous voy partout a guerre jusques aux dens. Dieu veuille bien en prieyent et que le mal qu'on menage la substance de ce pays en impossibilité notre garant a faute de vivres Car croire que le camp de monseig$^r$ le connestable ne soit contraint d'abandonner et le duché et le comté pour n'avoir a manger et que lors tous familiques nous soyons la proye de nos ennemis sans recourse... »

Dans la seconde quinzaine de juillet Henri IV vint en personne commander son armée de Franche-Comté, à laquelle il joignit celle qu'il amenait du duché. Ses armées ainsi réunies s'élevaient à 25.000 hommes environ. Il arriva devant Pesmes le 20 juillet 1595 et y établit son camp. Le château de Pesmes était alors occupé par Prosper de la Baume, tuteur de ses neveux. La garnison de la ville se composait d'une compagnie de lansquenets sous la conduite du s$^r$ de Cressy. La ville et le château étaient bien fournis de gens et de munitions de guerre ; le comte de Montrevel avait fait provision de plus de 10.000 livres de poudre, de cinq ou six pièces d'artillerie, de 1500 balles de canon et de divers engins de guerre. La place était par conséquent en état de se défendre ; la garnison et la population étaient pleines d'entrain. Aussi la surprise

---

(1) Ne s'agissait-il pas de vendre la place au roi d'Espagne ?

fut-elle grande quand à la première sommation qui lui fut faite, Prosper de la Baume rendit la place sans coup férir. Ce fut une véritable stupéfaction. On murmura fort contre lui, et comme sa mère, Madame de Carnavalet, était à Dijon avec la maîtresse du roi de France on soupçonna M. de Cherlieu de trahison.

Aux termes de la reddition de Pesmes, M. de la Baume et toute la garnison pouvaient sortir de la ville le lendemain, à quatre heures de l'après-midi, enseigne déployée, tambour battant et la mèche allumée, avec armes et bagages ; les habitants qui voudraient rester à Pesmes pourraient y demeurer en toute sûreté en prêtant serment de fidélité au roi de France ; l'artillerie et les munitions de guerre qui étaient au château resteraient intactes « sans en rien rompre à dessein ».

Malgré les clauses formelles et très précises de la capitulation, après la sortie de la garnison les troupes françaises pillèrent et saccagèrent la ville, rançonnèrent les habitants, dont elles emmenèrent le bétail à Auxonne. Cette violation de la convention fut d'autant plus scandaleuse qu'elle eut lieu sous les yeux du roi de France, qui séjourna à Pesmes du 20 au 25 juillet, c'est-à-dire pendant tout le temps que se fit le pillage de la ville.

Dans le même temps on négociait la neutralité de la Franche-Comté. Le sr de Watteville et le conseiller Le Jeune avaient eu à Bade une entrevue à cet effet avec M. de Villeroy, ambassadeur d'Henri IV, et avaient conclu avec lui un traité qui fut soumis à la cour. Les articles de ce traité ayant été approuvés on résolut d'en solliciter promptement la ratification par le roi de France, afin qu'il se retirât et que l'on pût faire la moisson. MM. de Watteville et Le Jeune vinrent à Pesmes trouver le roi qui donna son assentiment aux conditions consenties par son ambassadeur, mais en exigeant une somme de cent mille écus pour les frais de son armée. Cette somme ayant été refusée il en exigea le double et dit qu'il s'en ferait donner cent mille par les villes. Cette menace reçut son exécution.

Après la prise de Pesmes Henri IV alla devant Rochefort, qu'il emporta d'assaut, et se dirigea sur Besançon, qu'il mit à contribution. Il marcha avec son armée contre Quingey et s'avança jusqu'à Montigny, où il se logea pendant que le maréchal de Biron dirigeait le siège d'Arbois. C'est du château de Montigny qu'il écrivit, le 10 août 1595, au magistrat de Salins, pour l'engager à payer immédiatement une somme de 30.000 écus afin d'éviter l'investissement de la ville « Toutefois, continue le roi, pour le bien que vous voulons et le déplaisir que nous seroit vous veoir ruyner, nous vous avertirons de vous souvenir des exemples des villes de Pesmes, Rochefort et Arbois, lesquelles (pour avoir voulu attendre secours) n'ont su prendre le temps de capituler pour elles bien à propos... ». Ce prince si chevaleresque, qui passait pour le type de la loyauté, dénaturait ainsi sciemment les faits et l'histoire (1).

Les troupes du connétable étaient dans un état déplorable. Le duc de Mayenne avait payé celles qu'il entretenait à la solde de l'Espagne et s'était réconcilié avec Henri IV. Les soldats du connétable mouraient de faim : point de solde, pour nourriture des fruits. La dyssenterie faisait parmi eux d'affreux ravages. Six mille hommes se trouréduits à deux mil trois cent trois (19 août 1595).

Les Français tenaient toujours les villes par eux conquises, mais le départ du roi, qui, le 20 août, était parti de Lons-le-Saunier pour aller rejoindre à Lyon Gabrielle d'Estrées malade et que l'on disait morte en couches, rendit un peu de courage à D. Vélasco et il se décida à aller mettre le siège devant Rochefort. Avant de partir de Gray, sachant que Pesmes était occupé par l'ennemi il

---

(1) De cette campagne d'Henri IV en Franche-Comté, bien connue d'ailleurs, nous ne relatons que les faits qui rentrent dans notre sujet.

envoya un exprès à Dole prévenir le comte de Champlitte et le fit venir à sa rencontre avec toute sa cavalerie. Dans la nuit du 21 au 22 août on fit transporter devant Rochefort une couleuvrine et quelques pièces d'artillerie, puis le même jour, 22 août, le connétable passa l'Ognon à un moulin près de Pesmes (le moulin Boussard, près duquel était un gué), et se mit en marche pour Rochefort, dont il s'empara et fit démolir le château.

Le 25 août le connétable fit partir de Dole l'autre grande couleuvrine, qu'il dirigea sur Pesmes ; il donna aussi l'ordre d'y conduire de Gray les deux pièces de canon qu'il avait prises à Vesoul sur Tremblecourt. Arrivé le 30 août devant Pesmes occupé alors par 400 français environ il somma la garnison de se rendre. Celle-ci n'ayant pas obtempéré à la sommation, D. Vélasco fit approcher et dresser sa batterie du côté de la porte « par laquelle on sort pour aller à Gray » (porte Mourey) et fit en quelques heures une brèche par où cinquante hommes pouvaient entrer de front. Cependant comme la maison de MM. d'Andelot, « une fort belle et grosse maison de pierre » servait encore à l'ennemi pour défendre la brèche, le connétable y fit tirer cinquante à soixante coups de canon qui la rompirent et la démolirent de ce côté. Il était sur le point de donner l'assaut lorsque l'ennemi demanda à parlementer. Il lui accorda l'autorisation de sortir avec armes et bagages et donna aux soldats français une escorte pour les conduire jusqu'à Auxonne. Cette générosité excita des murmures dans le pays, car il était d'usage que dans les villes où on trouvait de la résistance et où il fallait employer le canon, on faisait mourir celui qui défendait la ville (1) D. Vélasco mit en garnison à Pesmes quelques espagnols qui y causèrent de grands dommages.

---

(1) Dans cette circonstance D. Vélasco donna un exemple d'humanité pour lequel il mérite des éloges.

Peu de temps après la reprise de Pesmes sur les Français, le lundi 18 septembre, le connétable partit de Dole et fit marcher toute son armée contre Lons-le-Saunier; il envoya alors chercher à Pesmes la couleuvrine de Dole qu'il y avait laissée. Il donna plus tard aux Salinois comme preuve de son estime « deux canons qui étaient déposés l'un au château de Bletterans et l'autre au château de Pesmes ».

Pendant qu'Henri IV faisait en Franche-Comté une guerre victorieuse, ses armées éprouvaient dans les Pays-Bas des revers qui l'obligèrent à y concentrer ses troupes. La campagne contre les Français se trouvait terminée, mais on craignait une nouvelle agression de leur part et on avisait aux mesures à prendre pour la défense de la province. Le 25 janvier 1596 la cour du parlement s'étant réunie pour délibérer sur la meilleure répartition de l'artillerie qui était à Lons-le-Saunier ainsi que sur l'achèvement des forteresses de Dole et de Gray, proposa au gouverneur de démolir le château de Pesmes. Le comte de Champlitte répondit : « Qu'il avait fait visiter la forterese et chasteaul de Pesmes et avoit pourveu sur ce la démolicion des boulevardz et remplaige des foussez a quoy lon debvoit commencer incontinant ». Cette démolition de la forteresse de Pesmes était une conséquence de la peu courageuse conduite de Prosper de la Baume. Peu de temps après, dans le courant d'avril 1596, Biron menaçait d'envahir de nouveau la Franche-Comté et cette menace avait jeté l'effroi à la cour et chez les habitants, car le pays était sans ressources, sans police, sans discipline ; les soldats étrangers et les soldats indigènes eux-mêmes se livraient au pillage. Cet état dura jusqu'au traité de Vervins (2 mai 1598), qui rétablit la paix entre la France et l'Espagne. Philippe II. qui sentait approcher sa dernière heure, donna la souveraineté des Pays-Bas et de la Franche-Comté à l'archiduc Albert, alors fiancé à la fille du roi, l'infante Isabelle-Claire-Eugénie, plus connue sous le nom de Dona Clara, dont le mariage eut lieu l'année suivante, et dont le nom resta très populaire en Franche-Comté (1).

Jusqu'à la ratification du traité de paix les Franc-Comtois s'organisèrent pour la défense de leur territoire ; ils ne se faisaient d'ailleurs aucune illusion sur une nouvelle invasion, qu'ils considéraient comme inévitable, la France désirant s'annexer leur belle province. Le château de Pesmes n'était ni démoli ni désarmé et le capitaine qui le commandait recevait l'ordre de s'y défendre si l'ennemi s'y présentait. Voici la lettre que cet officier écrivait à cet égard à la Cour du parlement le 22 juin 1598 : « Meseigneurs jay receu une lettre de Monsieur
« le comte de Champlitte par les mains de Mons<sup>r</sup> le con-
« seiller Mairot et me mande le sieur comte de permectre
« tirer lartillerie qu'a estez mise au chastault de Pesmes ce
« que je ferez a toutes heures que lon viendra la guerre
« moyennant acquis de la delivrance que je en auray faict
« a la conformitez des lettres de mond seigneur vous pou-
« vant assurer questant honorez de ses commandemans
« et des vostres me trouverez tres prest a y obeyr a venir
« comme cognoitrey me y employant saluant bien humble-
« ment voz bonne grace de mes plusque tres humbles
« respects aux bonnes graces de vos seigneuries priant
« Dieu vous avoir en sa sainte garde de Pesmes ce 22<sup>e</sup>
« jung 1598

« De vos seigneuries tres humble et tres affectionné
« serviteur de Butte ».

Philibert de la Baume, à raison de son jeune âge, ne

---

(1) Elle donna une somme de 550 francs pour l'établissement d'un couvent de capucins à Pesmes. C'est probablement à sa générosité que l'on doit aussi le beau tableau du Rosaire (style espagnol) qui orne l'église de Pesmes.

prit aucune part aux événements que nous venons de raconter. Il mourut en 1613, à l'âge de 27 ans, d'une chute à la chasse et fut inhumé dans l'église de Pesmes (1). Il n'eut de son mariage qu'une fille, Marie-Albertine de la Baume, encore enfant à la mort de son père.

(1) Le 29 janvier 1613 il présenta un chapelain pour la chapelle Sainte-Catherine en l'église paroissiale de Pesmes.

## XXVIII

### MARIE-ALBERTINE DE LA BAUME (1613-1643)

Sous la tutelle de sa mère — Celle-ci épouse en secondes noces le comte d'Embden et en troisième union son beau-frère le marquis de Saint-Martin — Marie-Albertine épouse le comte de Rietperg — Recrutement de l'armée franc-comtoise — Guerre de 10 ans — Création de postes de messagers — Le prince de Condé — La Meilleraye — Siège de Dole — Ferdinand de Rye — Destruction du château de Rigny — Les Croates — Forkatz — Occupation du château de Valay par les Croates — Forkatz bat La Meilleraye — Les troupes se réunissent à Pesmes — Levée du siège de Dole — Mort de l'archevêque — La peste — Galass échoue devant Saint-Jean-de-Losne — Le pays est livré au brigandage — Le capitaine de Raincourt — Courageuse défense des Franc-Comtois — Le marquis de Saint-Martin, gouverneur — Fière réponse de M. d'Andelot — Famine — L'armée franc-comtoise éprouve de grandes pertes — Pesmes se rend au duc de Longueville — Rançon — La garnison française de Pesmes tuée par les Liégeois — Le duc de Saxe-Weymar — Villeroi fait faucher les blés en vert — Le marquis de Saint-Martin lui envoie un cartel — Diversion en Bresse — Mort du marquis de Saint-Martin — Le comte de Bussolin — Mort du comte de Rietperg — Sa veuve se remarie avec Charles-François de la Baume, son cousin.— Mort de Richelieu — Mort de Louis XIII — Traité avec Mazarin.

Marie-Albertine de la Baume recueillit la succession de son père sous la tutelle de Lamberte de Ligne, sa mère. Celle-ci épousa en secondes noces le comte d'Embden, capitaine des gardes de l'archiduc Albert et gouverneur de Luxembourg, dont elle n'eut pas d'enfants. Devenue veuve de ce second mari, sage et riche, elle fut de nouveau recherchée en mariage par le marquis de Saint-Martin, son beau-frère. Une dispense du pape étant nécessaire pour la réalisation de ce projet, le mariage ne put avoir lieu qu'après plusieurs années et « les ans utiles de « cette dame pour avoir enfans s'estoient cependant escou- « lez » (1).

Marie-Albertine de la Baume épousa Ernest-Christo-

---
(1) GIRARDOT DE NOSEROY. HISTOIRE DE DIX ANS DE LA FRANCHE-COMTÉ DE BOURGOGNE.

phe comte de Rietperg et d'Ostfrise, maréchal de camp des armées impériales. Cette union n'eut lieu qu'après le 1ᵉʳ novembre 1620 puisqu'à cette époque Lamberte de Ligne, agissant en qualité de tutrice de sa fille, donna le dénombrement de la seigneurie de Pesmes, Broye, Malans et autres fiefs lui appartenant (1).

Avant de commencer le récit de la guerre de dix ans si funeste pour la Franche-Comté, il nous paraît utile de faire connaître de quelle manière s'opérait le recrutement de l'armée franc-comtoise, notamment pour ce qui concerne la seigneurie de Pesmes. Le contingent était fourni en partie par les seigneurs selon l'importance de leurs fiefs, et par les communautés proportionnellement au nombre de feux de chacune d'elles. En 1614, au moment où une enfant tenait la seigneurie de Pesmes, un répartement eut lieu en Franche-Comté pour la formation de la milice (2). Ce répartement nous apprend que le fief de Pesmes, évalué à 2.000 francs de revenus, devait fournir 2 chevau-légers ; Bard, tenu par Georges de Genève, évalué à 700 francs de revenus, un chev.-leg ; Balançon, tenu par le marquis de Varambon, évalué à 2.000 francs de revenus, 2 chev.-leg. ; Ougney, tenu par le même, évalué à 1.100 francs, un chev.-leg. ; Montrambert et Chassey, tenus par Maximilien Charton, 1050 francs de revenus, un chev.-leg. ; Malans, tenu par le conseiller Berreur, 400 francs de revenus, 1 chev.-leg; Valay, tenu par Pierre

---

(1) Pièces justificatives XXXII.
(2) L'organisation militaire de la Franche-Comté comprenait trois régiments de *gens de pied* : le régiment du bailliage d'Amont (12 compagnies) ; celui du bailliage d'Aval (10 compagnies), et celui du bailliage de Dole (6 compagnies). Une compagnie était de 200 hommes de pied et de 10 chevaux, ce qui faisait en tout 5.600 hommes d'infanterie et 280 cavaliers.
Dans chaque compagnie l'armement était ainsi réglé : 50 piques, 10 hallebardes, 40 mousquets, 100 arquebuses. Le gouverneur de la province choisissait les trois colonels et ceux-ci choisissaient les capitaines, enseignes et autres officiers. Les communautés devaient choisir les sujets les plus robustes, propres et idoines à faire le service ; ceux qui étaient ainsi choisis s'appelaient les *eslus*.
(DETROYES. LA FRANCHE-COMTÉ DE BOURGOGNE SOUS LES PRINCES ESPAGNOLS DE LA MAISON D'AUTRICHE).

Mairot, 840 francs de revenus, un chev.-leg. ; Motey et Chancey, tenus par le vicomte de Tavannes, 500 francs de revenus, un chev.-lég. ; Tromarey, tenu par Jean d'Andelot, 260 francs de revenus, un chev.-leg.

En ce qui concerne le contingent assigné aux communautés eu égard au nombre de leurs feux, Pesmes, qui faisait partie de la 2ᵉ compagnie du ressort de Gray et qui possédait 250 feux, devait fournir 2 chev.-lég., 2 arquebusiers à cheval, 2 hallebardiers, 2 piques, 2 mousquets et 2 arquebusiers à pied (1). C'est avec cette organisation que s'engagea la guerre de dix ans.

Le traité de Vervins avait restitué la Franche-Comté à l'Espagne, mais Richelieu, qui poursuivait avec acharnement l'abaissement de la maison d'Autriche et de l'Espagne son alliée, n'attendait qu'un prétexte pour se jeter sur la Franche-Comté. Au printemps de 1635 un des régiments que le comté de Bourgogne fournissait à l'Espagne, se trouva avec le duc de Lorraine lorsqu'il chassa de Porrentruy les troupes françaises dirigées sur l'Alsace. Richelieu vit dans ce fait une violation de la neutralité. Les Comtois durent alors se préparer à la guerre, qui leur fut officiellement déclarée le 26 mai 1636.

(1) 1ʳᵉ compagnie du ressort de Gray.

| | | | |
|---|---|---|---|
| Monseugny | 12 | feux fournira | 1 arquebusier. |
| Chancey | 60 | id. | 1 mousquet, 2 piques, 1 arquebusier. |
| Malans | 53 | id. | 1 mousquet, 3 arquebusiers. |
| Bard-lez-Pesmes | 34 | id. | 3 arquebusiers. |
| Bresilley | 25 | id. | 2 arquebusiers |
| Mutigney | 27 | id. | 1 pique, 1 arq. |
| Sauvigney-lez-Pesmes | 32 | id. | 1 pique, 1 mousquet. |
| Aubigney | 25 | id. | 2 arquebuses. |
| Grande-Résie | 22 | id. | 2 arquebuses. |
| Chevigney-lez-Vadans | 25 | id. | 2 arquebuses. |
| Vadans | 20 | id. | 1 mousquet, 1 pique. |
| Sornay | 28 | id. | 1 pique, 1 arquebuse. |
| Cult | 37 | id. | 3 arq. |
| Venère | 58 | id. | 1 pique, 1 mousquet, 1 arqueb. |
| Avrigney | 100 | id. | 2 hallebardes, 2 piques, 3 arqueb. |
| Chaumercenne | 63 | id. | 1 hallebarde, 2 piques, 1 arqueb. |
| Motey-sur-l'Ognon | 23 | id. | 2 arquebuses. |
| Montagney | 68 | id. | 2 piques, 3 arquebusiers. |
| Valay | 82 | id. | 3 p., 1 hallebarde, 1 mousq., 3 arq. |
| Broye-lez-Pesmes | 113 | id. | 1 p., 1 hallebarde, 1 mousq., 2 arq. |

Le parlement de Dole fut chargé d'organiser la défense de la province et s'acquitta de ce soin avec la plus grande activité. L'armée comtoise fut portée à 6.000 hommes formée de 30 compagnies ; on la divisa en trois corps d'armée ou légions : la légion du bailliage d'Amont eut pour commandant M. d'Andelot-Chevigney ; celle du bailliage d'Aval, le sire de Poitiers, et celle du bailliage de Dole le sieur de Cléron-Voisey ; le chef de la cavalerie était Gérard de Joux, dit de Watteville, marquis de Conflans. On convoqua en outre l'arrière-ban et l'on ordonna que tous les hommes de 18 à 60 ans, qui déjà avaient porté les armes, se tiendraient prêts à marcher. Outre les troupes régulières, il se forma des corps francs qui rendirent de grands services à leur pays.

La guerre exige que les ordres arrivent promptement à leurs destinations ; souvent le succès dépend de l'habileté avec laquelle s'exécute une manœuvre commandée. Jusqu'à la guerre de 1636 les dépêches adressées de chaque point de la province au parlement et *vice versa* étaient portées par des courriers qui devaient les remettre à leurs destinataires. Ce système avait des lenteurs regrettables. Pour achever les travaux des fortifications de Gray, le parlement avait délégué le conseiller Louis Petrey de Champvans ; celui-ci pour faciliter ses relations avec Dole établit à Pesmes un poste de messagers toujours prêts à partir. Cette institution plus sûre, plus prompte et moins coûteuse que les courriers fut reconnue si utile que bientôt le parlement ordonna l'établissement de pareils relais en d'autres localités. Ce service de dépêches était fait par des courriers à cheval qui se relayaient, et les communautés où les postes étaient établis devaient y pourvoir. Voici les ordres que le parlement donna à cet effet : « Il est besoing
« d'avoir promptement par la poste les nouvelles qui nous
« viendront du costel de Jonvelle. Les courriers exprès
« nous coustent trop cher. Nous vous prions d'establir a

« moindre frais, a Fleurey ou Lavigney, les mêmes dis-
« positions que vous avez desjà establies a Pesmes, afin
« qu'il y ait tousjours un messager prest a porter en dili-
« gence les lettres qui nous viendront de ceste frontière
« ou que nous y envoyerons. De quoy vous donnerez advis,
« s'il vous plaist, aux sieurs de Mandre (1) et de Rau-
« court (2) afin qu'ils se servent de ceste commodité. 17
« mai 1636 ».

Quelques jours après la déclaration de guerre, sur la fin du mois de mai, l'armée française, sous les ordres du prince de Condé, passa la Saône avec 30.000 hommes et entra en Franche-Comté. Le cardinal de Richelieu avait désigné en qualité de grand maître de l'artillerie, son cousin La Meilleraye, qui s'empara de Pesmes. Le 28 mai, Condé était devant Dole et le lendemain il s'établissait à Saint-Ylie, d'où il dirigea le mémorable siège de Dole. Le vénérable archevêque de Besançon, Ferdinand de Rye, malgré ses 80 ans, vint s'enfermer dans la ville en promettant aux Dolois de vivre ou de mourir avec eux.

Plus heureuse que celle de Pesmes, la ville de Gray était restée au pouvoir de l'armée franc-comtoise. Un français, Longueval, commandait le château de Rigny, où la garnison de Gray alla l'assiéger et brûla le village. Longueval se croyant abandonné capitula et le château fut détruit. Cependant Condé lui avait envoyé un secours de de 1200 chevaux, mais cette troupe fut dispersée en arrivant près de Gray et elle reprit le chemin de Pesmes sans avoir pu remplir sa mission.

Le prince de Condé poussait activement le siège tandis que les Dolois sollicitaient des secours du roi de Hongrie et du duc de Lorraine. Le roi de Hongrie envoya 2.500 chevaux, allemands et croates, sous la conduite de Lamboy,

---

(1) Le capitaine de Mandre (Herman François) dit le Jeune, seigneur de Montureux-lez-Gray.
(2) Le capitaine Grachaut, sr de Raucourt.

ayant sous ses ordres les colonels Forkatz et Isolani. De son côté, Charles de Lorraine amenait 3.000 chevaux et 800 hommes par Jonvelle et Jussey. Mais les assiégés étaient dans une situation très critique. Pétrey conseilla de faire une diversion et d'attaquer les assiégeants en occupant un poste sûr dans les environs. Ils résolurent d'occuper Marnay, d'où ils pourraient inquiéter l'ennemi. De sérieuses objections s'étant élevées contre ce poste, qui ne paraissait pas assez avantageux, Champvans proposa celui de Pesmes, que les Français avaient abandonné en apprenant qu'un détachement venait de Gray pour les assiéger. Une vive discussion s'éleva à ce sujet ; Mora et Varadiso refusèrent de s'y rendre et par esprit de conciliation ils promirent enfin d'y venir après avoir mis leurs étendards et leurs bagages à Gray. De Gray on fit reconnaître la position de Pesmes par les sieurs de Mandre, commissaire de cavalerie, Champvans, Merey et Forkatz ; on la trouva plus défectueuse encore que celle de Marnay, et alors toute la cavalerie se retira à Apremont, l'infanterie bourguignonne à Gray-la-Ville, les Allemands en la prairie de Gray, et Forkatz avec ses croates prit position à Valay.

De son poste de Valay Forkatz parcourait les campagnes voisines, prenant et tuant les fourrageurs ennemis, que l'on était obligé de faire soutenir, deux fois par semaine, par une escorte de 1.000 chevaux. La Meilleraye, pour se débarrasser d'un ennemi qui entravait ses desseins, résolut d'enlever le poste de Forkatz, éloigné de tous les autres. A cet effet, le 6 août 1636, il partit à minuit avec la plus grande partie de la cavalerie française et par une marche forcée tomba sur Forkatz à l'aurore. Prévenu par ses sentinelles, celui-ci fit sauver ses étendards et ses bagages et alla à la rencontre de l'ennemi ; quand il jugea que ses étendards étaient en sûreté, il tourna bride et se sauva. La Meilleraye le poursuivit vivement, mais comme ses chevaux étaient fatigués, les rangs se rompirent, les chevaux les plus vigoureux allant en avant et les autres arrivant à la débandade à des intervalles plus ou moins éloignés selon leurs forces. Forkatz, qui s'aperçoit de ce désordre, se retourne, d'un coup de sifflet rassemble ses croates et tous chargent les Français, le sabre à la main, exécutent les premiers cavaliers, qu'ils rejettent sur les autres, mettent les Français en fuite et les poursuivent l'épée dans les reins jusqu'à la rivière de l'Ognon, dans le gué de laquelle Forkatz tue un colonel français, blesse La Meilleraye et lui enlève son valet de chambre. Il ne passa pas la rivière à la suite de la cavalerie française, parce que La Meilleraye avait laissé de l'autre côté des forces suffisantes pour assurer sa retraite (1). Malgré son succès, Forkatz ne jugea pas prudent de rester à Valay, et se retira au château de Chantonnay.

Le duc de Lorraine arriva enfin avec les secours que l'on attendait. Il rallia à Pesmes tous les contingents destinés à secourir Dole (12 août 1636). Le marquis de Conflans réunit sa cavalerie à l'armée du duc et les deux corps formant ensemble un effectif de 16.000 hommes se mirent en marche sur Dole. Dans la matinée du 14 août elles se formèrent en ordre de bataille sur les hauteurs entre Authume et Rochefort, mais Condé leva le siège pendant la nuit, et le lendemain, jour de l'Assomption, le duc de Lorraine entra à Dole.

Le gouverneur, Ferdinand de Rye, accablé par les ans et la fatigue voulut se faire conduire à sa campagne (Château Vieux), mais la maladie l'obligea à s'arrêter à Fraisans, où il mourut (août 1636) entre les bras de ses chapelains. Le parlement reçut alors l'autorisation de continuer le gouvernement.

---

(1) Bien que l'endroit où les Français passèrent l'Ognon après le combat de Valay ne soit pas désigné d'une manière spéciale, il est à présumer que c'est près de l'abbaye d'Acey, car ils étaient alors en possession du château de Balançon, que les Bourguignons reprirent quelques jours après.

Malgré l'héroïque défense de Dole l'année 1636 ne fut pas heureuse pour la Franche-Comté, dont plusieurs villes tombèrent au pouvoir de l'ennemi. La peste s'ajoutant à la guerre avait fait de terribles ravages. Il ne restait à la Cour que Boyvin de valide avec quatre conseillers malades ou barrés. A la fin d'octobre la cour se sauva à Salins et y resta jusqu'à la fin de novembre. Une armée impériale commandée par Galass, atteinte elle-même de la peste, était devant Champlitte le 19 septembre ; on attendait encore l'armée du marquis de Bade, appartenant au roi d'Espagne et commandée par le marquis de Saint-Martin, dont on espérait la délivrance du pays. Le 18 octobre le marquis de Saint-Martin rejoignit l'armée impériale et il fut décidé qu'on marcherait sur Dijon. Les armées alliées bloquèrent Saint-Jean-de-Losne et y subirent un échec qui les obligea à se replier sur la Franche-Comté. Harcelé par l'ennemi, dans un pays couvert d'eau, Galass repassa la Saône au pont d'Apremont, fit camper ses troupes entre la Saône et l'Ognon, où elles commirent d'affreux brigandages. « Galass se plaint de quelques villageois que l'on dit avoir tué quelques soldats qui les alloyent rechercher jusqu'au milieu des forêts ou ils estoient réfugiés. Or il est fort estrange que le dict comte face plainte de si peu de chose et que jusques a present il n'aye fait chastier un seul de ses soldats, qui volent, assassinent et violentent impunément par tous les quartiers de par deça. Que si ce train devait durer un mois, il n'y restera ame vivante en tous les villages du voysinage » (1). Toutes ces troupes allemandes et lorraines qu'on avait fait venir au secours de la Franche-Comté se conduisaient en ennemies, brûlant les villages, tuant les habitants et violant les femmes. La cour était impuissante à réprimer leur brigandage, les

---

(1) Lettre du conseiller Buson à la cour. Besançon 29 novembre.
Les noms de Forkatz et Galass sont restés en Franche-Comté synonymes de brigands.

chefs de ces bandits toléraient tous ces méfaits, s'ils ne les encourageaient pas (1).

La nouvelle de la retraite de Galass jeta le pays dans la stupeur. Le parlement prit immédiatement les mesures nécessitées par les circonstances et mit des garnisons dans les lieux menacés. Parmi les valeureux capitaines qui avaient concourru à la défense de la Franche-Comté se trouvait Christophe-Louis de Raincourt, s<sup>r</sup> de Bremondans et Fallon en partie. Il s'était enfermé dans la ville de Lons-le-Saunier, dont le duc de Longueville faisait le siège et s'y était maintenu jusqu'à la dernière extrémité. C'est

---

(1) On trouve aux archives de Pesmes divers mandats constatant que ces alliés étaient à la solde de la province : mandat de paiement de 8 pistoles 1/2 pour la nourriture et l'entretien du colonel de Cocqueron pendant huit jours (1636) ; rôle du paiement de 8 gros par jour et par chaque soldat du régiment allemand du baron de Cocqueron logé dans des maisons dont les propriétaires ont quitté la ville. (Ce régiment a occupé Pesmes en différentes fois et notamment du 21 janvier au 21 mars 1637). Mandat de paiement de 40 pistoles à titre de reconnaissance au colonel de Cocqueron, plus 30 pistoles pour sa nourriture et ses dépenses pendant 8 jours (25 juin 1637). Autres mandats de paiement : 30 pistoles au colonel de Cocqueron pour sa nourriture pendant 8 jours ; de 6 pistoles à un capitaine logé chez M. de Valay ; 30 autres pistoles pour la nourriture et l'entretien du colonel de Cocqueron pendant 8 jours ; pour les capitaines au nombre de dix, à raison de 4 pistoles par capitaine et pour 8 jours ; pour des lieutenants au nombre de dix, à raison de 2 pistoles par lieutenant ; pour des enseignes aussi au nombre de dix à raison de une pistole par enseigne (13 janvier 1637) ; 300 fr. au lieutenant-colonel pour sa sortie de Pesmes (21 mars 1637) ; délivrance de 2 mesures d'avoine au capitaine Perceval en garnison à Pesmes avec une compagnie de 100 hommes d'infanterie (5 avril 1637). Mémoire des journées employées par le procureur fiscal de Pesmes pour aller chercher de l'argent à Dole et à Salins et le distribuer aux soldats de la compagnie de la chatelaine en quartier à Pesmes (1636-1637). (Arch. de Pesmes JJ 4).

Par ordre des États de la province, il a été remboursé à la ville de Pesmes une somme de 1280 fr. pour le logement du régiment du colonel Cocqueron. Le parlement a ordonné de nourrir et fournir de munitions le capitaine de Perceval envoyé à Pesmes pour garder la place et avertir le mestre de camp de la Verne du mouvement de l'ennemi. (Arch. de Pesmes EE 3).

Toutes ces charges étaient écrasantes pour la ville, déjà bien endettée. Le 2 mars 1632, pour faire face aux dépenses occasionnées par la peste, elle avait contracté un emprunt de 600 liv. produisant 42 fr. de rente annuelle et perpétuelle, de dame Denyse Franchot, veuve de noble Antoine Bereur, docteur es-droits et conseiller au parlement de Dole. La créancière a versé cette somme « en pistoles, patagons, quarts d'escus, pièces de 4 gros et carolus ». La petite-fille d'Antoine Bereur, Denyse Bereur, entra en religion au couvent des Carmélites de Dole, sous le nom de sœur Marie-Louise de Jésus et reçut à cette occasion de son père, Claude Bereur, le dernier jour de janvier 1639, diverses sommes au nombre desquelles était la rente de 42 fr. due par la communauté de Pesmes. Le titre constitutif en fut remis à la supérieure du couvent, la Révérende mère Thérèse de Jésus, née Jeanne Bereur, qui, en 1644, fonda le couvent des Carmélites de Gray, auquel elle transmit ce même titre de rente. Elle était elle-même la sœur du capitaine Bereur qui, en 1614, avait fondé le couvent des Carmélites de Dole.

sur lui que la Cour jeta les yeux pour occuper et défendre la place de Pesmes. Il était alors en quartier dans la Franche-Montagne, où le parlement lui adressa, le 14 novembre 1636, la lettre suivante :

« Monsieur de Raincourt. Il y va bien avant du service du
« roi et de la province que promptement et aussitôt ceste reçue,
« vous passiez avec tout votre régiment du coté de Dole prenant
« votre marche au plus droit et avec le moins de foule que
« pourrez des lieux et villages ou vous passerez, pour jetter
« 200 hommes dans Gray, 200 dans Dole et vous loger avec le
« surplus de vos troupes dans Pesmes pour garder ce poste,
« vous en avez les ordres ci joints, ausquels nous comptons que
« ne fauterez a vous conformer ; ce que temoignerez en ce
« particulier comme en toutes autres occasions, votre affection
« au service de sa majesté comte du Pays. En ceste attente nous
« prions Dieu qu'il vous ait en sa sainte protection. A Salins le
« 12 novembre 1636. Les vice-président et gens tenant la cour
« souveraine du parlement à Dole commis au gouvernement du
« comté de Bourgogne

« Par ordonnance, D'ESTERNOZ.

[« P. S. Vous ne permettrez l'entrée dudit Pesmes à aucunes « troupes sans nos ordres » (1).

L'année 1637 s'annonçait comme devant être plus terrible encore que la précédente ; mais partout les Comtois firent preuve du plus grand courage, et tous, même les femmes, bravèrent la mort pour défendre leur indépendance. C'est ainsi qu'on vit la comtesse de Saint-Amour se mettre résolument à la tête des bourgeois et tenir en échec le duc de Longueville pendant une semaine devant Saint-Amour (mars 1637) (2). Déjà en mai 1636 on avait vu à Gray Madame d'Andelot travailler elle-même aux fortifications de la ville et donner à tous l'exemple du dévouement à la patrie.

Changeant de tactique militaire, au lieu de chercher à s'emparer des grandes villes, Richelieu faisait prendre les

---

(1) ABBÉ GUILLAUME. HISTOIRE DE SALINS , p. 335.
(2) ROUGEBIEF, p. 507.

petites places et y installait des garnisons françaises. Pour s'opposer aux projets de l'ennemi on sentit le besoin de nommer un gouverneur en remplacement de Ferdinand de Rye. Le marquis de Casteigneda écrivit dans ce sens à la cour et au marquis de Saint-Martin ; sa lettre à ce dernier se terminait ainsi : « Que le roy donnerait à la Bourgogne un gouverneur qui parlerait hors de ses dens ». Ce gouverneur fut le marquis de Saint-Martin lui-même, qui, le 20 mars 1637, prêta serment en cette qualité devant la cour, dont il fut bien accueilli, étant déjà gouverneur de Dole (1).

En même temps que le duc de Longueville envahissait la Franche-Comté par le bailliage d'Aval (mars 1637), Grancey s'avançait sur Besançon ainsi que le duc Bernard de Saxe-Weymar. Les Français et les Suédois réunis après avoir pris d'assaut la ville de Champlitte s'emparèrent des châteaux de Seveux, de Vellexon et de Veset, battant partout l'armée comtoise. D'Andelot alors gouverneur de Gray en instruisit le parlement. Les généraux ennemis étaient restés à Champlitte, d'où le duc de Saxe envoya sommer d'Andelot de se rendre (22 juin 1637) et en tout cas, lui disait-il, préparez-moi à dîner, car j'irai bientôt vous voir. « Le festin est tout prêt, répondit bravement le gouverneur, et je vous ferai manger d'une viande si dure qu'après en avoir tâté vous perdrez le goût du pain ». Cette fière réponse découragea le duc, qui alla rejoindre son armée (2). Pendant ce temps les Suédois (3) prenaient Autrey, Choye, Gy, Citey, Saint-Loup, Chantonnay, Moncley et Marnay. Ayant échoué devant Besançon ils quittèrent ce pays au mois de juillet et se retirèrent en Alsace (4).

---

(1) Jean-Baptiste de la Baume, marquis de Saint-Martin, fils d'Antoine de la Baume, seigneur de Pesmes.
(2) M. d'Andelot, gouverneur de Gray, avait son habitation à Pesmes.
(3) Cette armée était ainsi appelée parce que le duc Bernard qui la commandait s'était mis au service du roi de Suède, Gustave Adolphe, ennemi de la maison d'Autriche, mais elle ne se composait guère que de soldats allemands.
(4) ROUGEBIEF, p. 510.

Dans les deux partis on se livrait à la dévastation et au brigandage. La guerre et la peste avaient dépeuplé la province, où il n'existait plus de bétail ; les champs ne furent pas ensemencés, on vivait de l'herbe des jardins ; on mangeait les bêtes jetées mortes à la voirie. Bientôt les soldats mangèrent leurs camarades tués sur les champs de bataille...! (1). Le désordre était à son comble. Dans l'impossibilité d'y apporter un remède efficace, le marquis de Saint-Martin, dans le courant du mois de novembre 1637, convoqua les états à Dole afin d'aviser au moyen de rétablir la sûreté des chemins, la liberté du commerce et la culture des terres. Il fallait aussi rétablir la discipline dans l'armée pour faire face aux nombreux ennemis qui s'abattaient sur la province. Malgré les mesures prises par le gouverneur le transport des denrées ne se faisait qu'avec de grandes difficultés ; il fallait faire escorter les convois par des forces suffisantes pour en empêcher le pillage (2).

La ville de Pesmes était constamment menacée ; on y vivait dans une inquiétude perplexe ; à chaque instant, on croyait voir arriver l'ennemi. Dans ces circonstances critiques il se trouva quelques jeunes gens assez mal avisés pour augmenter encore la frayeur des habitants en simulant pendant la nuit une attaque contre la place. Le capitaine qui y commandait en rendit compte à la Cour en ces termes : « Messeigneurs. Dimanche 27 du courant certains
« jeunes hommes de ce lieu nous donnèrent nuitamment
« une si forte attacque que nous ne doubtions gueres que
« ce ne fut l'ennemy estant venu par le dehors attacquer
« nos sentinelles a coups d'arquebuses. Il ne me manque
« aulcun moyen de chastier cest insolence que l'authorité
« laquelle me defaillant j'ay creu estre obligé de recourir a
« V. SS. et les supplier bien humblement vouloir y appor-

---

(1) GIRARDOT DE NOSEROY, p. 211 et suiv.
(2) LE CULTE A PESMES, p. 240.

« ter tel remède qu'elles jugeront. Pesmes ce 29 decembre
« 1637 ».

L'année 1637 se terminait dans les plus mauvaises conditions ; l'année 1638 devait être pour Pesmes plus funeste encore. Dès le commencement de l'année le roi d'Espagne nomma Charles IV, duc de Lorraine, gouverneur suprême de la Franche-Comté, et le marquis de Saint-Martin avec le titre de maréchal de Bourgogne. Le duc de Longueville battit Charles de Lorraine près de Poligny et s'empara ensuite de cette ville, dont il ordonna la destruction. Il alla prendre le château de Vadans puis s'empara de Chaussin et de Rahon, où il fit pendre Dusillet qui commandait cette forteresse. Il fit le siège de Salins, qu'il dut abandonner malgré les secours que lui amena le marquis de Villeroi. Celui-ci s'étant replié sur Dole employa son armée à faucher 300 ou 400 arpents de blés encore verts, et il aurait poussé plus loin cet acte de sauvagerie si la garnison de Dole ne l'eut forcé à s'éloigner (1).

L'armée française sous les ordres du duc de Longueville était campée entre Sampans et Saint-Vivan. De là, Longueville alla investir le château de Chevigney pendant que quelques-uns de ses soldats, cavalerie et infanterie, allaient brûler le château de Moissey. Le chevalier de Mongin, qui commandait le château de Chevigney, se trouvant dans l'impossibilité de résister à un assaut capitula à certaines conditions qui paraissent n'avoir pas été observées par le vainqueur.

Le duc de Longueville se dirigea alors sur Pesmes, que le parlement avait déjà prévenu ; il investit la place le 3 août 1638. Hors d'état de soutenir un siège, la ville se rendit aux conditions suivantes :

« Les gens de guerre tant de la ville que du chasteau
« sortiront demain 4 aost a 6 heures du matin tambour

---

(1) ROUGEBIEF, p. 510 et suiv.

« battant enseignes déployées avec armes et bagages qui
« sera porté sur ung charryot et conduit avec une escorte
« sans emporter aultre munition de guerre que leurs ban-
« doulières fermées

« La vie sera sauve aux habitants et l'honneur aux
« femmes

« Fait au camp devant Pesmes le 3 aost 1638

« (Signé) Henry d'Orléans, Maire, P. Mairot, Dava-
« dan, Mol et par son Altesse Bolanger ».

Les malheureux Pesmois n'avaient pu obtenir que leur ville ne fut pas brûlée et elle devait subir le sort de Chevigney et de Moissey. Cependant le duc de Longueville consentit après la reddition de la place à ne pas procéder à sa destruction et à son embrasement moyennant une rançon qu'il fixa à 3.000 francs. Pour s'assurer le paiement de cette somme, il prit un certain nombre d'otages qu'il retint prisonniers. En se cotisant, tous les habitants de Pesmes ne purent fournir cette somme, tellement la misère était grande et ils durent recourir à un emprunt. Cet emprunt eut lieu dans des conditions particulières que nous devons faire connaître : les échevins s'emparèrent d'abord d'une somme de 1.500 francs qu'ils prirent dans un coffre appartenant au sieur Mol, de Pesmes, alors à Dole et la donnèrent en à-compte à leur vainqueur, qui exigea les 1.500 autres francs formant la totalité de la rançon dans un délai de vingt-quatre heures avec menace que passé ce délai, la ville serait brûlée et les prisonniers maltraités. On ne put trouver à emprunter cette somme. Les bourgeois et habitants de la ville présentèrent alors (13 août) une requête à la Cour, accompagnée d'une lettre des prisonniers, en lui exposant la situation et demandant à être autorisés à prendre encore 1.000 francs qui se trouvaient dans le coffre du sieur Mol, ou bien à prendre les 1.500 francs restant dus, plus une certaine somme pour les frais dans la succession du sieur Philippe (ou Philibert) Ancey, coéchevin de Pesmes, mort à Gray depuis quelques jours, laissant des sommes assez importantes.

Par son ordonnance ou arrêt du 14 août 1638, la Cour décida qu'il serait pris à l'effet de la requête sur l'hoirie du sieur Ancey, au lieu de Gray où il était décédé, la somme de 1.600 francs « en espèces d'or ou de quarts d'escus s'il « s'en treuve pour estre employez au paiement du reste de « la rançon cy mentionnée et pour empescher l'embrase- « ment de la ville dud Pesmes et aux frais nécessaires « pour le port d'icelles à charge de deans trois mois pro- « chains rendre lad somme aux héritiers dud Ancey avec « interest à cinq pour cent ». La Cour affecta les biens communaux de la ville, ceux des prisonniers et toutes les maisons de Pesmes à la garantie de cet emprunt.

Le remboursement de ces diverses sommes se fit longtemps attendre. Au mois d'avril 1655, Marguerite Mairot, veuve de Philibert Ancey, avait obtenu de la Cour une condamnation s'élevant à 1.300 francs de capital, avec intérêts depuis l'année 1645, sur la communauté de Pesmes. Cette sentence n'ayant pas reçu son exécution, la créancière s'adressa de nouveau à la Cour qui, par son arrêt du 15 septembre 1655, ordonna aux échevins de Pesmes de faire, dans un délai de trois semaines, un répartement ou jet sur la communauté pour payer entièrement la veuve Ancey, et dit qu'à défaut celle-ci pourra se pourvoir sur les biens personnels des échevins.

Malgré cette décision la ville obtint de nouveaux délais et Marguerite Mairot décéda sans avoir recouvré sa créance. Après sa mort ses biens et son obligation sur la ville de Pesmes ayant été vendus judiciairement, sa créance fut achetée par Pierre Grignet, Antoine Basquet, Étienne Grignet et Louis Provide. Ce n'est que par sa délibération du 21 septembre 1673, après trente-cinq ans, que le Conseil de la commune autorisa les échevins à contracter un emprunt pour désintéresser les créanciers. La dette Mol avait été réglée en 1671 (1).

Le duc de Longueville était encore le 14 août en son camp devant Pesmes, où il reçut la rançon de la ville. Voici quelle était alors la situation de l'ennemi d'après le récit d'un personnage de Pesmes qui affirme « que hier
« treizième sur les neuf a dix heures avant midy il vit arri-
« ver au camp devant Pesmes six pièces de canons qui
« passèrent l'eau au guet du moulin Boussard, auculnes
« desquelles pieces estoient tirées par vingt quatre che-
« vaux et les aultres par huit et dix chevaux Et qu'a l'ar-
« rivée dudit canon fut faite une grande salve par les sol-
« dats françois et tesmoigne par tout le camp ung grand
« contentement. Il assure de plus que le bruit cour au camp
« de l'ennemy qu'a cause de la reprise du chateau de
« Vadans lon doibt aller prendre et brusler le chasteau de
« Balançon et d'Ougney puis tirer contre Aultrey et de là a
« Champlite ne sachant en quel endroit ledit ennemy entend
« passer la Saone. Il adjoute que d'aultres dient audit
« camp qu'apres que ledit ennemy aura heu quelque ren-
« fort de gens qu'il attend l'on marchera du costel de Gray.
« Il assure encoires qu'il scait que l'ennemy n'est aulcune-
« ment retranché devant Pesmes n'ayant esté fait aulcune
« ouverture de terre si ce n'est autour des moindres canons
« qui y furent conduits au commencement et qui sont
« logez en ung endroit dit à parcs (2). Que aux dits enne-
« mys arrivèrent mercredy dernier onzième du courant
« quatre cents chevaux de remfort conduits par ung lie-
« geois et quatre compagnies d'infanterie qui peuvent faire
« au plus cent cinquante hommes. Que l'infanterie de l'en-
« nemy est fort *disbale* en mourant quantité tous les jours,

---

(1) Archives de Pesmes.
(2) Parc. C'est encore ainsi qu'on désigne ce lieu. Il y a quelques années, en faisant exécuter dans un terrain au Parc des travaux d'assainissement l'auteur découvrit, à une profondeur de 40 à 50 centimètres, des pièces de harnais et notamment un mors assez bien conservé.

« n'y pouvant avoir pour le présent guères plus de 2.500
« fantassins qui puissent combattre effectivement. Croyant
« aussi que la cavallerie n'excede pas le nombre de mil et
« cinq cens ; que les soldats n'ont pas de pain abondam-
« ment de quoy ils se plaignent et de n'avoir touché que
« neuf francs de paye pour dix mois... ».

« Du 14 d'août 1638 ».

Ainsi que l'avait dit la personne de Pesmes dont nous venons de faire connaître la narration, le duc de Longueville tenta, mais vainement, de s'emparer des châteaux de Balançon et de Chantonnay. Il repassa alors la Saône en laissant à Pesmes une faible garnison qui fut surprise par les liégeois du régiment du marquis de Saint-Martin et tuée en une heure.

L'année 1639 vit se continuer les mêmes maux et les mêmes désastres. La peste faisait d'affreux ravages. Le marquis de Saint-Martin n'avait presque plus de soldats ; sa cavalerie était réduite à un petit nombre d'hommes et de chevaux ; son infanterie se composait de trois faibles régiments, dont un de recrues.

L'implacable Richelieu rappela à son aide le duc de Saxe-Weymar, qui revint en Franche-Comté et se dirigea du côté de la montagne avec 18.000 hommes. A son approche le chapitre de Saint-Claude lui députa un de ses religieux et traita avec lui, mais ce traité fut vivement blâmé par le gouverneur et le parlement, qui firent citer les religieux ; le chapitre demanda grâce et protection. Peu de temps après, le duc de Weymar, qui a tant fait de mal à notre province, mourut de la peste à Brisach, le 18 juillet 1639, à l'âge de 36 ans. Richelieu lui donna pour successeur le marquis de Villeroi. Au mois d'août suivant le marquis de Saint-Martin reprit Noseroy et en chassa la garnison ennemie.

Le roi d'Espagne, peu satisfait du duc de Lorraine, qui n'avait pu maintenir la discipline dans son armée et dont les soldats faisaient presque autant de mal que l'ennemi, le remplaça par D. Antonio Sarmento, comte de Crescente, auquel il déféra le commandement suprême en Franche-Comté, avec pouvoir de prendre toutes les mesures qu'il jugerait nécessaires pour la défense du pays.

Pendant l'année 1638 on n'avait pu ensemencer les terres, la récolte de 1639 fut à peu près nulle. L'année 1640 fut une année de grande disette, mais l'affreuse misère qui régnait alors ne suffisait pas encore à Richelieu : il donna l'ordre à Villeroi de faire faucher les blés au moment de la floraison. Cet ordre fut mis à exécution dans le mois de juin ; Villeroi employa une partie de son armée à cette odieuse besogne, d'abord dans les environs de Dole, d'où il fut chassé par la garnison de cette ville, ensuite à Pesmes, dont les malheureux habitants virent leurs récoltes anéanties, puis à Gray, d'où les vigoureuses sorties du marquis de Saint-Martin l'obligèrent à s'éloigner.

Le marquis de Saint-Martin était très chevaleresque. Indigné de voir un commandant d'armée, Villeroi, se livrer à cet acte sauvage, il le provoqua à un combat singulier. Le marquis de Villeroi connaissait trop bien son adversaire pour accepter. Il se retira.

Pour obliger les Français à quitter le pays, le marquis de Saint-Martin donna l'ordre au baron d'Arnans d'entrer en Bresse ou dans le duché de Bourgogne avec la plus grande partie de ses troupes et de brûler quelques postes importants. Le baron d'Arnans était un intrépide capitaine, prompt à l'exécution ; bientôt le bruit se répandit que la Bresse était en feu ; Villeroi fut rappelé en France pour secourir le duché et la Bresse, et débarrassa momentanément notre province. La diversion ordonnée par le gouverneur avait produit l'effet qu'il en attendait.

L'année 1641 n'amena aucune amélioration dans l'état de la Franche-Comté : les armées ennemies font réciproquement des courses sur le pays adverse, qu'elles ravagent.

C'est une véritable guerre de brigands. Les Français s'étaient rapprochés de Vesoul ; le gouverneur accourut en cette ville pour encourager les habitants, résolus à se retirer dans les bois ou à Besançon. Le marquis mit une escorte à la disposition de ceux qui voudraient prendre ce dernier parti, mais après son départ, on s'empressa de traiter avec l'ennemi. Néanmoins, les généraux français n'osèrent s'avancer plus avant parce qu'ils savaient que le gouverneur faisait de nouvelles levées d'hommes et qu'il attendait des secours.

Mais l'événement le plus funeste de cette fatale année fut la mort du marquis de Saint-Martin. Il avait pour l'infant d'Espagne, don Ferdinand, un attachement profond. La mort de ce dernier causa au marquis une si vive douleur qu'il en devint inconsolable. Bientôt il perdit l'usage de la parole tout en conservant la connaissance, et il s'éteignit à Gray le 21 décembre 1641, six semaines après la mort de l'Infant.

D'un premier mariage, le marquis de Saint-Martin avait eu un fils, le comte de Bussolin, qui prit une part très active et non sans gloire à la défense de la Franche-Comté. Ayant surpris le château de Dortans, dont il s'empara, il poussa plus avant dans le pays ennemi avec son régiment et quelques cavaliers, prit plusieurs châteaux, repoussa la cavalerie du Bugey venue à sa rencontre près du château de Martignat, qu'il attaqua et prit à la vue de l'ennemi. Ce brave jeune homme mourut de la peste à Bletterans.

L'absence d'enfants affligeait beaucoup le marquis de Saint-Martin, et l'année de sa mort le comte de Rietperg, mari de sa nièce Albertine, étant décédé sans laisser de descendants, il conçut le projet de marier sa veuve à son neveu, Charles-François de la Baume Montrevel, deuxième fils de son frère aîné. Il en fit la proposition à la marquise, qui décida sa fille à accepter l'union projetée. Albertine, petite-fille d'un prince, reçut avec réserve la proposition d'épouser un cadet de famille, mais elle finit par y consentir par condescendance pour sa mère.

Après la mort du marquis de Saint-Martin, Philippe IV nomma Claude de Bauffremont, baron de Scey-sur-Saône, gouverneur militaire du comté de Bourgogne. C'était un officier de grande valeur, d'une expérience consommée et d'un dévouement à toute épreuve. Dans le courant de l'année 1642 la guerre ne fut qu'une occupation militaire des différents postes restés au pouvoir des armées belligérantes. Le cardinal de Richelieu, auteur de tous les maux dont la province fut accablée, mourut le 4 décembre de cette année. Cette nouvelle rendit le courage aux quelques habitants qui restaient en Franche-Comté : les cultivateurs reprirent leurs charrues et ensemencèrent leurs terres. Cinq mois plus tard, le 14 mai 1643, mourait Louis XIII, laissant pour lui succéder un enfant, qui fut Louis XIV, sous la régence de sa mère, Anne d'Autriche.

Les hostilités un instant suspendues reprirent en 1644, sous le commandement de Turenne, dans le bailliage d'Amont. Embarrassée dans d'autres difficultés, la France cessa la guerre contre notre province vers le mois de juin 1644 ensuite d'un traité intervenu avec Mazarin. La Franche-Comté retrouva la paix. Mais pour donner une idée de l'état dans lequel la France l'avait laissée il suffira de citer ces quelques lignes du marquis de Montglat après la guerre de dix ans : « Tous les villages étaient brûlés, les habitants morts et la campagne tellement deshabitée qu'elle ressemblait plutôt à un désert qu'à un pays qui eut jamais été peuplé » (1).

---

(1) ROUGEBIEF, p, 522.

## XXIX

## CHARLES-FRANÇOIS DE LA BAUME (1643-1688)

Il est au service de la France — Il entre au service de l'Espagne — Mort de Marie-Albertine de la Baume — Son mari épouse en secondes noces Thérèse-Anne-Françoise de Trasignies — Les enfants de cette seconde union — Mariage de Louis XIV avec l'infante Marie-Thérèse — La dot de celle-ci — Louis XIV s'empare de la Franche-Comté — Il s'arrête et couche à Pesmes — Traité d'Aix-la-Chapelle — La Franche-Comté rendue à l'Espagne — Nouvelle guerre avec la France — Le duc de Navailles s'empare de Pesmes — Conditions de la capitulation — Navailles loge toute son armée à Pesmes — Il confisque les cloches — Louis XIV devant Besançon — Prise de Faucogney — Scènes d'horreur — Traité de Nimègue — La Franche-Comté est française — Mort de Charles-François de la Baume.

Charles-François de la Baume, né à Marboz le 10 mars 1611, second fils de Claude-François de la Baume, comte de Montrevel, eut en partage, dans le comté d'Avignon, Caromb, dont il portait le nom pendant qu'il était en France au régiment des Gardes de Louis XIII, où il était capitaine, mais dès qu'il apprit la mort du mari de sa cousine Albertine sans laisser de postérité, il s'empressa de passer au service du roi catholique au comté de Bourgogne pour l'épouser. Il fit le serment de fidélité entre les mains du baron de Scey, gouverneur de la province, puis il se rendit aux Pays-Bas où il épousa sa cousine à Bruxelles le 2 mars 1643 (1). Il entra ainsi dans les biens de sa maison au Comté et en la possession du titre de marquis de Saint-Martin, ainsi qu'au droit absolu de la baronnie de Vaudrey, qu'il gagna contre son frère le comte de Montrevel. Il n'eut d'Albertine qu'un fils, François-André de la Baume, mort

---

(1) Quelques auteurs fixent la date du mariage au 29 novembre 1642.

au berceau. Albertine étant décédée il se remaria en 1663 avec Thérèse-Anne-Françoise de Trasignies, fille d'Othon, marquis de Trasignies (1) et de Jacqueline de Lalain-Hoochstrate, dont il eut trois enfants : I. Marie-Françoise, alliée en 1684 à Claude de Damas-du-Breil, marquis d'Antigni, gouverneur de Dombes (2) ; II. Albertine-Brigitte, mariée le 4 juin 1687 à Charles de Gaucourt, seigneur de Cluys, lieutenant général au gouvernement du Berri, et III. Charles-Antoine, qui succéda à son père.

Le traité des Pyrénées (1659) avait rétabli la paix entre la France et l'Espagne, mais le roi d'Espagne, Philippe IV, mourut le 17 septembre 1665. Sa fille, Marie-Thérèse, avait épousé Louis XIV et avait renoncé, à l'occasion de son mariage, aux biens des rois d'Espagne moyennant une dot dont l'Espagne ne s'empressa pas de s'acquitter. Louis XIV songea alors à s'emparer d'une partie de la succession de son beau-père, telle que les Pays-Bas et la Franche-Comté. Le 20 mai 1667 le roi de France, avec une armée de 35.000 hommes commandée par le maréchal de Turenne, entra dans les Pays-Bas ; il n'envahit la Franche-Comté que l'hiver suivant. Le 1ᵉʳ février 1668 ses troupes franchissaient la Saône sous la conduite de Condé, fils du prince de Condé qui avait échoué devant Dole en 1636. Le général français lançait en Franche-Comté une proclamation qui sommait les habitants de se soumettre au roi de France, leur légitime souverain. Et prenant immédiatement l'offensive, Condé faisait occuper le même jour, 3 février, le poste de Rochefort près de Dole, celui de Pesmes près de Gray et celui de Marnay près de Besançon, coupant ainsi la province en deux et la mettant dans l'impossibilité de réunir ses milices.

---

(1) Trasignies portait bandé d'or et d'azur chargé d'une ombre de Lyon de sable à la bordure endentée de gueule, timbrée d'or au bourrelet de gueule surmonté de deux têtes d'enfants sur deux bâtons estoqués d'azur, emmanchés d'or et d'azur.

(2) Citation a été donnée en novembre 1684 à la communauté de Pesmes par le marquis de Saint-Martin pour droit d'aide à cause du mariage de Mˡˡᵉ de Saint-Martin, sa fille aînée, avec le marquis d'Antilly (Archives de Pesmes).

Louis XIV part lui-même de Saint-Germain le 2 février avec tout son état-major, et malgré la neige et le verglas vient à franc-étrier rejoindre Condé qui, de son côté, entre en personne en Franche-Comté le 5 février et marche sur Besançon. La trahison avait fait son œuvre : Besançon se rendit sans tirer un coup de fusil...

Le roi de France et le prince de Condé s'étaient rejoints devant Dole le 9 février ; le 13 la ville capitula et le 14 le roi y fit son entrée. Il en repartit le soir pour aller coucher au château de Foucherans, et le lendemain vint coucher à Pesmes ; de là il se dirigea le 16 sur Velet, où était établi son quartier général (1). Le 19 du même mois les portes de Gray lui furent ouvertes : la ville ne s'était pas défendue. Indigné, le maire Mongin, en présentant les clefs à Louis XIV lui adressa ces mémorables paroles bien connues : « Sire, votre conquête serait plus glorieuse si elle vous eût été disputée ». Le roi fronça le sourcil et ne resta à Gray que quelques heures. Cette conquête facile de la Franche-Comté avait été faite en quinze jours. Mais par le traité d'Aix-la-Chapelle (2 mai 1668) cette province fut rendue à l'Espagne.

Nous devons ici mentionner deux incidents qui se rattachent indirectement à notre sujet. Louis Gollut, l'historien du Comté de Bourgogne, avait laissé un fils qui, au moment de la conquête de la Franche-Comté par Louis XIV, était membre du parlement. Le roi le chargea avec un autre membre du parlement, Jacquot, de porter aux Graylois une invitation de capituler, mais à peine approchaient-ils des remparts de la ville que des coups de fusil les obligèrent à se retirer.

Les villes de Franche-Comté s'étaient rendues sans combattre ; ceux qui étaient chargés de les défendre étaient accusés d'avoir reçu l'or ou les promesses de la France.

---

(1) GAZETTE DE FRANCE, 1668, p. 195.

Partout le peuple était exaspéré contre les traîtres qui avaient ainsi vendu leurs consciences et leur pays. Après le traité d'Aix-la-Chapelle des troubles eurent lieu dans toutes les villes. A Dole, le peuple furieux se porta en masse, dans la nuit du 10 au 11 juin 1668, chez les membres du parlement et chez les magistrats qui étaient connus pour leur trahison. Dans l'explosion d'une colère, légitime peut-être, il brisa les portes et les fenêtres du conseiller Gollut, jeta dans la rue la bibliothèque amassée par Louis Gollut et la dispersa.

Pour Louis XIV le traité de paix d'Aix-la-Chapelle n'était qu'une trève, et il était bien décidé à saisir le premier prétexte pour recommencer la guerre. Ses intentions à cet égard étaient bien connues et les Franc-Comtois vivaient dans une inquiétude perpétuelle. Dans les premiers jours de 1671 des bruits alarmants se répandirent dans la province et le gouverneur prit des mesures pour la défendre.

A raison de sa situation entre deux places importantes, Gray et Dole, le poste de Pesmes était le point de mire de l'ennemi ; c'était ordinairement par la prise de Pesmes que la campagne débutait. Aussi le capitaine de la milice cantonale de Pesmes, le sieur de Résie, reçut-il l'ordre de faire détruire les ponts sur les passages de l'ennemi aussitôt que celui-ci ferait irruption dans le pays. De Résie fit assembler les échevins et jurés de la ville de Pesmes à l'effet de délibérer sur les mesures à prendre (18 janvier 1671). Il fut résolu :

« Que suivant tels ordres vus au conseil et présentés
« par led. S$^r$ des Résies qui incessamment attendu les
« nouvelles de toute part que l'ennemy se mettoit en de-
« voir de faire marcher contre la province, l'on advertiroit
« les maistres des forges de Pesmes de mettre bas et
« démolir les ponts qu'ils ont fait construire sur l'Oignon
« au bas desd forges comme préjudiciables en telles ren-

« contres tant à la communauté qu'au reste de lad province
« et qu'au cas ils ne veuillent le faire que l'on se pourvoira
« par les voyes les plus promptes à ces fins et à leurs frais
« de propres interessés (1) ».

Ces bruits étaient prématurés. Ce n'est que l'année suivante (1672) que le grand roi se jeta sur la Hollande ; il ne devait pas tarder à faire envahir de nouveau notre province que, par tous les moyens, il voulait annexer à son royaume.

Dès les derniers mois de 1673 cette invasion était prévue. Les contribuables de Pesmes refusaient de payer l'impôt aux amodiataires et ceux-ci s'adressèrent au Conseil de la commune pour être déchargés du dernier quartier de l'année. Dans tous les cas, les anciens amodiataires refusaient de renouveler leur bail pour l'année 1674 et personne ne voulut enchérir l'impôt à percevoir parce que la guerre paraissait imminente. Le 11 janvier 1674, les échevins et jurés de la ville assemblés en corps de commune selon la coutume, délibérèrent : « Que l'impost de la
« ville seroit recueillit par les s$^{rs}$ Eschevins à l'alternative
« pendant led quartier. Le s$^r$ Docteur Basquet commis à
« cet effet pour tenir mémoire du revenu et souldement
« pendant le temps des bruits de guerre et jusqu'a ce qu'il
« se puisse amodier veu que personne jusqu'a p$\overline{nt}$ n'a
« voulu mettre en monte led impost (1) ».

Cette crainte des amodiataires de l'impôt n'était que trop fondée. Le 11 février 1674 le duc de Navailles quitta Dijon et alla coucher à Auxonne. Le lendemain de bonne heure toutes les troupes se trouvaient réunies à Pontaillier. Le duc y fit prendre un pont volant et se disposa à passer la Saône en amont du confluent de cette rivière et de l'Ognon, afin de s'éviter le passage de ce dernier. Cette manœuvre avait été prévue et des troupes franc-comtoises

---

(1) Archives communales de Pesmes.

s'étaient logées dans l'église Saint-Pierre, après avoir opéré quelques retranchements sur les bords de la Saône. Navailles en fut informé et changea de direction. Repassant le pont de Pontailler il se dirigea au-dessus de la forge de Pesmes, où on lui avait assuré qu'il trouverait un gué, espérant ainsi tomber sur la troupe postée à Saint-Pierre, la disperser et permettre au régiment des Gardes de passer la Saône sur le pont volant.

Le duc avait en même temps donné l'ordre au sieur d'Apremont, qui commandait le régiment Lyonnais, d'établir un petit pont à la forge de Perrigny-sur-l'Ognon, ce qui fut exécuté. Mais de grandes pluies avaient enflé les eaux et fait déborder la rivière, de sorte qu'après leur passage les soldats du s$^r$ d'Apremont avaient de l'eau jusqu'à la ceinture.

Arrivé au-dessus de la forge de Pesmes le duc de Navailles trouva le gué qui lui avait été indiqué, mais les eaux étaient si élevées qu'il dut passer la rivière à la nage à la tête de la compagnie des Gardes du prince de Condé. Le régiment de la Feuillade et ceux des cuirassiers du *Roy*, de Montauban, de Dugost, qu'il commandait, suivirent son exemple et se jetèrent résolument à la nage. La traversée fut si heureuse, elle se fit avec tant d'ordre et d'entrain que deux cuirassiers seulement se noyèrent et quatre chevaux. « J'avais cependant marché la nuit avec « huit escadrons dans l'espérance de passer l'Ognon à ce « gué et d'aller prendre les ennemis par derrière, mais « une pluie continuelle fit tellement grossir la rivière que « je ne pus faire passer que cinq escadrons à la nage et « n'osai hasarder les trois autres. Je fis mener mon canon « par la rivière et le lendemain attaquai Pesmes. Il y avait « dedans 350 hommes de pied et 300 dragons, ils se rendi- « rent à discrétion le jour suivant » (1).

---

(1) Mémoires de M. de Navailles.

Cette manœuvre hardie eut le résultat qu'en espérait son auteur. Bien qu'à raison de la fatigue de ses troupes il ne put aller déloger les soldats de l'église Saint-Pierre, ceux-ci sentirent que leur position n'était plus tenable et se retirèrent, ce qui permit au régiment des Gardes de passer la Saône sur le pont volant.

Le jour même où l'armée française passa l'Ognon (13 février), elle se présenta devant Pesmes, dont la garnison était commandée par un espagnol, Don Andrès de Riverol, qui fut sommé de se rendre. Il refusa. Il fut attaqué dans la soirée du 14, par un très grand vent. Bientôt les murailles de la ville, en mauvais état, furent ouvertes sur une largeur de six toises. Le commandant se retira et demanda à capituler. C'est le *14 février 1674,* à dix heures du soir, que la garnison de Pesmes se rendit au duc de Navailles.

Voici à quelles conditions la capitulation lui fut accordée :

« Les troupes du roi d'Espagne, tant à pied qu'à cheval, « sortiraient le lendemain, quinze février, la vie sauve, sans « armes ni bagages, à la réserve du commandant qui sortirait à « cheval avec les pistolets à l'arçon de la selle et l'épée au côté « ayant un valet sur un autre cheval pour porter sa valise, où « seraient ses hardes ; mais pareillement sans aucunes armes. « Tous les officiers sortiraient aussi à cheval, seulement avec » l'épée au côté et leurs valises derrière eux sans pistolets ;
« Toute la garnison sans être aucunement fouillée serait « conduite en la ville de Luxembourg.
« Moyennant quoi le commandant remettrait à l'heure « même la porte de la ville près des Capucins entre les mains « du duc de Navailles ».

A l'attaque de Pesmes l'armée française n'eut que huit soldats du régiment des Gardes de tués et deux officiers blessés. Aussitôt que la garnison, qui se composait principalement de soldats italiens, fut hors de la ville le duc de Navailles en fit prendre possession par des hommes détachés des Gardes du roi. A partir de ce jour, la ville de Pesmes fut une ville française. On y trouva une grande quantité de fers d'armes, de munitions de bouche et de fourrages avec douze cents pièces de vin et beaucoup de blé.

La garnison de Pesmes fut conduite à Luxembourg, mais il n'en arriva pas moitié à destination ; elle se débanda et prit la fuite, la longueur du trajet et les mauvais temps la fatiguaient extraordinairement.

Le jour où l'armée française prit possession de Pesmes elle entra à Marnay, s'empara ensuite de quinze ou seize châteaux sur les deux côtés de l'Ognon et y laissa des garnisons (1).

La garnison de Pesmes avait répondu par quelques coups de canon à l'attaque des Français ; ce fut un prétexte pour le duc de Navailles de s'emparer des cloches de l'église, il ne consentit à l'abandon de ce dessein qu'au prix de 400 francs que la ville lui versa et qu'elle emprunta à cet effet (2).

M. de Navailles ne se borna pas à faire occuper Pesmes par une garnison en rapport avec l'importance de la place, mais il y logea de force toute son armée, qu'il y maintint pendant neuf jours à la charge des habitants (3), c'est-à-dire pendant tout le temps nécessaire pour se rendre maître des châteaux qui se trouvaient sur les deux rives de l'Ognon. Il ne sortit de Pesmes que le 23 février, à six heures du matin, à la tête de dix mille hommes et se dirigea sur Gray, qui résista pendant trois jours et capitula. Il se transporta aussitôt devant Vesoul, qui n'essaya pas de se défendre et se rendit le 6 mars (4).

Le prince de Condé, à la tête de six mille cavaliers,

---

(1) GAZETTE DE FRANCE, année 1674.
(2) LE CULTE A PESMES, p. 79.
(3) Arch. de Pesmes.
(4) ROUGEBIEF, p. 340 et suiv.

était dès le 25 avril signalé sur la route de Marnay, et le même jour il investissait Besançon où le roi, qui était parti pour la Bourgogne vers la fin d'avril, vint le rejoindre le 10 mai et passa la nuit au sommet de la montagne de Chaudane. La ville capitula le 15 mai, mais le prince de Vaudemont qui y commandait, se retira à la citadelle et s'y maintint jusqu'au 22. De Besançon Louis XIV se rendit devant Dole, dont la garnison se défendit vigoureusement, mais ne put résister à l'armée française : elle capitula le 6 juin. Le même jour le monarque entra dans la ville, d'où il partit pour Fontainebleau laissant aux ducs de Duras et de la Feuillade le soin d'achever la conquête. La dernière ville de la province qui défendit sa liberté fut Faucogney ; il fallut la prendre d'assaut après trois jours de siège. Le général français, le marquis de Resnel, en fit passer les habitants au fil de l'épée ; des scènes d'horreur se commirent à l'église, où les femmes et les enfants s'étaient retirés. Ces braves gens n'étaient cependant coupables que d'avoir défendu héroïquement leur indépendance !

Enfin, le traité de Nimègue, conclu le 17 septembre 1678, attribua définitivement la Franche-Comté à la France.

A partir de cette époque la vie des seigneurs de Pesmes ne présente plus qu'un intérêt très secondaire et se résume en quelque sorte à une simple généalogie ; la main de fer du Grand Roi les courba sous la loi commune. Si leur titre leur assurait encore quelques privilèges, leur pouvoir féodal était fort réduit ; l'égalité des classes avançait à grands pas.

Les dernières années de Charles-François de la Baume ne sont guère marquées dans les archives que par quelques difficultés qui s'élevèrent entre lui et les habitants de Pesmes pour la formalité du serment des échevins de la ville, le droit de police et la fourniture d'un messager pour le port de ses lettres. Il mourut en 1688.

## XXX

## CHARLES-ANTOINE DE LA BAUME (1688-1723)

Sa prise de possession — Son mariage — Ses enfants — Réquisitions par les troupes françaises — Procès relatif à la censive générale — Mort de Charles-Antoine de la Baume.

Charles-Antoine de la Baume prit possession de la seigneurie de Pesmes le 21 mars 1689 (1). Il était marquis de Saint-Martin, baron de Pesmes, Caromb, Vaudrey, Montmartin et capitaine au régiment Royal de cavalerie. La même année il épousa Marie-Françoise de Poitiers, comtesse de Remiremont, qui lui apporta en dot la terre de Rougemont, fille aînée de Ferdinand-François Poitiers de Rye, comte de Poitiers, seigneur de Vadans, et de Marguerite Françoise d'Achey (2). Il eut de ce mariage deux enfants : Charles-Ferdinand-François et Frédéric-Eugène, dit le comte de la Baume, colonel du Régiment de Rouergue, brigadier des armées du roi, mort sans alliance au mois d'avril 1735.

Par arrêts rendus en son Conseil le 21 juillet 1716 et le 20 février 1722 le roi Louis XV ordonna à tous ses vassaux de lui rendre foi et hommage. En exécution de ces ordres le seigneur de Pesmes fit acte de soumission au souverain devant la première chambre de la cour des Comptes de Dole le 24 novembre 1722, par le fait de

---

(1) V. Le Culte a Pesmes, p. 287.
(2) Poitiers portait d'azur à six besans d'argent 3. 2 et 1, au chef d'or parti de Rye.

— 397 —

Nicolas-Richard Grignet, conseiller maître en ladite cour, son procureur (1).

Si après l'annexion les guerres intestines cessèrent, les populations n'en furent pas moins pressurées et eurent beaucoup à souffrir des exigences des intendants de la province, qui imposèrent aux communes des contributions de toutes natures, en argent et en denrées. Un camp ayant été établi à Pesmes le 4 avril 1683, le magistrat fit un répartement de vingt voitures de paille sur tous les habitants pour l'usage des troupes. Ces impôts se renouvelèrent souvent et la liste en est aussi longue qu'attristante (2).

Les troupes royales traitaient Pesmes en pays conquis ; non seulement on écrasait la ville de réquisitions, mais encore on maltraitait les habitants (3). Malgré les ordres

---

(1) Arch. du Doubs... Le seigneur de Pesmes possédait la moitié de la seigneurie de Champagney ; un quart de cette seigneurie dépendait de celle de Montrambert et l'autre quart de Montmirey-le-Château. Ce dernier quart fut vendu par Louis XIV à Jean-François Clerc, écuyer qui, en 1707, se qualifiait de seigneur de Champagney. La revente en fut provoquée par Louis XV et il fut adjugé à Mairot de Mutigney. En 1750, Jacques-Philippe-Xavier Mairot de Mutigney, chanoine de Besançon, ajoutait à ses titres celui de seigneur de Champagney. Enfin, cette portion passa à M. Froissard de Broissia par son mariage avec Mlle Mairot de Mutigney.

(2) 27 décembre 1689. Ordre de donner la subsistance à deux compagnies du régiment du marquis de Richelieu ; 2 mars 1690. Envoi de six hommes robustes âgés de plus de 20 ans pour travailler aux fortifications de Belfort ; 6 septembre 1692. Répartement de 70 mesures d'avoine à conduire à Besançon, de 76 francs pour habillement des soldats de milice et 20 francs pour fourrage ; 8 novembre 1693. Répartement de 300 mesures d'avoine et 25 milliers de foin pour la compagnie de cavalerie en quartier d'hiver à Montagney ; 14 février 1694. Cinq cents francs pour transport de denrées ; 5 décembre 1694. Trente milliers de foin pour les troupes qui sont en quartier d'hiver à Malans, etc.
En juillet 1695 madame la marquise de la Baume sollicite de l'intendant et obtient le renvoi de trois compagnies en quartier d'hiver à Pesmes. Le 1er mai 1701 elle fait le voyage de Besançon où elle accompagne le maire de Pesmes à l'effet d'obtenir une diminution des charges de la ville « réduite à une grande pauvreté par les logements « militaires, les procès, les grêles et les dettes » et notamment la décharge des logements de troupes, la ville étant désignée pour en recevoir beaucoup et qu'en outre la gendarmerie du roi devait y venir en quartier de rafraîchissement, etc.

(3) En 1706 les échevins furent gravement insultés par les srs Gravillière, capitaine au régiment de Grosbois, et Colas, son frère, lieutenant au régiment de Poitou ; le 15 janvier 1710 M. de Valay, capitaine de cuirassiers en quartier à Pesmes, malgré les ordres du subdélégué exige 12 rations de pain blanc de bled et même quantité de viande de veau, mouton, bœuf et porc frais ; le sr Dameny, cornette de la compagnie de cuirassiers, envoie des soldats chez les srs Buthot et Pageot, échevins, avec ordre de casser les portes des caves et des buffets ; il a violemment frappé Buthot et sa femme ; le 8 décembre 1712, un officier insulte le sieur Migneret, échevin, et d'un coup d'épée lui perce le bras de part en part, etc. (Arch. de Pesmes).

de l'intendant, des officiers refusaient de payer les denrées qu'on leur livrait. En 1707 un ordre du subdélégué de Gray chargea chaque communauté de nourrir les cavaliers qui sont en quartier d'hiver ; la municipalité de Pesmes fit observer que les bourgeois étaient trop pauvres et seraient obligés de vivre plus pauvrement encore ; que les cavaliers ne pouvant vivre ainsi maltraitent leurs hôtes et préfèrent vivre de leur solde. Pour adoucir le subdélégué, M. Baulard de Feurg, on lui fit don de quatre fromages ayant coûté 7 liv. 4 sols. M. Baulard accepta les fromages, mais il refusa de retirer son ordre.

Charles-Antoine de la Baume n'habitait pas le château de Pesmes, où il ne faisait que de rares et courtes visites. Cependant en 1715 il y fit deux apparitions assez rapprochées, en mars et avril. A chacun de ses voyages les habitants de Pesmes lui offrirent le vin d'honneur (1) malgré le procès qu'il leur avait intenté relativement à la censive générale (2). Il mourut à Paris le 23 juillet 1745. En 1723 ayant marié son fils aîné, il lui abandonna la seigneurie de Pesmes qui lui avait été substituée.

---

(1) Il en fut ainsi le 17 août et le 9 novembre 1710, le 17 avril 1711. En 1745, Madame de Montrevel, après la mort de son mari, vint à Pesmes et on lui offrit douze bouteilles de vin.
(2) LE CULTE A PESMES, p. 369 et suiv,

## XXXI

## CHARLES-FERDINAND-FRANÇOIS DE LA BAUME
### (1723-1736)

Son mariage — Sa mort — Ses enfants — Difficultés avec les habitants de Pesmes — Procès avec la duchesse de Randans

Charles-Ferdinand-François de la Baume, seigneur de Pesmes, marquis de Saint-Martin, né au mois de mars 1695, fut fait colonel du régiment de Rouergue le 1$^{er}$ février 1719 et mestre de camp de cavalerie. Le 23 juillet 1723 il épousa Élisabeth-Charlotte de Beauveau-Craon, seconde fille de Marc de Beauveau, appelé le prince de Craon, et de Marguerite de Ligniville. Il mourut le 19 novembre 1736 et fut inhumé en la chapelle de Saint-Jean-Baptiste à l'église paroissiale de Pesmes, où un superbe monument lui fut élevé par l'artiste Le Breton, de Besançon (1). Il eut deux fils et deux filles : I. Henri-Gabriel, né à Dole le 11 août 1724, mort à Pesmes le 1$^{er}$ février 1734. De grandes réjouissances eurent lieu à Pesmes a l'occasion de sa naissance, et après sa mort la ville paya deux francs et seize sols pour le pain et le vin donnés aux sonneurs pour le service de quarantal ; II. Esprit-Melchior-Emmanuel, né à Pesmes le 16 août 1733, baptisé en l'église dud lieu le 26 du même mois ; il eut pour parrain Esprit-Melchior de la Baume, comte de Montrevel, et pour marraine Marie-Emmanuelle de Poitiers ; III. Diane-Gabrielle de la Baume et IV. Jeanne-Marguerite de la Baume.

(1) LE CULTE A PESMES, p. 369 et suiv.

Très respectueuse envers son seigneur, la population de Pesmes ne s'empressait pas cependant de le reconnaître en cette qualité, et cherchait les moyens de s'éviter le paiement des 50 écus d'or dus à chaque mutation de la seigneurie. Après la naissance de leur fils aîné le marquis et la marquise de Montrevel vinrent à Pesmes au mois d'avril 1725 ; la municipalité leur fit un présent et offrit à Madame la marquise un dessert qui coûta 66 fr. 10 sols, mais elle refusa de prêter serment. Pour vaincre cette résistance, le seigneur fut obligé de recourir aux voies légales : par exploit du 28 septembre 1726 il fit sommation aux habitants de se rencontrer le lendemain, à quatre heures de l'après-midi, en l'église paroissiale de Pesmes, pour être présents au serment qu'il entendait faire en qualité de seigneur de Pesmes, et prêter eux-mêmes le serment de fidélité prescrit par la charte des franchises. Malgré cette sommation le magistrat de la ville ne se présenta pas au serment de son seigneur, prétextant que la mutation de la seigneurie avait été volontaire et non pour cause de mort (1).

Charles-Ferdinand-François de la Baume eut de nombreux procès tant avec les habitants de Pesmes qu'avec la duchesse de Randans sa parente. Ce dernier, au point de vue de l'histoire, mérite quelques explications.

Ferdinand de Rye, archevêque de Besançon, avait un frère, Christophe de Rye, mort en 1623, laissant un fils, François de Rye, qui mourut en 1648 et qui avait lui-même deux fils : Ferdinand de Rye, mort en 1640, avant son père, et Ferdinand-François-Just de Rye, marquis de Varembon.

Par son testament, l'archevêque avait institué pour ses héritiers ses deux petits-neveux ; après la mort de son frère le marquis de Varembon se trouva seul héritier de son grand-oncle, à charge de fidéi commis en faveur de ses

---

(1) Arch. de Pesmes AA 1.

descendants mâles. A leur défaut l'archevêque avait appelé à sa succession les descendants de mâle en mâle de Louise de Rye, sa nièce, épouse de Claude-Antoine de Poitiers, baron de Vadans, Souvans, etc, chevalier d'honneur au parlement de Dole. Ferdinand-François-Just de Rye mourut sans enfants le 8 août 1657, de sorte que la substitution se trouva ouverte au profit de Ferdinand-Éléonor de Poitiers chevalier d'honneur au parlement de Dole, qui prit le titre de comte de Saint-Valier, fils de Louise de Rye. Il épousa sa cousine-germaine, Jeanne-Philippe de Rye, fille de François de Rye et sœur de Ferdinand-François de Rye.

A sa mort l'archevêque Ferdinand de Rye avait laissé beaucoup de dettes ; ses biens furent vendus et rachetés par son petit-neveu Ferdinand-François-Just de Rye ; après la mort de ce dernier ces mêmes biens furent revendus et rachetés par le comte de Poitiers, à qui la substitution les avait attribués. Celui-ci eut entre autres enfants Ferdinand-François de Poitiers de Rye et Frédéric-Éléonor de Poitiers, appelé le marquis de Poitiers, qui n'eut pas d'enfants.

Ferdinand-François de Poitiers de Rye épousa en premières noces Marguerite-Françoise d'Achey, qui le rendit père de trois filles : I. Marie-Françoise de Poitiers, qui épousa Charles-Antoine de la Baume, seigneur de Pesmes, et fut la mère de Charles-Ferdinand-François de la Baume ; II. Louise-Jeanne-Philippe de Poitiers, qui épousa Gabriel-Philibert de Grammont ; et III. Marie-Emmanuelle de Poitiers, épouse de Ferdinand Florent, marquis du Châtelet. Devenu veuf, Ferdinand-François de Poitiers se remaria avec Françoise, fille d'Arnoul Saladin d'Anglure, marquis de Coublans, et de Christine du Châtelet, dont il eut : Ferdinand-Joseph, comte de Poitiers, qui succéda aux biens de Rye ; Charles-Frédéric, mort jeune, qui devait hériter des biens d'Anglure-Coublans, et trois filles décédées sans avoir été mariées.

Ferdinand-François de Rye mourut en 1708 ; son fils, Ferdinand-Joseph de Poitiers, fit la même année hommage au roi de France de la seigneurie de Neuchatel et autres terres, puis il épousa, le 31 janvier 1715, Marie-Geneviève-Henriette-Gertrude de Bourbon-Malause, demoiselle d'honneur de la duchesse douairière d'Orléans. Il mourut à Paris le 19 octobre de la même année. Il était resté le seul mâle de sa maison et il en fut le dernier. De son mariage naquit posthume, le 23 décembre 1715, une fille, Élisabeth-Philippine de Poitiers, cousine-germaine du marquis de la Baume-Montrevel, seigneur de Pesmes.

En 1728, Élisabeth-Philippine de Poitiers, âgée de douze ans, élevée dans un cloître qu'elle ne quitta que pour son mariage, épousa Guy-Michel de Durfort de Lorge, duc de Randans (1), maréchal de France, à qui elle apporta en dot un riche mobilier et plus de vingt terres titrées, au nombre desquelles on comptait en Franche-Comté seulement : Neuchatel, Poitiers et Rye, dont le revenu était de 70.000 francs.

Les biens de Rye lui furent contestés par le seigneur de Pesmes, qui prétendait que suivant le testament de Ferdinand de Rye, ces biens étaient substitués à l'infini, et qu'ils devaient passer aux mâles descendants par des filles à défaut de mâles descendants par des mâles. Le parlement de Paris rejeta cette prétention, et les biens de Rye restèrent la propriété de Madame la duchesse de Randans.

---

(1) Randans, dans le département du Puy-de-Dôme.

## XXXII

### ESPRIT-MELCHIOR-EMMANUEL DE LA BAUME
#### (1736-1754)

Son tuteur — La censive générale — Prise de possession — Procès avec les habitants de Pesmes — Érection de la terre de Pesmes en marquisat de la Baume Montrevel — Mort du marquis.

A la mort de Charles-Ferdinand-François de la Baume son fils, âgé de trois ans, lui succéda à la seigneurie de Pesmes à titre de fidéicommis avec une tutelle chargée de dettes et de procès tant à Pesmes qu'à Paris. Le tuteur du jeune seigneur de Pesmes, Jean-Claude Semonin, seigneur de Bourbévelle, conseiller référendaire en la chancellerie du parlement de Besançon, s'occupa d'abord de terminer les affaires les plus sérieuses et reprit au nom de son pupille le procès relatif à la censive générale contre les habitants de Pesmes (1).

Lorsque M. Semonin voulut au nom de son mineur faire procéder à la formalité du serment spécifié par les franchises de Pesmes, il rencontra des difficultés de la part du magistrat de la ville et fut obligé de faire sommation aux habitants d'assister à la prise de possession qui eut lieu le 17 septembre 1744, et leur fut signifiée le 21 novembre 1745. Plus tard, le seigneur de Pesmes, émancipé d'âge, ayant voulu confirmer la prise de possession de sa seigneurie faite par son tuteur se trouva de nouveau

---

(1) Le Culte a Pesmes, p. 369 et suiv.

dans l'obligation de sommer les habitants de se présenter le 15 juillet 1751 en l'église paroissiale de Pesmes pour y procéder, ce qui eut lieu le jour indiqué. A son arrivée à Pesmes, la municipalité organisa des fêtes, fit tirer le canon et offrit le vin d'honneur à son seigneur, la dépense s'éleva à 67 fr. 16 sols, mais elle refusa le paiement des 50 écus d'or dus au seigneur pour une « aquenée ». Condamnés par jugement du 4 janvier 1753 à payer pour cette « aquenée » la somme de 468 liv. 2 s. 6 d. représentant la valeur de 50 écus d'or en 1416, les habitants de Pesmes se pourvurent en appel et l'affaire traîna en longueur. Le 3 novembre 1757 ils firent des propositions de conciliation à Madame la marquise de Choiseul, lui offrant une somme de 300 francs, qu'elle paraît avoir acceptée (1).

D'une faible constitution, d'une santé délicate, le jeune seigneur de Pesmes, qui était en outre marquis de Saint-Martin, baron de Caromb, Rougemont et autres lieux, ambitionnait le titre de *Duc* et sollicita, en 1750, l'érection de la terre de Pesmes en *Duché-Pairie*. Ayant échoué dans cette tentative il demanda à jouir de sa terre de Pesmes sous le titre de marquisat de la Baume Montrevel. Sa nouvelle requête fut agréée par le roi, qui lui accorda, en mai 1754, les lettres patentes qu'il avait sollicitées (2). En vertu de ces lettres, les jugements, les actes des notaires

---

(1) Le 3 novembre 1757 le Conseil de la ville prit la délibération suivante :
« Qu'on supplieroit madame de Choiseul de finir le procès qui existe encore et que
« la ville avoit avec feu mons le marquis son frère où il demandoit qu'on lui délivra
« en espèces lacquenée que la ville doit a chaque mutation et prise de possession
« des seigneurs de ce lieu ou a luy payer les 50 écus d'or prix fixé par les généra-
« les franchises pour valleur d'iceluy que quoique la ville ayt été condamnée par
« jugement du 4 janvier 1753 a payer pour cet objet une somme de 468 fr. 2 s. 6 d.
« conformément au certifficat donné le 6 octobre 1752 par le s' Maison changeur de
« monnoy a Besançon constatant que l'Ecu d'or fabriqué vers l'an 1418 valloit 9 liv.
« 7 s. 3 d. néantmoins il étoit à l'avantage de la ville de finir cette affaire plustot que
« de continuer un procès qui seroit toujours décidé par le même certifficat que
« cependant on supplieroit lad Dame d'accepter pour cet objet la somme de 300 liv.
« au moyen de quoy led procès demeureroit fini et il n'en resteroit plus aucun autre
« avec lad Dame de qui il étoit à propos de s'attirer la protection et bienveillance.
(Archives communales de Pesmes).

(2) Le Culte a Pesmes, p. 340 et suiv.

et tous autres actes publics devaient être datés de la ville de la Baume Montrevel (1).

Le marquis de la Baume Montrevel ne survécut que peu de temps à cette royale faveur ; il mourut le 4 juillet 1754, sans avoir contracté mariage. Malgré tous ses titres le marquis de la Baume Montrevel fut condamné à rendre foi et hommage à Philippe de Saint-André-Vercel, abbé commandataire de l'abbaye d'Acey, en sa qualité de propriétaire du fief que le seigneur de Pesmes tenait à Bard, relevant de ladite abbaye.

---

(2) Le Conseil de la ville n'a pas observé ces prescriptions, mais les actes judiciaires, les actes des notaires etc., sont datés de la *Baume Montrevel ci-devant Pesmes*.

## XXXIII

### DIANE-GABRIELLE DE LA BAUME (1754-1755)

#### Son mariage — Son caractère bienveillant

Le marquis de la Baume Montrevel laissait pour lui succéder ses deux sœurs, chanoinesses de Remiremont. L'aînée, Diane-Gabrielle, hérita de la seigneurie de Pesmes, qu'elle porta en dot à Claude-Antoine-Clériadus de Choiseul, avec lequel elle s'unit en mariage le 1ᵉʳ septembre 1755. Sa sœur cadette, Jeanne-Marguerite de la Baume, épousa Eugène-François-Pierre marquis de Ligniville et d'Houécourt (Vosges) (1).

La nouvelle dame de Pesmes se distinguait surtout par son inépuisable bonté, son affabilité, son ardent désir de rendre heureux tous ses vassaux. Toujours disposée à leur être utile, elle ne reculait devant aucun sacrifice, aucune démarche. Son mariage ne fut pas un obstacle à ses bonnes œuvres; elle trouvait chez son mari plutôt un encouragement à sa bienveillance pour les habitants de Pesmes.

---

(1) Arch. de Pesmes. Reg. de l'état-civil.

## XXXIV

## CLAUDE-ANTOINE-CLÉRIADUS DE CHOISEUL

(1755 - 1793)

Son origine — Sa famille — Censive générale — Procès avec la duchesse de Lorge — Les enfants du marquis de Choiseul — Affranchissement de Champagney — Arrestation du marquis de Choiseul — Sa condamnation — Sa mort — Son fils, le duc de Choiseul, à Varennes — Il quitte la France — Le fils du duc blessé mortellement — Sa fille épouse le marquis de Marmier — Mort du duc de Choiseul — Sa descendance.

La seigneurie de Pesmes passait en la possession d'une nouvelle maison, l'une des plus grandes et des plus considérables de la Champagne. Elle tire son nom de la terre de Choiseul en Bassigny et elle se divise en un grand nombre de branches. Un des plus illustres membres de cette famille est le duc de Choiseul, ministre de Louis XV, dont nous parlerons plus tard.

Le marquis de Choiseul, seigneur de Pesmes, né à Nancy le 5 octobre 1733, lieutenant général des provinces de Champagne et de Brie, maréchal des camps et armées du roi, inspecteur général de cavalerie et chambellan de Sa Majesté le roi de Pologne, autorisa sa femme à reprendre l'instance dans l'éternel procès relatif à la censive générale, qui se termina enfin par l'arrêt du 26 février 1756 (1). Ce ne fut pas le seul procès que soutint la marquise de Choiseul. Nous allons faire connaître les

---

(1) Le 7 avril 1756 M. et Madame de Choiseul étant venus à Pesmes, les habitants leur firent une brillante réception : on usa quatre livres de poudre pour tirer le canon ; on leur fit don de six bouteilles de vin de Bourgogne, d'un gâteau de biscuit et *pour 40 sols de gauffres*. (Arch. de Pesmes).

motifs d'une nouvelle difficulté qu'elle eut à débattre devant la justice.

Du mariage du duc de Randans avec Élisabeth-Philippine de Poitiers naquit une fille, qui épousa, en novembre 1748, le prince de Talmont, fils de la duchesse de la Trémoille, et mourut peu après sans postérité.

Après la mort de sa fille, le maréchal reporta son affection sur sa nièce cadette, Madame la duchesse de Quintin, mariée à M. de Durfort-Civrac, qui portait aussi le titre de duc de Lorge. Le 12 novembre 1772 la maréchale fit à cette nièce une donation de 600.000 francs, et le 28 du même mois le maréchal l'institua sa légataire universelle, puis il mourut peu de temps après et sa femme décéda aussi en 1773.

Madame la duchesse de Randans ne fut pas heureuse. Jetée enfant entre les bras d'un mari qui la délaissait et qui ne paraît s'être rapproché d'elle que pour lui imposer sa volonté, brouillée avec le marquis de Montrevel, son voisin et son cousin-germain, qui lui avait contesté les biens de Rye, elle subit l'ascendant du maréchal et donna une grande partie de sa fortune à des membres de la famille de Lorge. Cependant par son testament elle institua pour héritières de ses biens de Franche-Comté les marquises de Choiseul et de Ligniville.

Mesdames de Choiseul et de Ligniville intentèrent un procès à la duchesse de Lorge pour faire annuler la donation de 600.000 francs faite à son profit par la maréchale, mais elles furent déboutées de leurs prétentions, d'abord le 28 novembre 1783, puis par arrêt du parlement de Besançon en 1787, et tous les biens de la famille de Poitiers restèrent à la duchesse de Lorge-Durfort-Civrac. En exécution du testament de la maréchale de Randans, la marquise de Choiseul eut la seigneurie de Montrambert.

Du mariage de M. de Choiseul avec Mademoiselle de la Baume naquirent deux enfants : Christophe, né le 20 mars

1757, mort jeune, et Claude-Antoine Gabriel de Choiseul, né à Lunéville le 26 août 1760, qui épousa Marie-Stéphanie de Choiseul-Stainville, fille de Jacques de Choiseul-Stainville, maréchal de France, et de Thomasse-Thérèse de Clermont-d'Amboise, nièce du duc de Choiseul, le grand ministre. Celui-ci n'ayant pas d'enfants de Louise-Honorine Crozat du Chatel, son épouse, adopta le mari de sa nièce et lui transmit son titre de Duc avec le duché de Choiseul. De son côté la marquise de Ligniville, qui n'avait pas non plus d'enfants, adopta la femme de son neveu et racheta des héritiers de son mari le château d'Houécourt, qu'elle laissa par testament au duc de Choiseul.

Le marquis de Choiseul la Baume, seigneur de Champagney en partie, en affranchit les habitants de la mainmorte de concert avec M. Froissard de Broissia, seigneur pour un quart, le 8 mars 1776, moyennant une somme de 15.000 francs.

Malgré l'aménité de son caractère, sa bonté, sa générosité, le marquis de Choiseul, coupable de porter un nom honorablement connu en France, ne pouvait échapper à la hache des bandits qui terrorisaient notre patrie. Arrêté comme suspect, en son château de Pesmes, le 1er novembre 1793, il fut transféré à Paris, jugé par le tribunal révolutionnaire, condamné à mort le 15 floréal an II, et exécuté le 4 mai 1794. La marquise était décédée avant l'arrestation de son mari (1). Elle fut inhumée en l'église de Pesmes dans le tombeau érigé à la mémoire de son père (2). Leur fils, le duc de Choiseul, accompagna Louis XVI lorsque celui-ci voulut quitter la France pour se soustraire au sort tragique que lui réservaient les républicains. Arrêté à Varennes, le duc de Choiseul lui offrit de se frayer un

---

(1) Une décision du Comité de sûreté générale à la date du *19 mai 1793* constate que par son testament la marquise de Choiseul avoit fait don à son mari de sa part des acquêts résultant de leur communauté.

(2) Arch. du château de Ray

passage avec quelques soldats restés fidèles, mais le roi refusa ce moyen de salut, qui pouvait faire couler le sang français. Il ne restait au duc de Choiseul pour sauver sa tête qu'à passer sur une terre étrangère ; il émigra, mais il ne porta pas les armes contre la France ; il alla guerroyer en Orient (1).

De son mariage avec Mademoiselle de Choiseul-Stainville le duc de Choiseul eut deux enfants : I. Antoine-Clériadus-Thomas-Étienne-Alfred, né le 21 septembre 1786, dont la naissance fut célébrée à Pesmes par de grandes réjouissances. Moins prudent que son père, il se battit contre les français et fut blessé à la bataille d'Iéna ; il mourut de ses blessures à Vienne le 3 septembre 1809, dans sa 23ᵉ année, sans postérité. II. Jacqueline-Béatrix-Gabrielle-Stéphanie de Choiseul-Stainville la Baume, mariée à Philippe-Gabriel, marquis puis duc de Marmier, qui, à la tête des gardes nationales de la Haute-Saône, défendit héroïquement la place d'Huningue en 1814.

Le 9 décembre 1817 le duc de Choiseul reçut une institution de duc et pair de son *cousin* Louis XVIII et fut nommé lieutenant général des armées du roi (2). Il mourut à Paris le 1ᵉʳ décembre 1838 ; la duchesse l'avait précédé

---

(1) Aussitôt que le départ du duc de Choiseul fut connu, les scellés furent apposés au château de Pesmes et, le 15 septembre 1793 l'inventaire des objets de couchage non placés sous les scellés eut lieu par les soins de la municipalité. En voici la copie :
« Deux sommiers de crin dont la couverture est de toile bleue ; 46 matelas de « laine et de crin dont la couverture est de toile de coton blanc ; 113 matelas de crin « dont la couverture est de toile bleue ; 67 traversins de plume dont la couverture est « de toile de couty ; 9 traversins de crin dont la couverture est de toile bleue ; 7 « mantes de cotton blanc ; 14 mantes de laine ; 9 mantes de bourre de soye ; 10 cou-« vertures piquées de différentes couleurs ; 10 couvertes de flanelle et 146 paires de « drap à l'usage des gens de l'office et des domestiques. » Le 1ᵉʳ floréal an II eut lieu « la vente du mobilier du château après en avoir distrait les objets nécessaires pour « compléter l'ameublement de l'hôpital de convalescence dont le département a auto-« risé l'établissement à Gray, les effets propres au campement, casernements et hopi-« taux, les métaux et les objets pouvant intéresser les arts ». Les armes furent trans-« portées à Gray ; elles consistaient en : « un fusil double, sept fusils simples, dont « deux avec bayonnettes, une paire de pistolets d'arçon, une paire de pistolets de « poche, un pistolet à l'anglaise et un couteau de chasse ».
(2) Archives du château de Ray.

dans la tombe et était morte également à Paris le 6 avril 1833. Le corps du duc repose à Houécourt et son cœur au château de Ray-sur-Saône. Son gendre, le duc de Marmier, député de la Haute-Saône, décéda à Paris le 8 juillet 1845 et fut inhumé à Ray. Il laissait deux enfants : M. le duc de Marmier, aussi député de la Haute-Saône, décédé le 7 août 1873, et Madame la duchesse de Fitz-James.

## XXXV

**LE CHATEAU DE PESMES EN 1793**

Sa description — Cour d'honneur — Le grand escalier — Le grand pavillon — La chapelle — Les remises — La salle de spectacle — Donation du château et de la terre de Pesmes — Vente du château — Sa démolition.

### Sa description — Cour d'honneur

Le château de Pesmes, bâti au sommet d'un rocher escarpé et taillé à pic du côté du midi, comprenait, avec ses cours, jardins et dépendances, l'espace existant entre la promenade et la rue des Châteaux au nord, la rue Basse ou rue Vanoise et des maisons à différents particuliers au bas dudit château au midi, la rue du Donjon au levant et la rue de la Roche au couchant. L'entrée principale du château était au nord ; elle était précédée d'une grande cour dite cour d'honneur, fermée du côté de la promenade par une porte grillée en fer de quarante pieds de longueur sur quinze pieds et demi de hauteur, avec plinthe, frise et couronnement. Cette porte s'appuyait à ses extrémités sur deux pavillons ayant chacun soixante-douze pieds de longueur et servant de clôture à la cour (1). Celui de gauche servait au logement du concierge du château.

La grande cour avait deux cents pieds de largeur du levant au couchant, et cent quinze pieds de longueur entre

---

(1) Ces deux pavillons existent encore ; dans celui de gauche est un hôtel, et celui de droite sert à loger les pompes à incendie et des écoles.

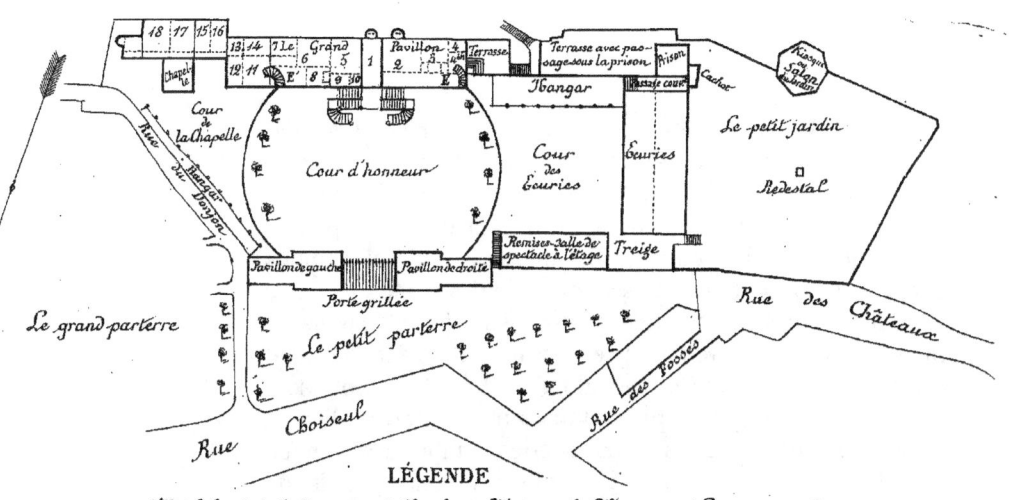

LÉGENDE

1. Vestibule. – 2. Salle à manger. – 3. Chambre de Madame la Marquise. – 4. Petit salon ou boudoir. 4 bis Cabinet. – 5. Grand salon ou Salon vert. – 6. Cabinet de travail de M. le Marquis. – 7. Chambre à coucher de M. le Marquis. – 8. Chambre à coucher. – 9. Bibliothèque. 10. Cabinet. – 11. Cuisine. – 12. Chambre à lessive. – 13. Cabinet. – 14. Poêle. – 15. Poêle. – 16. Cuisine. – 17. Chambre à feu. – 18. Chambre à feu. – E Escalier à l'angle N.O. du Grand pavillon (78 marches) A disparu. E' Escalier à l'angle N.E. du Grand pavillon (117 marches) Existe encore en partie.

la grille et le château. Elle était divisée en trois parties : la partie formant la cour d'honneur avait la forme d'un fer à cheval et était séparée des deux autres parties par des murs recouverts en pierre de taille. Au milieu, deux portes *flamandes* donnaient entrée : à droite, dans la cour des écuries, à gauche, dans la cour de la chapelle ; l'intérieur de la cour d'honneur était ombragé par huit tilleuls.

### Le grand escalier

Au fond de cette cour, en face de la grille d'entrée, était un escalier monumental en pierres de taille, de soixante-quatre pieds de longueur et dix-neuf pieds de largeur, formé de quatre grandes rampes et de deux petites rampes joignant les murs du bâtiment. Les deux rampes circulaires au pied de cet escalier étaient formées de onze marches chacune, avec paliers au-dessus et quatre pousse-roues au bas ; les deux autres rampes formées de neuf marches aboutissaient au grand palier du milieu. Cet escalier était orné de quatre piédestaux sur le grand palier et de deux autres entre les deux grandes rampes de chaque côté. Toutes les rampes et les paliers étaient garnis de balustres en fer formant appui.

### Château proprement dit

L'ensemble du château se composait de plusieurs constructions formant *cinq bâtiments* distincts, non compris celui de la chapelle.

### Le grand pavillon — Les autres corps de batiment

Le grand escalier que nous venons de décrire donnait entrée au principal bâtiment, appelé le grand pavillon, habité par M. et Madame de Choiseul. Sa longueur mesurée sur la cour était de cent cinquante-quatre pieds, et sa profondeur au milieu de trente-sept pieds, mesurés hors d'œuvre ; il était formé d'un sous-sol, d'un rez-de-chaussée et de deux étages. Le sous-sol comprenant cave, cuisine, office, caveaux et chambre des archives est resté à peu près intact, on le trouve aujourd'hui presque dans l'état où il était avant 1793, sauf les dégradations qui s'y sont produites.

*Rez-de-chaussée*. — Le rez-de-chaussée du grand pavillon avait son entrée sur le grand palier de l'escalier par une porte à deux vanteaux (sic) en chêne et d'une imposte vitrée de trois carreaux dont un rond de deux pieds de diamètre, les trois en verre de Bohème ; elle était en pierres de taille, décorée d'un ordre d'architecture à deux pilastres de chaque côté et fronton, cintrée ainsi que la baie dont les voussoirs étaient en bossages. On arrivait ainsi dans un grand vestibule existant sur toute la profondeur du bâtiment et ayant quinze pieds de largeur, dans lequel se trouvait l'escalier conduisant aux deux étages. Le vestibule et l'escalier étaient éclairés, dans le bas, du côté du midi, par une porte vitrée garnie en dehors d'un appui en fer reposant sur deux colonnes aussi en fer. L'escalier était construit en *viorbe évuidée* (sic) et entièrement en pierres de taille, assorti de ses limons ornés de moulures. Les marches avaient cinq pieds de longueur et étaient au nombre de vingt-deux pour arriver au premier palier ; il y en avait dix dans la seconde rampe et seize dans chacune des deux dernières. En tout soixante-quatre marches.

*A droite du vestibule*. — Au fond du vestibule, à droite, se trouvait une porte à deux battants donnant entrée à la salle à manger. Cette salle avait vingt-cinq pieds de longueur et vingt-trois de largeur, plafonnée à poutres apparentes ; elle était éclairée au midi par deux fenêtres et une grande porte vitrée garnie en dehors d'un appui supporté par deux montants et grillé en fil de fer (1).

Une porte exactement semblable faisait communiquer la salle à manger à un appartement de maître composé : d'une chambre à coucher de vingt et un pieds huit pouces de longueur et dix-sept pieds de largeur, parquetée et plafonnée à poutres apparentes, éclairée au midi par deux fenêtres de chacune huit carreaux de dix-sept pouces de hauteur et quinze de largeur, en verre de Bohême. Cette chambre était suivie d'un cabinet à feu parqueté et plafonné sous poutres, dont la porte d'entrée était semblable à celle de la chambre à coucher, prenant aussi jour au midi par deux fenêtres pareilles aux précédentes. Ce cabinet avait quinze pieds six pouces de longueur et onze de largeur. L'alcôve se trouvait dans un autre cabinet ayant onze pieds de longueur et neufs pieds et demi de largeur. Ces deux pièces formaient l'appartement particulier de Madame de Choiseul. Joignant la salle à manger et les pièces d'habitation dont il s'agit, du côté de la cour, existait sur toute la longueur un corridor éclairé au nord par plusieurs fenêtres et allant aboutir à un escalier en pierres de taille composé de soixante-dix-huit marches, montant jusqu'aux greniers de ce bâtiment et placé dans l'angle nord-ouest sur la cour. Cet escalier a disparu depuis, mais il en existait un pareil dans l'angle opposé, nord-est, comprenant cent dix-sept marches, qui subsiste encore en partie.

Les deux étages au-dessus de la salle à manger ne se composaient que de chambres à coucher et de cabinets, avec un corridor au nord sur toute la longueur de ces appartements.

*A gauche du vestibule.* — Dans le fond du vestibule, à gauche, une porte semblable à celle de la salle à manger

---

(1) La partie du rocher, saillante et mi-circulaire, sur laquelle reposaient les deux colonnes en fer, existe toujours et a fait croire à l'existence d'une tourelle en cet endroit.

et en face donnait entrée dans un salon appelé le *salon vert*, de forme carrée, ayant vingt-trois pieds trois pouces de longueur et vingt-trois pieds de largeur, parqueté et plafonné à poutres apparentes, éclairé au midi par trois fenêtres vitrées chacune de dix carreaux de dix-neuf pouces de hauteur sur quinze de largeur, en verre de Bohème. Joignant le salon, contre le vestibule, était un petit cabinet prenant jour sur la cour ; il était suivi de la bibliothèque, éclairée aussi sur la cour par deux fenêtres, parquetée et plafonnée comme le salon. Une chambre à coucher, ayant son entrée par le salon, communiquait à la bibliothèque ; elle avait dix-neuf pieds de longueur sur quatorze pieds de largeur et était éclairée par deux fenêtres ouvrant sur la cour.

Au bout du salon, du côté du midi, une porte pareille à celle dudit salon sur le vestibule donnait entrée à un cabinet de jour ayant vingt-quatre pieds six pouces de longueur et dix-sept pieds six pouces de largeur, éclairé au midi par trois fenêtres vitrées chacune de huit carreaux de dix-huit pouces de hauteur sur quinze de largeur, en verre de Bohème. Ce cabinet était parqueté, plafonné à poutres apparentes et boisé en chêne sur tout son pourtour. La boiserie était décorée d'agrafes en sculpture dans le dessus de ses panneaux et de rosaces dans les angles, et peinte couleur jonquille vernissée. De ce cabinet, une porte semblable aux précédentes, garnie d'une serrure en cuivre dont les ferrements intérieurs étaient dorés, ainsi que ceux de toutes les autres portes existant dans cette chambre, communiquait à un appartement de maitre et dans une chambre à coucher de vingt-trois pieds six pouces de longueur sur treize pieds de largeur, prenant jour au midi par deux fenêtres vitrées chacune de huit carreaux en verre de Bohème. Les ferrements de ces fenêtres étaient dorés ainsi que les baguettes de leurs *petits bois*. Cette chambre était parquetée ; le plafond fait sous poutre était orné d'une corbeille dans son milieu et d'agrafes dorées à ses angles ; une baguette dans tout le pourtour du plafond, à un pied et demi de distance des murs, était aussi dorée. La boiserie en chêne était peinte en blanc ; les baguettes de ses panneaux étaient dorées ; deux membres des moulures de sa corniche étaient également dorés. La tablette de la cheminée était en pierre de Sampans incrustée de marbre blanc. La chambre ci-dessus décrite, occupée par M. de Choiseul, avait une sortie sur l'escalier de cent dix-sept marches dont nous avons parlé, ainsi que la chambre à coucher joignant la bibliothèque.

*Premier étage*. — Au premier étage, au-dessus du salon vert, existait une grande salle de billard ayant quarante-huit pieds neuf pouces de longueur sur trente trois pieds de largeur dans œuvre, c'est-à-dire toute la largeur du bâtiment; elle était éclairée par quatre fenêtres au midi et six sur la cour ; la porte d'entrée était à deux battants ; le plafond était orné de corniches et d'un panneau à moulures avec rosaces aux quatre angles. Une grande cheminée à l'antique était ornée de sculptures et de cariatides dans ses jambages et était peinte de différentes couleurs.

Au bout de la salle de billard, au levant, existait une antichambre de dix-sept pieds deux pouces de longueur sur treize pieds huit pouces de largeur, et dont la porte était semblable à la porte d'entrée de la salle ; elle était éclairée par deux fenêtres prenant jour au midi, boisée dans tout son pourtour et sur toute sa hauteur. Au joignant de cette antichambre existaient divers cabinets.

*Deuxième étage*. — Il se composait de cinq chambres à coucher prenant jour au midi, avec cabinets, et d'un corridor, éclairé sur la cour, sur toute la longueur du bâtiment et aboutissant au levant sur le grand escalier à vis (l'escalier de cent dix-sept marches) dont il a été parlé et conduisant au garde meuble ou grenier du bâtiment suivant.

*Paratonnerres.* — Deux paratonnerres surmontaient le grand pavillon ; les aiguilles, dont les pointes, d'environ un pied, étaient dorées, avaient quinze pieds de hauteur ; ils étaient reliés entre eux par une chaîne de barres de fer posée sur la couverture au nord ; une autre chaîne posée en travers de la première se réunissait à une troisième fixée contre le mur de gouttière sur la cour, venant par un canal souterrain se terminer à la citerne qui existe encore au-devant du bâtiment.

*Deuxième bâtiment.* — Un second bâtiment, ayant trente-un pieds neuf pouces de façade au nord et quarante pieds quatre pouces de profondeur, était contigü au grand pavillon au levant. Il consistait en un rez-de-chaussée et deux étages. L'entrée du rez-de-chaussée était dans la cour de la chapelle et en contre-bas de cette cour ; on y arrivait par un escalier descendant composé de cinq marches et il comprenait une cuisine, un cabinet, une chambre dite le poële et une chambre à lessive. Le premier étage avait son entrée par l'escalier à vis existant dans l'angle nord-est du grand pavillon, et se composait d'une antichambre, d'une chambre à coucher joignant un grand cabinet, qui ouvrait sur une bibliothèque, d'une autre chambre à coucher joignant un petit cabinet de bains et un cabinet de toilette éclairé au levant. Le second étage avait aussi son entrée par l'escalier dont nous venons de parler, lequel s'élevait jusqu'au grenier du grand pavillon ; il comprenait une antichambre, deux chambres à coucher et un cabinet. Le grenier sur ce second bâtiment avait été converti en un garde meuble, pavé et plafonné.

*Troisième bâtiment.* — Le troisième bâtiment, adjacent au précédent, mais construit en retraite, était contigü à la chapelle ; il avait vingt-un pieds neuf pouces de façade sur la cour et trente pieds de profondeur hors d'œuvre. Il se composait aussi d'un rez-de-chaussée et de deux étages. Le rez-de-chaussée avait son entrée au nord par deux arcades ouvrant sur un vestibule où se trouvait l'ouverture d'une citerne dont l'eau provenait du puits du Grand Jardin, et y était amenée par des tuyaux en bois et en plomb (1). Ce vestibule donnait entrée dans une cuisine joignant une seconde chambre dite le poële. Un escalier extérieur en pierres avec deux paliers conduisait au premier étage, composé d'un corridor, d'une chambre à coucher et d'un cabinet. Un autre escalier, intérieur et en bois, donnait accès à un deuxième étage où se trouvaient un vestibule, une chambre à coucher et un cabinet éclairés au midi et un autre cabinet éclairé au nord.

*Quatrième bâtiment.* — Un quatrième bâtiment, contigü au troisième et placé derrière et contre la chapelle, ayant trente-huit pieds de longueur et trente pieds de profondeur, avait son entrée à gauche de la chapelle ; il comprenait un rez-de-chaussée et un étage ; au rez-de-chaussée se trouvait un corridor et deux grandes chambres à feu éclairées au midi. Au fond du corridor existait un escalier en bois conduisant à l'étage et se continuant jusqu'au grenier. A la hauteur de l'étage l'escalier donnait entrée dans un corridor allant jusqu'à celui du troisième bâtiment. Cet étage comprenait en outre une chambre à coucher avec cabinet de toilette et un second cabinet.

*Cinquième bâtiment.* — L'escalier dont il vient d'être parlé conduisait aussi dans une chambre formant l'étage d'un cinquième bâtiment situé au bout du château (au levant). Dans l'angle sud-est de cette chambre était un petit cabinet de forme ronde saillant au dehors. Le rez-de-chaussée de ce cinquième bâtiment avait son entrée dans la cour de la chapelle et se composait de deux cabinets.

---

(1) Le 18 messidor an VI, un mandat de 36 fr. 25 a été délivré aux ouvriers qui avaient « fait des fouilles dans le terrain des promenades publiques de cette commune pour lever des corps en plomb et remplir lesdites fouilles ».
Pendant l'hiver de 1883-84, en creusant des canaux pour la conduite des eaux dans les bornes-fontaines on découvrit des tuyaux en bois ayant servi à amener les eaux du grand jardin dans la citerne du château.

Tous ces bâtiments dans leur ensemble avaient une longueur totale de deux cent soixante et un pieds (quatre-vingt-sept mètres).

### CHAPELLE

Le bâtiment de la chapelle avait 26 pieds de longueur et 22 de largeur hors d'œuvre et avait été reconstruit vers l'an 1789 ; il était éclairé par deux fenêtres, l'une au levant et l'autre au couchant, au-dessus de la tribune ; au nord était une belle verrière ou *vitrail* cintré, vitré de 45 carreaux d'environ 10 pouces sur 8. Sur une partie des côtés était une tribune de 39 pieds de pourtour, élevée sur quatre colonnes toscanes, surmontée d'une architrave à moulures et garnie d'un appui de balustres en bois, au nombre de 43, et dont l'accoudoir était garni d'une parure avec clous en cuivre doré. Le tout était peint en couleur paille et vernissé.

### LES REMISES — LA SALLE DE SPECTACLE

Le bâtiment des remises faisait suite au pavillon situé à droite de la grille d'entrée et n'en était séparé que par un espace de trois pieds, fermé du côté de la promenade (1) ; du côté opposé un escalier conduisait à la salle de spectacle, située à l'étage de ce bâtiment (2). Cette salle avait 56 pieds de longueur sur 22 pieds 6 pouces de largeur dans œuvre. L'emplacement de tous ces bâtiments, de celui des écuries, des divers hangars et du jardin derrière les écuries, est rendu plus sensible par le plan ci-joint, qui nous dispense d'en faire une description plus détaillée.

---

(1) Ce bâtiment renferme aujourd'hui les écoles communales ainsi que le logement de l'instituteur et celui de l'institutrice.
(2) Une partie de l'ancienne salle de spectacle du château est comprise dans le logement de l'institutrice.

## DONATION DE LA TERRE ET DU CHATEAU DE PESMES

Par un acte de donation entre vifs à la date du 9 juin 1773, la marquise de Choiseul, avec l'assentiment de son mari, avait donné à son fils la terre (1) et le château de Pesmes et tout ce qui en dépendait.

## VENTE DU CHATEAU DE PESMES — SA DÉMOLITION

Le duc de Choiseul ayant émigré, ses biens furent vendus au profit de la nation. Le 6 vendémiaire an V, un nommé Ratelot, de Montmirey, acheta le château de Pesmes et transmit son acquisition à François Parisot, de

---

(1) Par acte du 2 novembre 1791, les domaines du duc de Choiseul situés sur Pesmes, Aubigney, Broye, Sauvigney, Bard, Malans, Bresilley, Chaumercenne, Vadans, Résie-Saint-Martin, Mutigney, Chassey et Champagnolot furent affermés en bloc à Jean-Michel Gonzal, moyennant un rendage annuel de 20.000 francs payables moitié à la fête de Saint-Jean-Baptiste et l'autre moitié à Noël, plus 200 mesures d'avoine, 50 mesures d'orge, 8 pièces de vin rouge, 4 milliers de tuiles, briques ou *carreaux* pour pavement ou pour cheminées, 4 queues de chaux vive, le paiement des impôts et les gages de dix gardes y compris le garde général à raison de 200 francs chacun, les fondations faites aux églises de Pesmes et de Vadans, la rente due aux dames Balland de Broye, les gages des officiers de justice, dont cent livres au lieutenant du bailliage de la Baume Montrevel.

Le duc de Choiseul possédait sur le territoire de Pesmes 252 journaux de terre, 3 mesures 1/2 de chenevières, 70 faux 3/8 de prés, 24 faux à la Colombière et 451 ouvrées de vignes.

Le bail comprenait « la maison seigneuriale désignée sous le nom de granges et ses « dépendances, prels, champs, vignes, moulins, huilleries, tuilleric, rivière, pesche, « éminage, disme, four bannal, étangs, épaves (héritages abandonnés), échuttes (droit « de succession au profit du seigneur quand le mainmortable n'avait pas de descen- « dants), corvées, cens, redevances, amandes, confiscations, lods (droit dû au seigneur « à chaque vente qui s'opérait dans l'étendue de sa censive), pamage, glandées (droit « accordé par le seigneur de faire paître les porcs dans les bois à la glandée, c'est-à- « dire la chûte des glands) ». Mais le seigneur se réservait « tous les droits d'investi-ture, commises, consentement et retenues aux choses féodales, ceux de présentations, patronage et collations de tous bénéfices, d'imposer aux quatre cas de la coutume et ceux d'instituer et de destituer les officiers de justice et les gardes forestiers. La moitié de toutes généralement quelconques les amandes soit pour délits forestiers, soit pour fait de chasse, pesches, regains, mésus ; la moitié des échuttes, épaves et lods, toutes les amandes prononcées contre les fermiers dans le cours du bail ». Il se réservait en outre « le Grand Château de Pesmes, les écuries, greniers à foin, cuverie et tous les logements qui sont dans l'enceinte dudit château, le petit jardin, le château Rouilland avec tout ce qui en dépend, le grand jardin, les vignes entre ce jardin et la route ; les deux étangs du Gros-Bois, une partie de la rivière de l'Ognon, ainsi que les terres labourables joignant la forêt la Dame au territoire de Vadans, les forges et fourneaux de Pesmes et tout ce qui en dépend, avec 25 fauchées de prels dans la prairie de Broye ». (Bibl. de Gray L. 73).

Pesmes, sous les charges spécifiées dans cet acte (1). Aussitôt qu'il fut propriétaire de cet immense monument, Parisot s'empressa de procéder à la démolition de la partie que nous avons appelée le Grand Pavillon, la plus richement décorée, et d'en vendre les matériaux. Il ne restait de cette superbe habitation que le vestibule (2) dépouillé de tout ce qui avait de la valeur, lorsque l'administration centrale du département de la Haute-Saône en ayant eu connaissance prit, le 12 floréal an V, un arrêté interdisant à l'adjudicataire toute nouvelle démolition et toute vente de matériaux. Cet arrêté, signifié à Parisot le 20 floréal, mit fin à la destruction du château.

---

(1) Du 29 messidor an 4. Vente de la tuilerie et du château Rouillaud à Jacques Valrand fils.
Du 1er thermidor an 4. Vente du Grand Jardin à Jean-François Rossigneux, ainsi que du château Royal et d'une petite maison ayant servi de glacière.
Parmi les biens vendus sur l'émigré Choiseul figure « un ancien château inhabitable situé à Oiselay avec le terrein en friche et brussailles des anciens fossés. »
(Arch. de la Haute-Saône. Série Q. 1er fonds. Carton 136).
(2) Ce vestibule, comprenant deux chambres au rez-de-chaussée et deux à l'étage, est pompeusement appelé aujourd'hui « l'hôpital ».

# HOMMES CÉLÈBRES

### Nés à Pesmes ou y ayant résidé

Dans le *Culte à Pesmes* nous avons publié la monographie de plusieurs enfants ou habitants de Pesmes arrivés à la célébrité. Des notices historiques sur Jacques Prevost (p. 201 et s.), Pierre Mathieu (p. 329 et s.), Rousselet, Genty (p. 348 et s.), Antoine Doudier (p. 111 et s.), et Pierre Fourier (p. 309 et s.), qu'on trouvera dans ce précédent volume aux pages indiquées, nous dispensent de les reproduire ici. On lira d'ailleurs dans le cours de cet ouvrage des détails très circonstanciés sur les seigneurs de Pesmes et les membres de leurs familles qui se sont illustrés. Mais d'autres enfants de Pesmes méritent aussi une mention particulière, et c'est à ceux-ci que nous allons consacrer quelques pages.

### Louis GOLLUT

Le plus célèbre de tous, celui dont Pesmes doit être fier, c'est Louis Gollut, l'auteur des *Mémoires historiques de la République Séquanaise et des Princes de la Franche-Comté de Bourgogne*, ouvrage considérable et que l'on consulte toujours avec fruit.

Louis Gollut est né en 1535, à Pesmes, où son père exerçait les fonctions de notaire. Le père mourut laissant deux enfants en bas âge, Louis et un frère, qui eurent pour tuteur Jean Mathieu, ancien recteur du collège de Pesmes et recteur du collège de Dole en 1550 (1) probablement l'aïeul de l'historien Jean Mathieu. Le frère de Louis reprit sans doute plus tard la charge de son père à Pesmes (2) et Louis fit ses études à Dole où sa mère, Marie Lefort, était née. Il se distingua par son aptitude et son application à l'étude et sut, par la bonté de son caractère, se concilier l'estime de ses professeurs et l'affection de ses condisciples. Parmi ceux-ci se trouvait Claude de la Baume Montrevel, devenu plus tard archevêque de Besançon, cardinal et vice roi de Naples (3). Lorsque, en 1565, Claude de la Baume se rendit à Rome avec son vicaire général Lulle pour négocier avec le pape l'annulation de son mariage, il n'oublia pas son condisciple Gollut et l'emmena avec lui. Gollut fit en Italie un séjour de quelques années et passa en Espagne dont il voulait étudier la langue. Rentré à Dole il s'appliqua à l'étude du droit et se fit recevoir avocat. La haute réputation de son savoir étant parvenue jusqu'à Philippe II, roi d'Espagne, ce prince lui confia la chaire de littérature latine qu'il avait créée à l'Université de Dole en 1570 ; Gollut en remplit les fonctions avec zèle et distinction jusqu'à sa mort, mais elles étaient plutôt honorifiques que lucratives : ses *gages,* comme on disait alors, étaient de 150 francs par an. Le franc à cette époque valait en Franche-Comté 13 sols et 4 deniers ; les gages de Gollut représentaient donc 100 francs de notre monnaie. Eu égard à la différence des temps et de la valeur

---

(1) Bibl. de Dole.
(2) Décembre 1561. Quittance donnée aux échevins Catherin Mayrot, François Andrey, Jehan Mayrot et Ilaire Fiot de la somme de 7 francs 3 gros, par Jehan Goluz.
7 décembre 1561. Quittance donnée à l'échevin Jehan Mayrot de la somme de 7 francs par Clément Meuret pour ses despens de messaigier, signé Goluz.
24 novembre 1560. Amodiation aux échevins Pierre Renevier, Claude Marchant, Jehan Mayrot-le-Jeune et Ilaire Fiot, faite par Huguenel Maulgins, de la quantité de 60 pintes d'huile à la mesure dudit Pesmes, etc. Presens Estienne Lacenerre et Vuillemin Lacenerre de Chevigney. Signé : Golu.
(3) LE CULTE A PESMES, p. 298 et suiv.

de l'argent, on peut évaluer cette somme à 1.000 francs. Le traitement de Gollut n'équivaudrait pas aujourd'hui à celui d'un instituteur de hameau.

Mais si la place de Gollut était peu lucrative, elle le mettait en rapport et en relations d'amitié avec les familles qui occupaient à Dole un rang distingué. Parmi les personnes qui l'accueillirent avec empressement se trouvait Étienne Vurry, trésorier particulier de l'Université et pour la seconde fois vicomte-mayeur de Dole, famille noble et illustre, possédant une des plus belles maisons de la ville. Étienne Vurry était père de deux enfants : un fils, avocat fiscal au bailliage, et une fille, Antonia, dont Gollut, veuf d'un premier mariage avec la fille de Mathieu, son tuteur, sollicita la main, qui lui fut accordée. A partir de ce moment il habita la maison de son beau-père. Cette maison resta seule debout après le sac de Dole en 1479, parce que le général français, Charles d'Amboise, l'avait réservée pour son logement (1).

Les fonctions de Gollut lui laissant quelques loisirs il commença, vers 1575, à classer et coordonner les nombreux documents qu'il avait recueillis sur le comté de Bourgogne. Ce grand travail l'occupa pendant douze années et si quelque chose surprend aujourd'hui, c'est qu'il ait pu en si peu de temps mener à bien cet ouvrage gigantesque. On lui a reproché des erreurs de noms, des anachronismes, mais ces erreurs ne sauraient étonner lorsqu'on réfléchit à l'immense quantité de matériaux qu'il

---

(1) La maison Vurry existe encore ; elle est située rue Besançon, n° 7 et est connue sous le nom de maison de Mayrot. Philippe de Castille, surnommé le Beau, y logea en 1507 et Marguerite d'Autriche en 1513. C'est là que fut placé le premier reposoir destiné à recevoir l'hostie miraculeuse rapportée de Faverney.

Au massacre des Dolois en 1479 se rattache un épisode héroïque : Une dizaine de citoyens se réfugièrent dans une cave et firent un feu si nourri qu'on ne parvint pas à les déloger. Charles d'Amboise ordonna de « laisser ces enragés là pour graine ». La semence ne s'en est pas perdue. Cette cave située au bas de la rue Besançon s'appelle la *Cave d'enfer*.

On connaît la légende qui s'est établie à ce sujet : les Français sommèrent ces derniers défenseurs de se rendre :

*Comtois, rends-toi.*
*Nenni, ma foi !*

a réunis, à la difficulté de se les procurer et aux renseignements forcément erronés puisés dans la tradition. Ses contemporains jugaient ainsi l'œuvre de Gollut, car lorsqu'il en offrit un exemplaire à la ville de Dole celle-ci s'empressa de lui voter des remerciements et une somme de cent francs de gratification.

Ce fut en 1592 que les *Mémoires historiques de la République Séquanaise et des Princes de la Franche-Comté de Bourgogne* furent mis en vente. La ville de Besançon lui suscita des difficultés ; la vente de son ouvrage y fut interdite par un arrêt du 28 janvier 1593 par le motif que ce livre contenait « plusieurs erreurs, mensonges, choses apocryphes, non véritables et autres semblables, contre les seurtez, droittures impériales, libertez, privilèges, antiquitez et franchises de ceste cité. » Cette condamnation, reposant sur des motifs aussi vagues, fut combattue par l'auteur dans un *factum* inédit conservé dans la collection manuscrite du président Chiflet, déposé à la bibliothèque de Besançon.

Les travaux de Gollut, sa conduite loyale et exemplaire, les services qu'il avait rendus lui valurent de précieuses amitiés, et ses concitoyens l'entourèrent de leur estime et d'une haute considération. Il devint membre du magistrat de la ville et fut élu vicomte-mayeur en 1591, 1592 et 1595. Il était dans l'exercice de sa charge lorsqu'il mourut, le 22 octobre de cette même année, à l'âge de 60 ans, s'occupant toujours des perfectionnements à apporter à son grand ouvrage, dont il ne se dissimulait ni les lacunes ni les erreurs, désirant combler les unes et rectifier les autres (1).

Pour honorer sa mémoire la ville de Pesmes a donné le nom de Gollut à une de ses rues ; elle s'honorerait elle-même en érigeant à cet homme illustre un monument

(1) Ces détails sont pour la plupart tirés de la notice sur Gollut par Bousson de Mairet.

auquel seraient fiers de contribuer tous les admirateurs du grand historien de la République Séquanaise.

## PONCET, André

La famille Poncet est une des plus anciennes familles de Pesmes. On trouve dans les archives de la famille un acte d'exécution de décret « de Claude Tarbot de Menostey au profit d'honorable Claude Poncet de Pesmes » daté du 27 avril 1534. Au bas de cet acte on voit la signature de Luc Poncet. En 1618, noble Denys de Molin fit une donation à « noble Poncet du Molin, son petit-fils ». Denyse (ou Christine) Poncet, née le 10 septembre 1724, épousa le sire de Combaron. La famille Poncet reçut des seigneurs de Pesmes des preuves de l'intérêt qu'ils lui portaient. Dans la première partie du XVII$^e$ siècle Claude Poncet épousa Marguerite Villeguen, dont il eut plusieurs enfants notamment Charles Poncet, né le 27 septembre 1647, qui eut pour parrain Charles de la Baume et pour marraine Marguerite Grignet (1). Il était présent à la prise de possession de la seigneurie de Pesmes par Charles-Antoine de la Baume, le fils de son parrain, le 21 mars 1689 (2). Sa sœur aînée, Albertine-Marie, née le 17 mars 1643, avait eu pour marraine Albertine-Marie de la Baume, dame de Pesmes (3).

---

(1) Charles Poncet fils de Claude Poncet et de Marguerite Villeguen son épouse, est né et a été baptisé le 27 septembre 1647. Son parrain fut Charles de la Baume, marquis de Saint-Martin, Baron de Pesmes, Caromb, Vaudrey, remplacé par le docteur Juvium, et la marraine Marguerite Grignet (Arch. de Pesmes. Registres de l'état-civil).

(2) Le Culte a Pesmes, p. 287 et suiv.

(3) Albertina Maria filia Claudii Poncet et Margareta Villeguen ejus uxoris baptizata fuit die decima septima martii anno 1643 cujus patrinus fuit Dmùs Vigoureux pbr et hujus loci curatus Matrina Ill$^{ma}$ Domina Albertina Maria de la Baume Marquisa de Saint-Martin Baronissa de Pesmes, Vauldrey, Montmartin etc, absente ejus locum tenuit domicella Johanna francisca Aubert Dmœ de Resie (Arch. de Pesmes. Registre de l'état-civil).

Charles Poncet épousa Claudine-Françoise Flavigny (1) et en eut un grand nombre d'enfants, et en particulier Pierre-Joseph Poncet, né le 5 mai 1689, qui fut reçu *habitant* de Pesmes le 16 décembre 1729. Deux ans plus tard, le 21 décembre 1731, il fut *élu notable* de la ville. En 1748, le 6 avril, Pierre-Joseph Poncet fut *nommé* Lieutenant de maire, et le 17 février 1756 il fut *élu* à la même dignité. Il épousa en premières noces Christine Vatey, dont il eut huit enfants, et en secondes noces Antoinette Tissot, qui le rendit père de quatre enfants : I. Pierre, né le 8 décembre 1753, cordelier, prédicateur de mérite (2). Ses armes furent gravées sur une médaille frappée à Amiens, en 1786, en souvenir d'un carême qu'il avait prêché en cette ville ; II. André, né le 30 juillet 1755, dont nous parlerons ci-après (3); III. Jean-Baptiste, né le 17 février 1757, et IV. Charlotte, née le 16 octobre 1760. Il mourut le 4 avril suivant (1761) dans sa 72ᵉ année (4).

Issu d'une famille dont le nombre des enfants suffirait au besoin pour prouver la forte constitution, le jeune André Poncet rêvait batailles et vie des camps. A l'âge de quinze ans et demi, le 25 février 1771, il s'engagea dans le 18ᵉ régiment d'infanterie Royal d'Auvergne et passa rapidement par les grades de caporal, sergent et sergent-major. En 1777, son régiment reçut l'ordre de passer en Amérique au secours des habitants de ce pays luttant pour conquérir leur liberté. La brillante conduite de Poncet à l'assaut de la redoute de New-Port, assaut que commandait Lafayette en personne, le fit particulière-

---

(1) Flavigny portait : D'azur au chevron d'or chargé de quatre croisettes de gueule et accompagné de trois trèfles aussi d'or.
(2) Pierre Poncet portait : Coupé de sable sur argent, à une croix ancrée de l'un dans l'autre.
(3) André fils du sʳ Pierre-Joseph Poncet, Lieutenant de maire de la ville de Pesmes et demoiselle Antoinette Tissot, son épouse, est né et a été baptisé le trente juillet mil sept cent cinquante-cinq ; il a eu pour parrain le sieur André Bizot Echevin de laditte ville de Pesmes et pour marraine demoiselle Antoinette Nappey épouse du sieur Antoine-Joseph Gardinet. Signé Bizot, Viennet curé. (Registre de l'état-civil).
(4) Arch. de Pesmes. Reg. de l'état-civil.

LE LIEUTENANT-GÉNÉRAL ANDRÉ PONCET
Né à Pesmes le 30 juillet 1755, mort à Montmirey-le-Château (Jura), le 24 juillet 1838

ment remarquer de ses chefs. Il fit la campagne de Saint-Domingue de 1777 à 1783 inclusivement. Rentré en France il fut nommé adjudant sous-officier le 1er septembre 1784, sous-lieutenant le 15 avril 1788 et capitaine le 2 mai 1792.

L'Europe venait de déclarer la guerre à la France. Dans cette lutte gigantesque les talents militaires de Poncet se développèrent promptement ; il franchit très vite tous les grades et parvint à celui de général de brigade le 19 mars 1794. Il avait alors trente-huit ans. Le 26 juin suivant il était à la bataille de Fleurus, où il fut atteint d'un éclat d'obus et eut un cheval tué sous lui ; son aide de camp eut la tête emportée par un boulet au moment même où Poncet lui donnait un ordre.

Après la brillante victoire de Fleurus, tous les corps réunis sous les ordres de Jourdan reçurent, le 29 juin, le nom d'armée de Sambre-et-Meuse. Le jeune général Poncet y prit le commandement d'une division, poste auquel il fut appelé par un décret du 11 octobre 1794. Il n'avait pas quarante ans. Tout manquait à cette armée : les munitions, les vivres, les vêtements, les fourrages. Des uniformes disparates, des soldats sans chaussures, n'ayant pour nourriture que la moitié du pain qui leur était nécessaire : tel était le corps d'armée confié au général Poncet. Par sa bonté, son affabilité, ses sentiments de justice, d'équité, son courage bien connu de ses soldats, il parvint à leur communiquer son patriotisme, à leur faire partager sa confiance ; non seulement ils ne murmurèrent pas, mais à toutes leurs privations ils opposèrent une gaieté toute française et acclamèrent leur chef.

Peu après, en novembre 1794, l'armée française mit le siège devant Maëstricht ; les opérations du siège furent confiées à Kléber, qui dirigea une attaque contre le fort Saint-Pierre et une autre contre le faubourg de Wick. Poncet, chargé de la première, remplit cette périlleuse mission avec vigueur et intrépidité. Lorsque l'année suivante (30 avril 1795), l'armée de Sambre-et-Meuse se trouva devant Mayence, sur le plateau de Mondbach, en présence de l'armée autrichienne à laquelle elle fut obligée de céder le terrain, la division commandée par le général Poncet resta sur le champ de bataille et soutint héroïquement les charges ennemies. Le 16 septembre les mêmes armées se rencontrèrent sur la rive gauche de la Lahn, les Autrichiens occupaient les hauteurs depuis Linzbourg jusqu'à Nassau. Ils en furent promptement délogés et repassèrent la Lahn en désordre en perdant beaucoup de monde. Dans le même temps, Poncet à la tête de la seconde colonne devait agir contre Dietz, dont le pont était coupé. Il fallut traverser la rivière à la nage sous le feu des Autrichiens campés sur la rive opposée. Rien n'arrête le Général : ses troupes arrivent sur l'autre rive, attaquent l'ennemi à la baïonnette et le mettent en fuite. Les Français s'élancent à sa poursuite, mais les Autrichiens s'étaient ralliés à quelque distance de la ville et deux bataillons du général Poncet sont arrêtés et chargés par les hussards de Saxe. Notre brave infanterie ne s'intimide pas, elle serre ses rangs, reçoit audacieusement les hussards de Saxe la baïonnette au bout du fusil, les repousse et les oblige à se retirer avec de grandes pertes. Le 15 décembre suivant, à Woppert, la division Poncet repousse l'ennemi l'épée dans les reins, et les Autrichiens mis en déroute ne trouvent leur salut que dans la fuite.

Mais les soldats de Poncet, manquant de munitions, étaient découragés. Le Général redouble de zèle et d'efforts, ranime le courage de ses troupes, et le 17 décembre ayant reçu l'ordre de se porter sur la route de Kirn avec sa division il arrête ses soldats, les harangue, se place à leur tête et sous la plus terrible mitraille gravit au pas de charge les hauteurs dont il devait s'emparer, culbute les Autrichiens, les poursuit sans prendre haleine jusqu'au delà de Brondscheid. A la suite de cette affaire un armistice fut conclu et les troupes rentrèrent dans leurs quartiers d'hiver.

Une nouvelle campagne se préparait. Les Autrichiens dénoncèrent l'armistice le 21 mai 1796, et l'armée française dut se remettre en marche. Réunie dans la plaine de Sultzbach, la division Poncet célébra, le 29 mai, la fête de la Victoire. A cette occasion, le général harangua ses troupes et termina son discours par ces mots : « Soldats de la République, dans les nouveaux travaux que nous allons entreprendre, je compte toujours sur votre patience et votre bravoure accoutumées; j'espère aussi que vous n'oublierez jamais que vous faites partie de cette illustre armée de Sambre-et-Meuse qui vainquit à Jemmapes, à Fleurus, à Esueux ». Témoin de cette fête à laquelle il assistait, Jourdan fut frappé de la bonne tenue des troupes du général Poncet et lui en adressa plusieurs fois ses félicitations.

Nous ne suivrons pas notre brave compatriote dans cette brillante campagne où il se couvrit de gloire ; on en trouvera les détails dans la notice historique que lui a consacrée M. Armand Marquiset (1) où nous avons puisé la plus grande partie des faits de guerre que nous avons rapportés. Après la mort du général Marceau (20 septembre 1796), le général Poncet, qui l'avait remplacé dans son commandement, passa le Rhin sur le pont volant de Bonn (20 décembre) et vint camper en arrière de cette ville.

Lorsque le système divisionnaire fut supprimé, Poncet reçut le commandement de plusieurs places de la Belgique et peu de temps après celui de la forteresse de Luxembourg ; quelques jours plus tard il fut mis en traitement de réforme (25 pluviôse an V). Cette mesure causa des regrets unanimes dans l'armée de Sambre-et-Meuse, qu'on privait ainsi d'un de ses plus intrépides soldats; malgré les témoignages d'affection des autres généraux il fut mis définitivement à la retraite au mois d'août 1811 et se retira

---

(1) Lons-le-Saunier, 1839.

à Pesmes, où il accepta les fonctions de maire et où il rendit de grands services pendant l'invasion des armées coalisées. C'est dans l'exercice de ces modestes fonctions qu'il fut arrêté, au mois d'avril 1814, sur l'ordre du général autrichien Wimpfen. Nous laissons ici la parole à M. Marquiset:

« Un jour, grande fut sa surprise de voir entrer chez
« lui un aide de camp du général autrichien Wimpfen,
« qui venait de la part de son chef le prier de se rendre à
« son quartier général de Sampans, où il avait d'impor-
« tantes communications à lui faire. Le général Poncet
« monte sans défiance dans la voiture qui avait amené
« l'aide de camp : on part. A peine arrivé au quartier
« général, le maire de Pesmes est introduit près de
« Wimpfen, qui l'apostrophe de la manière la plus vio-
« lente : Il vous sied bien, *Monsieur*, dit-il, de conspirer
« contre nous ; ne savons-nous pas que vous êtes parvenu
« à cacher quinze mille fusils, et qu'une partie des paysans
« de votre canton doit se lever au premier signal. Vous me
« répondrez sur votre tête du moindre événement. » A cette accusation ridicule le général Poncet sourit de pitié, haussa les épaules et, pour toute réponse, dit au général autrichien : *Monsieur, vous êtes un poltron.*

« Wimpfen furieux veut frapper Poncet, mais celui-ci
« pare le coup, saisit son adversaire d'une main vigou-
« reuse et le lance au milieu de l'appartement. Arrêté
« presqu'aussitôt par la garde du général ennemi, Poncet
« est jeté dans un cachot. Une commission militaire s'as-
« semble soudain pour le juger ; il est condamné à mort.
« A cette nouvelle affreuse, sa femme part pour Dijon,
« implore la justice, la clémence du général en chef et
« obtient qu'il soit sursis à l'exécution. Mais des soldats ga-
« rottent Poncet comme un malfaiteur ; on le place sur un
« misérable chariot puis on l'envoie d'étape en étape, sous
« la garde de quelques cavaliers, jusque dans le fond

« de la Hongrie, où il resta détenu cinq mois dans la for-
« teresse de Monkasth sans pouvoir faire parvenir une
« seule lettre dans sa famille. »

C'est vers la fin de septembre de la même année que Poncet rentra dans sa patrie. Il acheta presque aussitôt sa propriété de Montmirey-le-Château, où il s'éteignit le 23 juillet 1838, à l'âge de 83 ans moins sept jours. En exécution de ses dernières volontés, son corps fut ramené à Pesmes et inhumé dans le cimetière de la paroisse.

Le général Poncet avait épousé, à Dole, le 23 avril 1798 (4 floréal an VI) Thérèse-Angélique Picard, née le 25 septembre 1775, fille de Claude-François-Joseph Picard, jadis seigneur de Champagnolot, avocat en parlement, et de Louise-Magdeleine Nélaton, domiciliés à Dole.

Madame Poncet mourut à Montmirey-le-Château en 1844 et fut inhumée dans la chapelle de la famille Picard, en l'église de Montmirey-la-Ville. Les volets de l'autel de cette chapelle sont au musée de Dole.

Du mariage Poncet-Picard naquirent huit enfants :

I. Joseph, né en 1800, qui épousa la fille du général baron Mengaud, sous-préfet à Belfort, dont il eut un fils, Gustave Poncet, actuellement domicilié à Dole, et une fille, Élodie, décédée sans enfants ;

II. Louise, qui épousa M. Taffe, dont la petite-fille, Louise, est mariée à M. Grisel, ingénieur des eaux du royaume d'Italie ;

III. Charles, qui fut inhumé au cimetière de Pesmes, dans le tombeau de son père, et dont le fils, portant aussi le prénom de Charles, est lui-même décédé laissant deux enfants : Charles-André Poncet, qui a embrassé l'état militaire, et Renée Poncet, mariée à M. le Docteur Larger, médecin de l'Hôtel-Dieu, à Dole ;

IV. Joséphine, morte en bas âge ;

V. Jules, artilleur, décédé à Metz ;

VI. Irma, décédée à l'âge de 9 ans ;

VII. Félicie, veuve de M. Ryard domiciliée à Montmirey-la-Ville, et dont la fille a épousé M. Perrin, notaire audit lieu.

VIII. Enfin Thérézine, morte en 1839, à l'âge de 21 ans.

## RABBE, Jean-François

Rabbe, Jean-François, est né à Pesmes le 16 février 1757 (1). Il s'adonna d'abord à l'agriculture, mais son caractère courageux et décidé le détermina à embrasser la carrière militaire. Après avoir passé par tous les grades inférieurs il fut nommé chef de bataillon à la 9° demi-brigade légère, à la tête de laquelle il prit une part brillante à la célèbre bataille de Marengo et fut distingué de ses chefs, qui lui accordèrent une grande confiance. Lors de l'arrestation du duc d'Enghien (20 mars 1804), cette tache ineffaçable dans la vie du grand Napoléon, Rabbe fut appelé à faire partie du conseil de guerre chargé de juger le prince. Il devint colonel du 1ᵉʳ régiment de la garde municipale de Paris et fut élevé à la dignité d'officier de la Légion d'Honneur.

Les glorieuses campagnes et les brillantes victoires de l'empereur, achetées au prix du sang français répandu dans toutes les contrées de l'Europe, avaient fatigué un grand nombre des officiers supérieurs de l'armée, qui aspiraient à un repos bien gagné mais qu'ils ne pouvaient espérer que par un changement de gouvernement. Une conspiration, à laquelle prit part le colonel Rabbe, fut ourdie à cet effet par les généraux Malet, Guidal et Lahorie (2), mais les conjurés furent arrêtés et traduits

---

(1) Jean-François, fils de Jean-Baptiste Rabbe et de Marguerite Vauthier, est né le seize feuvrier mil sept cent cinquante-sept et le dix-sept il a été baptisé. Il a eu pour parain François Vauthier et pour maraine Jeanne-Étienne Longchamps illitérée à cause de son bas âge.

(Signé) François Vautié et Viennet, curé. (Arch. de Pesmes. Reg. de l'état-civil).

(2) Malet, général républicain, annonçant la mort de l'empereur entraîna quelques soldats, s'empara du trésor, de l'hôtel de ville, mit en prison le ministre et le préfet

devant une commission militaire spéciale qui les condamna à la peine de mort. De pressantes sollicitations obtinrent d'abord un sursis à l'exécution de la sentence en faveur de Rabbe, et ensuite la commutation de sa peine en une détention perpétuelle. Il recouvra sa liberté en 1814, à l'abdication de Fontainebleau, mais il ne revint pas à Pesmes et nous ignorons le lieu et la date de sa mort (1).

### PETETIN, Joseph

Un autre enfant de Pesmes, où il est né le 6 août 1784 (2) Petetin Joseph, parcourut aussi une brillante carrière dans l'armée. Franchissant rapidement tous les grades, il devint lieutenant-colonel dans l'armée du roi de Naples. Murat, qui avait pu apprécier sa bravoure, son intelligence et sa discrétion, en fit son secrétaire intime.

### THIOU, Jean-Claude

Thiou, Jean-Claude, né à Pesmes le 19 janvier 1763 (3) entra très jeune au service militaire. Comme le brave général Poncet, son compatriote, il fit la guerre d'Amé-

---

de police, mais il fut arrêté à l'état-major de la place et fusillé le lendemain. Le président du conseil de guerre lui ayant demandé s'il avait des complices : « La France, répondit-il, l'Europe et vous-même, si j'avais réussi (V. Duruy. Histoire de France et des temps modernes).

(1) Des renseignements particuliers nous avaient fait croire que le colonel Rabbe s'était retiré à Lyon où il était mort, mais une lettre du maire de cette ville, du 22 avril 1896, nous a informé que « de 1813 à 1852 il n'existe sur les registres de la mairie de Lyon aucun acte de décès applicable au nommé Rabbe, Jean-François. »

(2) Joseph, fils du sieur Antoine Petetin, marchand épicier, et d'Anne Perrin, son épouse, né le six a été baptisé le sept août mil sept cent quatre-vingt-quatre ; parain le sr Joseph Perrin, Marreine Dlle Therese Petetin. (Signé) Joseph Perrin, Therresse Peteten, Belle, curé. (Arch. de Pesmes. Reg. de l'état-civil).

(3) Jean-Claude fils de Jean-Claude Thiou et de Marguerite Imar, son épouse, est né et a été batisé le dix-neuf de janvier mil sept cent soixante-trois ; le parrein a été Claude Thiou et la marreine Anne-Pierre Masson qui ont signé (signé) : Claude Thiou, Anne-Pierre Masson et Belle, prêtre. (Arch. de Pesmes. Reg. de l'état-civil).

rique, dans le régiment de Touraine, et se trouva au siège de Brümstown-Hille, où il fut chargé, le 20 janvier 1782, de porter à la batterie française des bombes qu'il allait prendre au dépôt. Pendant le trajet un boulet ennemi lui coupa le bras droit, qui ne tenait plus que par un nerf. Thiou dépose sa bombe à terre, prend son couteau, coupe le nerf qui retenait son bras, reprend sa bombe avec son bras gauche et va la déposer à la batterie. Ce n'est qu'après avoir rempli sa mission qu'il songe à se faire panser. Il avait alors 19 ans ! Cet acte d'une énergie toute romaine valut à Thiou une place à l'hôtel des invalides, des gratifications et une pension. La Société de la Candeur lui décerna en outre une médaille.

## VION

Vion, Charles-François-Xavier, est né à Pesmes le 8 juin 1713 (1). C'était un compositeur distingué, et la Bibliothèque manuscrite des *auteurs comtois* du P. Dunand le signale comme ayant publié : *Musique théorique et pratique réduite à ses principes naturels* ou *Nouvelle méthode pour apprendre facilement et en peu de temps l'art de la musique.* (Paris 1742 et 1744).

---

(1) Carolus franciscus Xaverius filius Bonaventuræ francisis Vion et Annæ Boussenard uxoris natus et venatus die 8ª junii 1713, suceptores suere Claudius franciscus Magdelaine et Dolle. Ludovica Gertruda Boussardon (signé) Boussardon curatus. (Arch. de Pesmes. Reg. de l'état-civil).

# PIÈCES JUSTIFICATIVES

# PIÈCES JUSTIFICATIVES

## I

### LE MAIRE DE PESMES

Je Jeham li maires de Pesmes escuiers fais savoir a touz qué je tiens en fie liege de monseignor Guillaume seignor de Pesmes deux mex essis ou Chestel de Pesmes. Item la moitie de la petite justise doudit chestel c'est a savoir la moitie de trois soz et la moitie de cinc soz quant li amande est de sexante et cinc soz. Item toute la moitie de trois seteres de vins quant li amande est de sanc. Item toute la petite justise de la ville de Malans c'est a savoir les trois soz damande Item les trois seteres de vins de lamande de sanc de ladite ville.

En tesmoignage de laquel chouse jay requis et fait matre en ces lettres le scel de mon devant dit seignor mon seignor Guillaume seignor de Pesmes de cui fie liege sont les chouses desux dites et le scel de religiouse persone frère Besancon par la grâce de Deu abbel d'Acey. Et je Guillaume devant diz sires de Pesmes coignois et confessois ces chouses desux dites estre de fie liege et que je les tien de fie liege de ma dame la contesse d'Ertois par cause de la contey de Borgoigne avec l'autre fie que je an tien liegement.

En tesmoignage de laquel chouse jay mis mon scel en ces presantes lettres. Et nos devant dis freres Besencons abbes d Acey a la requeste dou devant dit Jehan avons mis nostre scel en ces presantes lettres faites le geufdi devant la Saint Bartholome lapostre lan MCCC et saze.

(Ch. des Comptes: Arch. du Doubs P 23)

## II

### DROIT DE PÊCHE

Messire Guillaume de Grâdson haut seigneur dud Pesmes, faisons scavoir a tous ceux qui varront et orront ces presentes lettres que comme naguères led seigueur eut deffendu par voix de cris faite Generalement en la Ville de Pesmes que aucun habitans dud lieu ne peschat et ne prit poisson en la Riviére de Lognon avec fillet Espreviers, pagnier, a la ligne, a la main ne autres Engins de nuit ou de jour, sur peine de lamande de soixante sols appliquée aud seigneur laquelle voix et deffense les habitans de lad Ville de Pesmes se sont opposes que de tous tems ils ont jouy indifferemment et ont tenus en leurs noms les gages, saisines et possession et aussy aucuns ont supplies mond seigneur de Pesmes que sur ce il voulut ecouter leurs raisons de montrer en leurs droits et usages saisines et possession ou usages anciens ont soutenu aux noms de tous lesd habitans de Pesmes que leurs Droits etoient de tout tems Immemorial et pour ce Odard Honneret, Jean Michelet, Guillaume Guenasin et Perrenot Mairot Prudhommes et Echevins et par ce nom de prudhommes et Echevins de la Ville et Communauté de Pesmes, ont suplie de rechef a nosd seigneurs de Pesmes qu'ils voulussent recevoir a Montrer et Informer par tous tesmoins que les habitans de Pesmes, tant conjointement que divisement, ont accoutumé danciennete et de Longtems qu'il nest memoire du contraire, comme du commencement de pescher en lad Riviere de l'Ognon dois les molins appellés les moulins Grassot, autrement Glannot etant assis dessus le pont de Pesmes en aval, jusqua la Saone, a pied et a prendre poisson gros et menu en lad Riviere quand il leur plait, a la roule au fenetrier, au pagnier, a la ligne, a la main, et autres Engins, ce que lon apelle pescher a pied, et de ce sont en Bonne saisine et possession, ou aussy lesd habitans et chacun deux en ont toujours usé paisiblement, etant memement en presence des Seigneurs et Dames dud Pesmes, leurs Gens et officiers, qui ont etés au tems passé, sans jusqua present aucun trouble ny empechement dessus declaré ; A laquelle preuve et Information

Mond Sieur de Pesmes a Voulu et consenti que nonobstant L'opposition, et des droits de possession dessusd nous faisions Enqueste et Information pour scavoir la Vérité des choses dessusd a laquelle Enqueste et Information nous avons faite et parfaite et les faits dessusd avons examines le tout par tesmoins appelles avec nous Jean Vauley de Malans notaire de la Cour de Besançon et Juré de Monseigneur le Comte, par lesquels Tesmoins presentés et amenés par lesd habitans et Echevins aux noms que dessus ayant trouvé les choses Dessus dittes affirmées et opposées par lesd prudhommes et Echevins, etre Vrayes, notoires et Manifestes en lad Ville de Pesmes, laquelle Enqueste et Information nous avons raporté a mond Seigneur en son hotel, lesquelles contenant Verité Il nous a ordonne de lever notred Deffense et Empechement et donner licence esd habitans de Pesmes de Pescher en lad Riviere de Lognon de jour a pied en la maniere que dit est, dez led Moulin Glannot autrement Grassot en aval et pour ce a la requeste et Supputation desd prudhommes et Echevins es noms que dessus par Lordonnance et Consentement de mond Seigneur, Avons Levé et Oté Levons et Otons par cettes touttes deffenses et Empechemens dessusd et leur avons donné a chacun licence de pescher de jour, a pied en lad Riviere et dez lesd moulins en aval de la maniere que dit est. Doresenavant, En Tesmoins de quoy nous avons fait mettre en ces presentes le sal aux causes dud Bailliage ensemble et avec le seing manuel de notre Juré de notre ditte Cour ; fait et donné aud lieu de Pesmes le Seizième Jour du mois de may Lan de Grace mil quatre cent vingt-cinq, ainsy signé J. Vauley (1).

---

(1) Archives communales de Pesmes.

III

Offices de Conseillers Maires anciens Mytriennaux

*Du 3 août 1744*

Louïs par la grâce de Dieu roy de france et de navarre a tous ceux qui ces presentes verront salut Nous avons par edit du mois de novembre 1733 créé et retably en titre d'Offices differentes charges entre autres celle de Notre Conseiller maire ancien mytriennaux et alternatif mytriennaux des villes et Coâutés de notre royaume et étant nécessaire de pourvoir aux offices de sujets capables de les remplir avec le zèle l'exactitude et la probité que demandent les devoirs et les fonctions qui y sont attachés scavoir faisons que pour la pleine et entière confiance que nous avons en la personne de notre bien amé le sieur Jean Baptiste Ponsard, et en ses sens, suffisance loyauté prudhomie, capacité, expérience, fidélité et afections à notre service, pour ces causes et autres considérations nous luy avons donné et octroyé, donnons et octroyons par ces présentes l'Office de notre Conseiller maire alternatif mytriennal de la Ville et Communauté de Pesmes créé et retably par led edit du mois de novembre 1733 auquel office n'a point encore été pourvu pour led Office avoir, tenir et exercer, en jouir et user par led s$^r$ Ponsard, sans incompatibilité d'autres offices aux gages de 81 liv. dont sera fait fond annuellement sur les revenus d'octroys et deniers patrimoniaux de la ville et communauté de Pesmes et au défaut de fonds suffisants des revenus de lad ville sur les états des finances de la généralité de Besançon, et aux mêmes fonctions honneurs, rangs, séances, prerogatives, droits, privileges, fruits, profits, revenus et émoluments dont avoit droit de jouir les precedents titulaires de pareils offices avant la suppression ordonnée par édit du mois de juin 1717, de la même manière et ainsy qu'il est plus au long porté aux édits de première création desd offices, notamment les édits du mois de juillet 1690, août 1692, août 1696, mai 1702, janvier 1704, décembre 1706, octobre et décembre 1708, mars 1709 et avril 1710, portant création des offices municipaux, et nommément de l'exemption de la milice tant pour luy que pour ses enfans, sans que pour raisons de l'acquisition dud office il puisse être augmenté à la capitation le tout conformément à notre édit du mois de novembre 1733 et à l'arrêt du 29 décembre en suivant...

## IV

### ÉTATS DE LA PROVINCE — PROTESTATION

Aujourdhuy le 19 octobre 1788 les officiers municipaux de la ville de Pesmes ont cru devoir convoquer extraordinairement l'assemblée des notables dans la vue de les instruire des différentes démarches de la noblesse de cette province, de leurs assemblées mystérieuses dans les environs de Quingey, d'une lettre écrite au roy dans laquelle ils supposent que le tiers état parfaitement d'accord avec eux, quoiqu'ils soient surs du contraire, demandent à Sa Majesté les états de la province pour être rassemblés de la manière dont ils furent encor pour la dernière fois il y a près de 200 ans ;

Vous ignorez peut-être, Messrs les Notables, que les membres des anciens états de la province étaient la noblesse entière, et quelques principaux chefs du Clergé, que ni Messrs les Curés des paroisses, ni personne du tiers état ni étoient jamais appelés, que le tiers état envisagé comme le vil esclave de la noblesse recevoit la loi de ces états et payait les subsides qui lui étaient imposés par leurs délibérations

Les vainqueurs dans les siècles reculés établissaient leurs conquetes sur les terres qu'ils s'appropriaient, sur les habitans qui devenaient leurs Cerfs, ces descendans de ces anciens guerriers dont les restes se réduisent aujourdhuy à deux ou trois familles, exercent leurs droits de féodalité dont ils étaient comptables au Roy par des tributs, insensiblement ce gouvernement de despote en despote s'est enseveli dans la nuit des temps ; qui croira jamais que dans un siècle de lumière la noblesse de Franche-Comté ait osé invoquer un souverain, le roy d'un peuple libre, pour rétablir des usages barbares, et proscrits, qui mettroient ce peuple dans les chaines de l'esclavage ;

Lisez, Mrs les Notables, le procès-verbal de la noblesse du dix septembre dernier, vous y verrez avec surprise qu'environ 150 nobles déclarent qu'ils sont les appuis du trône, qu'ils ont versé leur sang pour la défense de la patrie, qu'ils sont prêts à le verser encor pour défendre leurs droits. Soyons modestes, Messieurs, ne répondons à cet orgueil insultant qui comptant pour rien 800.000 âmes du tiers état triomphe par sa seule valeur et son courage, gouverne par son mérite distingué, soutient l'état et l'enrichit par sa seule industrie, rappelons-nous seulement qu'en 1745 les barrières de l'empire français étaient rompues, que les troupes impériales ravageaient l'Alsace ; que la nouvelle de cette invasion a peine fut répandue dans la province, que 40.000 hommes du tiers état prirent les armes, s'exercèrent pendant trois mois à la manœuvre militaire, se formèrent en compagnies bourgeoises dont les maires des villes étaient capitaines et d'autres bourgeois dans les grades inférieurs ; qu'on n'auroit pas trouvé dix nobles dans cette milice nationale, qui cependant étoit résolue d'aller secourir l'Alsace, et de faire la guerre à ses frais. Cet amour signalé du tiers état pour la gloire de son roy prouve assez que le tiers état est la masse puissante de la monarchie, qu'elle peut tout sans espoir de récompense, et que la noblesse, avide des grades militaires et des graces pécuniaires de la Cour ne vante sa bravoure qu'afin de les obtenir.

La noblesse dans son empressement incroyable d'obtenir du roy les états de la province comme ils étaient il y a deux siècles, ne s'est pas contentée de faire passer à la Cour des lettres, des procès-verbaux, des mémoires, des écrits de toute espèce, elle vient d'envoyer six députés à Versailles pour solliciter l'accomplissement de ses desseins ; cette conduite impérieuse et choquante tout à fait illégale, suscitée par des vues vexatoires contre le tiers état nous a forcés d'assembler Messieurs les notables, de proposer plusieurs questions à délibérer à la pluralité des voix, d'en faire le rapport à la suite du présent mémoire, et d'envoyer au roy, à ses ministres, à M. l'Intendant le résultat de nos délibérations, dans ces circonstances on n'a pas cru devoir convoquer le petit nombre des nobles qui sont habitans de cette ville, puisque les objets que nous allons mettre en délibération sont directement opposés aux fausses prétentions de la noblesse

1er Délibéré d'un concert unanime que la présente assemblée soit légale et convoquée suivant l'usage ordinaire

2e Que la noblesse n'a aucun droit de s'assembler séparément pour traiter des affaires publiques

3e Qu'aucune assemblée n'étoit légale si elle n'étoit convoquée par les maires, échevins des villes et villages

4e Que la noblesse et le clergé ont été appellés dans les assemblées indistinctement avec le tiers état, que jamais ny la noblesse, ny le clergé n'ont prétendu avoir le droit d'opiner séparément

5e Qu'ils s'opposoient à la tenue des prétendus états et qu'il étoit important d'adresser leurs plaintes au pied du trone

6e Qu'il étoit pressant de supplier très humblement le roy d'accorder à la province de Franche-Comté des assemblées provinciales

7e De supplier très humblement Sa Majesté d'ordonner que l'assemblée provinciale soit composée d'autant de membres du tiers état qu'il y en aura des deux autres

8e De supplier très humblement Sa Majesté de ne rien changer à l'ordre étably et d'ordonner que les élections de l'assemblée provinciale seront faittes par les municipalités, leurs notables, et les communes des villages qui seront convoquées à la manière ordinaire

9e De supplier très humblement Sa Majesté de permettre que le président de l'assemblée provinciale soit choisy et nommé par l'assemblée même à la pluralité des suffrages.

10e De supplier très humblement Sa Majesté, dans le cas où les états auroient lieu de n'admettre pour leur formation que la seule méthode légale cy dessus indiquée pour la formation des assemblées provinciales

Lesquelles délibérations nous déclarons être parfaitement conformes à nos vœux, en ce qu'elles sont dictées non seulement par nos loix, mais par la sagesse et par la raison, en ce qu'elles sont dépouillées de cet esprit de vertige qui semble affliger la France, nous avons en conséquence délibéré encore qu'il etoit de la dernière importance d'envoyer au roy copie de tout ce qui est icy rapporté, d'en envoyer de même copie à ses ministres, à M. l'Intendant, et de supplier très humblement Sa Majesté d'y avoir égard et de surseoir au rétablissement des anciens états de la province de Franche-Comté jusqu'à ce que les différentes municipalités et leurs notables ayent fait connoître leur intention

Nous ne doutons pas que tous vos fidèles sujets du tiers état, Sire, ne concourent avec vous à maintenir la puissance monarchique dans toute sa force contre les vains efforts et les entreprises téméraires d'aristocratie et de gouvernement étranger à la constitution françoise; Sire, votre tiers état est loyal ; il défendra votre empire, et soutiendra la gloire de votre règne. Nous renouvelons à Votre Majesté notre serment de fidélité, d'obéissance et du plus profond respect

Cette délibération a été signée par les s$^{rs}$ Morizot, maire ; Larquand, lieutenant de maire ; Cadenat, 1$^{er}$ échevin ; Guenot, second échevin ; Maître et Guilleminot, assesseurs ; JB$^{te}$ Lamarche, notre royal et procureur sindic ; les s$^{rs}$ Callier et Rabbe, prêtres ; les s$^{rs}$ Dupoirier, aîné, et Dupoirier, ancien maire ; Nicolas Ancey, docteur en médecine ; Jean Oudille ; Claude-Antoine Guillaume, notaire ; Jacques Tribouillet ; Jean-François Paulin ; Dominique Doudier ; Claude-Antoine Bergeret, greffier du baillage ; Antoine Doudier, chirurgien, tous bourgeois ; les s^rs Claude-Pierre Borel ; Joseph Renaud ; Jean-Claude Doudier ; Christophe Rabbe ; Nicolas Morizot ; Claude Callier ; Antoine Mercier; Antoine Mairot ; François Boussenard ; Étienne Haulet ; Antoine Petitin, tous negotians (sic) ; Charles Sauterey ; Claude Petitin ; Edme Bourdin ; P^rre Petitin ; Ant^ne Guenot, le vieux ; Ch^les-François-X^r Jannot ; Nicolas Richardet ; François Vauthier ; Ch^les Lance ; Laurent Maire ; Cl^de Michaud ; P^rre Fidon ; Philippe Seguin ; F^ois Gallué ; Ant^ne Menetrier ; Ant^ne Besse ; Alexis Voillier ; JB^te Rabbe, tous cultivateurs ; P^rre Gardinet ; François Parisot ; Augustin Clément ; P^rre Thiery, tous artisans et habitans de cette ville (1).

---

(1) Arch. communales de Pesmes

## V

### DON A N.-D. D'ACEY, PAR GUASSE LOMBARD

Je Johannoz dit Guasse Lombart demorant a Pesme, fais savoir a touz que je pour le remède des armes de mes prédecessours et de moy ai donney et done en heritaige franc et perpetuel a la eglise et au covent de Notre Dame d'Acey sept sols de perpétuel censse que Girart dit Ponsot dimorang a Chamarcenes me devint sur un meis et sur la terre apertenant audit meis qui fut à la ferme Ambreconai de Reus et siet a Chamarcenes de lès le chemin de Montaigny dune part et de lis le meis que lon dit le meis d'Asseinges dautre part, liquels sept sols sunt a paier annuelment et perpetuelment huit jours devant la feste Saint Michiel ou huit jours apres. Et de la dite censse me suis desvestriz et les dit église et covent en ayent estez et mis et met en perpetuel saisine (*saincre*) et porcession de fait par la tradition de ces littres et leur en fais perpetuel cession et quittance de tout mon droit et ce je promet par mon serrement pour moi, mes hoirs et ces qui en haront cause par mon serrement bien et loïalement pour touz tenir garder et contre tout garantir et apaisier et non venir encontre. Et au prien, suplien et requis a mon chier Seigneur et a ma chiere Dame de Pesmes desquels je tien de fiez les dis sept sols que a ce plaise lour consentir

Et nous Othes de Grançon, sires de Pesmes et, Jehanne dame de Pesmes dou loux et authoritey doudit Othes mon chier seigneur et mary a la dite donacion nous consentons et la volons, louons reconfirmons et pour les remedes des armes de nos predecesseurs et de nous les dits sept sols amortissions perpétuelment pour nous et pour nos hoirs, et a ladite eglise en façons perpetuel cession et quittance.

Données sous nos sealx a la requete doudit Jehannoz le mardy apres la feste de Saint Mathieu apostre lan mil trois cent trente et deux (1).

---

(1) Bibliothèque nationale. Collection Moreau T. 227, p. 105. (Note due à l'obligeance du R. P. D. Benoît, prieur d'Acey).

## VI

### TRAITÉ FÉDÉRATIF

DES QUATORZE VILLES BAILLIAGÈRES DE LA PROVINCE

*(11 novembre 1789)*

Traité fédératif des quatorze villes bailliagères de la province de Franche-Comté sur les subsistances, l'exécution des décrets de l'Assemblée Nationale, et tout ce qui peut concourir au rétablissement de l'ordre et de la tranquillité publique
    Avec invitation à toutes les communes des Villes Bourgs et Villages de chaque ressort d'y adhérer, et d'envoyer, dans le plus bref délai, leurs actes d'adhésion aux Comités des Villes bailliagères, chacun en droit soi
    Les députés des Communes des villes bailliagères de Franche-Comté, savoir : Arbois, Baume, Besançon, Dole, Gray, Lons-le-Saunier, Orgelet, Ornans, Poligny, Pontarlier, Quingey, Saint-Claude, Salins et Vesoul, réunis à Besançon pour cette fois, et sans entendre qu'à l'avenir cette cité puisse être le siège d'aucune assemblée politique de la province de préférence aux autres villes ; répondant au désir de M. le Marquis de Langeron, commandant en chef, et à l'invitation de MM. du Comité des subsistances de la ville de Besançon, se sont occupés, dès le cinq du présent mois de novembre 1789, tant par le fait de commissaires nommés entre eux que par des discussions en assemblées générales, de ce que l'intérêt de la province peut exiger dans les circonstances où la résolution l'a placée.
    Portant en premier lieu leurs regards sur la nécessité d'être toujours en garde contre les trames des ennemis de la régénération de l'état, ils voient avec peine que ces ennemis, après avoir essayé inutilement, à trois diverses époques, de dissiper le corps législatif, d'anéantir ses décrets, d'affliger le cœur d'un Roi bon, juste, bienfaisant, du *restaurateur* en un mot *de la liberté française*, pensent à perpétuer des troubles qui sont leur ouvrage, en excitant la classe indigente du peuple par tous les artifices et toutes les manœuvres possibles
    Ce n'est plus par de grands et funestes projets, dont la juste défiance de l'Assemblée Nationale fait pénétrer les intrigues, et

dont l'énergie des bons citoyens sait arrêter les progrès, qu'ils espèrent parvenir à soulever une partie des Français contre l'autre, et apporter la désolation dans un empire auquel toutes les nations envient ses avantages ; mais c'est en semant des alarmes sans fondement dans l'esprit des citoyens les moins susceptibles de se prémunir contre leurs insinuations, qu'ils se flattent de les faire passer de la terreur à l'effervescence, de l'effervescence à la violence et de là à l'anarchie la plus déplorable

Leur prétexte du moment est celui des subsistances. Ils savent que c'est le plus sensible pour la classe indigente, et qu'une fois prévenue contre les efforts et les soins de l'administration sur cet objet, il ne seroit pas d'excès dont cette précaution ne put être la cause au moment où la nation entre dans la jouissance d'un bonheur si désiré, et que l'union seule peut rendre durable

Ainsi ils exagèrent aux yeux de la multitude le monopole de l'exportation des grains ; comme si les précautions les plus sages n'avoient pas été prises depuis longtemps pour l'arrêter ! ainsi ils diminuent aux mêmes yeux les ressources de la dernière récolte ; comme si une longue expérience, appuyée des calculs de la production comparée à la population, ne détruisoit pas ces suppositions enfantées par l'esprit de trouble et de discorde !

Ainsi ils jettent dans l'âme de la multitude toutes les équivoques capable de l'armer contre les citoyens les mieux intentionnés, et la déterminent à confondre souvent le consommateur honnête et délicat avec l'accapareur qui sert d'instrument à leurs intrigues

Dans ce désordre, la confiance est énervée ; le respect dû aux lois et aux tribunaux est affaibli ; la licence est prise pour la liberté, l'usurpation pour l'allègement des servitudes ; la police est sans force, et bientôt sans un concert unanime de mesures et de moyens de la part des vrais patriotes, le succès de la révolution la plus heureuse seroit mis en doute

Dans ces circonstances urgentes, lesdits députés pensent que ce n'est que dans la réunion des forces éparses du patriotisme que l'on peut trouver son triomphe et le rétablissement du bon ordre et de la tranquillité publique

Les quatorze villes bailliagères de la province et leurs milices nationales, contractent donc sur l'autel de la patrie l'engagement le plus solennel de demeurer unies et confédérées par les liens de la confraternité la plus étroite. Les representans invitent, ils conjurent les villes, les bourgs, les communautés des campagnes, d'adhérer à cette association, qui, par l'influence de l'exemple, peut devenir bientôt le principe de la réunion de tous les Français

Quel seroit l'homme assez insensible pour ne pas voir dans un tel engagement fédératif un support assuré des décrets de l'auguste assemblée, qui pèse les destins et les droits de la nations ; l'assurance d'une communication fraternelle de secours et de subsistances, celle d'un accord parfait contre les tentations du monopole, contre la cupidité des exportateurs, et enfin l'égide la plus formidable à opposer aux perturbateurs de la circulation des grains, de ce mouvement continuel des denrées dans l'intérieur, sans lequel on est presque toujours exposé à trouver la disette au milieu même de l'abondance

Qu'il sera beau, qu'il sera honorable pour la Franche-Comté d'avoir la première resaisi l'olive de la paix et de l'union, au milieu des murmures et des agitations de la discorde ! Quelle gloire pour elle, lorsque l'assentiment universel de toutes les communes de la province aura consacré ce monument de philosophie et d'humanité !

Les députés espèrent que l'assemblée nationale s'empressera de ratifier leurs dispositions ; et appuyés du témoignage et de l'autorité de M. le commandant de la province, ils se persuadent que les communes, saisies d'un enthousiasme heureux et salutaire, s'empresseront de les exécuter d'elles-mêmes, dès qu'elles leur seront connues, pour parer au mal qui peut résulter de la lenteur inévitable du décret qui doit les transformer en un réglement légal. Dans ces sentiments, lesdits députés sont convenus et ont arrêté et délibéré ce qui suit ;

§. I<sup>er</sup>

*Confédération des quatorze villes bailliagères, à laquelle les villes, bourgs et communautés de leur ressort, sont priées (sic) d'adhérer.*

Art. 1<sup>er</sup>. — Entre toutes les villes et toutes les milices ici representées, il y aura désormais intimité, fraternité et alliance perpétuelle, conformément au vœu de chacune, de manière que tous les habitants d'icelles et tous ceux des villes, bourgs et villages qui y adhèreront, se regarderont comme membres d'une seule et même famille

Art. 2. — L'une desdites villes pourra requérir au besoin le secours et l'assistance d'une ou de plusieurs autres, pour faire respecter plus efficacement dans son ressort les loix anciennes auxquelles l'assemblée nationale n'aura pas dérogé, les décrets de cette auguste assemblée, l'autorité du roi et celle des jugements des tribunaux

Art. 3. — Dans le cas où, par l'effet d'une requisition de cette espèce, les milices de deux ou plusieurs communes se trouveroient réunies, le chef de la milice requérante aura le commandement

Art. 4. — Pour entretenir entre lesdites villes et ressorts des relations constantes, les comités et milices nationales établiront entre eux une correspondance régulière par la voie de la poste, et en cas de nécessité par soldats d'ordonnance, de proche en proche

Art. 5. — Ce traité fédératif, ainsi que tous les articles subséquens, seront présentés par les comités des villes bailliagères à toutes les communes de leur ressort, chacune en droit soi ; et lesdites communes seront invitées, par des adresses circulaires, à envoyer auxdits comités leur acte d'adhésion le plutôt possible

Art. 6. — Les soldats nationaux qui seront envoyés aux correspondances, rendront sur le champ à leur retour, compte de leur commission à leur commandant, lequel en fera part au comité

§. II

*Vérification des subsistances dans les trois lieues limitrophes de l'étranger*

Art. 1er. — Il sera fait sans délai un récensement général de toutes les subsistances, tant en grains qu'en farines, qui existent dans toutes les villes, bourgs, villages et hameaux situés dans les trois lieues de cette province frontière de l'étranger

Art. 2. — A cet effet, il sera établi des commissaires par les comités des subsistances et des milices nationales des villes bailliagères dans le ressort desquelles se trouvent lesdits bourgs, villages et hameaux. Le nombre de ces commissaires sera proportionné à l'étendue et à la population desdites trois lieues limitrophes

Art. 3. — Ils se diviseront entre eux lesdites trois lieues limitrophes par districts à parcourir, de manière que l'opération du récensement soit prompte et exacte, et que le rôle puisse être clos le plutôt possible, au plus tard pour le 25 décembre prochain.

Art. 4. — Lesdits commissaires se feront accompagner d'adjoints pris à leur choix sur les lieux même, et de cavaliers de maréchaussée ou de soldats nationaux, pour main-forte, s'il est besoin. Ils se présenteront dans toutes les familles, maisons et communautés religieuses, prendront la déclaration de chaque chef de famille ou supérieur de communauté

Art. 5. — Cette déclaration contiendra la quantité de farines et de grains battus ou non encore battus de toute espèce qui seront en leur pouvoir, de ce qu'il leur est nécessaire d'acheter pour completter leur consommation jusqu'à la récolte prochaine, ou de ce qu'ils ont en sus de cette même consommation ; du nombre de personnes dont la famille ou la maison est composée, de la qualité et quantité de bétail qu'elle possède, des fonds qu'elle doit semer au printemps, et de quels grains, et enfin de la quantité et espece de grains qui existent dans les magasins publics du lieu.

Art. 6. — Ces déclarations seront signées du commissaire, des adjoints et déclarants, s'ils savent signer ; et elles seront adressées sans délai au comité de la ville bailliagère du ressort qui formera le rôle général du récensement de subsistance pour son ressort en récapitulant à la fin l'excédant ou le défaut de subsistance pour le temps qui doit s'écouler jusqu'à la récolte

Art. 7. — Ces déclarations seront faites en doubles ; un des doubles sera remis par les commissaires au Curé ou à un des échevins de chaque lieu en l'absence du curé, pour qu'ils puissent donner avec connaissance de cause, les billets ou certificats de nécessité, dont il sera parlé ci après. Ce double servira au curé et à l'échevin de registre, pour inscrire, à la marge de chaque article, la déclaration du jour où ils auront expédié le billet de subsistance

Art. 8. — Les voyages des commissaires et main-fortes, tant des milices nationales que de la maréchaussée se feront sans autres frais que les simples déboursés, dont les villes bailliagères de la province se cotiseront pour faire les avances : sauf à recouvrer sur les fonds de la province, ainsi qu'il y sera pourvu dans les assemblées provinciales.

Art. 9. — Les comités des villes bailliagères remettront, le plutôt possible, aux chefs de chaque poste des préposés à former le cordon, pour veiller à l'exécution des présentes l'extrait du rôle de récensement relatif au district qui leur sera confié, pour qu'ils soient toujours en état de s'assurer de la vérité des certificats de nécessité, par comparaison aux déclarations qui seront contenues audit rôle

§ III

*Précautions contre l'exportation*

Art. 1er. — Les décrets de l'assemblée nationale, portant défenses d'exporter des grains et farines à l'étranger, seront exécutés suivant leur forme et teneur ; et pour en procurer plus sûrement l'exécution en ce qui concerne la Franche-Comté, lesdits députés ont arrêté ce qui suit

Art. 2. — Le cordon que M. le directeur des fermes du roi dans la province, a fait former par les employés desdites fermes, à l'extrême frontière du côté de l'étranger, veillera à l'exécution des présentes, et réprimera, autant qu'il sera possible, le monopole de l'exportation. Indépendamment de ce cordon dont M. le directeur des fermes du roi est invité à faire les dispositions, de concert avec les comités de Saint-Claude, Pontarlier, Poligny, Ornans, Baume-les-Dames et Vesoul, les députés prennent entière confiance au zèle desdits comités et des commandans des milices nationales, tant du pays que des villes bailliagères frontières, pour surveiller le cordon et les frontières limitrophes : et M. le commandant de la province sera en outre prié de disposer des détachemens de troupes réglées sur les frontières, et de leur donner ses ordres sur l'objet.

Art. 3. — Lesdits employés des fermes du roi, ainsi que les milices nationales, porteront sur-tout leur vigilance dans la partie de Morey, les Rousses, le Bois d'Amon, le Prémanon, Bellefontaine, la Mouille, la Darbella, Septmoncel, dans les parties frontières du bailliage de Pontarlier, dans les parties mixtes des frontières de Montbéliard et de Porentruy, ainsi que sur les moulins de Pissoux, du Saut-du-Doubs et des Bassots, derrière le mont de la Grand'Combe des Bois et autres. Ils veilleront également au passage sur les rivières

Art. 4. — Ceux des députés qui, en vertu de l'art. 6 du paragraphe final des présentes, se transporteront à Dijon, prieront M. le marquis de Gouvernet, commandant en chef dans le duché de Bourgogne, de faire garder les trois lieues limitrophes des provinces du Bugey et de Gex, pour empêcher tout versement à l'étranger, même d'employer son autorité et ses bons offices pour faire reporter les lignes des employés des fermes, et toutes autres barrières, sur l'extrême frontière qui sépare le pays de Gex de la Suisse de la Savoie et de Genève

Art. 5. — Les marchés à grains dans les trois lieues limitrophes de l'étranger, seront suspendus ou interdits, si, par les réclamations des villes bailliagères frontières, ils sont jugés suspects, les autres villes s'en référant sur ce point à leur prudence ; mais dès ce moment les marchés de Morez et de Morteau demeurent provisoirement supprimés, et celui d'Orchamps transféré à Vercel

Art. 6. — Les communes désirant se conformer scrupuleusement aux décrets de l'assemblée nationale, notamment à celui du 18 septembre dernier, ladite assemblée est suppliée de décider si elle a entendu comprendre dans les dispositions des art. 2 et 3 dudit décret, les transports de grains et farines que les consommateurs font, pour leur subsistance individuelle, dans les trois lieues limitrophes de la province, frontières de l'étranger ; ou si les formalités prescrites par ledit décret, sont applicables aux marchands de grains et farines seulement. L'assemblée nationale daignera peser dans sa sagesse si les précautions résultantes du cordon, du récensement et des billets de subsistance pour les consommateurs dans lesdites trois lieues limitrophes, peuvent suppléer à leur égard les formalités prescrites par lesdits articles

Art. 7. — Tout habitant dans les trois lieues limitrophes, ne pourra faire aucun achat de blé pour sa consommation, sans être muni d'un billet de subsistance, qui sera expédié par la municipalité au comité du lieu de leur domicile, et au défaut de municipalité, par le curé ou un des échevins du lieu. Il sera présenté dans les trois lieues limitrophes, à la municipalité ou comité du lieu de l'achat, ou, à leur défaut, à la municipalité ou comité du lieu le plus voisin. L'acheteur en recevra un passeport ; le certificat et le passeport seront visés par un des officiers de police du marché où se fera l'achat ; et en cas qu'il n'y ait pas d'officiers de police, par le curé ou un des échevins. Lesdits officiers de police, curé et échevins, tiendront registre de l'achat, ou en feront mention sur lesdits certificats et passeports.

Art. 8. — Dans le cas où les habitants des trois lieues limitrophes feroient leurs approvisionnements ailleurs que dans les marchés publics, ils présenteront les certificats de nécessité et passeport aux curé et échevins du lieu où ils feront leur achat, lesquels viseront lesdits certificats et passeports, en feront mention et en tiendront note comme il est dit ci-dessus

Art. 9. — Les deux articles ci-dessus seront exécutés sous la même peine de confiscation applicable comme il sera dit ci-après

Art. 10. — Les certificats, passeports et visa des municipalités, comités, curés, échevins et officiers publics, seront expédiés sans frais

Art. 11. — S'il arrivait que les officiers des lieux, curés ou échevins déclarassent dans les certificats de nécessité, une quantité de grains plus considérable que celle qui sera nécessaire pour le besoin de ceux à qui ils les donneront, les préposés à la garde des frontières en dresseront procès-verbal, qui sera remis à la partie publique, pour être fait les poursuites nécessaires. Les curés et échevins enverront, ainsi que les comités et municipalités, dans quinzaine, au comité de la ville de leur ressort, la note des certificats et paseports qu'ils auront délivrés, pour être confrontés au rôle du récensement

Art. 12. — La confiscation, dans tous les cas, sera appliquée, moitié au profit de ceux qui auront saisi les grains, farines, chevaux et harnais, ou dénoncé tous transports faits sans les formalités indiquées, et l'autre moitié aux pauvres de la ville ou de la communauté sur le territoire de laquelle la saisie aura été faite. Un nouveau décret de l'assemblée nationale ordonna qu'un tiers de la confiscation sera pour le dénonciateur, un tiers pour le saisissant et l'autre tiers pour les pauvres.

§ IV

*Circulation des grains dans l'intérieur, et précautions contre les accaparemens*

Art. 1er. — L'assemblée nationale sera suppliée de supprimer, du moins de suspendre tous droits de péage, octrois, éminage, roulage, couponage et autres, de quelque dénomination qu'ils soient, sur les grains, légumes et farines ; de manière que la circulation intérieure soit libre et dégagée de toutes entraves : sauf aux propriétaires desdits droits à se retirer devers les Assemblées provinciales, pour réclamer et faire fixer leur indemnité s'il y échet.

Art. 2. — Tout particulier qui voudra faire le commerce des grains et farines, sera tenu de se faire enregistrer au greffe de la juridiction royale du ressort de son domicile, et de représenter son acte d'enregistrement toutes et quantes fois il en sera requis. Il ne pourra ni emmagasiner, ni arrher, le tout à peine de confiscation des grains qu'il auroit en magasin, ou d'amende égale à la valeur des grains arrhés, applicable comme en l'article 12 du paragraphe précédent

Art. 3. — Les négocians en grains et farines, ne pourront en acheter sur les avenues des ports, halles, foires et marchés, ni aller au-devant des voitures et des convois, pour faire leurs achats, à peine de confiscation des grains et farines qu'ils auroient ainsi achetés, applicable comme dessus

Art. 4. — Tous grains et farines ne pourront sortir du lieu de leur achat, qu'en préalable le conducteur ne soit muni d'une lettre de voiture portant mention de la quantité, espèce et destination desdits grains et farines, et le nom et le domicile de celui pour le compte duquel il fait le transport. Cette lettre sera enregistrée par les municipalités et comités du lieu de départ, et à ce défaut par les curés et échevins, qui en tiendront registre. Le conducteur représentera cette lettre de voiture aux comités, municipalités ; ou à ce défaut, au commandant des postes des milices nationales, aux curés ou échevins des lieux, toutes et quantes fois il en sera requis : en sorte que s'il perdoit sa lettre de voiture, les municipalités, comités ou échevins, pourroient vérifier et recourir à l'enregistrement d'icelle ; ce qui sera exécuté par lesd. conducteurs, sous la peine de confiscation, applicable comme dessus

Art. 5. — Les grains et farines ainsi achetés et transportés, seront conduits directement à leur destination, et sans déviation de la route. Le conducteur se munira d'un certificat de déchargement de la part du comité, du curé ou de l'échevin du lieu du dépôt lequel certificat il sera tenu de représenter aux comité, municipalité, curé ou échevin du lieu du départ et de l'achat, dans le cas lui ou celui pour le compte duquel il a transporté, feroit dans le même lieu du départ, de nouveaux achats et de nouveaux chargements ; le tout, sous la peine d'être condamnés solidairement, tant le conducteur que l'acheteur, à la valeur des grains et farines qu'il auroit conduits en premier lieu. Les municipalités, curés et échevins sont invités de tenir soigneusement la main à la représentation du certificat de déchargement, et de donner avis à la partie publique du siège ordinaire du ressort, des contraventions qui pourroient être faites au présent article, pour y être pourvu

Art. 6. — Il sera fait, aux frais de la province, une députation à MM. des comités de Dijon, Châlons et Bourg-en-Bresse, par les villes de Poligny, Salins, Lous-le-Saunier et Dole, qui se concerteront entr'elles pour fournir chacune un député. Une seconde députation sera faite par les villes de Besançon et de Gray, et les députés se transporteront à Langres, Bar-sur-Aube, Chaumont, etc. Une troisième députation sera fournie de chacune un député, par les villes de Vesoul, Baume et Ornans, pour l'Alsace et la Lorraine. Ces différents députés concerteront tous moyens d'assurer la liberté réciproque des achats et celle du transport des grains et farines, et proposeront une confédération de province à province. Ils rendront compte à leur retour, de leur mission à leurs comités respectifs, qui s'en référeront réciproquement. Ceux desd. députés qui iront à Dijon, feront à M. le marquis de Gouvernet, les instances convenues par l'art. 4 du paragraphe III

Art. 7. — Toutes personnes qui s'opposeront à la libre circulation des grains, légumes et farines, dans tous les cas ci-devant exprimés, seront poursuivies extraordinairement comme perturbateurs du repos public, et punies suivant l'exigence des cas ; et faute par les villes ou communautés dans lesquelles et sur le territoire desquelles les délits et contraventions s'exerceront, de donner sur le champ secours et protection suffisante aux conducteurs desd. grains ou farines, sur leur réquisition verbale ou sur la simple notoriété publique, elles demeureront garantes et responsables de tous événements, dommages et intérêts

Art. 8. — Il est enfin arrêté que le projet de règlement ci-dessus ne sera signé que par MM. les députés sous la ratification de chacune des communes qu'ils représentent, comme encore qu'après lad. ratification donnée par les quatorze villes ici représentées, et qu'elles s'enverront réciproquement, le comité de Besançon est autorisé à faire au nom de toutes ces villes, une adresse à la diette auguste, pour la supplier de donner son approbation aux articles contenus dans led. projet ; ceux relatifs au décret de l'assemblée nationale demeurant seuls exécutoires jusqu'à ce que cette approbation soit obtenue.

Art. 9. — Et sur la motion faite par un des membres de l'assemblée, qu'il est chargé expressément de la part de ses commettans, d'inviter tous MM. les députés de s'occuper des moyens de pourvoir à la conservation des fruits pendans et bois, et au maintien du bon ordre dans la province ; lesd. députés ayant pris lecture d'une proclamation faite par le comité permanent de la ville de Vesoul aux bourgs et communautés de son ressort, en date du 18 septembre dernier, en ont adopté les principes et les dispositions, avec sensibilité et reconnaissance envers la ville de Vesoul ; en conséquence, ils ont délibéré que lad. proclamation, devant efficacement concourir au rétablissement du bon ordre, du respect pour les loix et pour les propriétés dans les campagnes, elle sera annexée au présent imprimé, et adressée par les comités des quatorze villes bailliagères, à tous les bourgs, villes et communautés de leur ressort, avec invitation d'y adhérer, ainsi qu'au présent traité ; pour laquelle adhésion il sera dressé une formule uniforme, duquel traité il a été fait quatorze doubles, signés de tous les députés et de M. le comte de Narbonne, commandant de la milice nationale de Besançon et autres villes de la province, qui a été prié d'assister aux délibérations, pour un double être remis à chacune des villes confédérées.

---

*Proclamation adoptée par les quatorze villes bailliagères de la province de Franche-Comté, adressée à toutes les villes, bourgs et communautés de leurs ressorts, conformément à l'article final de leur traité fédératif du 11 novembre 1789*

---

Les habitans des quatorze villes bailliagères de la province de Franche-Comté, aux habitans des villes, bourgs et villages de leur ressort, remontrent :

Que ne pouvant contenir la profonde sensibilité dont ils sont depuis longtemps affectés, en considérant l'inquiète agitation des esprits qui semblent faire oublier l'autorité toujours vivante des loix, relâcher les biens naturels de la société et en altérer jusqu'aux principes, ils s'empressent de réclamer les droits de l'homme et du citoyen, le respect des loix, de la justice et de l'humanité, en rappellant par-tout aux sentiments les plus affectueux d'accord et de fraternité, afin de voir cesser à jamais dans la province les divisions qui depuis longtemps en troublent l'harmonie, les citoyens de tous les ordres se rapprocher et se réunir pour jouir ensemble des avantages inappréciables de la paix et de la tranquillité

Ils osent donc, au nom de la patrie, appeller toutes les communautés du bailliage de      à une confédération vraiment grande et digne d'elles, à une confédération d'honneur, de vertu et de respect pour les loix, et d'union pour le salut commun

Ce n'est plus l'étranger qu'il faut repousser, ce sont nos frères. C'est nous-mêmes qu'il faut préserver des effets d'une fermentation dangereuse, qui écarteroit loin de nous le calme et le bonheur, s'opposeroit aux succès des vues paternelles du souverain et de nos représentans, et nous rendroit indignes de la constitution qu'ils nous préparent

Que d'autres contrées l'emportent sur la nôtre par les progrès des arts et du commerce, par la fertilité de leur sol ou le nombre de leurs habitans ; assez riches, assez forts quand nous serons unis et vertueux, elles envieront le calme dont nous jouirons ; et nous saurons, au milieu des circonstances les plus orageuses, conserver les vertus de nos ancêtres, le respect pour les loix et l'amour du souverain

La raison nous appelle à la liberté et non à la licence. La liberté ou le droit de faire tout ce que les loix ou l'honneur permettent, est le premier bien de l'homme et l'effet le plus précieux de tout gouvernement modéré ; tandis que la licence aveugle et féroce, fléau des bons et ressource des méchans, anéantit toute société et feroit regretter, s'il était possible, jusqu'au despotisme

Tout excès, toute violation de l'ordre public, est un attentat contre la société dont on est membre, un crime de lèze-patrie, qui tend à précipiter dans les horreurs de l'anarchie et de la discorde, car l'état ou des communautés ou des particuliers se croiront en droit, au mépris des loix et des tribunaux, de se faire justice à eux-mêmes par le pillage, le meurtre, l'incendie ou autres violences également répréhensibles, est un état de désordre et de férocité, capable d'entraîner la subversion totale de la patrie

Plusieurs villes de France, notamment celle de Millau, en Rouergue, se sont fait un devoir de resserrer les liens du patriotisme entre toutes les communautés de leurs provinces ; elles se sont empressées de répondre à l'invitation qui leur a été faite de se joindre à elles, et elles ont arrêté solennellement ce que nous arrêtons nous-mêmes à leur exemple :

Que toutes communautés, tous particuliers qui se permettroient aucun excès, aucune infraction à l'ordre public, aucune entreprise sur la vie, l'honneur ou les propriétés des citoyens, qui refuseroient d'obéir à tous officiers invêtis d'une portion de l'autorité légitime, de payer les impôts existans sanctionnés par l'assemblée nationale dans ses arrêts du 17 juin dernier, ou d'adhérer aux décrets des états généraux revêtus de la sanction du souverain ; qui donneroient enfin à la province le scandaleux exemple d'une conduite illégale ou séditieuse, seront dénoncés à la province, et notamment aux prochains états provinciaux, flétris du sceau odieux de la révolte et du crime ; qu'aucune communauté ne pourra, dans aucun cas, se joindre à elles, ni les secourir ; et que frappés de cette excommunication civile, privées de tous leurs droits, séparées des autres communautés, elles ne seront comptées parmi elles que pour le paiement des impôts, à l'octroi desquels elles n'auront pas même concouru

Que toutes les communautés qui voudront adhérer à cette résolution patriotique, seront tenues d'en instruire au plutôt les villes chefs-lieux de leur bailliage respectif, par le fait d'un de leurs échevins chargés de leur procuration. On tiendra à cet effet un registre, où seront inscrits les noms des communautés adhérentes ; et led. registre sera présenté à la première assemblée des états provinciaux, comme un monument d'honneur et de patriotisme.

(Suivent les signatures) (1).

---

(1) Arch. communale de Pesmes, AA I.

## VII

### DON A L'ABBAYE DE CHERLIEU D'UN DOMAINE
### A AGNAUCOURT

Guido de Pedmes laudante uxore et filio dedit quicquid habebat in Agnorum curte et ejus pertinentiis, in terris, in aquis, in pratis, in nemoribus et pascuis, termini longitudinis ex parte septentrionali rivus de Noriaco sicut defluit in Ogetam, ex parte australi grossum nemus quod (vocatur ?) Ogetam ita quod totum nemus illud intra longitudinem continetur per quandam veterem et concavam viam que dividit hoc territorium a territorio quodam monachorum Sancti Marcelli quod vocatur Campus Truini. In latitudine vero extenditur ab antiqua via lapidibus constructa que terminus est territorii Nœrci usque ad territorium de Montimaco (?) ex una parte rivi disendentis ab abbacia ex alterà parte ejusdem rivi usque ad terram Andefridi. Dedit et in longa planea campum Berengarii et terram ejusdem campo contiguam ex superiore parte montis : eadem terra clauditur maceriis lapidis. Laudaverunt hec dona et concesserunt quicquid in eis juris habebant Galterius de Cembon et filii ejus Humbertus et Walo necnum et officiales ipsius Humbertus et filii ejus Stephanus Lambertus et Gislebertus filii quoque Bertini Theobaldus et Humbertus similiter filii Humberti Molendini Lambertus et Bisontini decamus. Anno gracie M° C° L°VII.

(Cartulaire de Cherlieu. Bibl. nat<sup>le</sup> f. 13. Fonds latin n° 10.973

## VIII

### RATIFICATION PAR GUILLAUME (II)
#### DES DONATIONS FAITES PAR SES ANCÊTRES AU COUVENT DE CHERLIEU

Gulelmus de Pasmeys laudantibus matre sua Algaia, uxore sua Jammatha et fratribus suis Guidone, Hugone, Pontis, et sorore sua Bonafemina concessit ecclesie Cariloci omnes elemosinas tam a patre suo quam a patre patris sui eidem domui jam predicte factas sicut in presentiam possident et tenent et sicut in cartis eorumdem continetur sigillatis ab Ansero et Humberto Bisuntini archiepiscopis. Dederat namque supradictus patris pater Willelmus hujus Willelmi junioris avus assensu et laude filiorum suorum Guidonis et Pontii mansum cum prato de Ugniaco, grangiam de Mineriis abbatie clausuram et Molendina, campum de Delerviler animalium pascua et usuaria in omni terra sua campis et aquis pratis et silvis glandem fagman (?) ligna ad edificia et ceteros usus necessaria. Quibus Wido supradicti Willelmi filius laudatis et concessis dedit terram de Agnyacort cum omnibus pertinentiis suis, campum Berengarii in longa planea et terram eodem campo contiguam : sunt lapidum maceriis clausa, dividitur in superiori parte montis, pratum ejusdem Berengarii quod apud Delerviler tribus in locis jacet. His omnibus Willelmus junior laudatis dedit vias et transitum fratribus animalibus, curris et curribus (?) per totam terram suam excepto quod si dampnum in segetibus vel in pratis dum in banno sint fecerint capitale tantum modo restituant. Anno gracie M° C° LX° IX°.

(Cartulaire de Cherlieu f° 27. Bibl. nat¹° N° 10973. Fonds latin),

## IX

### DON A L'ABBAYE D'ACEY
#### par Guillaume de Pesmes et Damette, son épouse

Guillermus dominus de Pasmes et Damata uxor ejus concesserunt Deo et S. M. d'Acey laudantibus filiis suis Guidone Willermo Haymone Enrico atque Poncilino et Guidone fratribus ejusdem Willermi terciam partem Villarisbaton omnium que appendiciarium ejus et quicquid juris habebant in Salyo sub censu IIII$^{or}$ bichetorum annum mediam partem frumenti et mediam avene ita tamen quod de supra cito censu Willermus et heredes ejus ullius nisi tamen ecclesie de Aceyo elemosinam facient et si alieni vendere aut invadiare voluerint. Et sciendum quod census iste de annone sicut in eadem terra fructificabitur Willermo aut cui jusserit ipse singulis annis in festo Sancti Martini reddetur. Porro quicquid tenent homines ejus de Champagne ex aliis qui portinent ad tenementa de Vilarbaton predictis fratribus Acey facit in perpetuum. In omnibus vero que proprio tenere Willermus percidit aut in futurum ipse vel heredes ejus acquirere poteret ab eodem loco Vilarisbaton usque ad fluvium quod dicitur Leygnons fratres Acey usuaria pasturarum habebunt ita tamen quod si animalia eorum Willermo aut hominibus ejus quolibet eventu dampna fecerint trium hominum boni testimonii recompensatione dampna illata recompensabit et de cetero pacem habibunt. Preterea ventos (?) de his que fratres Acey emunt aut vendunt in foro et in nundinis de Pasmes et parturas per totam terram suam quos eidem fratres quondam antecessorum ejus Willermi nomine eis in elemosinam donasse docebant in Kartis eorum habitus ita laudavit et de supra concessit omnibus firmam vuarantiam ipse Willermus et heredes ejus portabunt.

Actum anno ab Incarnatione Dni M. C. LXXX.

## X

### DON A L'ABBAYE D'ACEY

PAR GUI, CHEVALIER DE GLEMETH, ET HUGUES, SON FILS

Ego Lambertus Dei gratia decanus de decanatu de Pesmis notum facio presentibus et futuris quod Wido miles de Glemeth et Hugo filius ejus reviserunt et acquitaverunt penitus omnes querelas et grausios quo adversus Dominum de Aceyo et fratres ejusdem domûs et omnibus appenditiis hebebant, de omnibus illis rebus quibus idem fratres et predicta domus investiti erant, anno Domini M. CC. I die Ascensionis Domini, recognoscentes et laudantes elemosinam, quam fecerant de mediatete decimæ quam habebant in territorio de Sermages pro anima filii jamdicti Widonis qui jacet in cimeterio de Aceyo.

Hujus rei testes sunt Girardus de Tarvay et Stephanus filius ejus et Pontius Memers milites et Guido abbas de Aceyo et Agmo cellerarius. Hoc laudavit Odo filius supradicti Widonis.

(Bibl. nat<sup>le</sup>. Col. Moreau. V. 102, p. 75). (1)

---

(1) Communiqué par le R. P. Dom Benoît, prieur d'Acey.

## XI

### POINÇARD, FILS DE GIRARD DE PESMES,
#### CÈDE A GUILLAUME DE MONTMOROT SES DROITS SUR LA VILLE
#### DE BESANÇON

Nos officialis Bisuntinus notum facimus universis presentes litteras inspecturis quod in nostra constitutus presentia ad hoc specialiter venitus Poncardus domicellus filius quondam domini Girardi de Pesmis militis dedit tradidit et concessit mera et libera donatione facta inter vivos domine Guillelme filie quondam Marescalli de Montmoreto quicquid juris habet habere potest et debet tam in civitate quam territorio Bisuntino in domibus terris pratis, vineis et rebus aliis quibuscumque a dicta Guillelma et suis perpetuo possidendum promittens se autem dictam donationem de cetero per se vel per alium non venire sed eidem pacificare deffendere contra omnes semper et ubique.

In ejus rei testimonium ad preces partium sigillum curie Bisuntine presentibus duximus apponendum

Actum anno Domini M° CC° L VII mense augusto.

(Arch. du Doubs. Fonds Saint-Paul n° 24).

## XII

### DON par POINÇARD DE PESMES au COUVENT DE CHERLIEU

#### DE LA MOITIÉ DE LA PRÉSENTATION A L'ÉGLISE DE BOUGEY

Je Poincars de Paymes chevaliers sires de Valay faz a savoir a touz ces que verront et orront ces presentes latres que je par le salut de m ame et de mes ancessour ai doné et outrés a labbé et au covent de Chierliu de lordre de Cystraux de la dyocèse de Boisançon ein pure et franche et perpetuel aumonne la moitie dou doim et de la presentation de leglise de Buge et la moitie dou tiers de la dite egliese que je tien a maintenant et tout ceu qui me puet escliver de mon segnour Jofroi prevoire patroine de la dite eglise apres son decet. Et se labbes et li covent desordit puet tant faire sur ledit Jofroi que il leur quitoit de que que ovre que ce soit je loutroi. Et ce il avenoit que li devant dit abbe et li covenz poissent acquerir ce que Willemin de Buge escuiers ay ein ladite eglise a maintinent et puet ou doit avoir apres le decet au devant dit monseignour Jofroi. Je Poincars chevalier de sordit les lon et outroi au desordit abbé et au covent come sires dou fie et des chosses desordites. Et por con que con soit farme chosse et estanble je Poincars chevalier devandiz ay mis mon scel ein ces presentes lettres qui furent faites en lan Nostre Seigneur quant li         corroit par mil cc quatre vingt et trois au mois de fevrier

Pend un sceau en cire verte à double queue. (Cherlieu H. Arch. de la Hte-Saône).

## XIII

### HUGUES, CHEVALIER DE GLEMETH, ET ODON, SON FRÈRE
#### DONNENT A N. D. D'ACEY LEURS DIMES DE SERMANGE

Notum sit universis presentes litteras inspecturis quod Hugo miles de Glemeth et Odo frater ejusdem dederunt in elemosinam ecclesiæ beate marie Virginis de Accio quidquid habebant in decimis de Sermages, accipientes tamen de bonis predicte domus equum unum sub tali conditione quod predicti fratres prefatam elemosinam debent guarantire jam dicte domui de Accio contra omnes homines episcopi et heredes eorum. Dederunt insuper supra dicte domui sex denarios censuales cum pertinentiis suis in quodam manso de Sermages, concedentes hec omnia in perpetuum possidenda. Laudaverunt vero prenominati fratres supra dicte ecclesie cartas et elemosinas antecessorum suorum et omnia de quibus ipsa die predicta domus investita erat. Laudaverunt hec omnia Willelmus dominus de Pesmis, Maria et Gerterudi uxores predictorum fratrum et Maria filia Odonis predicte

In hujus rei testimonium et Adulphus abbas Corneoli et ego Lambertus decanus de Graiz de consensu et voluntate predictorum presentem cartam sigillis nostris roboravimus

Actum anno Incarnationis Dominice millesimo ducentesimo vicesimo sexto

(Bibl. nationale. Collection Moreau V. 175 f° 210) (1)

---

(1) Communiqué par le R. P. Dom Benoît, prieur d'Acey.

## XIV

### GIRARD DE CHAUMERCENNE

CONFIRME LES DONATIONS FAITES AU COUVENT D'ACEY PAR SES PRÉDÉCESSEURS

Noverint universi presentes litteras inspecturi quod ego Girardus de Chaumercenes qui fui filius Domini Viries, remisi et aquitavi bona fide ecclesie Aceys et fratribus ibidem Deo servientibus omnes querelas quas habebam adversus eos vel habere poteram in omnibus usibus et commodis tam de terris et rebus aliis quam de morte patris et fratris mei, et concessi eidem ecclesie universas elemosinas quam eidem ecclesie contulerunt omnes antecessores mei ; et de omnibus his querelis supradictis ecclesie Acii me legitimam garantiam postaturam contra omnes homines promitto. Hoc totum laudaverunt fratres mei Guido et Vinius et uxor mea Dampnot et filii mei Willelmus, Petrus et Huguenot et omnes filie meæ quas tum du (?) pacis habebam ; et concessi eidem ecclesie quod de cetero contra eam non ibo nisi pro domino meo légio. (?) Et quia sigillum non habeo, sigilla domini de Pesmis et decani de Graiaco in testimonium presentibus apposui qui me debent unusquisque per potensiam suam ad dictas conventiones revocare si ab eis conventionibus resilirem

Actum anno Dominini M CC XXX primo, feria III post festum beate Lucie virginis

(Bibl. nationale Col. Moreau V. 145 f° 109) (1).

---

(1) Communiqué par le R. P. Dom Benoit, prieur d'Acey.

XV

## TRANSACTION

ENTRE GUILLAUME DE BRESILLEY ET LES FRÈRES GIRARD ET HUGUES

Notum sit tam presentibus quam futuris hominibus universis presentes litteras inspecturis quod ab omni calumpnia et greusia quam Dominus Willelmus de Brusille dictus de Sarmages habebat adversus filios Humbertini dicti Esquiryo, videlicet Girardum et Hugonem laude et consensu E. uxoris sue et omnium filiorum suorum scilicet Hugonis, Petri Henrici et Vincentii, jam dictos fratres et heredes eorumdem ablato omni servitio et nestuma quitavit. Guido vero miles de Sermagne dominus jam dicti Willelmi et filiorum ejusdem qui dictos fratres Girardum et Hugonem pro predicto Willelmo trahebat in causam quitationem istam voluit et approbavit tali quidem conditione quod Girardus et Hugo fratres supradicti tenentur persolvere sexagenta et quinque solidos stephanienses domino Willelme de Brusille et suis filiis, fratres quoque supradicti Girardus et Hugo debent mansum domus in qua morabantur penitus relinquere et quamdam petiam (?) terre sitam sub piro dictam emchaber. Pro pace etiam et quitatione ista confirmanda et tenenda, abbas et conventus de Aceyo quorum dominium jura supra dicti fratres Girardus et Hugo subierunt, duas quercus unam in Vadenay, alteram in lauvre prope Brusille Willelmus et filiis suis supra dictis dare promiserunt. Quod ut magis ratum permaneat ego Guillelmus dominus de Pesmes ad peticionem utriusque partis presentes litteras sigilli mei munimine roboravi

Actum anno Domini M CC quadragesime mense aprili

(Bibl. Nationale. Coll. Moreau V. 157 p. 198) (1),

(1) Communiqué par le R. P. Dom Benoit, prieur d'Acey.

## XVI

### GUILLAUME IV
REÇOIT ROBERT DE CHAMPAGNEY, ET SIMON, SON FILS, HOMMES DE
MAIN ET LEUR DONNE UN FIEF A PESMES.

Je Pierre Curiez d'Ausone fais savoir a touz cels qui verront ces presentes lettres que je ai veu et les mot a mot cex letres bones et sainnes sanz nule effacisure et sanz nul corrumpement en tel forme : Nos Hugues cuens palatins de Borgoigne et nos Alis contesse palatine sa femme façons a savoir a touz ces qui verront ces presentes letres que en nostre presence establiz Guillaumes sires de Pesmes ai recogneu que il par lou consentement d'Ameron sa femme ai receu Robert de Champaigney et Simon son fils par lor et par lor hoirs a homes de mains et lor ai done en fie et en chasement lor a lor hoirs de lor cors quant que il tiennent en la terre de Pesmes et que il ont conquis jusque au jor que ces letres furent faites et si ai recognui que il ai promis et jurie que il les devant diz Robert ne Simon, ne lor hoirs ne panra ne comanderai a panre ne consentra ne soufrera que autres les preigne a son povir se il nen est par tel fore fait que jugemenz les feist panre et ces covenances nos ai prie et requis li diz Guillaume sires de Pesmes que nos par lui et par ses hoirs les mantenions et gardions et faciens tenir et nos prometons et sumestenu es devant diz Robert et Simon et a lor hoirs de garder et de faire a tenir ces covenances ausi com ales sunt desus devisées en bone foi

En tes moignaige de ces choses nos lor avons baillie noz letres saelées de nos saes

Ce fut fait en lan de lIncarnation de Nostre Seignor M et CC et L et V la voille de la Nativité Saint Jehan Baptistre au mois de juing

Je Guillaume Sire de Pesmes fais savoir a toz cex qui verront cex presentes lattres que par la priere et par la requeste de moi et de dame Damerom ma feme li noble berz Hugues cuens palatins de Borgoigne et la noble Alis comtesse Palatine de Borgoigne sa feme ont promis et sont tenu a Robert de

Champaigne et a Simon son fils et a lor hoirs. Que il les covenances que je et ladite Damerons avons as devandit le conte et la contesse feront tenir et garder et je et ladite Damerons sor ces choses avons promis le devandit conte et la contesse et lor hoirs garder de los domages. Et en tesmoignage de cex choses je ai fait seeler les presentes lattes de mon seel Ce fut fait lan de l'incarnation Jesus Christ qui corroit per mil deux cent cinquante cint le doemanche apres la feste de la Saint Jehant Baptiste

(Arch. du Doubs. Ch. des Comptes P 21)

## XVII

## VENTE PAR GUILLAUME IV
A L'ARCHEVÊQUE DE BESANÇON, D'UNE MAISON EN CETTE VILLE

Nos Guillermus dominus de Pesmes notum facimus universis quod nos vendidimus tradidimus et concessimus venerabili patri Willermo archiepiscopo Bisuntino, pro octies viginti libris stephaniensium nobis solutis a dicto Willermo in pecuniâ numeratâ quamdam domum sitam in civitate Bisuntinâ que dicitur domus *Nercoat* retro domum domine Guillerme de Monte Moreto cum appendiciis et pertinentiis ejusdem domus que qui dem domus erat de feodo sedis Bisuntini. Promisimus si quidem dicto Guillermo et ejus successoribus domini jam dictam cum appenditiis et pertinentiis garantire defendere et pacificare adversus omnes homines semper et ubique et nunquam venire contra dictam venditionem facto vel verbo in judiciis aut extra judicium, sed eam firmiter et inviolabiliter observare, renunciantes in hoc facto ex certâ scientiâ exceptione non numerate et non soluto pecunie et non vere in nostram utilitatem atque omni juris auxilio et beneficio nobis competenti et competituro in hac parte. In cujus rei testimonium dicto Willermo emptori presentes litteras sigillo nostro et sigillo religiosi viri abbatis de Acceyo tradidimus sigillatas Actum die jovis post octavas adnunciationis dominice anno Domini M° CC° sexagesimo tercio mense aprili

(Arch. du Doubs. Archevêché cart. 3 401. Besançon).

## XVIII

Humbert, curé de Champagney, et Gui, son frère
cèdent a l'église de Sainte-Marie-Madeleine, de Besançon,
leurs dimes sur Champagney

Nos Guillermus miles dominus de Pesmis notum facimus universis quod in nostrâ presenciâ constituti Humbertus curatus ecclesie de Champaigney et Guido dictus Sorgniez ejus frater dederunt tradiderunt et in perpetuum quitaverunt et concesserunt merâ et liberâ donatione facta inter vivos ecclesie beate Marie Magdalene Bisuntine et decano et capitulo ipsius ecclesie et successoribus eorumdem decimas quas acquisiverunt in parrochiatu de Champaigney a domino Simone de Cussey milite et a Stephano de Champaigney et ab aliis quibusconque.
 Nos autem dictam donationem laudantes et ratam et gratam habentes tanquam dominus in parte ratione feodi, eidem donationi quantum ad nos pertinet auctoritatem prœbuimus et consensum
 In cujus rei testimonium sigillum nostrum presentibus litteris duximus apponendum
 Actum anno Domini M° CC° LX° primo mense novembri

(Bibl, nationale. Cartulaire de Ste-Madeleine T. 15. Col. Droz, p. 341 v°).

## XIX

### VENTE PAR LI DONZEZ DE CHAMPAGNEY
A Vienot dit Soigne dudit lieu, des dimes que Guillaume de
Pesmes tenait a Champagney, a Dammartin, a Mutigney
et a Chassey

Saichent tout cil que verront ces lattres que Estevenons li Donzez de Champaigney ai vandu et baillie Vienot dit Soigne de Champaigney pour huit libres de estevenans lesquelles il ai haeues et receues en deniers nombres ainsi com il la reconeu de sa propre volonté les domes et les tierces que Guillaume sires de Pesmes avoit et tenoit à Champaigney et a Dammartin et a Muteigne et a Chesses.

Ce est assavoir la moitié de la quinte partie que li devanz sires de Pesmes tenoit de part Odat de Champaigney soit que une aminate de ble et une davoine que li devant diz Odat avoit donné pour s'arme permenablement a la chapelenie de Champaigney et de part les gentilshomes de prene le tiers de la quinte partie et de part Estevenot de Muteigne le quart de la quinte partie lesquels desmes et tierces li devant diz Guillaume avoit done a devant dit Donzel pour la soie partie dou moulin et de lestant de Champaigney. Laquele vandue li devant diz Donzel ai promis garandir par sa foi donee corporelment a devant dit Soignie et a ses hoirs

On tes moignaige de la quele chose nos Guillaume sires de Pesmes a la priere et a la requeste dou devant dit Donzel et Vienot dit Soignie avons mis en ces presentes lettres nostre scel et avons promis au devant dit Soignie et a ses hoirs a garandir ladite vandue contre totes gens.

Ce fut fait lan de lIncarnation Jhesu Christ M. C. C. L et set au mois de may.

(Bibl. nationale. Cartulaire de S<sup>te</sup> Madeleine. Col. Droz f° 346, vol. 15).

## XX

### POINÇARD DE PESMES
#### DEVIENT HOMME DU COMTE ET DE LA COMTESSE DE BOURGOGNE
#### POUR SON FIEF DE CEMBOIN,
#### SAUF LA FIDÉLITÉ ENVERS LE SEIGNEUR DE PESMES, SON FRÈRE

Je messire Poincers de Pesmes fais savoir a touz ceux qui verront ces presentes lectres que je suis devenuz homes le comte de Bourgoigne et la comtesse salve la feaulté mons de Pesmes mon frere et appres je ay repris du devant dit comte et de la comtesse quant je havoie a Cemboy et ce que messire Othes de Ruz il tient de moy.

Et pour ce que je ne ay point de scel je le devant dit Poincers ay fait sceler ces presantes lectres du scel mons de Pesmes mon frère

Ce fut fait lan de lincarnation N. S. mil CC et L et neuf au mois de mars.

(Archives du Doubs).

## XXI

### LA REINE JEANNE

ÉCHANGE AU COUVENT DE CORNEUX DIVERS DROITS DANS SA FORÊT
DE LA RIÈPE CONTRE LA SEIGNEURIE DE VALAY

Humilis abbas Corneoli Premonstracensis ordinis Bisuntini
dyocesis notum fecimus universis presentes litteras inspecturis
quod nos considerata utilatate evidenti habita super hoc facimus
permutationem cum excellentissima domina nostra domina
Francie et Navarre regina comitissa Burgundie palatina ac
domina Salinensi in hunc modum dicta domina nobis et successoribus nostris dedit et concessit in perpetuum jus utendi in
quacunque nemore suo prope             prata nostra Corneoli
ex una parte et nemus quod vulgariter appellatur Veivre de
Reigney pro omnibus necessitatibus domus nostre et monasterii
nostri et grangie nostre de Cornuel lou viez et bergerie nostre
que dicitur Fons Stephani et omnium domorum nostrarum
sitarum in finagio Corneoli. Dedit etiam nobis in perpetuum
modo quo supra decem libras stephaniensium annui et perpetui
redditus habendas et percipiendas annis singulis a nobis et successoribus nostris super redditus suos putei Salinensis in festo
beati Michaelis prout in litteris ipsius domine Regine super hoc
confectis et nobis tradidis se...    continetur Nos autem...
predicta ratione et ex causa permutationis tradidimus
cessimus et concessimus perpetuo dicte domine Regine acci-
pienti pro se et successoribus suis in comitatu Burgundie
feodum castri et fortalicii de Valay Bisuntini dyocesis feodum
bonorum vinearum pratorum terrarum nemorum molendinorum
et omnium rerum quocunque sint...         nomine censeantur
dominus Dùcus dominus de Pesmis a nobis Vatti monasterii
nostri tenet et tenere debet in feodum et successores sui tenue-
rint et tenere debuerint et consueverunt in feodum a predecessoribus nostris in dicta villa in finagio dicte ville Mandantes
dicto domino de Pesmis ut proprie dictis et de predictis feodis
          homagium predicte domine Regine prout nobis fecit
et facere tenebatur. Et nos dictum dominum de Pesmis hiis

mediantibus adhibuimus a fidelitate et homagio quibus nobis tenebatur cessimus eciam dedimus et concessimus domine regine predicte acciones reales, personales et misotas que nobis competunt contra dictum dominum de Pesmis         e feod... l... hati... Cedantes eidem domine regine jus proprietatis, possessionis commissionis et jus quodcunque aliud predictis feodibus promittentes sub...              religionis nostre et sub obligacione omnium bonorum nostri predicta omnia et singula tenere et inviolabiliter observare nec contravenire in judicis vel extra alicui contravenire volentes consentire, Dictam que lpromittacionem et omnia supradicta tenere manutenere garantire et pacificare contra omnes. In cujus rei testimonium sigilla nostra presentibus.

Datum anno Domini M° CCC° vicesimo quarto mense septembri

(Arch. du Doubs. Ch. des Comptes $\frac{V}{60}$)

Nos Johannes permissione divina ecclesie sancti Martini Landunensis, abbas Premonstracencis ordinis notum facimus universis presentes litteras inspecturis quod cum religiosi viri abbas et conventus de Corneolo nostri Premonstracensis ordinis Bisuntine dyocesis permutationis nomine pepetuo cesserint tradiderint vel quasi et concesserint excellentissime domine domine Johanne Dei gratia regine Francie et Navarre, Comitisse Burgundie palatine et domine Salinensi pro se et successoribus suis in Comitatu Burgundie feodum castri et fortalicii de Valay dicte Bisuntine dyocesis et feodum hominum vinearum pratorum terrarum et molendinorum et omnium rerum quecunque sint et quocunque nomine censeantur que vir nobilis dominus Guillelmus dominus de Pesmis ab ipso abbate ratione monasterii sui de Corneolo predicti tenet et tenere debet in feodum et que predecessores sui tenuerunt et tenere debuerunt et consueverunt in feodum a predecessoribus abbatibus ecclesie de Corneolo in dicta villa de Valay et in finagio dicte ville. Cesserint etiam dicti religiosi de Corneolo dederint et concesserint perpetuo dicte domine Regine omnes actiones reales personales et misetas que eis competunt contra dictum dominum de Pesmis ratione feodi prelibati. Cesserint que eidem domine Regine et suis perpetuum jus proprietatis possessionis commissionis et jus quodcunque aliud eisdem competens in rebus predictis feodalibus pro eo videlicet quod dicta domina Regina perpetuo predictis abbati et conventui de Corneolo et successoribus suis permutationis nomine dedit et concessit jus utendi in perpetuum in quodam nemore suo dicto La Rappe sito inter prata de Corneolo ex una parte et nemus quod vulgaliter appellatur Vavra de Reingeyo pro omnibus necessitatibus monasterii sui de Corneolo et

grangie eorum de Corneolo veterie et bergerie sue que dicitur
Fons Stephani sitis in finagio Corneoli. Dedit eciam et concessit
predicta domina regina perpetuo predictis abbati et conventui
de Corneolo et successoribus eorumdem modo et nomine quo
supra decem libras stephaniensium annui et perpetui redditus
habendas et percipiendas annis singulis ab ipsis religiosis et
successoribus suis vel eorum certo mandato super redditibus
suis putei Salinensis in festo beati Michaelis prout hec omnia
et singula in litteris super hec confectis dicuntur plenius et
seriosius contineri supplicantes nobis tanquam primo abbati
suo predictus abbas et conventus de Corneolo ut impredictis
omnibus et singulis tanquam factis pro evidenti utilitate sui
monasterii de Corneolo memorati nostrum dignaremus prestare
consensum et assensum

    Nos igitur avide capientes ut tenemus statum dicti monasterii de Corneolo semper prosperum et felicem permanere propenso et inquisito in Premonstracensi capitulo generali quod prescripta sunt et erunt in posterum utilitas et commodum monasterii de Corneolo supradicti : idcirco nos omnia et singula supradicta tanquam rite facta et pro evidenti utilitate monasterii sepedicti super hoc diligenti tractatu habito laudamus ratificamus approbamus et auctoritate nostra confirmamus in predictis omnibus et singulis supradictis auctoritatem nostram interponentes pariter et decretum. In quorum omnium robur et testimonium sigillum nostrum presentibus litteris duximus apponendum. Datum Premonstraci anno Domini millesimo tricentissimo vicesimo quarto sedente capitulo generali.

(Arch. du Doubs. Ch. des Comptes V)

## XXII

### VERNEX DE PESMES
RECONNAIT QU'IL TIENT DE GUILLAUME, SEIGNEUR DUDIT LIEU, SA
MAISON DE PIERRE SISE AU CHATEAU DE PESMES

Je Villemins diz Vernex de Pesmes fais savoir a touz que je tien en fie de mon seignor Guillaume seignor de Pesmes ma maison de pierre et le mex quest encoste que jay au chestel de Pesmes

En tesmoignage de la quel chouse jay requis et fait matre en ces lettres le scel de mon dit seignor de Pesmes et le scel de discrete et religiouse persone frere Besancon abbel d'Acey. Et nos Guillaumes sires de Pesmes coignossons les chouses desux dites estre dou fie ma dame la contesse d'Ertois par raison de la contey de Borgoigne et es prieres dou devant dit Villemins avons mis nostre scel en ces lattres. Et nos freres Besançons desux diz abbes d'Acey es prieres dou dit Villemins avons mis nostre scel en ces lettres faites le jour de la seinz Mathey lapostre lan M. C. C. C. et saze.

(Arch. du Doubs. Ch. des Comptes P)

22

## XXIII

### LETTRE DE GILLE DE COURCELLES, DAME DE PESMES,
#### A LA COMTESSE D'ARTOIS

A vos ma tres chiere et redoutée Dame tres excellant et puissant princeasse Ma Dame d'Erthois supplie je Gille de Courcelles dame de Pesmes que come je vos ahusse requis a Pesmes quant je repris de vos que vos me baillessiez hun guerdyem. qui en votre terre et en vos fiez me gardast en mes justes saisines et possessions de force de injure et de oppression non dehues que il vos plaise moi baillier londit guerdiem tel come messires Girars mes chappelins pourterres de ces lettres vos requerrai ou nommerai et vos pri et suppli que vos me vulliez doner une lettre de grace especial que je puisse plaidoier par procureur en vostre terre et en vos fiez en demandant pour moi et en moi deffandant et ma tres chiere Dame je vos merci molt lon terme que vos mavez doney dou desclarcir vostre fye jusque au jourdui et vos pri et requier que vos me vuillez avoir par excusée de tou que je ne lai esclarci, quar je nai pehu que encour nai je mon droit de tou ou je lou doi avoir et par tout que *Outhenin mes fiz est es chevauchées d'Outre Joul*, mais toujours ma tres chiere Dame je me cognois tenir de vos la moitye de tout,que messires de Pesmes dont Deix ait ame tenoist de vos en plus se droiz lon me done et vos pri que pour ceu que je ne vos puis pas mander par lettre toute ma intantion que il vos plaise croire lon pourteur de ces lettres de tou que il vos dirai de par moi nostre Sires soit garde de vos qui vos done bone vie

Donnees souz mon sael pandant lon jour de Nostre Dame en septambre lam mil trois cenz et vint et sept.

(Arch. du Doubs. Ch. des Comptes P)

## XXIV

### REPRISE DU FIEF DE PESMES par OTHE DE GRANDSON

In nomine Domini amen. Per hoc presens publicum instrumentum cunctis appert evidenter quod anno ab incarnatione domini anno millesimo CCC° vicesimo septimo indictione XI mensis novembris die... pontificatus beatissimi in christo.., ac domini nostri domini Johannis divina prudentia... XXII anno duo decimo in mei publici notarii et... subcriptor ad has... evocator et rogator presencia nobilis vir dux Otho de Grancon dux de Pesmes... et nove domine de Pesmes uxoris sue tanquam hereditas... perpetarie castri de Pesmes et aliorum rerum.., fecit homagium... fidelitatis,.. consuetum in talibus sacramentum excellenti et potenti domine domine mathildi comitisse atrebatensis et Burgundie palatine ac domine Salinensi ibidem presenti et acceptanti de castro et de Cornens de Pesmes de feodis davadans et de Bar de gardia de Malan et de castro de Monte Ramberti cum ejus pertinenciis et per idem homagum confessus fuit Idem miles... nove quo tenere in feodum omnia superdicta a (predicta ? domina comitissa... dotal... domini quod habet in comitatu Burgundie superdicto.., etiam miles superdictus in presentia quorum super se infra tres septimanas a data prœsentis publici instrumenti traditus ipsi domine comitisse ut ad supradictos ipso se missas litteras sub sigillo autentiquo recognitorem per ipsum militem et predictam uxorem suam de hujusmodi feodo continentes. Acta sunt hec in castro de Bracone anno... mense die et promiscatu predictis, presentibus ibidem nobilibus viris et dominis Humberto domino de Rubeo Monte, domino de Monte Ferrando, Guydone de Villa Franconis, Odone de tourayse, Guillelms de Maserys, Hugone daugerans et Johanne de Rya militibus ac pluribus aliis testibus ad premissa vocatis... et rogatis  Et ego Petrus de Venato dyocesis publicus auctoritate apostolicâ notarius qui predicto homagio acceptatori recognitori et promissioni ac omnibus aliis et singulis suprascriptis una cum prenominatis testibus presens interfui eam hanc formam publicam per me redacta scribis feci fideliter acusatus presens quod publicum instrumentum inde confectum signo meo solito signavi rogatus.

(Arch. du Doubs P)

## XXV

### HENRI COMTE DE BAR

donne a Othe de Grandson 80 livres de rente a prendre
en la saulnerie de Salins

A tous ceux qui verront et orront ces presentes lectres Othes de Granson sires de Pesmes salut saichient que commes Hauls et nobles princes mes tres chiers sires messires Henris contes de Bart m'ait donné a tenir en heritaige a moy et a mes hoirs a tous jours mais quatre vins livres estevenans de rente a pranre chascun an sur sa rente annuele qu'il hay en la saulnerie des puis de Salins par la meniere et condicion quil est contenu es lectres que je hay de luy (1) pour les bons services que messires Othes de Gransson sire de Pesmes nous hay fais et entendans quil doit faire et en accroissance des fiez quil tient de nous li havons donné et donnons a tenir en heritaige a tous jours a luy et a ses hoirs quatre vins livres estevenans de rente sur les deniers de nostre rente annuele que nous havons sur la Saulnerie des puis de Salins a pranre et havoir les dictes quatre vins livres estevenans pour ledit monsieur Othe et ses hoirs chascun an a tous jours a deux termens cest asavoir au premier jour de may quarante livres et au jour de la Saint Michel quarante livres les quels quatre vins livres de rente li diz Messires Othes tient et ses hoirs tenront de nous et de nos hoirs contes de Bar en fiez et en homaige lige et en est li diz Messires Othes et seront ses hoirs que ladicte rente tenront hom de nous et de nos hoirs a tous jours saulf pour nous que nous et nos hoirs poront ravoir et racheter les dictes quatre vins livres de rente quant il nous plairay pour la somme de ontz cens livres estevenans qui seront mises en acquest a la valeur de quatre vins livrées de terre au plux pres de nostre

---

(1) Dou dit don contenant de mot à mot la forme qui senseuit : Nous Henris contes de Bar fasons savoir à tous que...

contez de Bar et ycelles quatre vins livrées de terre tenront
ledit Othes et ses hoirs de nous et de nos hoirs contes de Bar
en fiey et en homaige lige et en seront nostre homes comme
dessus est dit ou pour lesdictes ont cens livres ledit messires
Othes ou ses hoirs pour le temps repanront de nous ou de nos
hoirs de leur franc alleuf quatre vins livrées de terre au plux
pres de nostre Contey et ycelles tenront de nous et de nous diz
hoirs et en faront nostre home lige a tous jours comme dessus
est desirey. Et nous le don et choses dessus dictes havons promis pour nous et pour nos hoirs a tenir et garantir audit monsieur Othe et a ses hoirs a tous jours loyaumant et en bonne
foy en la forme et maniere que dessus est desirey. Assavoir est
que je Othes dessus diz pour moy et pour mes hoirs lesquel
jay obligiee et oblige a ce hay promis et promet sur obligacion
des dictes quatre vins livres de rente et de mes autres biens et
des biens de mes hoirs a tenir garder et emplir audit monsieur
le conte de Bar et a ses hoirs toutes les choses poins et condicions contenue et denommes es lectres que jay de luy dessus
transcriptes.

En tes moignaige de verite et pour ce que ferme chose soit
et estable jay scelle ces lectres de mon scel qui furent faites lan
de grace mil trois cens et quarante le secont jour de janvier.

(Bibl. nation<sup>le</sup>. N° 22. T. 184. Lorraine).

## XXVI

### OTHE DE GRANDSON ET SON ÉPOUSE

ÉTABLISSENT DEUX LAMPES ARDENTES A N.-D. DE MONTROLAND

Nous Othes de Grandcon sires de Pesmes et Jehanne dame de Pesmes dou loux et de lautoritey don dit Othe mon seignour et mairy facons savoir a tous que nous en lonour et en la remanbrance de la glorieuse benoite vierge Marie et pour les remedes des armes de nous ordenons et estaublissons a havoir a touz jours mais en leglise devant lauter Nostre Dame de Montrolein doues lampes ardant et pour ces doues lampes sougnier de lumiere d'oille nous donons a touz jours a la dicte eglise et a Nostre Dame de Montrolein sepsante soudées de annuel et perpetuel rente a bons estevenans a prendre et recevoir chascun an sur nous censes de Chamblans es termes cy apres nommez cest a savoir a la feste de Saint Bartholomier sur Emenet filz au Mairot Boudier dix soulz destevenans, sur Jaccte Bougot et sur ses hoirs trente soulz destevenans et le jour des Bordes ansigant sur Jacot Berthealx et sur ses hoirs vint soulz destevenans. En tel maniere que li gouvernours de la dicte eglise vauront querir ladite rente a Chamblans es diz termes et pour la dicte rente lediz gouvernours davent soignier et sougneront a lour mission a touz jours mais la lumiere et lesdictes lampes. Et con nous promettons pour touz jours pour nous et pour noz hoirs lesquelx nous obligeons et touz noz biens quant a conbien et loiaulment tenir et garder et ancour pour ce estre plus certain et estauble nous en havons lessey lectres soubz le sceaulx de Besançon en la main Jacot de Salins notaire de la court de Besançon tesmoingz nos sceaulx mis en ces lettres, faites et donées le sambady jour de la sainte Croix en septambre lan mil trois cens quarante et deux.

(Archives du Doubs. Jouhe cart. 56, n° 31).

## XXVII

### TESTAMENT DE JEANNE DE PESMES

Nos officialis curie Bisuntine notum facimus universis quod coram Johanne Petitot presbitero mandato nostro notario ac curie nostre Bisuntine jurato ad hec a nobis specialiter destinato propter hoc personaliter constituta nobilis et potens domina domina Johanna domina de Grandisono et de Pesmis testamentum suum seu ultimam suam voluntatem fecit et deposit in hanc formam. In nomine sancte et individue Trinitatis Patris et filie et Spiritus Sancti. Amen. Cum propter delictum primi parentis tota generis humani successio est transitoria et mortalis et quilibet sit certus de morte de hora mortis incertius, Idcirco ego Johanna domina de Grandisono sana mente licet infirma corpore considerans et attendens casus fortuitos in humanis corporibus colidie evenientes timens ne intestata decedam seu meum ultimum testamentum et mea ultima voluntas in scriptis ad perpetuum presentum et futurorum memoriam redigatur et etiam constabatur a me et bonis michi a Deo collatis meum ultimum et irrevocabile testamentum facio dispono et ordino sub hac forma :

In primis animam meam reddo et recommendo meo altissimo Creatori et glorississime virgini Marie matri ejus ut sicut idem Creator mentis suâ ineffabili potentia eam creare dignatus est ita eamdem suâ laudabili et benignissimâ misericordia ad gaudia paradisi perducat. Corpus vero meum cujus sepulturam eligo in ecclesia beati Ylarii de Pesmis reddo vermibus terre sumpsit originem verum juris testamenti fundamentum et heredum institutio, ideo heredem meum universalem ac solum et insolidum facio constituo nomino et ordino Karissimum filium meum Jacobum de Grandisono filium que domini Othonis domini de Grandisono militis domicellum in ducentis libratis terre quas retinui ex equorum venditione cessione seu quictatione per me facta domino Guillelmo de Grandisono domino Sancte Crucis aut illi seu aliis ab ipso causam habentibus seu habituris de villis meis casatis burgis domibus et firmitatibus de Pesmis de Monteremberti de Malain de Marpain de Accebonin de Salenni de Sanceyo de Sancto Julliano de Chenebaco de Breteboneyo ex qua venditione habui et recepi a dicto emptore viginti milia librarum stephaniensium bonâ pecuniâ numerata per me in quibusdam litteris super dictam venditionem confectis sub sigillo curie Bisuntine et curie de Montmirey comitatus Burgundie plenius continetur eamdem venditionem ex certa scientia et de meâ ultimâ voluntate expressâ reconfirmo rattiffico et approbo pro me et heredibus meis et ad sancta Dei Evangelia pro me et meis heredibus juravi et juro contra omnia premissa per me vel per alium non venire in futurum. Hic jus autem mei testamenti seu ultime voluntatis et ordinationis mee executorem facio constituo et ordino dilectum dominum socium et maritum meum dominum Otthonem dominum de Grandisono in cujus manibus omnia bona mea mobilia et immobilia presencia et futura et nunc pono delibero dans et concedens eidem executori mei plenam, generalem et liberam potestatem dicta bona mea capiendi petendi exigendi levandi et recipiendi, ita tamen quod ipse dominus Ottho clamores meos et debita claros et clara et sufficienter probatos et probata pacificari reddi et solvi teneatur. Divertens me de dictis bonis meis et nunc et dictum dominum Otthonem executorem meum investens de eisdem ad finem dicte mee executionis adimpletam quam etiam possessionem ipsorum bonorum meorum volo precipio et ordino pro me et heredibus meis quod predictus dominus meus ac executor juret capiat apprehendat et occupat ac de dictis bonis meis omnibus et singulis mobilibus et immobilibus et quibus cumque pacifice et quiete absque contentione heredis mei seu alterius persone cujuscunque gaudeat perpetuo pariter et utatur donec dicti clamores mei et debita mea clares et clara plenarie persolvantur non obstantibus quibuscunque legibus juribus seu consuetudinibus in contrarium introductis quibus in hoc facto per meum prestitum et ex certa scientia renuncio specialiter et expresse. Hoc autem meum presens testamentum seu hanc meam presentem ultimans voluntatem ordinationem irrevocabilem volo habere jure testamenti nuncupatim seu jure codicillorum ant jure ultime voluntatis seu jure pure prestito et irrevocabiliter donationis facte inter vivos aut eo jure modo et forma quibus melius valere poterit ei debebit tam de consuetudine quam de jure et si non velet(?) secundum leges volo quod valeat secundum canonicas et legitimas sanctiones omnium legum subtilitate et rigore juris scripti et non scripti seu consuetudinarii abjectis penitus et remotis a se heredes que meos quo ad hoc juridictum et coercitioni curie Bisuntine totaliter supponendo

In quorum testimonium sigillum dicte curie Bisuntine hoc presenti testamento rogavi apponi. Nos vero Officialis curie Bisuntine predictus ad rogatum dicte domine Johanne coram dicto mandato nostro factum et ad relationem dicti mandati nostri nobis factam qui nobis predicta retulit esse vera et cui quantum ad hec et majorum loco nostro audienda faciendaque et nobis refferenda vices nostras commissimus et commitimus per presentes sigillum dicte nostre curie Bisuntine hoc presenti testamento duximus apponendum. Datum et actum die lune ante festum Nativitatis Beate Marie Virginis anno filii ejus domini millesimo tricentecimo quadragesimo nono presentibus discreto viro et honesto Johanne Humberti de Grandisono canonico Bisuntino et Loranensi, Johanne de Monteremberto domicello, Johanne dicto le Bastard filio Theobaldi de Grandisono Johanneta filia Guidonis Guarinet de Pesmis et Willermo Becheta loco ac pluribus aliis testibus ad premissa vocatis specialiter et rogatis.     JJ. Petitot de Pesmis

(Bibl. Nationale. Fonds latin, 9129 n° 43).

## XXVIII

### Traité de mariage entre Jacques de Pontailler et Alix de Grandson

Au traité de mariaige pourpallé de noble damoisel Jaque de Pontoillé filz ainsné de noble et puissant seigneur mess Guy de Pontoillié seig$^r$ de Talemet mareschal de bourgoigne chev, d'une part. Et de noble dame ma dame Aalis de Gransson fille de feu noble et puissant seign messire Jaques de Grantson jaidis seig de Pesme, Et de noble et puissant dame madame Marguerite de Veirgy dame dudit pesme daultre part
Traité est et accordé entre lez diz ma dame de pesme pour et en nom de ladite madame Aalis absente pour laquelle elle se fait fort et prant en main et li dit mons le marechal pour et au nom dudit Jaques son filz pour lequel il prant en main et se fait fort en la maniere qui censuit. Premierement que le mariaige des diz Jaques et madame Aalis se fera se Dieu et sainte eglise si accordent et seront mairez ensamble selon la coustume generale et notoire du duché de bourgoigne nonobtant quelconques aultres coustumes ou usaiges ad ce contraires auxquelles ils renoncent quant a ce tant en meubles et acquestz comme en douhaire. Item que pour contemplation dudit mariaige et advissuesse du dit Jaques de Pontoillié ledit mons le maréchal a voulu et accordé veult et accorde que son dit filz ait et emporte apres le decez de lui et de ma dite dame Marguerite danglure sa femme mere du dit Jaque les chasteaulx de Talemey de Saint Remy et de Columne ensamble toutes les appartenances des diz lieux lesquels il fera valoir au proffit de son diz filz deux mil et cinq cens livrees de terre en tel maniere que si estoit trové que tant ne vaulsissent il le parferoit aultre part Et se plus vauloient le surplus lui demourroit au proffit de quelque il lui plairoit. Et les quels chasteaulx garnis des ditz deux mil et cinq cens livrees de terre ledit mons le mareschal veult leditz Jaque son filz avoir entierement pour son droit paterne et materne devant touz ses aultres enffans tant nez comme a naistre Et lesquels aultres ses enffens nez ou a naistre il veult estre contens de tous les aultres biens qui ont et qui leur demoureront au temps de leur trepassement tant pour cause de lour droit des succession paternez et materne comme aultrement par quel que maniere sanz ce que ces diz chasteauls et deux millez et cinq cens livrees de terre ils puissent ou doignent

jamais demander ne avoir aucun droit a cause des dictes succcessions de leur dit pere et mere et les diz chasteauls et II$^m$ et V$^c$ livrees de terre fera et procurera ensamble effect et fera faire pareillement a la dite madame Marguerite d'Anglure sa femme que ils seroit et appartiendroit entierement sanz empeschement daucun de leurs diz enffens, au dessus dit Jaques leur filz seulz et pour le tout pour lui et ses heritiers perpetuellement Item que tiendra le dit mons le mareschal sondit fils madame sa femme ensamble leurs gens et maignez en son hostel et compaignie et de sa dite femme et leur feront et administreront toutes leurs necessités selon leur estat tant comme il plaira aux dictes parties et chascune d'icelles que se que pour aucune cause quelconque le contraire avenoit cest assavoir que les diz Jaques et sa femme avenir se departoit de la compaignie et demeurance de ses diz pere et mere en ce cas, ledit mons le mareschal baillera et sera tenuz de baillier a son dit filz la forteresse terres et appartenances de Colomne en la valeur de uy$^c$ (400) livrees de terre, lesquelles il lui parfera se ainssin (ainsi) estoit quelles ny puisent que outre III$^c$ ainssin il avenoit que li diz Jaques trepassoit devant son dit pere la dite madame Aalix seroit en ce cas douhée de la maison dudit lieu de Colonne ensamble deux cens livrées de terre lesquelles seront baillees et assignees a une part a la dite madame Aalix audit lieu de Colonne, pour les prandre et lever par sa main. Et neanmoins si avenoit que ledit mons le mareschal trespassit premier de sondit filz la dite dame seroit douhée se elle survivoit le dit Jaques son mari de la milief de tous leurs biens dont ledit Jaques mourra vestu et saisiz. Item emportera et emporte ladicte madame Aalix pour son droit paterne et materne la terre de Nores et de Sansoy (1) et les appartenances. Et appartiennent et peuvent ou pourroient appartenir tant a cause de feu ledit messire Richart *son premier mari* comme aultrement ensamble cent livrées de terre que lui devent etre baillies et delivrées apres la mort de madame sa mere comme contenu en son traicté de mariaige delle et de feu Richart dAncelle (2) jaidis son premier mairy Et lesquelles cent livrées de terre se pourront racheter par Jehan de Grançon ou ses heritiers en baillant mille frans par une fois a la dite madame Aalix ou a ses heritiers toutes fois quil plaira audit Jehan ou a ses heritiers. Item emportera la dite madame Aalix cent frans de rente a prandre sur la terre de Pois et de Montrambert apres le trepas-

---

(1) Petit-Noir et Saulcoy, canton de Chemin (Jura).

(2) Testa en 1380. Fut à l'expédition d'Écosse (ABBÉ GUILLAUME: LES SIRES DE SALINS).

sement de noble damoiselle mademoiselle de la Fauche (1) femme de feu Guille de Grancon a present femme de Jocobt de Vergy escuier quil la dite terre de pois et de Montrambert tient a present pour douhaire. Item si plaisoit mieux audit Jehan de Grancon a bailler les diz cent frans de rente aultre part que es diz lieux de pois et de montrambert il le pourroit faire en les baillant au duché ou conté de Bourgoigne. Et les quels cent frans de terre se pourront racheter par ledit Jehan de Grantson ou ses heritiers toutes fois quil leur plaira en baillant à la dite madame Aalix ou a ses hoirs les diz mille frans a une fois. Se pourront racheter a deux fois les aultres cent livrées de terre cydessus est se avissin est que les diz rachez se faissent par les diz Jehan de Grantson ou ses heritiers, cellui quil les recuvra sera tenuz de les assigner au proffit de la dite dame Aalix et des sienz. Et demourront toutes les choses dessus dites appartenant a la dite madame Aalix a cause de son mariaige du fie du dit Jehan de Grantson son frere et de ses hoirs procréés de son corps. Item est traicté et accordé entre les parties que aulcunes dicelles parties ne feront ou pourront faire ne parmettront ou soffreront estre fait entre les diz Jaques et sa dite femme ou aucun deulx quelconques donacions leges, ou aultres contraules pour quoy puissent estre empechiez ou diminuez en toutou en aucune partie les choses dessus dites ou aucunes dicelles au proffit daucun diceulx ou daultres quelconques Et toutes les choses dessus dites et chacune dicelles ont les diz madame de Pesmes et mons le mar<sup>al</sup> et chascun deulx promises et promectent faire procurer en effect estre accomplies et parfaictes entierement Et le faire faire ainssin la dicte madame de Pesmes par Jehan de Grantson et la dite madame Aalix par ses enffens Et ledit mons le mareschal par madame sa femme et ledit Jaques son filz et a touz ses aultres enffens nez et a naistres et a chascun deulx sitost qui seront axigies Et en obligent les dessus diz et chascun deulz touz leurs biens, renonçant etc.

Noble et puissant seigneur mons Jehan de Vergy messire Jehan de Ville sur Arce, mess. Jehan seigneur de Rais, messire Guichart de Saint-Souigne, messire Jehan d'Estrabonne chevaliers maistre Drehue felice, maistre Guy Gellemet, nobles hommes Jaques paire de la Jaisse bailli de Dijon et plusieurs aultres circonstans, soient faictes doubles les milieures que lon pourra au dire de saiges la substance du prothocol pour ce commué le 23 juillet 1391. (Archives de la Côte-d'Or).

---

(1) Lafauche, en Bassigny, commune du canton de Saint-Blin (Haute-Marne autrefois chef-lieu d'une importante baronnie qui comprenait les paroisses de Prez, Vesaignes, Liffol-le-Petit, Semilly, Chalvraines, Aillanville, etc.
Nous avons vu que Guillaume de Grandson avait épousé Jeanne de Saint-Dizier; ici elle est désignée sous le titre de M<sup>lle</sup> de la Fauche. Elle possédait sans doute les deux seigneuries.

## XXIX

### THIÉBAUT DE NEUCHATEL

ACCORDE UN DÉLAI AUX HÉRITIERS DE JEAN DE GRANDSON

POUR RACHETER LA TERRE DE PESMES

Nous Thiebault de Neufchastel, seigneur de Hericourt cappitain general de Bourgogne filz de noble et puissant seigneur Messire Thiebault seigneur de Neufchastel et de Chastel-sur-Meselle, mareschal de Bourgogne, savoir faisons a tous que comme feu noble et puissant seigneur Messire Thiebault jadis seigneur desditz lieux de Neufchastel et de Chastel-sur-Meselle, *notre ayeul paternel*, et noble Dame Dame *Guillemecte de Vienne lors sa femme* et compaigne Ayent acquis et acheté de noble seigneur *Messire Jehan de Grantson, jadis chevalier seigneur de Pesmes*, la somme de huit cens frans de rente annuelle et monnoye courant au conté de Bourgogne pour le pris et somme de dix milles trois cens huit frans quatre gros viez monnoye dessus dites. Assis et assignez et mis en apparent assignal sur plusieurs rentes et revenues estans de la *seignorie dudict Pesmes* comme plus a plain est contenu es lectres dudit vendaigne sur ce faites. Et soit que le dict feu sieur de Neufchatel nostre dit ayeul acheteur, tant en son nom comme soy faisant fort et ladite Dame Guillemecte de Vienne sa dicte compaigne soubz l'obligacion de tous ses biens presens et advenir eust donné et octroyé de grace especial audit feu sieur de Pesmes vendeur, pour lui et ses hoirs naturelz et legitimes et au deffault deulz a nobles Seigneurs Helyon de Grantson, chevalier, seigneur de la Marche et de Broichon, et a Symon de Grantson, sgr de Poix jadis freres du dit feu s$^r$ de Pesmes, vendeur, faculté et puissance de povoir raimbre, ravoir et racheter toutes foiz qu'il plairoit audit feu s$^r$ vendeur, ses ditz hoirs ou freres. Dans le terme de vingt ans lors prouchain venant, de notre dit ayeul et de la dicte dame Guillemecte sa compaigne acheteurs leurs hoirs, successeurs ou ayans cause deulz. La dite somme de huit cens frans de rente ainsi par eulz acquise du dit s$^r$ de Pesmes comme dit est. Parmi ce que le dit feu sgr de Pesmes vendeur, sesditz hoirs ou freres seroient tenus de payer, rendre bailler et delivrer aux ditz s$^r$ et Dame acheteurs, leurs ditz hoirs, successeurs ou ayans cause la dite somme de dix milles trois cens huit frans quatre gros Viez par eulz payée pour lachat de la dite rente comme dit est. Ensamble tous les erreraiges deuz a cause de la dite rente, se aucuns au temps du dit rachat en estoient deuz tout a une fois et a ung payement. Ensamble tous frais missions et loyalz coustumes que les ditz s$^r$ et Dame acheteurs avoient faiz et soustenus ou feroient le temps advenir, pour cause du dit acquest de la dite somme de huit cens frans de rente, Et soit aussi que depuis ces choses le dit s$^r$ de Pesmes vendeur soit alé de vie a trespas *sans hoirs legitimes de son corps* Par quoy le dit rachat compete et appartient aux ditz Helyon et Symon de Grantson freres du dit feu vendeur et que iceulz freres a la priere et requeste de Nostre dit S$^r$ et de nous de grace especial Ayant accourdé, promis et consenti Avons le dit S$^r$ de Hericourt de racheter la dite rente de VIII$^c$ fs. Toutes et quanteffois que par nous le dit S$^r$ de Hericourt en seroit sommez et requis deans le terme du dit rachat cy devant narré. Parmi ce que nous serons tenuz de bailler et delivrer aux ditz freres largent et les pris qui seront necessaires pour faire le dit rachat. Et icelluy rachat fait et adcomply et eulz Joyssans dicellui ayent promis de ceder et transporter a nous, le dit. S$^r$ de Hericourt la dite rente ensamble tous erreraiges qui en poroient estre deuz pour les prix quilz lauroient racheté et que pour ce faire nous leur arrions bailler avec tout le droit quilz et chacun deulz ont et pevent avoir et leur peut competer et appartenir pour quelconque cause, raison que ce soit en la dite rente et assignal dicelle Et aussi en toute la terre et seignorie du dit Pesmes, et de nous bailler et delivrer tous tiltres et lectres quilz ont et pevent avoir touchant la dite rente et rachat dicelle, et aussi la terre et seignorie du dit Pesmes et les drois causes et accions quilz et chacun deulz y pevent pretendre et avoir et que a eulz competent et appartiennent tant par vertu du dit rachat que autrement ainsi que plus a plain peut apparoir par lectres sur ce faictes et passees a nostre prouffit. Ainsi est que nous le dit sieur de Hericourt des loix, licence, auctorité, consentement et volonté a nous sur ce deuement concedes et outre par nostre dit tres cher et redoubté pere et S$^r$ a ce present veuilloir et consentir et nous present ad ce auctorisant. Et nous le dit seigneur de Neufchatel. A icellui S$^r$ de Hericourt notre bien amé filz avons donné et ouctroyé, donnons et ouctroyons les dites loix, licences, auctorité et consentement que dessus, moyennant et parmi les choses avant dictes. Avons nous le dict S$^r$ de Hericourt promis, consenti et accourdé et par ces presentes promettons, consentons et accourdons aux ditz Helyon et Symon de Grantson freres presens et acceptans pour eulz et leurs hoirs, de bailler, ceder, remontrer et transpourter en perpetuité a iceulx freres ou a lung deulz, leurs hoirs ou ayans cause la dite rente huit cens frans et assignalz dicelle, ensamble et avec tout ce que les ditz freres nous auroient cedé et transporté par vertu des lectres deuement cy devant narrées, de leurs drois et accords de la dicte terre de Pesmes. Avec aussi tout ce que par vertu des dictes lectres de rachat avons cy devant accourdées par les ditz freres nous pourrions avoir acquis, recouvré et racheté en icelle terre et seignorie de Pesmes. Et de rendre aussi et restituer aux dits freres tous tiltres et lectres quilz nous auroient et porroient avoir baillées touchant la dicte rente et rachat d'icelle, et aussi la terre et seignorie du dit Pesmes et les drois causes et accions quilz et chacun deulz y pevent avoir et prétandre tant par vertu du dit rachat que autrement. Desquelles lectres et tiltres nous le dit S$^r$ de Hericourt serons tenus de bailler nos lectres de recepissé aux ditz freres en les nous baillant et delivrant pour la seurté de les recouvrer par les dits freres en cas dessus dit, En et parmi nous randant, restituant et payant par iceulx freres ou lung deulz, leurs ditz hoirs ou ayans cause, les sommes de deniers que nous aurions paiees tant pour et a cause du dit rachat de la dite rente de huit cens frans, comme aussi pour le rachat et acquisicion de tout ce que nous ledit S$^r$ de Hericourt, nos hoirs ou ayans cause pourrons acquerir, avoir, recouvrer ou racheter par les moyens avant ditz mouvant de la dicte terre et seignorie de Pesmes Ensamble les despens raisonables que nous nos ditz hoirs ou ayans cause ou certain commandement aurions faiz et soubstenus en la poursuite des ditz rachaz et autres acquisicions dessus diz a la tauxe des Juges ou commis des cours ou auroient esté faiz et soutenus les diz despens, pour lesquels despens neantmoings nous le dit S$^r$ de Hericourt ne pourions retarder ou dy laier de faire aux ditz freres les transpors et cessions cy devant declairer en nous payant les pris principaulx dont devant est faite mencion, Et la dite cession remectre et transporter par la maniere que dessus ferons et promectons faire nous ledit S$^r$ de Hericourt citost et incontinent que requis en serons nous ledit S$^r$ de Hericours nosdiz hoirs ou ayans cause par les diz freres, lung deulz, leurs hoirs ou ayans cause deans le *terme de trente ans apres* et continuellement suivant le temps que ladite rente et autres acquisicions dessus dites et chacune dicelle seront es mains et puissance de nous nos diz hoirs et ayans cause. Et est expressement accordé que se a cause dudit rachat de la dite rente de huit cens francs aucuns despens se ensuivoyent par proces ou autrement entre les diz freres leurs hoirs ou ayans cause et leurs parties adverses en ceste partie, nous ledit S$^r$ de Hericourt serons tenus de les payer et supporter a noz frais, missions et despens sens ce que les ditz freres soient tenus den riens paier ne supporter mais tant seulement pour ce faire nous presteront leurs noms, conseil et assistance la ou il appartiendra. Et se les diz freres dechoient daucungs proces qui se pourroient sur ce mouvoir dont ilz feussent condempnez en aucungs despens semblablement nous ledit S$^r$ de Hericourt serons tenuz et promectons de paier lesditz despens et iceulx supporté a nostre charge a ceulx ou prouffit de qui ilz auroient esté admiz et den acquicter les ditz freres, leurs diz hoirs ou ayans cause sans par ce leur en povoir riens demande et dicculx despens et de tous frais que sen pourroient ensuir des dommaiges et garder de tous frais dommages et interestz, les diz freres leurs hoirs et ayans cause Et pour ce que le terme dudit rachat appartient es ditz freres est prochain et *n'y reste à venir que six ou sept ans*. Affin que ledit terme nencoure sur les diz freres est expressement traicté que au cas que deans ung an prochainement venant, Nous ledit S$^r$ de Hericourt ne baillerions aux ditz freres largent et pris qu'il convient bailler pour ledit rachat de ladite rente, en ce cas non obstant les choses dessus dites a nous consenties et accordées par les diz freres par leurs lectres cy devant narrées Iceulx freres, leurs hoirs ou ayant cause, pourront se bon leur semble par eulz ou par autres Rambre et racheter la dite Rente pour eulx et a leur prouffit Et pour plus grant seurté des choses avant dictes, estre faictes, tenues enterinées et adcomplies par le dit Seigneur de Hericourt pour et au prouffit des diz freres leurs hoirs ou ayans cause, Nous le dit Thiebault S$^r$ de Neufchatel son pere, nous mectons, constituons et establissons sur ce plaige et principal En renuncent a lexcepcion disant que lon doit premier convenir le principal que le pleige Et promectons nous, les diz pere et filz principal et pleige chacun de nous pour le tout mesmement je le dit filz des loix licences et auctorité que dessus, pour nous nos diz hoirs et successeurs par les fois sermens et honneurs de noz corps toutes et singulieres les choses par nous cy devant promises accordées et consenties, tenir faire enteriner et adcomplir entierement sens jamais venir, ne consentir venir au contraire en aucune maniere au temps advenir, En renuncent generalement a toutes exceptions a ce fait contraires Et mesme au droit disant que general renunciation ne vault si lespecial ne precede. En tesmoing de ce nous les diz pere et filz avons mis a ces presentes nos scaulx armoiez de nos armes et scingz manuelz le          jour du mois de          lan mil CCCC et X (1).

---

(1) Bibl. nat$^{le}$ M$^{ss}$ français 4605 f° 109.
La date indiquée est erronée puisque cet acte a eu lieu après la mort de Jean de Grandson, arrivée en 1455.

## XXX

### TRANSACTION ENTRE MARC DE LA BAUME
#### ET LES HABITANTS DE PESMES

*Au nom de Dieu, amen*, a tous presens et a venir qui verront et ouiront ces presentes lettres, soit chose patente notoire et manifeste que pour mettre fin et entiere Pacification en tous les procès differens debats et discorde qu'etoient meus et pendants entre feu haut et puissant Seigneur Jean Delabaume comte de Monrevel Seigneur de Vellefin et de Pesme d'une part Et les Échevins, Bourgeois habitans et manans de la Ville et Communauté dudit Pesme d'autre part tant en la Cour souveraine du Parlement de Dole qu'es Bailliage d'Amont et dudit Pesme Etant aussi un autre procès que vouloient et entendoient bref s'elever et mouvoir en ladite Cour de parlement Noble et Puissant Seigneur Marc de Labaume Seigneur de Bussy et dudit Pesme. Et damoiselle Bonne de Labaume sa femme et compagne dame des dits lieux fille et heritiere par benefice d'inventaire dudit feu seigneur Conte. A cause de certaine indue assemblée que disoient et pretendoient les dits Seigneur et Dame de Pesme avoir depuis un an en ça été faite par lesdits habitans a son de cloche par maniere de monopole a l'encontre dudit feu Seigneur Conte et de la ditte Dame sa fille leurs gens et serviteurs tant domestiques que autres en leur faisant et disant plusieurs outrages et injures a l'occasion de ce qu'ils avoient mis et fait mettre hors du pré de la Colombière appartenant esdits Seigneur et Dame et seant sous leur chatel dudit Pesme sur la Riviere de l'oignon environné et enclos d'icelle rivière. Plusieurs Bêtes de la Vacherie dudit Pesme dont les avenues avoient été et étoient versées et persées. Vouloient aussi et entendoient iceux Seigneur et Dame de Bussy mêmement ladite Dame de l'autorité dudit Seigneur son mary reprendre et resumer tous lesdits procès dessus mentionnés dont les deux ont été démenés en la cour et justice dudit Bailliage D'Amont en matiere possessoire entre ledit feu seigneur Conte opposant d'une part et les dits habitans impétrans en cas et matière de Novelleté d'autre. L'un touchant le droit de messerie pretendu par chacune des dittes Parties es terres de Chanoy et de Bois Boulier disant par les dits Seigneur et dame d'icelui Pesme que lesdittes terres sont a eux de leur propre domaine et leur appartiennent entierement en tous drois de Seigneurie et justice haute moyenne et basse. Et par les dits habitans impétrans maintenant qu'ils avoient le droit de Messerie profit et emolumens d'icelle en toutes lesdittes terres de Bois Boulier et Chanoy et qu'ils en avoient été, devoient être et demeurer en bonne possession aussi. Et qu'a la connaissance de cause, provision leur en avoit été adjugée audit Balliage d'amont dont ledit feu seigneur Conte avoit appellé et qu'ils devoient demeurer jouissants et possesseurs d'icelle messerie. Et l'autre second procès au fait du vain paturage pretendu par lesdits habitans de Pesme audit pré de la Colombière dessus designé duquel paturage iceux habitans disent avoir obtenu provision et sentence definitive en matiere possessoire a l'encontre dudit feu Seigneur Conte opposant et dont icelui feu opposant semblablement appella a ladite Cour Souveraine de parlement. Au moyen desquelles appellations lesdits Procès sont dévolus a icelle Cour. Comme de ces matieres appart plus a plain par les pièces et actes des dits procès et exploits sur ce fait. Item en une autre Cause pendante en laditte Cour d'icelui Bailliage d'amont au siège de Gray entre lesdits habitans de Pesme impétrants en matière de novelleté d'un coté. Ledit feu Seigneur conte de Monrevel et Armant de Vauterey Escuier opposants d'autre Touchant le droit appartenant a iceux habitans de Pesme de tant en commun que en particulier pêcher a petits angins et ainsi qu'il est plus a plein contènu et déclaré es lettres de Sentence par eux obtenu en la Cour dudit Bailliage de Pesme en toute la Riviere de l'ougnon dès et depuis les moulins grassot assis au dessus dudit Pesme jusques a la Riviere de Saône. Etoient aussi meus et pendant audit Bailliage de Pesme Entre lesdittes parties trois procès indécis. Le premier au fait de ce que lesdits habitans avoient sans congé et licence dudit Seigneur Conte tenant lors la Seigneurie dudit Pesme fait et construire un pont de Bois sur la ditte riviere de l'oignon en sa totale Seigneurie et justice du dit Pesme auprès de ses moulins Boussard pour le passage de leurs Bêtes et traite des foins de plusieurs Prés appartenants tant a eux qu'autres Etrangers ayant et tenant prés outre laditte Riviere de l'oignon, passant esdits moulins Boussard. Le second procès pour ce que aucuns particuliers habitans dudit Pesme avoient sans le congé dudit Seigneur Conte chassé comme par maniere de Vautroy (Vautrait) et porcs sauvages en sa terre et Seigneurie dudit Pesme pour lesquels particuliers, les Echevins dudit Pesme avoient pris en main ledit procès et le tier au fait de ce. Combien que

lesdits habitans eussent consenti certaine portion de la prairie
dudit Pesme et les prés dudit Seigneur Conte être mis et tenus
en ban après les fenaisons ce qui fut fait et accordé pour certain temps. Neanmoins iceux habitans tôt après rompirent ledit
Ban Et par ces moyens grandement delinquant par lesdits habitans a l'encontre desquels le procureur d'icelui Seigneur Conte
tendoit et concluoit a ce qu'ils fussent condamnés es peines et
amendes telles que pour les cas dessus dit, et chacun d'iceux
il appartenoit selon droit et raisons. A quoi les dits habitans
contrarioient et deffendoient disant que s'ils avoient faits les
choses dessus dittes il leur avoit été loisible et n'étoient pour
ce tenu a aucune peine ni amende et plusieurs autres choses
disoient les dittes Parties chacune en droit soit tendant a leurs
fins. Mais finalement pardevant nous Jean Demontoiche demeurant a Salins Notaire de la Cour de Besançon et tabellion general au Comté de Bourgogne et philippe Normand de Poligny
aussi Notaire et juré de laditte Cour de Besançon et en presence
des temoins nommés a la fin de Cette. Se sont congrégués
Assemblés Constitués et établis en leurs personnes aujourd'hui
datte des presentes environ heure de prime en l'église paroissiale dudit Pesme et Chapelle desdit Seigneur et Dame d'icelui
Pesme. Ledit Seigneur Marc de Labaume tant en son nom
comme pour en nom soi faisant et portant fort de laditte damoiselle Bonne de Labaume sa femme et Compagne. Promettant
aussi et soi soumettant de lui faire duement et vallablement
Ratifier approuver et consentir tous les faits et teneur de ces
dittes presentes lettres quant de la part desdits habitans de
Pesme requis en sera d'une part. Et Philippe Mairot marchand,
Simon Michelot bourgeois, Jean Bellot, clerc notaire public et
pierre Monin, Alexis Bonnier marechal tant en leurs noms
comme Echevins de laditte Ville et commune dudit Pesmes,
Jean Lombard le Vieil, Edme Milot, Antoine Bonet, Catherin
Guiochot, Antoine Milet, Claude Monin, Alex. Bonier, Jacquot
Prodhon, André Laitier, Jean Jeannot, Pierre Renevier, Clerc
notaire public, François Grignet, hugues Magnin, Jean Gaul
couturier, Humbert Debran, Louis Clerc, Jean Perchandet,
Nicolas Sirebey, Jean Laurent, Alex. Poinsard, Jean Fiot,
Alexd. Tuplin, Vuillemin Odin, Guillaume Rainel, Jean Prety,
Jean Donans, Claude Dufour, Guillaume Mugner, Antoine Cais-
sard, Claude Poinsard, Louis Pourcherot, Antoine Poinsard,
Regnaut Martin, Huguenin de Queroiche, Jean Bonet, Vuille-
min Bichet, Huguenin Cussignot, Claude Losanne, Jean Pais-
quet, Guiod Moignard, Vuillemot Bartholomol, Jean Moignard,
Antoine Guillemin, Jean Veyron, Jean Proudhon, Jean Corne,
Alexd. Renaul, Thiebault Envilet, Viennot Myet, Jehannot
Aurel, Vuillemot Macon, Philippe Renault, Jean Guillemin,
Pierre Ensin, Pierre Charlet, Amyot Mailley, Etienne Maignin,

— 498 —

Nicolas Vinter, Guiod Manney, Nardin Michel, Girard Pierrot, Jean Bonnet bourrelier, Guiod Jeannot, Denis gendre de Pierre Charlet, Perrenot Boigeot, Jean Guiote couturier, Jean Guiochot, Guillaume Mutel, Pernin Maire, Huguenin Violet, Jean Estenon, Perrenot Belin, Vienot Odin, Jean Vairon le Vieil, Jean Joffroy, Jean Lorey, Jean Gaul le Vieil, Nicolas Cotel, Jean Belin Burenot, Antoine Jobert, Guillemin Fiot, Henry Vairon, Nicolas Violet, Huguenin Bichelet, Pernot Jacquemin, Perrenin Regnier, Jean Arnault, Renault Germel, Etevenin Daugest, Huguenin Florimond, Simon Guiochot, Pierre Belin, Alex$^e$ Gonel, Pierre Galleuf, Jean Nivol, Jean Avril, Antoine Pierrot, François Gouvernant, Bertrand Rouger, Jean Ravet, Perrenot Drouhet le Vieil, Jobert Bourrelier meugnier, Simon Guyon, Antoine Davadan, Jean Poncelin, Jean Cordel, Nicolas Cochard, Jacques Nyvol, serrurier, Jean Blanconier, Jacques fils de feu Antoine Nyvol, Huguenin Henry, Girard Henry, Etienne Brasset barbier, Jean Mairot, Huguenin Cugnot, Jacquot Chigviller, Huguenot Coterot, Jean Gaul le jeune, Helyot Boussard, François Richard, Hugues Marchant, Antoine Devillers, Simonin Colon, Nicolas Robelet sellier, Antoine Gauthier, et aucuns autres aussi habitans dudit Pesme faisant et representant l'universal de laditte Ville et communauté de pesme et la plus grande et sainne partie des habitans d'icelle ou qu'ils etoient quasi tous d'autre part, lesquelles parties et chacune d'elles en droit soit es noms et qualités que dessus après plusieurs pour parlemens qu'elles disoient et affirmoient avoir par avant eu ensemble de et sur les matières et questions cy devant touchées. Ont connus et publiquement confessé avoir sous le bon vouloir et plaisir de la ditte cour tant de leurs certaines sciences franches et liberales Volontés que par l'avis et conseil de Sages et afin d'éviter lesdits procès frais dommages et inconveniens qui s'en fussent plus peu ensuy. Et en lieu d'iceux dorénavant vivre en bonne paix amour et concorde traité transigé accordé et appointé. Et par ces dittes presentes traitent, transigent, accordent et appointent amiablement pour elles leurs hoirs et successeurs de tous lesdits procès, différents, questions et débats. En la forme et manière qui s'ensuit. A savoir que les dits Echevins et habitans de Pesme pour eux et leurs successeurs habitans dudit lieu. Ont entièrement cédé, renoncé delaissé quitté et remis et par ces dittes presentes cedent, renoncent delaissent quittent et remettent esdits Seigneur et Dame de Pesme icelui Seigneur Present stipulant et acceptant pour lui saditte femme absente, leurs hoirs successeurs et ayant cause Seigneur et Dame dudit Pesme tous droits par iceux Echevins et habitans poursuit querelles et pretendus et que competer et appartenir leur pouvoient ou devoient a quelque moyen que ce soit en tout ledit pré de la colombière cy devant désigné et aussi en la ditte messerie de Bois Boulier et Chanoy et s'en sont entierement et irrévocablement desistés et départis désistent et départent pour et au profit d'iceux Seigneur et Dame dudit Pesme leurs dits hoirs et successeurs en icelle Seigneurie sans et qu'il soit dorénavant loisible esdits habitans en commun ni en particulier d'eux entremettre en laditte messerie des terres et fruits d'iceux Bois Boulier et Chanoy sans toute et fois et par ce préjudicier ni déroger a la messerie d'iceux habitans dudit Pesme dont ils ont jouis et usent de toute ancienneté et pourront cy après jouir et user comme ils faisoient avant le commencement dudit procès. Mais a cause de la ditte messerie et gerbe et d'iceux lieux de Bois Boulier et Chanoy. Semblablement ne pourront ni aussi devront lesdits habitans de Pesme ni en commun ni en particulier mener ni conduire champoyer ni pâturer leurs Bêtes soient grosses ou menues audit pré de la Colombière en quelque temps que ce soit sinon sous danger de l'amende en tel cas accoutumé excepté que si aucunes Bêtes des dits habitans d'icelui Pesmes par Echappée et d'aventure sans vol entrent audit pré. Ceux auxquels appartiendront les dittes Bêtes seront tenus dès le plus brief que possible leur sera, les en jetter et mettre hors soit par eux ou autres d'iceux habitans, en quel cas n'en payeront a iceux, Seigneur et Dame aucune amende. Ont aussi les dits Echevins et habitans de Pesme quittés et remis esdits Seigneur et Dame tous dépens a eux adjugé a l'encontre dudit feu seigneur Conte de Monrevel en laditte Cour du Balliage d'amont moyennant les quelles choses...

Le ci devant nommé seigneur Marc de Labaume es noms qualités et soi faisant fort que dessus a donné et octroyé, donne et octroye par ces presentes perpétuellement et irrévocablement pour lui sadite femme et Compagne leurs dits hoirs successeurs et ayant cause auxdits habitans de Pesme leurs hommes et sujets, aussi pour eux leurs hoirs et successeurs habitans d'icelui Pesme tant en commun comme en particulier faculté et usage de pouvoir dorénavant par eux ou leur commettant generalement mener conduire paitre champoyer et pâturer toutes leurs Bêtes grosses et menues, tant bœufs, vaches, veaux, chevaux, pourceaux que autres bêtes quelconques a la vaine pâture en et partout le gros bois dudit Pesme appartenant a iceux Seigneur et Dame dudit Pesme en tous droits de Seigneurie et justice haute moyenne et basse. Et est a scavoir que lesdits habitans de Pesme soit en commun ou en particulier ne pourront ni aussi devront mettre ni emboucher leurs porcs audit gros Bois du long et large qui s'étend et comporte, soit seulement dès le jour et fête de purification Notre Dame que l'on dit la Chandeleur icelui jour inclus, jusqu'au jour et fête de décollation monseigneur saint jean baptiste ledit jour exclus. Pour lequel droit d'usage et faculté ainsi donné et octroyé a iceux habitans dudit Pesme. Ils et leurs dits successeurs seront tenus rendre, payer et délivrer rendront, payeront et délivreront chacun an dorénavant auxdits Seigneur et Dame de Pesme et a leurs dits successeurs seigneurs et Dames d'ilec en leur grenier d'icelui Pesmes, deux Bichets d'avoine mesure dudit lieu de cense ou rente annuelle et perpétuelle le jour de la fête S$^t$ Martin d'hiver. Et commencera le premier terme et payement a ladite fête prochainement venant qui se continuera de terme a autre sans y faire faute quelconque. Auxquels Echevins et habitans dudit Pesme mondit seigneur de Bussy es noms et soy faisant fort que dessus a consenti et accordé d'eux Pouvoir et entierement quand bon leur semblera acquitter et décharger et aussi leurs dits successeurs de la ditte cense ou rente envers lui et sa ditte femme leurs dits hoirs successeurs ou ayant cause en leur baillant autres deux bichets d'avoine mesure que dessus bien et suffisamment assignés et les faisant plainement et paisiblement jouir et user d'icelle cense ou rente a toujours perpétuellement pour eux et leurs dits successeurs Seigneurs et Dames dudit Pesme. Et quant a la ditte cause et matiere de Novelleté touchant le droit de faculté et usage que ont lesdits habitans de pêcher a pied de jour et avec Engins déclarés esdittes lettres de sentence, par Eux obtenue en la cour dudit Bailliage de Pesme. Icelui seigneur de Pesme esdits noms se desiste et départ de l'opposition faitte et formée a l'encontre desdits habitans par ledit feu seigneur Conte Et veut et consent en tant qu'il lui touche esdits noms que la maintenue et garde faitte au profit d'iceux habitans eusse sa voye et sortisse son effet selon la forme et teneur d'icelles lettres de sentence et qu'ils en jouissent et usent dorénavant perpétuellement sans contradiction quelconque. Au regard desdits procès meus en icelui Bailliage de Pesme entre le Procureur de la seigneurie et lesdits habitans. Quant a la construction et Edifice du pont près des moulins Boussard Mon dit Seigneur de Pesme es noms Et soy faisant fort que dessus pour lui et sesdits successeurs Seigneurs et Dames dudit Pesme Permet octroye et accorde esdits habitans de Pesme de pouvoir quand bon leur semblera a leurs frais et depens et aussi de ceux qui s'en voudront servir et aider pour la traite et conduite de leurs foins, faire dresser construire et édifier ledit pont sur ladite Rivière de L'oignon toutes fois que mestier sera dessus ou dessous lesdits moulins Boussard au lieu plus propre et convenable et tel qui sera avisé et ordonné par le Chatelain dudit Pesme ou son lieutenant et les Echevins d'icelui Pesme. Lesquels Echevins icelui Chatelain ou sondit Lieutenant appellé et present si être y veut pourront jetter et egaler les frais et missions qu'il conviendra faire et supporter pour L'édifice Erection et maintenement dudit pont toutes fois que mestier sera sur eux et autres Etrangers qui s'en aideront et voudront aider et servir le plus justement et raisonnablement que possible leur sera et s'ils jettent et imposent plus avant que lesdits frais et missions ne monteront, le surplus sera et appartiendra a mon dit Seigneur de Pesme. Au bout duquel pont sera faite une bonne et forte Barrière fermant a clef dont l'amodiateur du péage dudit Pesme appartenant a mon dit Seigneur ou autre tel qu'il lui plaira commettre, aura une clef et lesdits Echevins de Pesme une autre semblable afin d'ouvrir ladite Barrière pour le passage et pâturage des Bêtes dudit Pesme quand mestier sera requis par iceux Echevins ou leurs Commis et députés a ce faire ni commettre faute au préjudice et détriment du pont sous peine de l'amende envers mondit Seigneur de Pesme. Touchant la cause de la chasse des porcs sauvages que l'on nomme Vautroy remet esdits habitans l'amende par eux commise au moyen d'icelle chasse. Et met et leur donne et octroye congé licence et permission de doresnavant chasser en et par toute la Seigneurie a force de chiens que lon dit a la dent, aux lièvres. Renards, Taissons, Chats et autres menues bêtes sauvages seulement. Et pareillement quitte et remet a iceux Echevins et habitans l'amende prétendue par son procureur a l'encontre d'eux pour avoir rompu et enfraint le ban dessus dit tel qu'il veut être et ordonne que les dittes causes soient trassées sans dépens et au surplus icelui Seigneur de Bussy es dits noms a quitté remis et pardonné et par ces presentes quitte remet et pardonne entierement et pour autant qu'il peut toucher et appartenir a lui et a sa ditte femme et Compagne et a chacun d'eux, auxdits habitans et a chacun d'eux tous lesdits outrages et injures dont ci devant est faite mention que prétendoient iceux seigneur et dame avoir été fait audit feu monsieur Conte de Monrevel a ladite dame sa fille leurs gens et serviteurs. Et aussi leur a quitté et remis quitte et remet par ces dittes Présentes toutes peines et amendes qu'ils pourroient avoir commis et esquelles ils ont avenus d'eux pourroient être encourus et échus envers iceux Seigneur et Dame dudit Pesme et leur justice. Promettant lesdittes parties et chacune d'elles en droit soy es noms et qualités que dessus par leurs sermens faits et donnés en la maniere que s'ensuit. A savoir par mondit seigneur de Bussy es mains desdits Notaires et Tabellion souscrits, par les dessus nommés Echevins sur les Saints Evangiles de Dieu par eux corporellement touchés et par tous les autres habitans dudit Pesme cy devant nommés et illec assemblés en levant par la plupart d'eux leurs mains destres en haut... En témoing desquelles choses et afin qu'elles soient tant plus fermes et stables a toujours perpétuellement icelles Parties et chacune d'elle es dits noms ont a leurs Prières et requestes obtenu les scels de laditte Cour de Besançon et du tabellionage de Gray sur iceux être mis et apposé a ces dittes presentes lettres.

Faites données lancées et passées audit pesme le penultième jour de mars l'an quinze cents et cinq après paques. Presens Noble Seigneur messire Simon seigneur de Rie chevalier et conseiller du Roi en laditte Cour souveraine de ses parlemens de Bourgogne. Noble homme et sage messire Louis de Maranche docteur es droits, Claude seigneur de Malleval, françois Dubois seigneur de Prassy, Jean Darguel seigneur de Bard, Simon d'Andelot seigneur de Tromarey, messire Jean Dubois curé de Sauvaigney les pèmes. Etienne Bonterre de Broye et Claude Bassant vicaire de Frayne les montmirey Prêtre. Temoins a ce appellés et depuis les PARTIES cy avant nommés en la même instance se sont levées et transportées des la ditte Chapelle au Cœur de la ditte Eglise devant le grand Autel de St hilaire patron d'icelle Eglise Et elles illec étant de la part des dits Echevins et habitans a en grand honneur et reverence été requis audit Seigneur de es noms et qualités que dessus faire et prêter le serment envers eux tel qu'il le devoit et étoit tenu faire a haute voix selon qu'il est déclaré et ecrit es Chartres et lettres des franchises dudit Pesme. Bourgeois et habitans d'ilec offrant de leur part faire a leur dit Seigneur le serment tel qu'ils doivent et sont tenus faire selon leurs dittes lettres de franchises lequel Seigneur es dits noms accompagné de plusieurs seigneurs et gentils hommes tant ses serviteurs que autres de Benignement et de franc vouloir mis sa main droite sur ledit Autel St hilaire et a juré d'être bon et loyal seigneur esdits habitans et qu'il leur tiendra et maintiendra leurs dittes lettres de franchises. Et ce fait lesdits quatre Echevins d'icelui Pesme ont juré sur Saints Evangiles de Dieu par eux corporellement touché et aussi tout l'universal et la plupart d'iceux habitans la assemblés audit Cœur d'icelle Eglise en levant leurs mains destres en haut En presence de leur dit seigneur d'être ses vrais iceux sujets et obéissants. Le tout en suivant la forme et teneur d'icelles lettres de franchise desquels serments ainsi faits lesdittes Parties et chacune d'elle en droy soy es noms et qualités que dessus ont quis et demandé a nous lesdits notaires et tabellion instamment et lettres testimoniales que leur avons octroyé et accordé expédié et delivré pour valoir et servir a chacune d'elles ce que raison vaudra.

(Archives communales de Pesmes $\frac{jj}{2}$

## XXXI

### REPRISE DE FIEF PAR JEAN DE LA BAUME

Aujourd'huy 1er du mois de mars 1532 Jehan de la Baume, chevalier, comte de Montrevel, baron et seigneur de Pesmes, Vallefin, etc. s'est presenté en ce lieu d'Igny devant hault et puissant seigneur messe Claude de la Baume, chevalier de l'ordre du Thoison d'or, baron et seigneur de Mont St Sorlin. Montrublod etc. Mareschal de Bourgogne a ce commis par l'empereur lequel en presence de moy subscript et des tesmoings cy apres nommés estant a teste nue les mains joinctes et le genou a terre a recogneu et confessé tenir ladite seigneurie de Pesmes et tout ce qui tient en ce conté de Bourgogne meuvant du fief de Sa Majesté ensemble dez membres dependances et appartenances en fied liege dudit Sr Empereur notre souverain Seigneur a cause de son conté de Bourgogne et de ce a reprins de main et de bouche Promectant lui garder fidelité et faire le service accoustumes selon la nature et la qualité dudit fied Et du tout soy acquit et ainsi que par droit et coustume de ce pays est introduyt A quoy led seigneur Mareschal la receu en vertu de son pouvoir saufz le droit de sa majesté et laultruy luy ordonnant baillier le denombrement de ladite seignorie et biens par luy tenus en fied liege comme dit est en forme dois deans le temps et terme de 40 jours.

(Archives du Doubs)

## XXXII.

### DÉNOMBREMENT DE LA SEIGNEURIE DE PESMES

*Dénombrement donné par dame Dame Lamberte de Ligne comtesse d'Haustfrise, au nom et comme mère tutrice de Dalle Albertine Marie de la Baume hrë de M*ʳᵉ *Philibert de la Baume, marquis de S*ᵗ *Martin, de la baronnie de Pesme, Broye et leurs dépendances.*

(1ᵉʳ Novembre 1620)

Ce dénombrement a eu lieu devant l'illustre comte de Champlitte, chevalier de l'ordre du Toison d'or, du conseil d'estat de leurs aa (altesses) lieutenant général et gouverneur au comté de Bourgogne et que lad dame marquise en lad qualité de tutrice tient en fief immédiat de leurs aa nos souverains seigneurs a cause de leur comté de Bourgogne, les places, villes, terres, baronnie et seigneurie dud Pesmes. Broye, etc. Ensemble les rentes, droits, prerogatives, fiefs, rières-fiefs et autres choses ci apres declarées

Premierement. Leur terre de Pesmes en tiltre de Baronnie sur laquelle du costé du grand chemin tirant dois les Pesmes a Auxonne et au lieu dit a Belmontot ou est mis le signe patibulaire de quatre piliers.

Item le donjon a maison forte dud Pesmes, les foussés d'icelle maison et donjon en laquelle les predecesseurs seigneurs dud Pesmes souloient faire leur residence, ensemble des (dependances?), place vuide et estant a joignant aux foussés dud chasteau a muraille dud donjon

Item la ville et bourg dud Pesmes encloses de murailles et foussés estant a l'entour ainsi qu'ils se comportent et étendent de toutes parts situé et assis sur la riviere de l'oignon aud comté de Bourgogne

Item le jardin et parterre dependant dud chasteau contenant environ quatre journaux ou arpants du tiers auquel il y a plusieurs arbres estant assis hors et proche les murailles dud donjon et de la porte Mouree (1).

---

(1) Le parterre fut vendu, le 7 juin 1823, par M. de Choiseul à la ville, qui en fit une promenade publique (NOTICE BIOG. SUR DOUDIER, par l'auteur, p. 52).

Item la grange dud chasteau sise aud donjon.

Item une pièce de pré dit le pré de la Colombière assis sous led chasteau contenant vingt quatre faux et environné tout à l'entour de large riviere de Loignon

Item la colombière dud. Pesmes assis aud pré dependant du domaine dud chasteau

Item une autre pièce de pré dit et appelé la pie dhauterive contenant cinquante faux ou environ, seant en la prayrie dud Pesmes sur large riviere de Loignon entre les villages de Mutigney et Chassey les Pesmes.

Item un moulin sis proche led Pesmes appelé le moulin sur la levée de ce moulin n'est foules et batteurs y estant sur large rivière de Loignon et joignant au susdit pré de la Colombière (1)

Item un autre moulin nommé le moulin Boussard sur large riviere de Loignon au bas dud Pesmes sur le chemin tirant dois led Pesmes a Broye. Ensemble la foule et batteur y estant

Item le lieu et place ou souloit estre un moulin communément appelé le moulin de Mutigney, présentement ruiné et qui souloit moudre d'un canal de la rivière de Loignon appartenant a lad Dame tirant contre led Mutiguey et estoit led moulin assez proche d'un pré antiennement nommé le pré runot (2)

Item la moitié d'un moulin appelé le moulin Grassot assis sur large rivière de Loignon tout proche led Pesmes et la porte Oudard auquel il y a foule et batteur, l'autre moitié appartenant aux ayant cause dud Dabanton Agnus depend du fief de lad Dame a cause dud Pesmes

Item la riviere de Loignon ainsi comme elle se comporte de long et de large dois le pont de Pesmes jusques es moulins de Montrambert selon le dénombrement autrefois donné par Guille de Granson et a present jusques a l'endroit de Marpain laquelle riviere est bannale a lad Dame en tel endroit et autre qu'il n'est permis ni loisible a personne quel qui soit de pescher avec un filet ou engin si ce n'est par la (volonté ?) et permission de lad Dame a peine de soixante sols d'amende

Item large rivière de Loignon a prendre dois le pont tirant le contre bas jusques au moulin Boussard susd ensemble de la rivière tirant contre led Mutigney ainsi que lesd rivières se comportent de lonts et de large

Item les sujets et bourgeois dud Pesmes tous et singuliers les droits, proffits et émoluments appartenant a icelle, est a savoir : droit de vente des estaugs sur les bourgeois pour les-

---

(1) Ce moulin et le moulin Grassot furent vendus au profit de la Nation, le 22 fructidor an IV, à Guillaume Perrot et à Jean-Claude Maire de Bucey-les-Gy.
(2) Ce pré Runot, au territoire de Mutigney, y est cadastré sous le nom de : Prairie de Rennot.

quels estaugs tous marchands vendant des denrées au marché qui se tient a Pesmes tous les jeudy de l'an et quatre foires qui se tiennent aud. lieu aussi quart d'an

Item l'éminage de tous grains qui se vendent aud Pesmes tant aux foires marchés que autres jours de la semaine sur la place du marché du bled

Item le four du bourg qui est bannal sans que les habitants puissent cuire leurs pattes ailleurs, a peine de soixante sols d'amende

Item le droit de ban vin

Item le passage, péage et rouage tant par le pont dud Pesmes que sur la rivière de Loignon par eau grande

Item a lad Dame appartient la garde du prioré de Pesmes et ce qui dépend d'iceluy ensemble toutes nominations et seigneurie sur ce lieu, haute justice, moyenne et basse sur ce qui dépend de la terre dud Pesmes

Item tous les habitants de Pesmes qui possèdent maisons ou terres doivent à lad Dame 1° Pour une toise de front de meix ou maison 12 deniers estevenants ; 2° pour un journal de vigne 3 sols estevenants; 3° pour une faux de pré 2 sols estevenants et 4° pour un journal de terre un sol estevenant, le tout payable chaque année le lendemain de Noël a peine de 3 sols estevenants d'amende pour la première fois, pour la seconde année 7 sols, pour la tierce année la peine est de soixante sols, et pour la quatrième année et a defaut de paiement pendant ces quatre ans, les maisons et héritages sont acquis a lad dame

Item les habitants doivent faire la déclaration de ce qu'ils possèdent a moins de 60 sols d'amende

Item la totalle justice haute moyenne et basse tant aud Pesmes finage et territoire que ressort d'iceluy qui consiste en bailliage, intendant et prevost lesd exploits desquelles justice appellement aussi a lad Dame et au regard desd appellations tant des hautes moyenne et basse justice dud Pesmes que de celles des vassaux de lad Dame dependant du ressort dud Pesmes qui s'émettent au bailliage dud Pesmes. Pour leur frivol appel sont condamnés a l'amende de 60 sols et paieront par presentation de cause deux blancs et aussi à lad Dame tous droits d'épaves, commises et consification

Item le droit d'établir un tabellion devant lequel tous les sujets de la seigneurie de Pesmes et dependances devront se presenter pour établir leurs transactions, vendages, etc.

Item tous les habitants dud Pesmes ayant chariots, charrettes seront tenus envers lad Dame de lui faire chacun an une voiture de bois prinse au Gros Bois de lad Dame la veille de la Nativité de Notre Seigneur, une autre la veille de la Nativité de Saint Jean Baptiste et une autre la veille de Toussaint en suivant comme aussi lui donner chacun an une voiture de foing a prendre dans le pré de lad Dame

Item redevance du fief de Dame de Chastel rouillaud

Relève du fief immédiat dud Pesmes la chastel de Balançon village de ce appartenance dud Balançon sur la rivière de Loignon selon que les predecesseurs de lad Dame seigneurs dud Pesmes sont toujours reprises des ducs et comtes de Bourgogne, Granson, Jean de la Baume et autres

Item les villages... ? de Noyre de... ? près de Neublans sur la rivière de Doux et leurs appartenances de ce que y doivent tant en fiefs qu'arrière fiefs qu'arriveroient a M. le comte de St Sornin

Item le chastel de Guillaume de Rupt sur la riviere de Saone aussi les appartenances de Bougey de riere fief selon que lesd de Grantson et seigneur de la Baume ont reprins desd ducs et comtes de Bourgogne

Item une rue de la ville de Talemet dite et nommée la rue d'Aubugney selon les denombrements faits de Grantson et seigneur de la Baume.

Item tout ce que le seigneur dud Talemet pourroit tenir au village de Champagney les Pesmes de ce lieu qui appartenoit a Jaques Bonvalot et a present la Dame comtesse de St Amour héritiere de feu mre Frederic Perrenot, seigneur dud Champagney. Lesquels lieux de Champagney et Labergement ensemble les habitants desd lieux ressort du bailliage et tabellionage dud Pesmes et autres que lad Dame y a droit et aussi d'y faire tel qu'elle pourroit faire aud Pesmes. Et en outre y a lad Dame la totale justice haute moyenne et basse sur les biens que pourroit posséder Boussard

Item tout le village finaige et terres de Champagnolot que peut tenir presentement l'héritier de fut Landryano docteur es droits Claude de Landryano, Grignet et autres a cause du fief y a lad Dame appartenant anciennement a la seigneurie de Pesmes sur tous les manans et habitans dud village leurs meix, maisons, tennement, heritaiges, bois et possesions quelconques, lesquels aussi sont du ressort du bailliage et tabellionage dud Pesmes et ce sans prejudice des droits que pourroit lad Dame avoir sur lesd Landryano.

Le chastel et terre de Moissey les Molières, chevances, rantes, revenus tant aud Moissey que autour que tient le sieur comte de Ballenomme et que pouvoient l'avoir les seigneurs de Villey, Longwy, Josas Zouare d'Auxonne de mère Claude de Chassey de Dole et ce que tient la Vesve du sieur Daugerans aud Pesmes et a Resie Saint Martin.

Tout le village finaige et territoire de Mutigney les Pesmes que pouvoient tenir Josas Bussard de Vaudrey les enfants de mère Guy de Grandmont et qu'a present tiennent les héritiers de la Dam^elle d'Authume et les heritiers Mayrot de Pesmes et autres. Lequel village et tous les manans et habitants ensemble leurs meix, maisons, tenements et heritaiges sont du bailliage et ressort dud Pesmes et y a lad Dame toute la justice haute moyenne et basse

Le village finaige et territoire de Chassey que pouvoit tenir Gra de Brant héritier de Zofas de Brant, ayant la haute justice, M. Charreton dit de Chassey ayant d'autres portions.

Suivant les anciens dénombrements des s^grs Grantson et de la Baume, les places et terre de Montrambert, Marpain et Saint Bonnay (?) desquels lieux lon y a droit de faire tous exploits de gagerie adjournement et autres officiers dud Pesmes pour le bailliage ressort dud Pesmes.

Toutes les rantes, revenus, heritaiges qu'ont et tiennent aud Broye les sieurs de Bonbergoux (?) et Vaudenesse et tout ce qu'ils tiennent rière la terre dud Pesmes baty chapellenye sur lequel fief lad Dame y a la totale justice, haute, moyenne et basse. Deux autres fiefs à Broye (1).

Tout le village, finaige, territoire d'Aubugney proche les Pesmes que pouvoit tenir Dam^elle Dorchamps et que tient presentement la Dam^elle Vesve du seig^r de Sornay, dame dud Aubigney et tout ce qu'elle tient à Broye, lad Dame y ayant haute, moyenne et basse justice

Tout le village de la Grande Resie et tout le finaige du ter-

---

(1) Sentence du bailliage de Gray, du 21 novembre 1781, qui tient lieu de la reconnaissance générale des habitants de Broye

Ont comparu etc.

Lesquels de leur bonne volonté ont reconnu, confessé et déclaré qu'il compete et appartient au S^gr Commandeur a cause de sadite Commanderie de Montseugni, la moitié des émoluments du four bannal dudit Broye, à partager également pour l'autre moitié avec M. le Marquis de Choiseuïl, seigneur dud. Broye pour laquelle moitié dud s^gr Commandeur suivant l'abonnement dud four approuvé et rattiffié à Malthe, chaque particulier faisant feu et ménage aud Broye lui doivent annuellement 27 sols 6 deniers monnoye du Royaume, payable aud s^gr Commandeur a chaque jour lendemain de Noël, ensuite d'un rôle juste et exact de tous les habitants dud Broye qui sera remis aud S^gr Commandeur ou à ses préposés avant ledit jour par les Echevins dud Broye, pour servir à la collection desd cens conformément aud traité.

Reconnaissant en outre lesd habitants qu'il est dû par tous ceux possédant fonds au finage et territoire de Broye la dixme annuelle d'une gerbe par chaque journal ensemencé de seigle et aussi une gerbe par quatre journaux ensemencés de conseigle, à relever par led s^gr commandeur ou ses fermiers ou préposés dans les maisons au 1^er novembre de chaque année, suivant le traité fait entre lui et les habitants dud Broye dans le courant du mois d'août 1711 par acte reçu de Claude Cotte, notaire à Besançon.

Reconnaissant encore lesd habitants qu'il compete et appartient aud S^gr Commandeur la moitié des moulins bannaux dud Broye, consistant en maison, étable, jardin et commodités avec la moitié des droits et émoluments en dépendants à partager également pour l'autre moitié avec led S^gr Marquis de Choiseuïl s^gr dud Broye, situé led moulin sur la rivière appellée la Rivière de la Rezie près dud Broye...

(Bibliothèque de Gray J 7).

ritoire, les habitants de corps, baty et ressort bailliage de haute justice de Pesmes.

Les places, chasteau, village, finaige et territoire de Vadans que pouvoient tenir le sieur de Vautravers et autres. presentement tenus par les sieurs de Grandvelle, les sieurs de Montot, les s^rs de Beaujeux, le seig^r François de Vautravers et autres. Lequel village, finage et territoire et tous les habitans pour leurs meix, maisons et héritaiges sont du corps bailliage et ressort dud'Pesmes et que lad Dame a la totale justice, haute moyenne et basse, et pour les meix, maisons, héritaiges et dependances de la redevance dite de Chastel roillaud et autres les officiers dud Pesmes peuvent y faire tous exploits et ajournements

Le finaige et territoire de Chevigney et sur tous les communaux dud lieu sur lesquels lad Dame a la totale justice, haute, moyenne et basse, le bailliage et tabellionage. Et presentement tous les habitans dudit Chevigney du ressort et juridiction de Pesmes

Le villaige, finaige et territoire de Savigney proche les Pesmes desquels un fief tient de lad Dame par les Dam^lles du s^r Daugerans et autres a lad Dame la justice haute, moyenne et basse sur tous les manans et habitans dud Savigney, leurs meix, maisons et héritaiges et aussi pour tous des ballionage, tabellionage du ressort dud Pesmes. Et ce oultre y a certains meix, maisons et héritaiges relevant du prioré dud Pesmes et aultres manants de la chapelle de Montrambert sur lesquels lad Dame y a la totale justice haute, moyenne et basse.

Tout le village, finage et territoire de Resie Saint Martin. qui est aussi du bailliage tabellionage ressort dud Pesmes de la juridiction haute, moyenne et basse de lad Dame sur les communaux d'icelle. Et tous les biens et chevances qui y tiennent et possèdent plusieurs gentilshommes les seig^rs de Tromarey, de Crissey, veuve du sieur Daugerans et autorité des officiers de lad Dame et sur lesquels elle a la justice haute, moyenne et basse

Le village de Chaumercenne les Pesmes auquel village qu'est entierement du corps et ressort tabellionage et bailliage dud Pesmes auquel y a aucuns meix et héritaiges estant de la totale justice du seig^r dud Pesmes semblablement sur tous les communaux de ce village. Et au regard de tout ce que icelle tenoit Jeanne de la Baume épouse de qu'a present les sieurs de Crery (?) de Montot, de Marenches, Mayrot et aultres y tiennent de Dame de la Baume laquelle Dame y a et luy appartient avec les fiefs la justice haulte, moyenne et basse et y ont les s^rs de Crery, Montot et leurs épouses a rentes des seig^rs de la Baume une justice et mairie

Aussi ce qui estoit tenu par les héritiers de fue seig$^r$ comte de Charny et aultres aussi du fief de lad Dame et de sa justice haulte, moyenne et basse du ressort de Pesmes, ce que tient seulement le seig$^r$ de Ceroz.

Le villaige, finaige et territoire de Bars proche les Pesmes que pouvoit tenir Mons$^r$ de Fallerans et a present les héritiers et ayant cause de la Dame de Malans lesquels aud fief du bailliage de ressort dud Pesmes et y peuvent aussi les officiers dud Pesmes y faire tous exploits de gagement adjournement et aultres

Le village, finage et territoire de Bresilley proche dud Bard tenu en fief de lad Dame par monsieur Daumont seig$^r$ d'Estrabonne. Lesquels village, finaige et territoire de Bresilley avec les fiefs lad Dame y a de luy appartient la haulte justice en prevention. Et aussi led village et tous les manants et habitans du bailliage et ressort dud Pesmes et y peuvent semblablement les officiers de lad Dame faire tous exploits de gagement adjournement et aultres requis en leur devoir de officiers

A cause du chastel et baronnie de Pesmes les ayant droit des Dabanton tiennent en fief de lad Dame la moitié du moulin nommé le moulin Grassot

A cause du chastel et baronnie de Pesmes les héritiers de la Dame marquise de Listenet tiennent en fief de lad Dame les maisons, chevances, domaines et prés tant aud Pesmes que villages dépendant du ressort d'iceux

A mesme cause les Dam$^{elles}$ de Tromarey et Dam$^{elles}$ Daugerans tiennent en fief de lad Dame les meix, maisons qu'elles ont aud Pesmes de plusieurs héritaiges en pré et terre qu'ils ont tant aud Pesmes, Savigney, Resie St Martin que Chaumercenne.

Madame la marquise fait observer à Monseig$^r$ le comte de Bourgogne qu'à cause des guerres qui ont lieu dans la province, les chateau, place et maisons de Pesmes et aultres que les seig$^{rs}$ dud Pesmes avoient et tenoient du comte de Bourgogne avoient été brûlés et étoient détruits et en ruine et que les titres, terriers, déclarations et autres renseignements avoient disparu.

(Arch. du Doubs, Boîte P. 37.)

# TABLE DES MATIÈRES

Préface .................................................. I

## PREMIÈRE PARTIE

### I. — PESMES
Son origine — Son développement .......................... 1

### II
Étymologie — Opinion de Gollut — Armoiries de Pesmes — Situation topographique — Bains romains — Aqueduc — Invasions : les Bourguignons — Les Sarrazins — Les Hongrois — Le château de Pesmes, sa construction — Les fortifications de la ville — Établissement des corvées, de la mainmorte ............ 5

### III
Administration civile de la ville — Délégué du seigneur — Maire — Les prudhommes — Pesmes saccagé, brûlé .................... 12

### IV
Charte des franchises ..................................... 15

### V
Élection des prudhommes — Droit de pêche — Assemblée des habitants pour délibérer — Les Jurés — Maire élu — Antoine Griguet — Lieutenant de maire — Nouveau mode d'élection — Difficultés avec le seigneur — Avec le maire — Ordonnance de l'Intendant — Nouvelles difficultés — Nouvelle ordonnance — Refus de paiement du cens au seigneur — Les droits seigneuriaux — La noblesse renonce à ses privilèges — Conciliabules de la noblesse — Réunion des États de Franche-Comté — Arrêt du parlement de Franche-Comté — Protestations — Cahiers de doléances des habitants de Pesmes — Députés aux États généraux — Suppression des anciennes provinces — Division de la France en départements — Érection des anciennes paroisses en communes — Oudille, maire — Oudille, juge de paix — Badouiller, maire — Formation d'un club à Pesmes — Société des Amis de la liberté et de l'égalité — Arbres de la liberté — Louis XVI condamné à mort — Son exécution — Assassinat de Marat ; service funèbre à Pesmes — Destruction des Armoiries — Comité de surveillance — Désarmement des personnes suspectes — Les femmes armées de piques — Le drapeau blanc enlevé de l'église et brûlé sur la place publique — Destitution de fonctionnaires — Arrestation de M. de Choiseul — Fête anniversaire de la mort du roi — Fin de la Terreur — Épuration des fonctionnaires — Doudier, maire — Désarmement .................. 33

## VI

Liste des administrateurs de Pesmes depuis la charte d'affranchissement jusqu'à l'année 1870........................................................ 69

## VII

Agriculture. —Terres incultes. — Forêts. — Animaux sauvages. — Le pâtre communal.— Les loups. — Épidémies sur le bétail. — Améliorations sous la domination française. — Pâturage au Gros-Bois. — Dénombrement donné par Guillaume de Grandson. — Route de Gray à Dole. — Projets. — Réparations aux chemins. — Prestations en nature. — Les récoltes endommagées. — Famine de 1709. — Expulsion des gens à scandales. — Impôts progressifs........... 77

## VIII

Industrie — Moulins — Forges et fourneaux — Fonte de canons — Don de douze canons à la ville de Dole — Lances à canons — Clôture des forges — Pont de la forge — Le chemin de Broye — Industries diverses.................... 91

## IX

Commerce — Les Lombards — Les Juifs — Les pelletiers. — Les habitations — L'Ognon flottable — Tuilerie — Huileries — Foires — Marchés — Marché aux grains — Étoffes — Modes — Confections............................. 97

## X

Alimentation — Droits d'entrée, de sortie, de vente — Boucherie — Les cabaretiers et les échevins — Boulangers et cabaretiers — Four banal — Vendu à la commune — Taxe de la viande et du vin — Les accapareurs — Troubles — Comités de subsistance — Traité fédératif — Adhésion de Pesmes — Provision de blé — Secours accordé par M. de Choiseul — Disette de 1817 — Le maire Doudier — Emmagasinage des blés ................................................... 102

## XI

Hygiène, Salubrité — Pureté de l'air — Logements insalubres — Les cours intérieures — Etat des rues — Fumiers — Cloaques — Mauvais vouloir des administrateurs — Eau — Projet de construction d'une fontaine — Inhumations............ 111

## XII

Épidémies — L'année de la grande mort — Cimetière Saint-Roch — Les Bosserands. — Les Capucins — Le Parlement — La Cour à Pesmes — Le roi d'Espagne — Départ de la Cour — La contagion — Interdiction des marchés de Pesmes — La ville est barrée — Le caporal Bernard — Le docteur Bourbault — Effets de la barre — L'hôpital de Pesmes — Marpain — Frances — Thervay — L'abbaye d'Acey — Malans — Peste de Marseille — Le choléra........................ 120

## XIII

Mœurs — Coutumes — Usages — Baptême des enfants naturels — Choix des instituteurs et des institutrices — Jeu de l'arquebuse — Promenade du Pasquier — Les folières — Les messageries — Les postes — Dons aux administrateurs.... 138

## XIV

Justice — Cours seigneuriales — Haute, moyenne et basse justice — La potence — Police — Les prudhommes — Bailliage — Appel — Les exécutions — Bailliage de la Baume Montrevel — Justice de paix — Élection des juges de paix — Canton de Pesmes, 32 communes — Réduction du territoire cantonal............ 145

— III —

# DEUXIÈME PARTIE

PREMIÈRE DYNASTIE

## LES SIRES DE PESMES

### I

Origine des Sires de Pesmes — La Maison de Vienne — Étendue de la seigneurie de Pesmes — Sa division en plusieurs branches.......................... 156

### II. — GUILLAUME Ier

L'abbaye de Burgille — Traité entre l'archevêque Anséric et le comte de Bourgogne — Dons aux abbayes — Réconciliation avec l'archevêque — Combat judiciaire entre Louis et Olivier — Fondation de l'Abbaye d'Acey — Schisme — Ses conséquences — Les deux fils de Guillaume........................ 159

### III. — GUY

Dons aux abbayes — Frédéric Barberousse à Broye — Les enfants de Guy ... 163

### IV. — GUILLAUME II

Dons aux abbayes — Restitution de biens à l'abbaye d'Acey — Les particuliers rivalisent de générosité — Croisade — Guillaume prend la croix à Citeaux — Prise de Constantinople — Passage du Salef — Mort de l'empereur — Donation à l'abbaye de Corneux d'une grange à Valay — Donation à la même abbaye par le comte de Bourgogne — Nombreux dons aux abbayes — La comtesse de Bourgogne appelle Guillaume II dans ses Conseils — Nouvelle croisade — Guy et Aymon de Pesmes prennent la croix à Citeaux — Enfants de Guillaume.................. 165

### V. — AYMON

L'abbaye d'Acey — La forêt de Vaudenay — Le bac de Montagney — Aymon est témoin dans plusieurs actes importants — Guerre entre le duc de Méranie et le comte Étienne — Le duc de Bourgogne étend ses possessions dans le Comté — Château de Balançon — Les enfants d'Aymon........................ 173

### VI. — GUILLAUME III

Nouvelle guerre entre le duc de Méranie et le comte Étienne — Le sire de Pesmes suit la bannière du Duc — Traité de Bèze — Le duc de Bourgogne étend ses possessions jusqu'aux portes de Pesmes — Le comte de Champagne — Guillaume exécuteur testamentaire du duc de Méranie — Foi et hommage à l'abbé de Corneux — Enfants de Guillaume................................ 177

### VII. — GUILLAUME IV

Servitudes imposées au peuple — Reprises de fiefs — Testament d'Aymon de Chantonnay — Dons à l'abbaye d'Acey — Transaction avec l'abbaye de Cherlieu — Enfants de Guillaume IV............................ 181

### VIII. — HUGUES

Otton, comte palatin — Sa soumission au roi de France — Confédération des seigneurs — Guerre civile — Les seigneurs sont vaincus — Jeanne, fille d'Otton, épouse Philippe-le-Long — Confiance du souverain en son vassal Hugues de Pesmes — Mort de Hugues — Ses enfants................ 187

## IX. — GUILLAUME V

Son caractère — Les subsides — Nouvelle confédération des seigneurs — Condamnation des Templiers — Mort de Jacques de Molay — Philippe-le-Long roi de France — Le calme rétabli — Jeanne, comtesse de Bourgogne — Échange de la seigneurie de Valay contre certains droits à la forêt de la Rieppe — Guerre contre le sire de Joux — Déclaration de foi et hommage — Mariage de Jeanne de Pesmes avec Othe de Grandson — Testament de Guillaume V .......................... 193

## X. — BRANCHE DE RUHT

Branches de Bougey et de Résie — Dons aux abbayes — Généalogie de ces diverses branches — Jean IV dernier seigneur de la branche de Rupt-Pesmes — Affranchissement de ses sujets — Son testament .................................. 201

# DEUXIÈME DYNASTIE

# LES SIRES DE GRANDSON

## XI

La ville de Grandson — La maison de Grandson — Sa généalogie .......... 202

## XII. — OTHE DE GRANDSON

Guerre avec le seigneur de Neuchatel — Affranchissement de Jean Biarne, de Malans — Eudes duc et comte de Bourgogne — Guerre civile — Le seigneur de Pesmes suit le parti du Duc — Trêve — Reprise des hostilités — Médiation du roi de France — La paix — Intrigues de l'Angleterre — Ses offres sont repoussées par les seigneurs — Défense de Saint-Omer — Bataille de Crécy — Nouvelle confédération des seigneurs — Othe de Grandson lieutenant du duc — Campagne de 1346-1347 — Jean de Chalon — Ses succès — Médiation du roi de France — La confédération triomphante — Les finances d'Othe de Grandson — Vente de la seigneurie de Pesmes — La peste de 1349 — Mort de Jeanne de Pesmes — La veuve du duc Eudes épouse Jean de Normandie — Élévation de celui-ci au trône de France.... 207

## XIII. — JACQUES DE GRANDSON

Guerre des seigneurs entre eux — Conclusion de la paix — Défaite de Poitiers — La reine et le jeune duc en Franche-Comté — Trêve entre la France et l'Angleterre — Otages — Othe de Grandson épouse Blanche de Chatillon — Hugues de Grandson — Sa condamnation — Confiscation de la terre de Grandson — Mort d'Othe de Grandson — Mariage de Jacques de Grandson — Décès de son beau-père — Jacques de Grandson enlève le trésor de celui-ci — Procès — Condamnation de Jacques de Grandson — Les Grandes Compagnies — Le seigneur de Pesmes prisonnier des Routiers — Jean de Bourgogne — Il s'empare de Gray et de Jussey — La comtesse Marguerite — Reprise de Gray et de Jussey — Arnaul de Cervolles dit l'Archiprêtre — Prise de Pesmes — Jacques de Vienne gouverneur du comté — Reprise de Pesmes — Frère Raoul de Penegiba — Richard-Tanton — Traité de paix avec les Routiers — Pesmes et Étrabonne donnés en gage à l'Archiprêtre — Mort de ce dernier — Traité entre Jacques de Vienne et Jacques de Grandson — Anarchie en Franche-Comté — Traité d'alliance entre les seigneurs — Confiscation de la terre et du château de Pesmes — Le château de Pesmes en la possession de la comtesse Marguerite — État de pauvreté du seigneur de Pesmes — Son haut rang à la Cour du Duc — Saisie des seigneuries de Saint-Julien et de Broignon — Difficultés entre la comtesse Marguerite et l'archevêque — Un congrès à Pesmes — Misère générale — Mort de Jacques de Grandson — Ses enfants....................... 221

### XIV. — JEAN (I) DE GRANDSON

Haut rang de Marguerite de Vergy à la cour du duc de Bourgogne — Le pont de de Lamarche-sur-Saône — Mort de Guillaume de Grandson — Seigneurie de Villafans-le-Neuf — Procès — Mort de Marguerite de Vergy — Bataille de Nicopolis — Mort de Jean de Grandson — Sa veuve — Ses enfants.............. 250

### XV. — GUILLAUME DE GRANDSON

Minorité du seigneur de Pesmes — Catherine de Neuchatel — Elle habite le château de Nancuise — Sa vie princière — Mort de Guillaume de Pesmes — Il avait assisté au contrat de mariage du fils du comte de Wurtemberg avec Henriette de Montbéliard — Prit part au siège de Vellexon et autres expéditions de son temps — Pesmes en partie détruit — Charte des franchises — Siège de Rouen — Assassinat du duc de Bourgogne — Secours au Charolais — Actes divers — Affranchissement de Poix — Dénombrement du fief de Pesmes — Enfants de Guillaume de Grandson................................................................. 257

### XVI. — JEAN (II) DE GRANDSON

Transaction avec Jeanne de Vienne — Testament d'Henriette de Vienne — Procès entre Jeanne de Vienne et la dame de Gevry, sa nièce — Vente du château de Nancuise — Guerre en Dauphiné — Siège de Grancey — Traité d'Arras — Les Écorcheurs — Défense de Pesmes — Procès entre Jean de Grandson et Jacques de Chabannes — Jean de Grandson aux fêtes de Besançon — Campagne contre l'archevêque de Cologne — Tournoi du *Pas de la Fontaine des Pleurs* — Campagne dans le Milanais — Le Champ Fort — Vente de fiefs à Thiébaut de Neuchatel — Jean de Grandson criblé de dettes — Il s'associe avec des faux monnayeurs — Il est poursuivi pour ce crime — Demandes de subsides par Philippe-le-Bon — Révolte de Jean de Grandson — Il est condamné à mort — Son exécution — Division de la seigneurie de Pesmes — Elle passe à un créancier............. 278

## TROISIÈME DYNASTIE

# MAISON DE LA BAUME MONTREVEL

### Héritière de celle de Neuchatel

### XVII. — THIÉBAUT VIII DE NEUCHATEL

Grandeur de sa maison — Mariage de Thiébaut de Neuchatel avec Guillemette de Vienne — Leurs enfants — Douaire — Bonne de Neuchatel épouse d'Antoine de Vergy — Dénombrements — Mort de Thiébaut VIII.... .......... 301

### XVIII. — GUILLEMETTE DE VIENNE

Elle fait don des seigneuries de Pesmes et de Valay à Antoine de Neuchatel — Mort de celui-ci — Procès — Testament de Guillemette de Vienne — Sa mort.. 306

### XIX. — JEAN (I) DE LA BAUME

Comte de Montrevel — Puissance de la maison de la Baume — Généalogie — Guillaume de la Baume, seigneur de Pesmes — Mariage de Jean de la Baume avec Bonne de Neuchatel — Jean de la Baume élevé au grade de chevalier — Procès avec les habitants de Pesmes — Marguerite de Vergy — Sa succession — Transaction entre ses héritiers — Mort de Bonne de Neuchatel — Sa fille unique — Le mariage de celle-ci — Le Dauphin à la cour de Bourgogne — Marie de Bourgogne — Guerre désastreuse contre Louis XI — Marie de Bourgogne épouse Maximilien d'Autriche — La Franche-Comté vaincue — Traité d'Arras — Traité de Senlis — La Franche-Comté rendue à son légitime propriétaire — Reprises de fiefs — Transactions particulières — Montre d'armes à Gray — Nouvelles reprises de fiefs — La Franche-Comté sous la domination espagnole — Philippe-le-Beau à Pesmes — Mort de Jean de la Baume........................................... 311

## XX. — MARC DE LA BAUME, COMTE DE MONTREVEL

Discussion de famille — Mariage de Marc de la Baume avec Bonne de la Baume — Procès évité — Difficultés avec les habitants de Pesmes ; prise de possession de sa seigneurie — Mort de Bonne de la Baume — Leurs enfants — Marc de la Baume épouse la dame de Châteauvillain — Procès entre les enfants de Marc de la Baume et les seigneurs de Vergy — Sentence arbitrale — Affranchissement de Foissiat — Mort de Marc de la Baume — Les enfants de son second mariage ......... 331

## XXI. — JEAN (II) DE LA BAUME, COMTE DE MONTREVEL

Grand dignitaire français — Vente de la seigneurie de Gastey — Reprise de fiefs — Difficultés avec les habitants de Pesmes — Les trois mariages de Jean de la Baume — Ses enfants.................................................................... 339

## XXII. — FRANÇOIS DE LA BAUME

Comte de Montrevel par sa femme — Son attachement au roi d'Espagne — Il est fait prisonnier — Paiement de sa rançon — Vente de la seigneurie de Pesmes   343

## XXIII. — CLAUDE DE SEMUR, COMTESSE DE PONTDEVAUX

Difficultés avec les habitants de Pesmes — Refus par ceux-ci de payer le droit de nouvelle seigneurie — Rétrocession de la seigneurie de Pesmes à Hélène de Tournon — Échange de cette seigneurie à François et à Claude de la Baume, frères.   345

## XXIV. — FRANÇOIS ET CLAUDE DE LA BAUME

Prise de possession — Claude de la Baume archevêque de Besançon — Ses préoccupations — Mort de François de la Baume — Ses enfants................   347

## XXV. — CLAUDE ET ANTOINE DE LA BAUME

Françoise de la Baume épouse M. de Carnavalet — Hélène de Tournon, tutrice de ses petits-enfants — Antoine de la Baume épouse Nicole de Montmartin — Claude de la Baume, vice-roi de Naples — Sa mort..........................   349

## XXVI — ANTOINE DE LA BAUME, COMTE DE MONTREVEL

Guerre entre l'Espagne et la France — L'armée Française envahit la Franche-Comté — Le comte de Montrevel lieutenant général — Il défend son pays — Sa mort — Combat de Fontaine-Française — Les enfants d'Antoine de la Baume sous la tutelle de Prosper de la Baume, leur oncle — Les scellés au château de Pesmes ..   351

## XXVII. — PHILIBERT DE LA BAUME

Prise de possession de sa seigneurie — Il épouse Lamberte de Ligne — Le pays ruiné — Henri IV vient assiéger Pesmes — Prosper de la Baume rend la place sans combattre — Conditions de la reddition de Pesmes — La ville est livrée au pillage — Madame de Carnavalet et Gabrielle d'Estrées — Reprise de Pesmes par D. Velasco — L'armée française évacue le pays — Traité de Vervins — L'archiduc Albert épouse l'infante Isabelle Claire Eugénie — Mort de Philibert de la Baume — Il ne laisse qu'une fille ........................................................   359

## XXVIII. — MARIE-ALBERTINE DE LA BAUME

Sous la tutelle de sa mère — Celle-ci épouse en secondes noces le comte d'Embden et en troisième union son beau-frère le marquis de Saint-Martin — Marie-Albertine épouse le comte de Rietperg — Recrutement de l'armée franc-comtoise — Guerre de 10 ans — Création de postes de messagers — Le prince de Condé — La Meilleraye — Siège de Dole — Ferdinand de Rye — Destruction du château de Rigny — Les Croates — Forkatz — Occupation du château de Valay par les Croates — Forkatz bat La Meilleraye — Les troupes se réunissent à Pesmes — Levée du siège de Dole — Mort de l'archevêque — La peste — Galass échoue devant Saint-

Jean-de-Losne — Le pays est livré au brigandage — Le capitaine de Raincourt — Courageuse défense des Franc-Comtois — Le marquis de Saint-Martin, gouverneur — Fière réponse de M. d'Andelot — Famine — L'armée franc-comtoise éprouve de grandes pertes — Pesmes se rend au duc de Longueville — Rançon — La garnison française de Pesmes tuée par les Liégeois — Le duc de Saxe-Weymar — Villeroi fait faucher les blés en vert — Le marquis de Saint-Martin lui envoie un cartel — Diversion en Bresse — Mort du marquis de Saint-Martin — Le comte de Bussolin — Mort du comte de Rietperg — Sa veuve se remarie avec Charles-François de la Baume, son cousin — Mort de Richelieu — Mort de Louis XIII — Traité avec Mazarin.................................................................. 367

## XXIX. — CHARLES-FRANÇOIS DE LA BAUME

Il est au service de la France — Il entre au service de l'Espagne — Mort de Marie-Albertine de la Baume — Son mari épouse en secondes noces Thérèse-Anne-Françoise de Trasignies — Les enfants de cette seconde union — Mariage de Louis XIV avec l'infante Marie-Thérèse — La dot de celle-ci — Louis XIV s'empare de la Franche-Comté — Il s'arrête et couche à Pesmes — Traité d'Aix-la-Chapelle — La Franche-Comté rendue à l'Espagne — Nouvelle guerre avec la France — Le duc de Navailles s'empare de Pesmes — Conditions de la capitulation — Navailles loge toute son armée à Pesmes — Il confisque les cloches — Louis XIV devant Besançon — Prise de Faucogney — Scènes d'horreur — Traité de Nimègue — La Franche-Comté est française — Mort de Charles-François de la Baume............ 387

## XXX. — CHARLES-ANTOINE DE LA BAUME

Sa prise de possession — Son mariage — Ses enfants — Réquisitions par les troupes françaises — Procès relatif à la censive générale — Mort de Charles-Antoine de la Baume..................................................................... 396

## XXXI. — CHARLES-FERDINAND-FRANÇOIS DE LA BAUME

Son mariage — Sa mort — Ses enfants — Difficultés avec les habitants de Pesmes — Procès avec la duchesse de Randans................................. 399

## XXXII. — ESPRIT-MELCHIOR-EMMANUEL DE LA BAUME

Son tuteur — La censive générale — Prise de possession — Procès avec les habitants de Pesmes — Érection de la terre de Pesmes en marquisat de la Baume Montrevel — Mort du marquis..................................... 403

## XXXIII. — DIANE-GABRIELLE DE LA BAUME

Son mariage — Son caractère bienveillant............................. 406

## XXXIV. — CLAUDE-ANTOINE-CLÉRIADUS DE CHOISEUL

Son origine — Sa famille — Censive générale — Procès avec la duchesse de Lorge — Les enfants du marquis de Choiseul — Affranchissement de Champagney — Arrestation du marquis de Choiseul — Sa condamnation — Sa mort — Son fils, le duc de Choiseul, à Varennes — Il quitte la France — Le fils du duc blessé mortellement — Sa fille épouse le marquis de Marmier — Mort du duc de Choiseul — Sa descendance..................................................... 407

## XXXV. — LE CHATEAU DE PESMES EN 1793

Sa description — Cour d'honneur — Le grand escalier — Le grand pavillon — La chapelle — Les remises — La salle de spectacle — Donation du château et de la terre de Pesmes — Vente du château — Sa démolition................ 412

— VIII —

## HOMMES CÉLÉBRES NÉS A PESMES OU Y AYANT RÉSIDÉ

| | |
|---|---|
| GOLLUT, Louis | 423 |
| PONCET, André | 427 |
| RABBE, Jean-François | 434 |
| PETETIN, Joseph | 435 |
| THIOU, Jean-Claude | 435 |
| VION, Charles-François-Xavier | 436 |

## PIÈCES JUSTIFICATIVES

### I
Le Maire de Pesmes .................................................... 439

### II
Droit de pêche ........................................................ 440

### III
Offices de Conseillers maires anciens mytriennaux .................. 442

### IV
États de la province. Protestation ................................. 443

### V
Don à N.-D. d'Acey, par Guasse Lombard ............................ 447

### VI
Traité fédératif des quatorze villes bailliagères de la province .. 448

### VII
Don à l'abbaye de Cherliou d'un domaine à Agnaucourt .............. 460

### VIII
Ratification par Guillaume (II) des donations faites par ses ancêtres au couvent de Cherlieu ................................................. 461

### IX
Don à l'abbaye d'Acey par Guillaume de Pesmes et Damette, son épouse ... 462

### X
Don à l'abbaye d'Acey par Gui, chevalier de Glemeth, et Hugues, son fils ... 463

— IX —

### XI
Poinçard, fils de Girard de Pesmes, cède à Guillaume de Montmorot ses droits sur la ville de Besançon .................................................. 464

### XII
Don par Poinçard de Pesmes au couvent de Cherlieu de la moitié de la présentation à l'église de Bougey .................................................. 465

### XIII
Hugues, chevalier de Glemeth, et Odon, son frère, donnent à N.-D. d'Acey leurs dîmes de Sermange .................................................. 466

### XIV
Girard de Chaumercenne confirme les donations faites au couvent d'Acey par ses prédécesseurs .................................................. 467

### XV
Transaction entre Guillaume de Bresilley et les frères Girard et Hugues ..... 468

### XVI
Guillaume IV reçoit Robert de Champagney et Simon, son fils, hommes de main et leur donne un fief à Pesmes .................................................. 469

### XVII
Vente par Guillaume IV à l'archevêque de Besançon d'une maison en cette ville . 471

### XVIII
Humbert, curé de Champagney, et Gui, son frère, cèdent à l'église de Sainte-Marie-Madeleine de Besançon leurs dîmes sur Champagney .................... 472

### XIX
Vente par Estevenons de Champagney, donzel, à Vienot, dit Soigne, dudit lieu des dîmes que Guillaume de Pesmes tenait à Champagney, à Dammartin, à Mutigney et à Chassey .................................................. 473

### XX
Poinçard de Pesmes devient homme du comte et de la comtesse de Bourgogne pour son fief de Cemboin, sauf la fidélité envers le seigneur de Pesmes, son frère 474

### XXI
La reine Jeanne échange au couvent de Corneux divers droits dans sa forêt de la Rieppe contre la seigneurie de Valay .................................... 475

### XXII
Vernex de Pesmes reconnaît qu'il tient de Guillaume, seigneur dudit lieu, sa maison de pierre sise au château de Pesmes .................................. 478

### XXIII
Lettre de Gille de Courcelles, dame de Pesmes à la comtesse d'Artois ....... 479

### XXIV
Reprise du fief de Pesmes par Othe de Grandson ......................... 480

### XXV
Henri, comte de Bar, donne à Othe de Grandson 80 livres de rente à prendre en la saulnerie de Salins .................................................. 482

#### XXVI
Othe de Grandson et son épouse établissent deux lampes ardentes à N.-D. de Montroland .................................................................... 484

#### XXVII
Testament de Jeanne de Pesmes.................................... 485

#### XXVIII
Traité de mariage entre Jacques de Pontailler et Alix de Grandson.......... 488

#### XXIX
Thiébaut de Neuchatel accorde un délai aux héritiers de Jean de Grandson pour racheter la terre de Pesmes ................................................ 491

#### XXX
Transaction entre Marc de la Baume et les habitants de Pesmes ............ 495

#### XXXI
Reprise de fief par Jean de la Baume.................................. 503

#### XXXII
Dénombrement de la Seigneurie de Pesmes............. 504

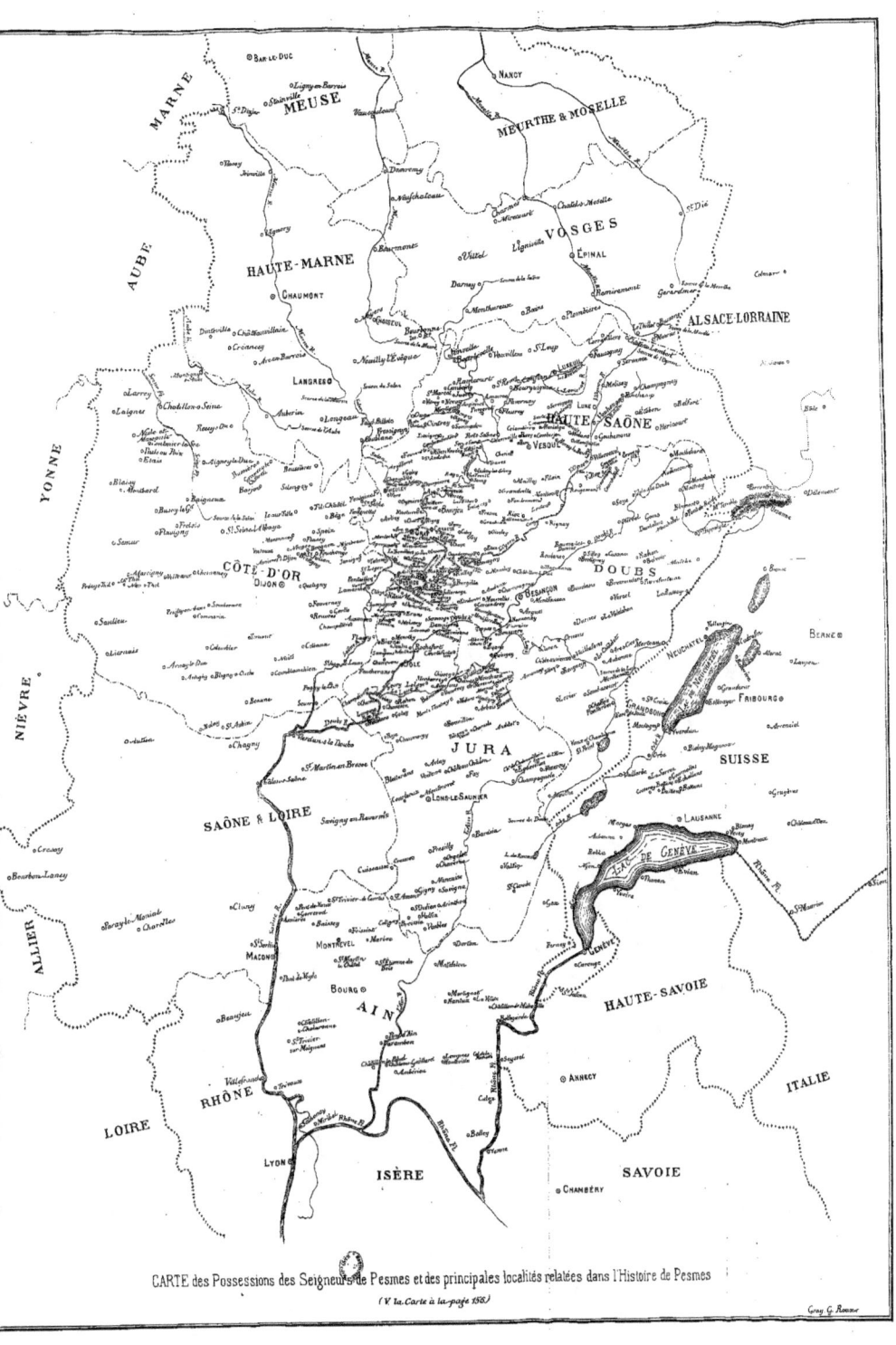

CARTE des Possessions des Seigneurs de Pesmes et des principales localités relatées dans l'Histoire de Pesmes

(V. la Carte à la page 158)

# ERRATA

Page 183. — *Lire :* Estevenons, donzel de Champagnèy, *et non :* Donzey, *tout court.*

Page 258. — *Note 2, au bas de la page, lire :* Abbé Narbey, *et non :* Noiley.

Page 399. — *Lire :* l'artiste Luc Breton, *au lieu de :* Le Breton.

Page 473, — *Lire le titre de la pièce justificative XIX ainsi :* Vente par Estevenons de Champagney, donzel, à Vienot, etc., *et non le titre imprimé.*

www.ingramcontent.com/pod-product-compliance
Lightning Source LLC
Chambersburg PA
CBHW070831230426
43667CB00011B/1751